인간행동과 사회환경

이영호 · 아영아 · 송유미 · 심경순 · 김태준

KNOWLEDGE COMMUNITY 공동체

머리말

사회복지는 인간을 이해하기 위한 전제조건으로 개인과 환경의 상호성을 강조한다. 이는 개인의 성장은 개인이 처한 환경과 개인의 내적 요인 간 상호교류의 양과 질에 의해 긍정적 혹은 부정적 변화가 가능함을 의미하는 것이다. 그런 의미에서 인간은 경직된 개체가 아니며 잠재력을 무한히 이끌어 낼 수 있는 존재이다. 흔히 말하는 취약계층의 경우 힘없고 나약할 것 같지만 그들을 인정하는 누군가가 존재하고 사회적 지원이 선행된다면 그들 스스로 문제해결을 할 뿐만 아니라 또 다른 누군가를 위한 도움주체가 될 수 있다. 다시 말해, 인간의 잠재력은 스스로의 노력뿐 아니라 사회적 관심이 전제될 경우에 발현되는 '개인과 환경의 산물'인 것이다.

사회복지사는 개인의 잠재력이 최대한 발휘되고 유지될 수 있도록 개인과 사회환경에 개입하는 전문가이다. 인간행동과 사회환경은 그런 차원에서 사회복지 혹은 사회복지사의 기초과목이다.

인간행동에 관한 다양한 이론들과 우리의 중요한 환경체계인 가족, 학교, 조직, 지역사회, 문화 등은 인간행동의 이해를 넘어 사회적 지원을 제대로 할 수 있는 재료들이라 할 수 있다.

저자가 인간행동과 사회환경 과목을 가르칠 때 늘 학생들에게 제시하는 과제 중 하나는 바로 자서전을 적게 하는 것이다. 이는 학생들이 20대 초반이 되는 시점에서 자신을 한 번 되돌아보는 시간이 될 수도 있고, 자신의 행동이 어떻게 형성되었는지, 그리고 개인의 부정적 행동에 대해서는 수정할 수 있는 계기가 될 수도 있을 것이라는 작은 믿음 때문이다. 자신을 제대로 이해하게 되면 졸업 후 사회복지실천 현장에서 만나는 클라이언트를 더 잘 수용하고 투사나 역전이 등에서 좀 더 자유로울 수 있을 것이란 믿음도 함께 가지면서 말이다. 글쓰기를 힘들어하는 학생들에게 그래도 그 시간은 나름의 의미가 있는 것 같아 해마다 동일한 과제를 제시하고 있다. 수업시간에 들은 이론들을 자신의 행동에 대입시키면서 스스로를 알아가려 애쓰는 학생들이 분명히 많기 때문이다. 학생들이 암기를 통해 인간행동과 사회환경을 학습하기보다는 개인의 삶에 적용시킬 때 인간행동에 대한 이론 및 사회환경 체계에 대한 이해도가 더 높을 것이라고 믿기 때문이다. 그리고 사회복지사는 과학의 이성적이고 논리적인 속성과 함께 예술의 창의성과 직관, 그리고 따뜻함과 온정 등을 동시에 가져야 하는 직업이기에 인간행동과 사회환경에 대한 이해와 적용능력은 사회복지 입문에서 중요하기 때문이다.

이 책은 한국사회복지교육협의회에서 제시하고 있는 사회복지 교과목 지침서를 기반으로 인간행동과 사회환경 교과목에 포함해야 할 내용으로 구성하였다. 즉, 인간행동에 관한 이론과 인간의 생애주기별 발달단계, 사회환경 체계를 포함하고 있다. 많은 내용을 담아내기 위해 노력하였지만 여전히 부족한 부분이 많을 것이다. 향후 좀 더 나은 개정판이 나오기를 희망한다.

사실 인간행동과 사회환경의 공동집필은 오래전에 기획되었으나 집필진의 바쁜 하루하루로 인해 지금에야 성과물을 마주하게 되었다. 오랜 시간 집필진을 지지하고 인내해 주신 도서출판 공동체 사장님을 비롯한 공동체 가족 여러분께 특별히 미안함과 감사함을 동시에 전한다.

2018년 3월

저자 일동

차 례

차 례

제 4 부 사회환경의 이해

제1부

인간의 성장 · 발달과 사회복지

01 CHAPTER

인간의 성장과 발달 그리고 사회환경

사회복지실천에서 클라이언트의 욕구나 문제를 정확하게 평가하고 효과적으로 개입하기 위해서는 인간의 성장과 발달에 대한 지식을 가져야 한다. 클라이언트의 욕구나 문제들은 저마다의 성장과 발달 과정상에서 어려움을 겪은 것과 관련이 있을 수 있기 때문이다. 따라서 사회복지실천에서는 생명의 탄생에서부터 사망에 이르기까지 전 생애에 걸쳐 일어나는 인간의 신체, 심리, 사회적 환경의 변화와 이들 기능 간의 상호작용을 이해할 수 있도록 해주고 사회복지 개입이나 원조의 방향을 제시해 줄 수 있는 인간의 성장 · 발달 이론에 많은 관심을 갖고 있다(Cohen, 1980; Newman & Newman, 1987; 권중돈 · 김동배, 2013 재인용).

1. 인간 성장과 발달의 개념

인간의 성장 · 발달은 인간이 자라는 과정에서 나타나는 신체 · 심리 · 사회적 요인이 상호작용하여 출생에서 사망까지 전 생애에 걸쳐 일어나는 계통적 · 지속적 · 순방향적인 변화를 말한다. 여기서 변화는 양적인 변화, 즉 쉽게 측정할 수 있는 변화로서 신장 및 체중의 증가, 어휘의 증가 등을 말하며, 질적인 변화는 성숙과 학습을 통하여 이루어지는 여러 가지 기능의 변화를 말한다.

이러한 연속적인 변화 선상에는 성장, 성숙, 학습 그리고 유전이라는 개념이 있다. 우선 성장(growth)은 생물학적 변화와 신체 크기의 증대, 근력의 증가, 인지의 확장 등과 같은 양적 확대를 의미한다. 이는 생래적으로 이미 설계되어 있는 프로그램에 따라 양적 확대가 이루어지다가 일정한 시기가 지나면 정지되는 인간의 신체적 부분에 국한된 변화를 설명하고자 할 때 주로 사용되는 용어다. 이와 반하여 발달은 신체뿐만 아니라 심리·사회적 측면에서의 변화를 모두 포함하며 양과 질에서의 상승적 또는 퇴행적 변화를 모두 포함하기 때문에 발달이 성장보다 넓은 개념이라 할 수 있다.

성숙(maturation)은 경험이나 훈련에 관계없이 유전적 기제의 작용에 의해 나타나는 체계적이고 규칙적으로 진행되어 가는 생물학적 과정을 의미한다. 예를 들면, 태아의 발달이나 영구치의 돌출, 사춘기의 2차적 성 특성의 출현 및 폐경기의 도래를 들 수 있다.

학습(learning)은 직접 또는 간접적 경험, 훈련과 연습의 결과로서 일어나는 개인 내적인 변화이다. 성숙과 학습의 이러한 개념에 반해 발달은 유전과 환경 사이의 상호작용에 의해 이루어지는 변화는 물론 경험이나 훈련, 유전적 요인에 의해 일어나는 변화까지도 포함하고 있으며, 내적인 변화뿐만 아니라 외적인 변화까지도 포함하고 있기 때문에 발달이 더욱 넓은 의미를 지니고 있다.

이러한 성장, 성숙, 학습은 상호 분리되어 있는 것이 아니라 서로 연결되어 있으며, 인간의 발달은 성장, 성숙, 학습이라는 세 가지 과정이 공존할 때 비로소 이루어진다. 즉, 일생을 통한 성장, 성숙, 학습, 유전에 의해 이루어지는 복합적 과정이 바로 인간발달이다(정옥분, 2004).

2. 인간발달과 사회환경의 관계성

1) 인간발달과 행동 그리고 사회환경

인간의 발달과 환경을 분리하여 이해하는 것은 아무런 의미가 없으므로 환경은 인간의 발달과 행동을 이해함에 있어서 필수적으로 고려해야 할 요인이다. 그 이유는 인간의 생존과 번영이 환경과의 상호작용의 질, 즉 환경의 요구에 얼마나 효과적으로 순응하고 개인의 요구에 맞게 환경을 얼마나 적절하게 변화시킬 수 있는가에 의해 결정되기 때문이다. 이와 같은 인간과 환경 간의 강한 상호관계로 인하여 우리들이 '인간'이라고 지칭할 때는 편의상 그 앞에 '환경 속의'라고 하는 용어가 생략된 것으로 보는 것이 타당하다(권중돈 · 김동배, 2011).

인간은 생리 · 심리 · 사회적 차원에서 내적 상호작용을 하면서 사회환경과 나아가 자연환경과 교류를 한다. 인간은 자연적 환경과 사회환경, 즉 인위적 환경의 요구에 순응하거나 이 두 가지 환경을 자신이 생활하기에 적합하게 바꿈으로써 환경에 적응해 간다. 자연적 환경이 인간의 생존을 좌우하는 필요조건이라고 한다면 이러한 자연적 환경의 기초 위에 형성된 사회환경은 다양한 인간의 삶이 펼쳐질 수 있게 하는 충분조건이라 할 수 있다.

사회환경이란 인간의 삶과 행동에 직접 혹은 간접적인 영향을 미치는 조건, 상황 그리고 인간 존재 간의 상호관계를 의미한다(Zastrow & Kirst-Ashman, 2001). 이러한 사회환경에는 미시체계(micro system)인 개인이 접촉하는 타인, 가족, 집단, 조직, 이웃 등의 중간체계(mezzo system)와 국가, 문화 등의 거시체계(macro system)가 포함된다. 개인을 둘러싸고 있는 사회환경, 즉 다양한 수준의 사회체계는 인간의 삶과 행동에 직접 또는 간접적 영향을 미치며, 인간으로부터 영향을 받기도 한다.

이와 같이 인간과 환경은 직 · 간접적 영향을 주고받으며 자연적 환경과 사회환경 역시 상호 간에 영향을 미치는 하나의 통합된 체계로서의 속성을 지니고 있다. 이러한 두 환경의 상호관련성을 고려하여 생태학적 관점(ecological perspective)에서는 이 두 가지 환경을 생태체계(ecological system)라는 용어로 통칭하고 있다.

인간발달과 행동은 환경과의 상호작용 속에서 적응적 균형을 달성하고 유지하는 것이 매우 중요하다. 이때의 적응(adaptation)이란 개인과 환경이 지속적으로 상호작용하는 과정에서 적합성(fitness)을 획득하는 과정이라 할 수 있다. 특정 발달단계에서 다음 단계로 넘어가는 과정 역시 개인적 발달과 변화하는 환경을 포함하고 있다는 점에서 상호적이다. 따라서 현실에 효과적으로 대처하고 환경을 지배할 수 있고 갈등을 해결하고 스트레스를 감소시키고 개인적 만족을 얻는 것이 적응적 행동이다. 인간의 발달과 행동이 적응적이라 하는 것은 환경이 개인의 성장, 발달 그리고 정서적 안녕을 지지하고 주요 타인이나 사회제도와의 상호작용을 통하여 지지를 얻을 수 있는 것이다. 이러한 적응의 의미를 조직, 정치 및 경제적 구조 그리고 정책까지도 포함하는 거시적 영역으로 확대해 보면 인간발달과 행동 그리고 사회환경 간의 관계성을 인식할 수 있다.

2) 인간발달과 사회환경과의 관계성 이해의 틀

인간발달과 사회환경과의 관계성에 대한 이해를 촉진하거나 명확성을 가짐에 있어서 필요한 것이 관계의 틀(frame)을 가져보는 것이다. 전제조건은 우선 인간과 사회환경 간 상호작용의 과정이 이해되어야 한다. 그리고 인간발달과 사회환경에 관한 통합적 이해를 기초로 생애주기별 인간의 성장과 발달 특성을 파악해야 한다. 그 다음 인간발달은 그 자체로 이해되는 것보다는 인간을 둘러싼 사회환경으로서 가족, 집단, 조직, 지역사회, 문화 등에 관한 이해를 바탕으로 이루어지는 것이 바람직하다. 이러한 전제조건을 그림으로 제시하면 다음과 같다.

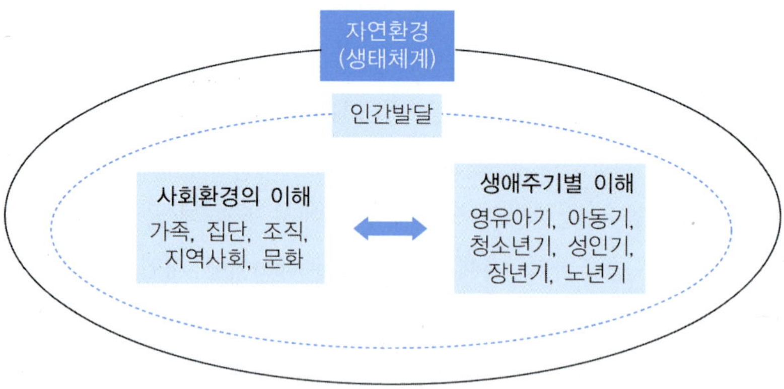

그림 1-1 인간발달과 사회환경과의 관계성 이해의 틀

(1) 인간발달의 이해

① 환경 속의 인간(person-in-environment)

인간행동은 겉으로 드러난 행동뿐 아니라 사고, 감정 등 인지적·정서적 요소들까지 포함함으로써 복잡한 체계 내에서 다양한 요인들에 의해 특정한 행동이 유발된다. 그러므로 인간행동은 개인을 둘러싼 환경 내에서 이해되어야 한다.

② 인간발달 역동성의 이해

인간행동을 정확히 이해하기 위해서는 인간을 신체·심리·사회적 요인이 통합되어 있는 전체로서의 인간으로 이해하여야 한다. 인간의 신체·심리·사회적 요인과 이들 요인은 인간의 상호작용과 수정에서부터 사망에 이르기까지의 전 생애에 걸친 성장, 성숙, 노화의 과정인 발달은 역동적으로 변화하기 때문이다.

③ 인간 성격의 이해

인간행동은 주로 개인의 성격에 의해 결정되므로, 인간행동 이해를 위해서는 인간의 성격을 이해하여야 한다. 인간의 성격을 이해하게 되면 인간행동을 있는 그대로 기술하고, 그 행동의 원인을 설명할 수 있게 되며, 미래의 행동을 예측할 수 있고, 그 행동을 바람직한 형태로 변화 또는 통제할 수 있는 방안을 찾을 수 있게 된다.

④ 부적응 행동에 대한 이해

사회복지실천에서는 개인, 집단, 가족 수준에서 이러한 클라이언트의 이상행동이나 부적응 행동을 보다 바람직한 적응적 행동으로 변화시키고 클라이언트의 사회적 기능을 향상시키고자 한다. 따라서 사회복지실천에 기초가 되는 인간행동의 이해와 변화를 위해서는 이상행동과 부적응 행동에 관한 정확한 이해를 갖추어야 한다.

(2) 인간발달의 원리

인간발달은 삶의 모든 단계에서 일어난다. 이러한 인간발달은 이전 단계의 발달을 기반으로 현재의 경험이 융합되어 이루어지므로 지속성과 변화를 보인다. 인간발달은 신체적·인지적·사회적·정서적 영역들의 상호작용으로 이루어지므로 전체적인 인간(whole person)으로 이해해야 한다.

인간행동은 개인이 처한 상황과 관계의 맥락 속에서 이해하고 분석되어야 한다. 따라서 인간의 발달적 측면을 볼 때 다음의 원리를 이해할 필요가 있다.

① **일정한 순서와 방향성** : 일정한 방향이 존재한다. 상부에서 하부로, 중심부위에서 말초부위로, 전체운동에서 특수운동으로 진행된다.

② **연속적 과정** : 전 생애를 통해 이전의 발달에 이어 연속적으로 계속 일어난다.

③ **속도의 불규칙성** : 발달의 속도는 항상 일정한 것이 아니다. 빠르게 진행되는 시기도 있고, 더디게 진행되는 시기도 있다.

④ **유전과 환경의 상호작용** : 유전적 요인과 환경의 영향의 비중은 다르지만 양쪽의 상호작용으로 진행되며, 성숙과 학습에 의존한다.

⑤ **개인차** : 발달은 보편적인 성장의 과정을 거치지만 개인차도 존재한다. 연령이 증가할수록, 환경 등 외적인 변수들의 영향이 많을수록 개인차의 폭은 커지고 발달을 예측하기도 어려워진다.

⑥ **분화와 통합의 과정** : 발달은 점진적으로 분화해 가고 전체로 통합되어 가는 과정이다. 신체, 인지, 성격 등 발달의 각 측면은 밀접한 상호작용으로 발달하면서 통합된다.

⑦ **점성원리** : 성장하는 모든 것은 기초 안에 따라 부분적으로 발달한다. 먼저 발달한 부분을 기초로 다음 발달이 이루어진다. 특정 단계의 발달은 이전 단계에서 성취한 발달과업에 기초하여 이루어진다.

⑧ **결정적 시기(적기성)** : 신체 및 심리 발달이 가장 용이하게 이루어지는 결정적 시기 혹은 최적의 시기이다. 이 시기를 놓치면 발달과업 획득의 중

요성이 떨어질 수 있다.

⑨ **기초성** : 어릴 때의 발달이 이후 모든 발달의 기초가 된다는 원리로서 우리 속담에 "세 살 버릇 여든까지 간다"는 이러한 원리를 잘 나타내 준다.

⑩ **가역성** : 특정 시기의 발달이 잘못되더라도 그 이후에 충분히 보상적 자극이나 경험을 제공받는다면 원래의 발달상태로 회복할 수 있다는 원리이다. "어릴 때 잘못 형성된 것은 나이 들어 어느 시점에서 그러한 것을 고치려 하면 고치는 것이 가능하다."

02 CHAPTER

인간행동과 사회환경 그리고 사회복지실천

인간행동과 사회환경 간의 관련성이 사회복지사가 갖추어야 할 중요한 기초 지식 중 하나라는 것은 이 지식이 인간을 환경 속의 인간으로 온전히 이해하게 한다는 데 근거한다. 따라서 사회복지사를 위한 교과목으로서 "인간행동과 사회환경"의 내용은 인간이 생물학적 · 사회적 · 심리학적 · 문화적 체계가 인간행동에 의해 서로 영향을 주고받으면서 나타나는 상호작용을 이해할 수 있는 것이어야 하고(Norlin & Chess, 1977; 최옥채 외, 2016 재인용), 여기에 반드시 영성의 영역도 포함되어야 한다. 이와 같은 특성을 바탕으로 사회복지실천에서의 인간행동과 사회환경과의 관련성을 중심으로 살펴볼 필요가 있다.

1. 인간행동

1) 인간행동의 개념

사회복지실천에서 인간행동은 매우 중요한 개념이라고 할 수 있다. 왜냐하면 사회복지사는 사회복지실천에 참여하는 모든 사람들의 행동에 주목해야 하기 때문이다. 인간행동은 인간의 신체적 움직임을 일컫는다. 이뿐만 아니라 최근 심리학에서는 외부로부터 관찰이 가능한 신체적 행동에만 한정하지 않고 사고나 인지과정과 같은 정신적 행동까지 포함한다. 따라서 인간행동은 여러 형태로 나타난다. 즉, 신체적 행동으로 언어, 얼굴 표정, 가벼운 손놀림, 일 따위를, 정신적 행동으로 느낌, 스트레스 과정 따위를 들 수 있다. 이들 행동은 특정 목적을 위해 의식적으로 일어나기도 하며, 무의식적으로 나타나기도 한다. 예컨대 클라이언트가 약속을 하고 사회복지사를 만나러 가는 행위는 의식적 행동이며, 면접 중 클라이언트가 사회복지사를 사촌 형이나 동생 같이 느끼는 감정 같은 것은 무의식적 감정이다. 이와 같은 인간의 행동은 자극에 의해 일어나는데, 이 자극은 행동을 일으키는 동기이며, 특별히 사회복지실천에서는 개인의 욕구라고 할 수 있다. 따라서 사회복지사는 클라이언트의 행동을 관찰함으로써 그의 욕구나 문제, 변화의 정도를 파악할 수 있다.

인간행동은 생의 발달단계별로 특성을 지닌다. 유아기, 아동기, 청소년기, 성인기, 노년기와 같은 각 발달단계마다 인간은 특이한 행동을 한다. 예컨대 생애주기에 따른 정서발달의 특성을 살펴보면 유아기에는 강한 공포와 질투로 인해 울음과 떼쓰는 행동을 한다. 아동기에는 유쾌한 정서 표현이 강해 크게 웃으며 몸을 과잉적으로 움직이거나 마룻바닥을 구르는 행동을 하며, 청소년기에는 정서적으로 흥분되는 경우가 많아 불안정하다. 성인기에는 가장 활력이 넘치고 활동적이며, 노년기에는 노쇠로 말미암아 자아중심적으로 사회적으로 은둔적인 특성을 띤다(김경희, 2011). 사회복지사는 이처럼 생의 발달단계에 따라 공통적으로 나타나는 여러 유형의 행동을 파악하려는 노력이 필요하다.

2) 인간행동의 이해에 대한 관점

인간행동을 이해하려는 접근 중 초기(19세기 후반에서 20세기 초까지)의 특징으로 정신분석학과 행동주의 심리학의 관점을 들 수 있다. 정신분석학의 관점은 무의식에 저장된 아동 초기 경험의 기억들이 일생을 통하여 행동에 지속적으로 영향을 준다는 입장을 취하였고, 행동주의 심리학의 관점은 정신적 경험과 달리 행동은 학습, 측정되고 다른 사람들에 의해 증명되어야 한다는 객관적이고 실험적인 면을 강조하였다(오세진 외, 2015 : 28-33).

특정 개인의 행동을 이해하는 데 그 개인의 과거 생활력이나 부모의 영향, 그리고 오직 눈으로 확인할 수 있는 행동에만 중점을 두었다. 인간행동에 관한 이와 같은 초기의 관점은 인간의 자율성과 변화 가능성, 그리고 주변 환경으로부터의 영향을 고려하지 않음으로써 인간행동을 편향되게 이해하게 만드는 측면이 있었다. 따라서 당시 개인을 변화시키고자 하는 정신의학자, 심리학자, 사회복지사는 이처럼 인간행동의 편향된 이해를 바탕으로 개입할 수밖에 없었다.

한편 20세기 중반에 접어들면서 초기의 정신분석학이나 행동주의 심리학에 변화가 있었으며 인간행동에 관한 이해의 관점은, 특히 인본주의 심리학과 생태체계 이론에 의해 큰 변화를 이끌어 냈다.

정신분석학을 중심으로 정신역동 이론이 강조되었으며, 인간의 사고능력에 초점을 둔 인지 이론이 대두하였다. 이뿐만 아니라 인본주의 심리학의 관점은 인간에게 자유의지가 있으며 개인의 고유한 정신적 경험을 강조하였고, 사랑과 이타성, 건강한 인격의 발전과 인간 경험의 긍정적인 면에 중점을 두었다(오세진 외, 2015 : 37). 아울러 생태체계론적 관점은 개인은 한 체계로 존재하며, 이 체계는 가족, 집단, 조직, 지역사회, 국가와 같은 상위체계와 상호작용함으로써 체계 간 영향을 주고받는다는 점이 강조되었다. 그런가 하면 21세기를 '영성의 시대'라고 하며 인간이 신체, 심리사회, 영성 영역으로 구성됨을 강조하는 가운데 인간의 초월적 특성을 중시하고 있다(현외성 외, 2011 : 360-363).

결국 인간행동에 대한 이해가 초기에는 눈으로 드러난 행동에, 그리고 특정 체계 안에서 개인 간 상호작용에 한정하여 이루어졌으나 최근에는 관련 이론의 발달과 함께 개인의 무한한 능력과 다양한 체계수준의 환경 간 영향을 생각하여 이루어지고 있다. 이처럼 인간행동에 관한 이해의 관점이 변화함에 따라 개인을 변화시키기 위한 개입방법이 다양성을 띠었다. 예컨대 가출 청소년을 위해 개입하고자 할 때 사회복지사는 가출 청소년의 개인력, 가족관계, 친구관계, 영성, 지역사회의 특정 개인이나 기관과의 관계 및 문화를 포함하여 총체적인 상황 등을 포괄하여 사정해야 한다.

3) 인간행동과 사회복지실천

인간행동의 이해에 대한 관점을 반영할 때 사회복지사는 인간행동을 사회복지실천에서 구체적으로 어떻게 응용 및 적용해야 할까? 사회복지실천에서 특히 인간행동은 클라이언트의 욕구나 문제를 파악할 수 있는 핵심체로서 중요한 의미를 띤다. 이는 사회복지사가 클라이언트의 욕구나 문제를 파악할 때 그의 행동에 중점을 두어야 하기 때문이다. 이렇게 사회복지사가 사회복지실천에 임할 때 인간행동에 초점을 맞추면 이는 심리사회적 성향에 가깝다고 볼 수 있다. 즉, 사회환경도 중시하지만 클라이언트 개인의 특성에 더욱 중점을 둠으로써 클라이언트를 깊이 이해하는 데 필요한 지식과 기술을 동원할 수 있다. 실제로 개별사회사업(case work)이나 집단사회사업(group work) 및 가족치료에서는 사회환경보다 개인의 행동에 더욱 관심을 쏟는다. 그럼에도 사회복지사는 환경 속의 클라이언트를 이해하기 위해 클라이언트가 관계하는 다양한 체계수준의 환경(가족, 집단, 조직, 지역사회 등)을 반영하여 통합적으로 이해해야 한다.

2. 사회환경

1) 사회환경의 개념

사회환경은 인간행동에 영향을 미친다는 점뿐만 아니라 사회복지사의 자원 동원과도 밀접한 관계를 맺고 있다는 측면에서 중요한 개념이라고 할 수 있다. 요컨대 클라이언트의 삶과 사회복지사의 활동이 사회환경 속에서 이루어지기 때문에 사회복지사는 당연히 사회환경을 철저히 이해해야 한다. 이러한 사회환경은 인간의 제반 생활에 직접 및 간접으로 영향을 미치는 조건이나 형편을 일컫는다. 구체적으로 그 조건이나 형편은 당시의 사회가 추구하는 사회성격, 문화구조, 사회제도와 전통에 의해 이루어진다.

사회환경에는 국민성과 같은 그 사회를 구성하는 대다수에 의한 공통된 성격 및 문화를 형성하고 활용하는 체계, 제도와 전통이 스며들어 있다. 이는 "사회환경이 인간을 둘러싸고 있는 조건 및 상황과 인간의 상호작용을 포함한다(Zastrow & Kirst-Ashman, 2001 : 8; 최옥채 외, 2016 재인용)"는 주장과 맥락을 같이한다. 그렇기 때문에 나라마다, 지방마다 사회환경은 독특한 면을 지닌다.

사회환경에 관한 개념은 시기별로 연구자들에 따라 차이가 있다. 먼저 19세기 말 사회학자들은 인간행동에 영향을 미치는 환경을 크게 내부환경과 외부환경으로 구분하였다(최옥채 외, 2016). 내부환경은 사회환경을 의미하고, 외부환경은 자연환경을 일컫는다. 이 구분은 사회환경을 가족, 집단, 조직, 지역사회와 같이 인간이 구성원이 되어 만들어진 환경에 한정하고 있다.

한편 20세기 중반에 들어서면서 생태체계 이론을 바탕으로 사회환경은 더욱 넓은 개념으로 발전하였다. 사회환경을 자연환경과 인공적 환경으로 구분함으로써 모든 환경을 포괄한다(윤혜미, 1999 : 35-38). 예컨대 자연환경으로 지형, 고도, 기후, 날씨, 천연자원 등을 들 수 있다. 아울러 인공적 환경으로는 인간에 의해 만들어졌거나 건설된 환경으로서 공동주택단지, 공장, 대중교통수단, 매연 등을 들고 있다. 이뿐만 아니라 사회환경은 체계에 의해 연계되어 서로 영향을 주고받는 점을 강조한다. 이와 같은 개념은 사회환경의 범주를 확대함과 동시에 사회환경의 규모에 따라 상호교류를 강조함으로써 사회환경이 인간의 삶에 미치는 영향력을 밝힌 것이다.

사회환경은 인간에게 직·간접으로 크고 작게 영향을 미친다. 이는 "자라던 시대와 생활하던 환경은 한 인간의 운명을 크게 좌우한다(박석무, 2003 : 98)", "실제 행동은 현장의 모든 부분으로부터 영향을 받는다(Lewin, 1997 : 272)"는 점에서도 확인할 수 있다. 이러한 사회환경을 구체적으로 살펴보면 개인에게 가장 가까운 가족에서부터 동료집단, 조직, 기관, 지역사회, 국가로까지 확대할 수 있다. 개인은 이들 사회환경과 교류하기 때문에 서로 영향을 주고받는다. 특히 개인은 상위체계인 가족, 집단, 조직, 기관, 지역사회, 국가에 영향을 미치는 것보다 오히려 이들 체계로부터 영향을 받는 것이 더 크다. 이는 하위체계보다는 상위체계의 힘이 크기 때문이다.

예를 들면, 청소년이 가족의 기능이 약할 때 부적응할 가능성이 높은 것은 가족으로부터 영향을 받기 때문이고, 청소년이 혼자 있을 때와 또래집단에 있을 때 심리적 상태나 행동이 달라지고, 같은 조직의 구성원이라도 그의 지위에 따라 역할과 영향력이 달라지는 것은 조직의 특성으로부터 영향받은 것이다. 아울러 영구임대아파트에 사는 주민이 수치심을 느끼는 것은 지역사회의 영향이고, 한때 외국에서 한국인이 일본인이라고 외국인을 속이는 것은 국가가 미치는 영향이다. 한편 개인은 상위체계로부터 영향을 받을 뿐만 아니라 영향을 주기도 한다. 예컨대 김연아 같은 피겨스케이팅 선수는 개인의 뛰어난 역량으로 개인, 가족은 물론 학교, 살아왔던 지역, 나아가 피겨 스포츠 분야에서 국위를 크게 선양하였다. 즉, 김연아 개인이라는 하위체계가 가족, 대학교와 국가라는 상위체계에 영향을 미친 것이다.

이뿐만 아니라 자연환경도 인간의 삶에 영향을 미친다. 한대(寒帶)나 온대(溫帶), 열대(熱帶)에 사는 사람들의 의식주를 비롯한 생활양태는 기후대별로 판이하게 다르며, 생활양태가 다르므로 이들 각자가 형성한 문화가 다를 것이며, 각자의 사고방식과 행동을 포함한 삶의 방식이 독특하게 나타날 것은 분명하다. 이 같은 자연환경 역시 생태체계 이론에 따라 상·하위체계 간 영향을 주고받는다. 예컨대 지구의 생태계 변화는 동식물의 생태계를 변화시킴으로써 결국 인간의 생활에 영향을 미치며, 역으로 개인의 무절제한 생활이 자연환경을 파괴하기도 한다.

2) 사회환경 이해에 대한 확장된 관점

사회환경에 관한 이해는 크게 초기 사회학에 기반을 둔 관점과 같은 시기에 함께 강조된 생태학과 체계 이론에 기반을 둔 관점을 통해 가능하다. 여기에 덧붙여 최근에는 사회철학 측면에서 유동사회가 거론되고 있다. 먼저 초기 사회학에서 강조하는 사회환경은 인간에 의해 구성된 집합체에 중점을 두었고, 특히 이 관점은 이들 집합체가 독립적으로 존재하는 것으로 보았다. 초기 사회학의 관점은 주요 사회환경으로 가족, 집단, 조직, 지역사회에 주목하였고, 이들 환경은 체계수준을 형성하지 않고 각 환경체 속에서 구성원 간 교류를 강조하였다. 따라서 이 관점에 의하면 인간의 행동에 영향을 미치는 체계 간 상호작용을 이해하는 데는 한계가 있다.

다음으로 생태학에 기반을 둔 관점은 앞에서 언급한 바와 같이 인간이 접하고 있는 자연환경에 중점을 두었다. 인간 중심의 생태학 이론은 인간을 인간이 살고 있는 거주지에 연결하고 있다. 이 관점은 개인을 포함한 사회조직들이 환경으로부터 받는 영향을 검증할 수 있는 틀을 제공하였다는 데 의의가 있다(Norlin & Chess, 1997 : 36).

한편 생태학 이론은 즉시 생태체계 이론과 결합하여 생태체계적 관점으로 발전하였다. 이는 생태학 이론에서 강조하는 자연환경의 영향과 생태체계 이론에서 중점을 두고 있는 환경의 체계수준이 함께 고려되는 통합적 관점이라고 할 수 있다. 특히 생태체계적 관점은 "체계의 모든 부분이 서로 관계・연계・의존하고 있다(Andreae, 1996 : 604)"는 생태체계 이론을 부가함으로써 개인의 기능과 관련하고 있는 상・하위체계는 물론 여타 체계들의 영향을 중시한다.

마지막으로 유동사회는 바우만(Zygmunt Bauman)의 유동적 근대성(liquid modernity) 이론에 근거한 것으로, 구체적인 사회의 특징으로 신자유주의, 사회적 위험 증가, 지구화와 이주의 증가, 통신의 발달과 같은 세계적 흐름을 꼽고 있다(최명민, 2015 : 197-198). 특히 유동사회에서는 개인화가 두드러지게 나타나고 있는데, 이 개인화는 시민의식의 부패와 점진적인 해체로까지 설명되고 있다(이현우 역, 2013 : 60). 이와 같은 관점의 강점은 사회의 다양성, 양가성, 불확실성, 불안정성, 우발성과 같은 모습을 조망하게 한다(최옥채 외, 2016 재인용). 결국 사회환경은 인간행동에 영향을 미친다는 맥락에서 중요한 개념으로 보아 마땅하다. 특히 단순한 영향뿐만 아니라 자원으로도 존재함을 알아야 한다. 요컨대 사회복지사는 사회환경을 온전하게 이해하기 위해서는 생태체계적 관점을 바탕으로 한 통합적 시각을 기를 수 있는 노력이 필요하다.

3) 사회환경과 사회복지실천

환경 속의 인간을 강조하는 사회복지실천은 사회환경과 밀접한 연관을 갖는다. 이것은 사회복지실천에서 사회환경은 클라이언트에게 중요한 영향체계로서 의미를 지니기 때문이다. 클라이언트를 둘러싼 사회환경으로써 가족, 집단, 조직, 지역사회는 클라이언트에게 다양한 유형의 영향을 미친다. 여기에 최근에는 문화가 권력으로 등장하면서 눈에 보이지 않는 개인의 환경으로 강조되기도 한다. 만약 사회복지사가 클라이언트 개인보다 사회환경 측면에 더욱 초점을 맞춘다면 이는 사회심리적 성향이 강한 것으로 이해할 수 있다. 실제로 지역사회사업(community work)과 같이 개인보다는 지역사회에 더욱 치중해 활동하는 사회복지사가 있다. 물론 이때 개인의 행동이나 처지를 무시하는 것은 아니고 개인의 주요 환경으로 작용하는 지역사회를 클라이언트 체계로 삼아 직접 개입 및 활동하는 것이다.

한편 클라이언트 가족을 포함한 지역사회나 국가와 같은 상위체계로부터 긍정적 영향이나 부정적 영향을 받을 수 있다. 따라서 클라이언트에게 긍정적 영향을 미치면 이들 상위체계는 클라이언트를 위한 지지체계나 자원체계로 활용할 수 있으며, 부정적 영향을 미치면 클라이언트의 욕구나 문제의 상황을 약화시키는 표적체계로 이해할 수 있다. 요컨대 클라이언트를 둘러싼 사회환경은 상위체계로서 클라이언트에게 긍정 및 부정적 영향을 미치고, 나아가 유용한 자원이 되기도 한다.

3. 사회복지실천에서 인간행동과 사회환경의 관계가 갖는 의미

인간행동과 사회환경이 사회복지실천에서 지니는 특별한 의미는 사회복지실천 토대의 맥락에서 찾아볼 수 있다. 왜냐하면 사회복지실천의 토대인 가치와 윤리, 원리, 목표, 지식, 기술에 인간행동과 사회환경이 근간을 이루고 있기 때문이다. 즉, ① 사회복지실천 가치와 윤리 중에서 특별히 인간으로서 클라이언트의 존엄성과 개별성에 관한 이해는 인간행동의 명확한 이해를 바탕으로 이루어져야 하며, ② 고유한 사회복지실천의 원리를 염두에 두며, ③ 사회복지사는 사회복지실천의 목표가 클라이언트의 변화라고 할 때 그 목표를 온전히 이해하고 충실히 수행하기 위해서는 인간행동과 사회환경에 관한 철저한 이해가 필요하고, ④ 인간행동과 사회환경은 사회복지사가 갖추어야 할 광범위한 지식 중 한가지로서 매우 중요한 위치를 차지하고 있으며, ⑤ 복잡한 기술을 익히거나 활용하는 시점에서 인간행동과 사회환경은 기초지식으로 적용된다(최옥채 외, 2016). 이러한 근거로 사회복지실천에서 인간행동과 사회환경이 갖는 의미를 클라이언트와의 관계를 중심으로 정리하면 다음과 같다.

첫째, 인간행동 측면에서 본 사회환경은 인간행동에 일방적으로 영향을 미치는가 하면 유용한 자원으로서 상위체계의 의미를 지닌다. 따라서 사회복지사는 클라이언트 개인을 둘러싼 가족, 동료, 지역사회, 국가와 같은 사회환경의 움직임을 주도면밀하게 이해해야 한다.

둘째, 사회환경 쪽에서 본 인간행동은 사회환경의 구성요소나 부분적으로 영향을 미치는 하위체계로서 의미를 지닌다. 따라서 사회복지사는 인간행동이 사회환경에 대응하는 것은 물론 대응하지 못하는 것까지도 확인해야 한다. 그럼으로써 클라이언트 개인이 제반 사회환경으로부터 억눌리거나 배제되거나 악영향을 받아 자신의 권리를 포기하려 하거나 부적응적인 양상을 보이는 것을 찾아낼 수 있다.

셋째, 사회복지실천에서 인간행동과 사회환경은 사회복지사의 전체 활동현장으로서 중요한 의미를 지닌다. 이는 인간행동과 사회환경을 한 체계로 보게 함으로써 환경 속의 클라이언트를 한층 포괄적으로 이해할 수 있게 한다. 사회복지사는 클라이언트, 클라이언트의 가족과 동료집단과 관계는 물론 자신이 근무하고 있는 기관, 조직, 지역사회 안에서 활동하고 있기 때문에 이들 개인과 사회환경은 사회복지사의 주요 활동현장이라고 할 수 있다. 요컨대 사회복지사는 인간행동과 사회환경이 클라이언트뿐 아니라 자신의 생각과 활동에도 영향을 미친다는 점을 직시해야 한다.

제2부

인간행동 이론과 사회복지

제3장 정신역동 이론과 사회복지

제4장 행동주의 이론과 사회복지

제5장 인지 이론과 사회복지

제6장 인본주의 이론과 사회복지

03
CHAPTER

정신역동 이론과 사회복지

정신역동 이론이란 인간의 심리정서적 요소의 출발점이 개인의 심리 내부에 근거한다는 주장이다. 사고, 느낌, 행동 등의 정신현상을 욕구충족과 욕구충족을 방해하는 조건 간의 상호작용이나 충돌의 결과로 설명하는 정신분석 이론의 한 측면을 가리키는 용어이다. 이러한 상호작용으로 인해 정신과정, 발달, 진보, 퇴행, 방어기전, 고착을 설명해준다고 간주한다.

정신역동 이론은 프로이트(Freud)의 정신분석을 필두로 하여 클라인(Klein)의 대상관계 정신분석, 아들러의 개인심리학, 융의 분석심리학, 에릭슨의 심리사회 이론 등을 포괄한다. 정신역동 이론은 정신치료(psychotherapy)라는 직접적 접근의 실천체계의 토대가 되고 있으며, 문학 및 예술의 배경으로서 기능하기도 한다.

모든 이론이 현상을 규정하고 설명하며 이론을 통해 실제에 접근할 때 장점과 단점을 가지듯이 정신역동 이론 역시 장단점을 가진다. 그럼에도 불구하고 개인의 정신현상의 뿌리는 시간적으로 볼 때 이전이며, 개인의 심리는 지각된 외부현실 속에서 생득적인 욕구(성, 관계, 생존, 세력 등)를 해소해 가는 과정에서 발생하는 정서, 사고, 이로 인한 행동체계로 이해한다. 또한 심리작용이 대개 무의식의 과정을 통해 발생하기 때문에 개인은 심리정서의 원인을 제대로 알아차리지 못한다고 가정한다.

사회복지실천의 역사에서 볼 때 1920년대에 출현한 진단주의학파(diagnostic schools)는 프로이트의 정신분석 이론에 그 기초를 두고 있다. 따라서 정신역동 이론은 사회복지실천의 중요한 이론적 토대로 기능해 왔음을 알 수 있다.

이 장에서는 프로이트의 정신분석 이론, 아들러의 개인주의심리학, 융의 분석심리학, 에릭슨의 심리사회발달 이론을 중심으로 정신역동 이론을 구성하고, 이를 통해 인간행동과 정신역동 이론 간의 연관성을 고찰해 보고, 사회복지실천과의 연관성을 검토해 보고자 한다.

1. 프로이트의 정신분석 이론

1) 프로이트의 생애

프로이트(Freud, 1856~1939)

프로이트(Sigmund Freud, 1856~1939)는 1856년 지금의 체코슬로바키아의 조그만 마을에서 모직물 상인인 아버지와 20살 차이가 나는 유대인 어머니 사이에서 태어났다. 프로이트 아래로 7명의 동생이 더 있는데 바로 아래 동생이 태어난 지 8개월 만에 사망하였을 때 프로이트는 자신의 질투심이 동생을 죽게 하였다는 강한 죄책감을 느끼기도 하였다. 프로이트는 동생을 낳을 때마다 어머니와 집안의 관심이 새로운 식구에게로 분산되는 것을 보면서 아버지에 대한 적대감과 어머니를 잃을 지도 모른다는 불안감을 자주 느꼈다. 어머니의 사랑을 독차지하려는 강한 소유욕과 자신을 안심시켜 주지 못하는 어머니에 대한 증오 사이의 갈등이 유년기 프로이트의 정서를 구성하는 핵심요소가 되었다.

해부병리학과 신경학을 전공하던 프로이트가 인간 정신에 관심을 갖게 된 것은 내과의사 브로이어(Breuer)의 환자 안나(Anna)의 사례였다. 이 사례로 "의식상태에서는 접근할 수 없는 의식과는 다른 정신작용과 정신영역이 있다"는 생각을 굳히게 되고 서로 대립상태에서 분열되어 있는 '무의식'과 접촉하기 위해서는 의식의 활동을 약화시키는 모종의 방법(최면)이 필요하다고 생각하였다. 프로이트는 브로이어와 함께 1895년에 『히스테리 연구』를 발간하였으나 프로이트의 신경증의 성(性)원인론에 브로이어가 동의하지 않아 결국 두 사람은 이별하게 되었다.

1896년 프로이트가 40세 때 그의 아버지의 장례식에 지각을 하였다. 훗날 프로이트는 '자기분석'을 통하여 이를 아버지에 대한 '저항'의 의미로 해석하였으며, 아버지의 죽음 이후 프로이트는 더욱 자기분석에 몰입하였고 결국 오이디푸스 콤플렉스(Oedipus complex)를 발견하는 계기가 되었다.

1902년 프로이트가 빈대학교 의학부 교수로 재직하면서 그의 정신분석에 대한 무시와 냉대는 해소되고, 클라이언트의 증가로 생활에 여유도 생기게 되어 그해 10월에 정신분석에 관심을 가진 젊은 의사들을 비롯한 몇몇 사람들과 함께 정신분석학 연구모임을 결성하였다. 1908년에 '세계 정신분석학회'가 설립되면서 정신분석 관점과 이론은 하나의 독립된 '학문'으로 정립되기 위한 시대적 주목을 받게 되었다. 이 과정에서 융(Jung)은 신경증이 무의식적 정신작용에 의해 발생하며 콤플렉스가 인간의 정신발달에 큰 영향을 미친다는 프로이트의 견해에 동조하였고, 꿈과 자유연상 내용들, 저항과 전이, 신화나 예술작품 등이 인간의 무의식을 이해하는 데 중요한 열쇠라는 점에도 공감했다. 그러나 융은 유아 성욕과 유년기 체험의 중요성에 대한 프로이트의 강조가 지나치다고 생각했고 성욕동의 충족 또는 좌절 여부를 신경증의 근본 원인으로 보는 관점 또한 수용하기를 꺼려했다. 융은 리비도를 성욕동이 아닌 생명에너지로 해석하며 오이디푸스 콤플렉스의 보편성을 인정하지 않았다.

1923년 구강암으로 서른세 차례에 걸쳐 수술을 받으며 신체와 정신 양면으로 고통을 겪었다. 그러나 그 후 16년 동안 죽음의 불안과 유혹에 시달리는 상황에서도 프로이트는 '정신분석'을 인류 문화에 공헌하는 독보적인 학문으로 정립시키겠다는 집념으로 인간 정신에 대한 끊임없는 관심과 연구 및 분석활동은 84세의 나이로 사망하기 불과 며칠 전까지도 지속되었다.

2) 인간관

프로이트는 인간을 비합리적이고 무의식의 지배를 받는 수동적인 인간으로 가정하였다. 또한 초기 아동기에 기본적인 성격구조(원초아, 자아, 초자아)가 결정되며, 이는 성인기에도 변화지 않는다는 결정론적 입장을 주장하였다. 그중에서도 특히 생물학적 본능을 강조하여 인간은 고통회피와 쾌락추구의 욕구에 의한 성격과 행동의 역동성을 강조하였다. 또한 프로이트는 인간의 본능을 개인의 성공과 발전 그리고 창조와 관련된 생존본능(eros)과 파괴 및 공격의 죽음의 본능(thanatos)으로 구분하였다. 그러나 인간의 삶은 한계가 있으며, 생존본능보다는 고통과 관련된 죽음의 본능에 의해 주로 지배를 받는다는 견해로 인해 인간에 대한 염세론적·비관적인 입장을 취하였다.

3) 주요 개념

(1) 정신결정론(Psychic Determinism)

정신결정론은 정신분석의 가장 기본적인 개념 중의 하나로 인간의 모든 행동은 원인이 있으며 또한 모든 행동은 어린 시절에 결정된다는 것이다. 즉, 정신결정론은 과거의 여러 가지 경험에 의하여 현재의 생각과 행동과 느낌 등에 영향을 받는다는 것이다. 과거의 경험들은 무의식에 있기 때문에 결국 현재의 행동과 느낌이 무의식에 의해 결정된다는 뜻이 된다.

(2) 지형학적 모형(Topographic Model)

프로이트는 인간의 마음속에 존재하는 갈등을 일으키는 두 가지 힘을 한쪽은 '의지(will)', '자유의지(volition)', '의식(consciousness)' 등으로 불렀다. 그에 대응하는 갈등을 일으키는 심리적 영향들을 '반하는 의지(counter-will)', '정반대의 사고(antithetical ideas)', '무의식(the unconscious)'이라 불렀다. 지형학 이론(topographic theory)은 정신의 기제가 서로 다르게 작동하는 '영역(의식, 전의식, 무의식)'으로 구성되어 있다는 개념이다. 의식은 직접 심리를 인식할 수 있는 영역이며, 전의식은 비교적 쉽게 의식화될 수 있는 심리영역이며, 무의식은 의식으로부터 억압되어 있어서 의식에서 접근할 수 없는 영역을 의미한다. 이렇게 인간의 심리기능을 의식, 전의식, 무의식으로 설명하는 것은 마치 사람의 마음을 지도처럼 나누어 묘사한다고 하여 지형학 이론이라 한다. 지형학적 이론을 통하여 그 전에는 의식할 수 없었던 기억이나 동기들을 최면이나 자유연상을 통해 의식에서 인식할 수 있게 되는 현상으로 설명할 수 있었다.

① 의식(conscious)

의식은 외부세계로부터 오는 감각들과 내부 과정으로부터 오는 억압되지 않은 감정과 사고들을 인식하고 등록하고 동시에 각성 시 생각들을 담당한다. 현실원리(reality principle)와 이차과정 논리(secondary process logic)를 사용한다.

프로이트는 "의식은 그 자체로 끊어지지 않는 연속적인 연결성을 형성하지 못한다"고 생각하였기 때문에 "무의식의 과정을 의식의 과정으로 번역해 주어서 결과적으로 의식의 틈을 메워주는 것"이 정신분석에서 일어나는 일이라고 생각하였다.

② 전의식(preconscious)

전의식은 무의식의 표상들을 의식에 머물 수 있도록 하는 데 필요한 힘을 제공한다. 현실원리(reality principle)와 이차과정 논리(secondary process logic)에 의해 전의식의 기능은 작동된다.

전의식은 의식에서 포착되지 않는다는 점에서 현상학적으로 무의식으로 간주되지만 즉각적으로 의식화될 수 있다. 한편 전의식은 무의식의 내용들이 의식으로 침투하는 것을 막는데, 이러한 차단은 의식화 과정을 밟아갈 수 있게 도와주는 분석에 의해 극복될 수 있다. 즉, 전의식은 무의식의 내용들을 의식에서 인식할 수 있도록 연결시켜 주는 중간역할을 한다.

③ 무의식(unconscious)

프로이트가 가장 크게 공헌한 영역으로 마음을 구성하는 사고, 감정, 본능, 욕구, 동기, 갈등 등의 자료들이 저장되어 있다. 프로이트는 무의식의 대부분의 자료들이 의식되지 못한 채 인간의 행동을 결정한다고 보았다. 무의식은 의식되지 못하는 영역으로 대부분의 자료들을 억압이라는 기제를 통해 무의식 속에 들어가게 한다. 하지만 경험에 기초한 무의식의 본능적 욕망들은 가만히 정체되어 있는 것이 아니라 기회가 되면 의식으로 올라오려는 속성을 가지고 있다. 무의식을 억압하는 과정에서 자아는 많은 에너지를 소모하게 되는데 이는 긴장과 불안형태로 인지된다. 정신분석이란 클라이언트의 무의식을 탐구하고 필요할 경우 이를 안전하게 의식화시키는 작업이다.

무의식은 세 가지 측면에서 정의할 수 있다. 첫째, 서술적 측면으로서 의식 외의 모든 정신작용을 포함하며 무의식의 내용은 의식에서 인식할 수 없다. 둘째, 역동적 측면으로서 무의식의 내용이나 과정은 정신에너지를 사용하는 대가를 치르면서 능동적으로 억압되거나 검열되고 있다. 왜냐하면 무의식의 내용이 의식화될 때 불안이나 불쾌감이 나타날 수 있기 때문이다. 다시 말해서, 무의식은 전의식과 의식에 대항하는 것으로 인간의 심리가 항상 갈등 속에 있다는 것을 의미한다. 마지막으로 정신기제 측면으로, 무의식은 의식의 논리를 벗어나는 쾌락원리(pleasure principle)를 따르고 일차과정 논리(primary process logic)를 사용한다. 이에 대해 프로이트(1915)는 "무의식의 체계는 상호 모순과 일차과정, 시간이 지나도 변치 않는 것(timelessness)으로부터 면제되며 외부현실이 심리적 실재에 의해 대체된다"고 설명하였다.

일상생활 중에 무의식의 작용을 느낄 수 있는 경우로는 꿈, 말실수, 깜박 잊어버림 등을 들 수 있다. 이러한 현상들을 '일상생활의 정신병리'라 한다.

(3) 구조적 모형(Structural Model)

프로이트는 자신의 클라이언트들에게서 무의식적인 죄악감이 작용하고 있다는 것을 발견하고 지형학적 개념만으로는 이를 설명하기 어렵다는 것을 알았다. 내적인 죄책감을 설명할 수 있는 모델을 고민한 끝에 성격은 세 가지 구조로 이루어져 있다는 것을 주장하게 되었다. 본능적 욕동을 대표하는 원초아(id), 이드의 본능적 욕동을 조절하고 외부 현실과의 사이에서 중재역할을 하는 자아(ego), 그리고 도덕적인 교훈과 이상으로 이루어지는 초자아(superego)가 그것이다.

① 원초아(id)

원초아는 본능적인 욕망들과 욕구들이며, 먹고 싶은 욕구, 공격 욕구, 의존 욕구 등은 원초아의 속성이며 무의식적이며 일차과정 사고로 이루어진다.

유아기는 미약한 자아를 가진 원초아 덩어리이기 때문에 유아의 행동은 현실을 거의 고려하지 못하고 자기중심적인 원시적인 행동을 하게 된다. 성장과정에서 원초아의 욕구충족이 좌절되는 경험을 하면서 점차 현실을 인식하게 된다.

개인은 유기체의 보존과 유지에 중요한 기능을 하는 원초아의 현실적인 기반 위에서 최대한 합리적으로 충족될 수 있도록 해야 하는데 이때 도움을 주는 정신기제가 자아라는 정신기제이다.

② 자아(ego)

현실원칙에 의해 움직이는 자아의 주된 개념적 특징은 원초아의 욕구가 현실의 범위 내에서 충족될 수 있도록 욕구의 충족을 보유하고 만족을 지연시키는 능력이 있다. 원초아와 초자아를 조절하고 지배하며, 외부세계와 상호작용을 하며 '성격의 집행자'라고 불리기도 한다. 자아의 발달과정은 환경과의 상호작용에 의해 많은 영향을 받지만 유전적인 부분을 배제하기 어렵다.

개인별로 자아의 양은 일정량 유지되며 주변의 여건이나 내적인 조건들에 따라 일정 부분 위축되기도 하고 확장되기도 한다. 스트레스, 약물, 질환 등은 자아에 영향을 미친다. 자아는 다음의 다양한 기능을 수행한다(Bellack et al., 1973). 이를테면 ① 현실검증, ② 판단, ③ 자신과 세상에 대한 현실감, ④ 사고과정, ⑤ 방어기제의 활용, ⑥ 통합기능, ⑦ 좌절방벽, ⑧ 적응적 퇴행, ⑨ 충동-욕동-정동의 조절, ⑩ 대상관계, ⑪ 통제력, ⑫ 자율기능 등이 있다.

③ 초자아(superego)

초자아는 사회의 기준과 옳고 그름에 대한 자신의 기준을 결정해 주는 마음의 지침이며, 양심과 삶의 목표와 야심을 결정해 주는 자아이상으로 구성된다. 양심은 충동이 바람직한 형태로 표출되도록 유도하고, 본능적인 욕구충족을 억제하는 기능을 하며, 이러한 것이 실패했을 때 자아를 처벌하는 역할을 한다. 자아이상은 행동규범을 제시하는 역할을 하며 성실성이나 충실성 같은 부모의 가치관을 동일시함으로써 형성된다.

초자아는 무의식적인 과정으로 대략 4~5세경부터 발달하기 시작한다. 또한 초자아는 욕구충족 과정에서 주위로부터 부정적인 자극을 학습한 결과로 형성되고 오이디푸스 콤플렉스(Oedipus complex)를 종결하는 과정에서 이성의 부모를 동일시함으로써 완성되는 것으로 이해되고 있다.

④ 원초아, 자아, 초자아의 관계

성격형성의 중요한 요소인 원초아, 자아, 초자아의 세 가지 구조는 각자 고정되어 있는 것이 아니라 어느 것이 강해지면 다른 것이 약해지는 관계에 있다. 그러므로 이 세 가지의 관계가 상호 조화될 때, 즉 자아가 원초아와 초자아를 잘 조화시키고, 상황에 맞게 욕구를 제대로 충족시킨다면 건강한 정신상태가 유지될 수 있다. 세 구조는 연령이나 외부조건, 약물사용 등에 의해 각각 영향을 받는다.

(4) 불안(Anxiety)

정신분석에서 불안은 매우 중요한 개념으로 프로이트는 불안을 모든 신경증의 원인으로 보았다. 불안은 아직 분출되지 못한 성 본능의 결과로 현실적 불안, 신경증적 불안, 도덕적 불안의 세 가지로 구분하였다.

① 현실적 불안(reality anxiety)

외부세계에 존재하는 실제 위험에 대한 두려움으로 인해 초래되는 불안으로, 이때 불안의 정도는 외부위험에 대한 두려움의 정도에 정비례한다. 즉, 현실적 불안은 기본적으로 공포와 같으며, 자아로 하여금 이를 회피하도록 경고하는 것으로 외부 현실적 불안요소가 제거되면 자연스럽게 감소한다.

② 신경증적 불안(neurotic anxiety)

신경증적 불안은 주로 본능이 통제되지 않아서 처벌받을 어떤 행위를 하게 되는 것에 대한 두려움으로, 충동적이고 강요적인 본능을 자아가 이를 현실적이고 이성적으로 해결하지 못해서 경험하게 되는 불안으로 신경증의 주요 원인이다.

③ 도덕적 불안(moral anxiety)

원초아와 초자아 간의 갈등에서 비롯되며, 주로 개인의 양심에 따른 두려움으로 사회적 규범이나 도덕적 원칙과 가치관 등을 위배했을 때 경험하게 되는 불안이다. 프로이트는 도덕적 불안은 초자아가 발달하는 3~6세 남근기가 되어야 가능하다고 하였다.

(5) 자아방어기전(Ego-defense Mechanism)

자아의 중요한 기능 중 하나가 방어기전이다. 방어기전은 자아가 원초아와 초자아의 요구, 그리고 과거의 기억과 외부세계의 요구로부터 스스로를 보호하기 위하여 무의식적으로 작동시키는 심리기제로 갈등의 원천을 왜곡, 대체, 차단한다.

방어기전은 보편적으로 나타나는 정상적인 반응으로 개인은 모두 방어기전을 사용하며, 방어기전 없이 인생사를 처리해 간다는 것은 불가능한 일이다. 어떤 방어기전은 보다 적응적이고 기능적이어서 건강한 방어기전이라고 할 수 있지만 방어는 기본적으로 개인을 불안으로부터 보호하는 자아의 무의식적 기능이다. 적절한 대처능력이 결핍되었을 때, 자아가 너무 약할 때, 상황 자체가 아예 합리적으로 해결될 수 없는 성질일 때, 방어기전은 개인이 이런 상황들을 무의식적으로 처리할 수 있게 도와준다.

① 원시적인 방어(primitive defenses)

가장 원시적인 방어로서 어린아이나 정신병 환자들에게 흔히 보인다. 이 방어기전을 사용하는 사람들은 아예 현실을 재배치하거나 재구성하기 때문에 현실에 적응할 수가 없다.

- 부정(denial)

너무나 위협적인 외적 현실, 견딜 수 없는 생각, 욕구와 충동 등을 무의식적으로 부정하는 기전으로 “나는 겁나는 게 하나도 없다”라고 호언장담하는 경우, 커다란 사고가 일어났는데 “아무 일도 안 생긴 거죠?”라고 묻는 질문, 무서운 장면이 나올 때 눈을 가리는 행동 등이 부정의 예가 될 수 있다.

• 망상적 투사(delusional projection)

자신의 바람직하지 못하고 용납될 수 없는 생각이나 충동을 남의 탓으로 돌리는 심리기제이다. 정신분열병 환자의 피해망상과 그 자신이 이미 빈번한 외도를 저지르고 있는 의처증환자의 심리 등이 망상적 투사에 해당된다. 그러나 가벼운 투사는 일상생활에서 흔히 발견된다.

• 왜곡(distortion)

내적 욕동에 맞추어 외부 현실을 전체적으로 뜯어 맞추는 심리기제로 과대망상적인 믿음이나 환각, 소원 성취적인 망상 등을 들 수 있다.

② 미성숙한 방어

• 행동화(acting out)

무의식적인 소망이나 충동이 즉시 만족되지 않고 연기됨으로써 생기는 감정 또는 갈등을 피하기 위해 그런 소망이나 충동을 행동으로 직접적으로 표현하는 것이다.

• 퇴행(regression)

현 발달단계에서 야기되는 심리적 갈등을 피하기 위하여 이전의 리비도 발달단계로 후퇴하는 경우를 말한다. 대소변을 잘 가리던 다섯 살짜리 아이가 동생이 태어나자 다시 오줌을 못 가리게 되는 경우가 이에 해당한다. 퇴행은 정상적인 반응일 수도 있는데 어느 정도의 퇴행은 이완상태나 수면상태에서 필수적이다.

• 신체화(somatization)

심리적 갈등이 내부 장기나 다른 신체부위를 통하여 나타나는 것이다. '사촌이 땅을 사면 배가 아프다'는 속담이 이에 해당된다. 심리적 갈등이 신체적으로 표현되는 또 다른 예로 전환반응을 들 수 있다. 신체화가 주로 내부 장기를 중심으로 증상이 나타난다면 전환반응은 근골격계나 감각기관을 통해 표현된다. 예를 들면, 사지의 마비나 감각마비 또는 시력손실 등이다.

• 수동-공격적 행동(passive-aggressive behavior)

타인에 대한 공격성을 수동성이나 피학성, 또는 자기로의 전향 등을 통하여 간접적으로 표현하는 행동으로 실패, 미적거림이나 미룸, 자기보다 타인에게 더 영향을 주는 질병 등의 형태로 나타난다.

• 건강염려(hypochondriasis)

회피나 퇴행을 목적으로 질병을 과장하거나 확대하는 기제이다. 건강염려 상태에서는 책임감을 피할 수도 있고 죄책감도 무마되며 본능적 충동도 제거된다. 전환증상과는 달리 건강염려증으로 내재화된 질병은 자아 이질적(ego-alien)이기 때문에 당사자가 고통스러워한다.

• 함입(introjection)

대상의 성질을 내재화하는 것으로 함입은 발달에 필수적이지만 방어기전으로도 사용된다. 방어기전으로 사용될 때 함입은 주체와 대상의 경계를 흐리게 한다. 사랑하는 사람과 헤어진 후 그 대상을 함입함으로써 헤어졌다는 고통스러운 인식을 피할 수 있다. 두려운 대상의 특성을 함입하면, 즉 자기 내부에 두게 되면 그 대상이 갖는 공격성을 자신이 조절할 수 있기 때문에 두려움이 사라지게 된다. 공격자와의 동일시가 전형적인 예이다.

• 동일시(identification)

남의 성격이나 역할을 따서 자기의 일부로 삼는 과정이다. 자아와 초자아 형성에 중요한 기능을 하며 자녀가 부모를 닮는 것, 제자가 스승과 비슷해지는 것, 의사 아들이 청진기나 주사기를 가지고 놀기 좋아하는 것 등을 예로 들 수 있다. 대상의 성질을 내재화하는 점에서 함입과 유사하지만 동일시는 남의 특성을 받아들여 그것을 소화해서 자기의 것으로 만든 상태로 함입과는 다르다.

③ 신경증적 방어(neurotic defenses)

• 억압(repression)

용납될 수 없는 생각이나 충동을 의식에서 몰아내어 억압하는 가장 보편적이고 일차적인 방어기전이다. 일차 억압은 의식에서 포착되기 전에 생각과 감정을 억압하는 것이고 이차 억압은 의식수준에서 일단 인식되었던 것을 억압하는 것을 말한다. 억압이 억제(suppression)와 다른 점은 목적을 단지 연기하는 것이 아니라 충동이 없어질 때까지 억누른다는 점이다. 억압이 많을수록 억압된 생각들이 나오지 못하게 하는 편견과 선입견이 많다.

- 반동형성(reaction formation)

용납될 수 없는 충동이나 욕구를 정반대로 변형시키는 것이다. 내면에는 분노가 있는데도 겉으로 지나치게 점잖은 행동을 보이는 경우, 속으로는 미워하면서 겉으로는 친절하게 도와주는 행동 등이 해당된다. '미운 놈 떡 하나 더 준다'는 속담이 이에 해당된다.

- 취소(undoing)

자신의 성적 혹은 적대적 욕구와 행동으로 인해서 어떤 대상에게 피해를 주었다고 무의식에서 느낄 때 그에게 준 피해를 취소하고 원상복귀하려는 것이다. 부정하게 번 돈을 자선사업에 사용하는 경우, 다이너마이트로 번 돈으로 노벨상을 만든 경우, 강박신경증 환자의 반복적 손 씻기, 부인을 때리고 꽃을 사다주는 남편의 행동 등이 이에 해당된다.

- 격리(isolation)

고통스러운 생각에 결합되어 있는 감정을 의식에서 떼어버리려는 것으로 강박신경증 환자의 무감정적인 논리성을 예로 들 수 있다.

- 전치(displacement)

원래 무의식적인 대상에게 주었던 감정을 덜 위험한 대상에게로 옮기는 것이다. 언니에게 직접 화를 내지 못하고 언니의 공책을 찢어버리는 행위, 옛날 궁중에서 실제 인물에 해당하는 인형을 만들어서 해코지를 하던 행위, 아버지에 대한 분노와 두려움이 말로 옮겨진 연극 에쿠우스 사례 등이 그 예다. 또 '종로에서 뺨 맞고 한강에서 화풀이 한다'는 속담도 예가 될 수 있다.

- 합리화(rationalization)

받아들일 수 없는 태도나 행동 혹은 믿음 등을 정당화하기 위하여 합리적인 설명을 하거나 이치에 닿는 이유를 대는 심리기제이다. '남이 하면 스캔들 내가 하면 로맨스', '남이 받으면 뇌물 내가 받으면 떡값', '실력 없는 목수 연장 탓 한다' 등이 이에 해당된다.

• 해리(dissociation)

고통을 피하기 위하여 마음을 편치 않게 하는 성격의 일부 또는 개인 정체성의 일부가 떨어져 나가게 되는 경우를 말한다. 지킬 박사와 하이드 같은 다중 인격, 둔주 등과 같은 해리성 장애가 이에 해당한다.

• 지식화(intellectualization)

고통스러운 정서나 충동을 피하기 위하여 지식적 과정을 지나치게 사용하는 방어기전이다. 사람들과의 친밀감을 피하기 위하여 무생물체에 지나치게 집착하거나 내면의 감정을 피하려고 외적 현실에 집중하는 경우다. 전체를 인식하는 것을 피하려고 엉뚱한 세부 부분만 강조하기도 한다. 지식화는 합리화와 밀접하게 연결된 경우가 많다.

• 보상(compensation)

성격이나 외모 또는 지능 등에서 느껴지는 자신의 결함을 메우려는 심리기제이다. 키 작은 사람이 공격적 언동을 보이는 경우가 이에 해당한다. '작은 고추가 맵다'는 속담이 예가 될 수 있다.

④ 성숙한 방어기전

• 이타주의(altruism)

타인을 건설적으로 만족할 수 있게 도와주는 것이다. 양성의 건설적인 반동형성은 이타주의에 포함될 수 있다.

• 금욕주의(asceticism)

즐거움을 얻는 경험을 제거하는 심리기제로 의식적으로 느껴지는 기본적인 모든 즐거움을 억제함으로써 만족을 얻는다.

• 유머(humor)

자신의 감정이나 생각을 표현하기 위해 코미디를 사용하는 심리기제로 마음 쓰기에 너무 고통스러운 것들을 견딜 수 있게 된다.

• 승화(sublimation)

본능적인 에너지를 직접적인 성적 욕동이나 공격적 목적에 사용하지 않고 초자아에 의해 용인되고 문화적으로 적합한 것에 사용하는 것이다. 승화는 본능적 충동이 차단되지 않고 직접 의미 있는 목적이나 대상으로 향할 수 있게 해 준다.

- 억제(suppression)

의식적으로 또는 반의식적으로 충동이나 갈등을 얻는 것을 지연시키는 것으로 그에 따르는 불편함은 인지되지만 최소화시킨다.

4) 발달단계

프로이트의 발달단계를 심리성적 발달단계라 하는데, 그 이유는 성적 에너지인 리비도가 집중된 부위(입, 항문, 성기)에 따라 아동기의 발달단계를 나누었기 때문이다. 프로이트는 성격이 유아기부터 청소년기까지 다섯 단계에 걸쳐 발달하고 특히 앞의 세 단계가 성격형성에 결정적인 역할을 한다고 하였다. 발달단계에 있어 한 단계에서 다음 단계로의 진행이 방해를 받으면 특정단계에 고착될 수 있고 이러한 고착이 성인기 성격에 직접적 영향을 미친다.

〈표 3-1〉 프로이트의 심리성적 발달 5단계

단계	주요 내용
구강기(0~18개월)	리비도가 입에 집중됨, 빨고 깨무는 행위를 통해 쾌감, 양가감정, 대상부재
항문기(18개월~3세)	리비도가 항문에 집중, 배변훈련 → 항문기 폭발적 혹은 강박적 성격
남근기(3~6세)	리비도가 성기에 집중, 오이디푸스·엘렉트라 콤플렉스, 동일시를 통한 초자아 발달
잠복기(6~12세, 13세)	에너지가 지적·신체활동 및 친구와의 우정 등에 집중, 자아와 초자아 발달
생식기(사춘기 이후)	성적에너지 직접 표현, 부모로부터 독립이 중요한 과제

(1) 구강기(Oral Stage)

출생에서 약 18개월까지의 시기로 리비도를 만족시켜 주는 주 근원은 안아주고 편안하게 해주는 안정감과 함께 섭식과 섭식기능에 관련된 기관(입, 입술, 혀)이다. 이 시기 동안 기본적으로 지향하는 것은 유쾌한 것은 받아들이고 불쾌한 것은 버리는 것이다. 구강기 욕구가 과다하게 좌절당하는 사람은 비관론자가 되는 반면, 구강적 욕구가 만족된 사람은 더 낙관적으로 되는 경향이 있음을 관찰하였다(Abraham, 1924). 이 시기에 고착된 성인이 심리적 갈등에 처하게 되면 퇴행하여 음식에 집착하거나 연필과 같은 사물을 물어뜯거나 구강기적 쾌감을 위해 흡연, 음주에 몰두하는 경향이 있다.

(2) 항문기(Anal Stage)

18개월에서 3세 사이에는 쾌감과 리비도 만족의 주 근원이 변을 보유하고 배설하는 것에서 유래한다. 기본적인 본능적 지향은 무엇이 보유되어야 하고 가치 있는가, 그리고 내버려야 하고 궁극적으로 가치 없는 것은 무엇인가에 관심이 있다. 이 시기에 아이를 훈련시키는 사람이 혐오감을 보이고 아이로 하여금 수치심을 느끼도록 하는 것은 아이의 자기존중감을 낮게 만들지도 모른다. 이 시기에 고착된 성격은 두 가지로 나타나는데, 하나는 항문기의 폭발적 성격으로 물건을 낭비하고 자신을 지저분하게 함으로써 반항하는 것이고, 둘은 부모가 정한 규율에 지나치게 동조하여 발달된 성격인 항문기의 강박적 성격으로 깨끗하고 질서정연하며 정돈하고 싶은 욕구에 집착한다. 이 시기에 고착된 사람들은 반동형성의 방어기제를 많이 사용하여 배변훈련을 시키는 부모와 권위적 인물에게 분노를 느끼지만 분노 대신에 철저한 복종을 표한다.

(3) 남근기(Phallic Stage)

3세에서 6세까지로 남아에게는 오이디푸스 콤플렉스(Oedipus complex)를 갖는 시기라 하고, 여아에게는 엘렉트라 콤플렉스(Electra complex)를 갖는 시기인데, 프로이트는 주로 오이디푸스 콤플렉스로 설명하였다. 이 시기는 리비도가 아동의 성기에 집중되어 자신의 성기를 남의 것과 비교하고 싶어 하고 남녀의 성기가 서로 다른 것에 호기심을 갖는다. 이 시기에 고착된 사람은 남성의 경우 대부분 경솔하며 과장되며 야심적이며 항상 남자다움을 나타내려고 노력한다. 또한 여성의 경우는 난잡하고 유혹적이며 경박한 기질을 갖거나 아니면 강하게 자기주장을 하여 남성을 능가하고자 하는 노력을 한다고 한다.

(4) 잠복기(Latency Stage)

6세부터 사춘기 이전까지가 해당된다. 오이디푸스 콤플렉스가 지나가고 초자아가 강화되며 상대적으로 조용한 단계이다. 아동은 이제 사회화될 수 있으며 교육과정으로 인해 좀 더 형식화된 경험을 하게 되는 더 넓은 세상으로 관심을 돌릴 수 있다. 이때 에너지는 신체의 발육과 성장, 지적인 활동, 친구와의 우정에 집중되어 성적인 관심은 줄어들게 된다. 이 시기에 고착되면 성인이 되어서도 이성에 대한 정상적인 관심을 발달시키지 못하고 동성 간의 우정에 집착할 수 있다.

(5) 생식기(genital stage)

사춘기가 시작되어 이성에 대한 관심이 생기면서 생식기가 시작되는데, 이 시기에는 호르몬과 생리적 요인들로 인해 그동안 억압되었던 성적 감정들이 크게 강화되어 성적 에너지가 성인과 같이 직접적으로 표현된다. 이 시기 중요한 과제는 '부모로부터 자유로워지는 독립'이며 정신분석 이론에서 생식기적 성격을 가장 이상적인 유형으로 보고 있다. 이런 성격의 사람은 일하고 사랑할 수 있는 능력을 갖추고 있어 사회적·성적 인간관계가 원만하고 책임감이 잘 발달되어 이성과의 사랑이 만족스럽다고 하였다.

5) 치료방법

프로이트 정신분석 상담기법의 주요 목적은 클라이언트의 자기 인식을 증가시켜 현재 행동에 대한 지적 통찰을 얻게 하고, 증상의 의미를 이해하도록 하는 동시에 표현하게 하는 것이다. 이는 마음을 정화하는 훈습의 과정을 통해 이루어진다(장수복 외, 2017 : 152). 정신분석 상담의 기본 치료기법은 자유연상법, 꿈의 분석, 저항, 전이, 해석 등이 있다.

(1) 자유연상법(Free Association)

이 기법은 클라이언트가 의식 속에 떠오르는 모든 것을 자유롭게 이야기함으로써 무의식을 밝혀내려는 정신분석학적 방법이다. 따라서 자유연상을 하는 동안 클라이언트는 자신의 감정과 생각을 억압하지 말고 즉각적으로 보고해야 하며, 이때 사회복지사는 연상의 자유로운 흐름을 방해하지 않도록 주의해야 한다. 또한 사회복지사는 전적으로 수동적인 입장에 있으며, 이러한 기억들이 성격의 구조를 형성 및 발전시키는 근원이 된다고 보고, 이러한 기억들의 연관성을 밝혀 자신의 무의식에 잠재해 있던 억압된 욕구나 문제를 이해하고, 현재 자신의 문제를 자각하고 통찰할 수 있게 된다.

(2) 꿈의 분석(Dream Analysis)

프로이트는 꿈을 '무의식의 왕도'라고 표현하고, 수면 중에 자아방어가 허술해지면서 무의식 속에 억압이나 잠재해 있던 동기, 두려움, 욕구 등이 나타나게 된다고 했다. 즉, 정신분석 이론에서 꿈의 분석은 클라이언트의 무의식적 욕구를 발견하고 해결되지 못한 문제를 통찰하는 중요한 방법에 해당된다(장수복 외, 2017 : 153). 꿈의 분석을 통해 사회복지사는 클라이언트가 자신의 증상이나 갈등의 원인을 이해하도록 꿈이 상징하는 것을 해석해 주는 것이다. 왜냐하면 꿈은 여러 작용의 원초적 표현이며, 무의식이 전의식을 통해 의식으로 나타난 결과이므로 꿈의 분석을 통해 클라이언트의 증상이나 갈등의 원인을 이해할 수 있기 때문이다(Schultz & Schultz, 1994 : 59).

(3) 저항(Resistance)

저항은 치료과정 중 클라이언트가 말하기 두려워하는 부분으로, 자신의 감정이나 경험에 대해 숨기거나 자아를 방어하기 위해 비협조적 태도를 보이는 것을 말한다.

프로이트는 저항을 "억압된 충동이나 가정이 인식되려고 할 때 야기되는 불안을 방어하려는 무의식적 역동"이라고 하였다. 즉, 저항은 클라이언트가 자신의 억압된 충동과 감정들을 자각할 때 야기되는 불안에 대한 방어로 무의식을 의식화하는 것을 저지하려는 노력으로 볼 수 있다. 따라서 저항은 문제해결의 실마리가 될 수 있으므로 반드시 다루어야 할 부분이다. 사회복지사는 클라이언트의 갈등을 현실적으로 해결하기 위해서 무의식적인 방어 부분을 분석하고, 실제적으로 해석해서 클라이언트가 저항의 이유를 인식하고 대면할 수 있도록 해야 한다.

(4) 전이(Transference)

전이는 클라이언트가 과거 자신에게 중요하게 영향을 미쳤던 사람에 대한 억압되고 눌려서 잊어버렸던 모든 감정과 반응을 사회복지사에게 표출하는 것으로, 클라이언트가 사회복지사에게 부여하는 투사의 종합이라 할 수 있다. 따라서 사회복지사는 클라이언트의 과거를 재현할 수 있도록 클라이언트의 전이를 유도해야 한다. 이를 통해 클라이언트는 사회복지사와의 실제 관계가 형성되면서 이전에 체험하지 못했던 인간관계를 경험하고 자신의 문제를 이해하게 된다. 따라서 사회복지사는 감정전이의 과정과 내용을 해석함으로써 클라이언트가 억압했던 무의식의 자료들이 현재에 미치는 영향을 이해해서 자신의 문제에 새로운 통찰을 얻을 수 있도록 해야 한다.

(5) 해석(Interpretation)

해석은 자유연상법, 꿈의 분석, 저항, 전이를 분석하고 객관적으로 문제를 규명해서 클라이언트에게 갈등이나 문제의 원인을 지적하고 설명 및 교육하는 데 사용하는 기법이다. 따라서 해석의 기능은 클라이언트의 문제유발 원인에 대한 사회복지사의 분석과 평가에 근거한다. 클라이언트는 사회복지사의 해석을 통해 자신이 인식하지 못한 과거의 경험이 현재 어떻게 영향을 미치는지를 이해하고 통찰력을 얻게 된다.

6) 평가 및 사회복지실천과의 연관성

(1) 평가

정신분석은 의식의 질서를 뒤집는 충격적인 내용들과 어색한 대화법으로 가득 차 있다. 바로 여기에 정신분석 정신의 생명력이 존재한다. 그것은 대중으로 하여금 정신분석에 가까이 다가가길 꺼리게 만드는 동시에 한 번쯤 정신분석에 빠져 보고픈 기분이 들게 한다는 것이다.

프로이트는 결코 다수의 인간들에게 호감을 주는 호방한 인격자는 아니었다. 민감하고 섬세한 인물이었으며 자신의 이론을 수용하지 못하는 이들과 관계에서 고집스러운 태도를 보였다. 그로 인해 가까운 동료들과도 고통스러운 결별을 했다. 심한 변덕, 히스테리 발작, 기차여행 공포증, 모성성에 대한 갈증과 여성관계에 있어서의 미숙함, 담배중독, 아버지에 대한 불만과 이상적 아버지 상에 대한 갈망, 가까운 사람들에 대한 복잡한 애증 등은 그 자신이 스스로 인정한 신경증적 특성이다. 하지만 그는 자신의 문제점들을 은폐하기에 급급하거나 그 때문에 좌절하지 않고, 그것을 자기 자신과 인간 일반의 정신적 특성을 연구하는 귀중한 자료로 활용하는 비상한 능력을 보인다. 정신분석학은 바로 창피하고 고통스러운 자기 문제의 원인들에 대한 집요한 솔직성과 '자기분석' 활동에 의해 탄생한 작품이다.

정신분석 이론이 출현하기 전까지는 심리적인 문제를 가진 개인들을 '꾀병쟁이'로 받아들였다. 프로이트 당시에는 심리·정서적 문제를 가진 개인을 원조하는 데 관심이 적었으며 방법도 잘 모르는 상태였다. 프로이트는 대화를 통해 문제를 해결할 수 있다는 것을 보여주었으며, 상담의 기술을 풍부하게 하도록 기여한 다른 이론가들의 출현을 자극하였다. 프로이트의 이론이 완벽하지는 않더라도 인간을 이해하고, 심리적인 문제를 해결하는 전형을 제시하였다는 점에서 그의 업적은 어느 누구와도 비교되기 어려울 것이다.

그러나 많은 장점에도 불구하고 정신분석을 다음의 측면에서 한계를 지닌다(Zastrow, 1999).

첫째, 프로이트가 제안한 개념들을 검증하기가 어렵다. 예를 들면, 거세불안, 남근선망, 죽음의 본능, 오이디푸스 콤플렉스, 무의식적 갈등, 리비도 등의 여러 개념들이 실제로 존재하는지에 대해 과학적으로 검증하기가 어렵다.

둘째, 정신분석 치료의 회복률이 높지 않다. 정신분석을 받은 사람이 그렇지 않은 사람들에 비해 호전율이 그리 높지 않다는 충격적인 조사는 다양한 연구에서 드러났다. 이러한 원인으로 우울증과 같은 문제를 가진 클라이언트가 정신분석에 참여했다는 점과 정신분석이 클라이언트의 직접적인 문제의 해결에 무관심했다는 점이 거론된다.

셋째, 프로이트의 이론은 사춘기 이후의 성격발달에 무관심하다. 에릭슨을 포함한 다수의 이론가들은 인생 전반에 걸쳐 성격이 발달한다고 주장하지만 프로이트는 사춘기 이후의 성격발달에 대해 전혀 언급하지 않는다.

넷째, 프로이트의 정신분석은 성을 성격발달의 핵심으로 본다. 이러한 측면은 성을 억압하던 당시의 시대상을 반영하는 것으로 보이지만 성이 성격발달을 전부 설명한다고 보기에는 무리가 있다는 지적을 제기하게 된다.

다섯째, 정신분석은 고비용과 장기간의 회기를 요구한다. 정신분석은 통상 주 2회의 회기와 수년간의 분석기간을 요구한다는 점에서 고비용과 저효율의 문제를 가지고 있다는 비판을 가진다.

(2) 정신분석과 사회복지실천

정신분석을 포함한 정신역동 이론은 사회복지실천과 오랜 역사를 공유하고 있다. 초기의 사회사업은 전문직으로서 마땅한 개입도구를 구비하지 못하였기 때문에 전문직으로 평가받는 데 한계가 있었다. 이러한 상황에서 등장한 정신분석 이론은 사회복지사들을 충분히 매료시켰다. 지금도 정신분석은 정통적인 방식은 아니더라도 여전히 사회복지실천의 장면에 활발히 적용되고 있으며, 여타의 이론들과 절충적인 방식으로 클라이언트를 돕는 데 활용되고 있다. 이에 정신분석 이론이 사회복지실천에 있어서 가지는 의미는 다음과 같다(최옥채, 2003).

첫째, 정신분석 이론은 '대화가 클라이언트를 변화시킬 수 있다'는 토대를 제공해 주었다. 정신분석 이론은 사회복지사들에게 개인이 어떻게 행동하고 왜 그러한 행동을 하는지에 대한 이해의 틀을 제시해 주었다. 또한 심리사회적 문제나 여러 가지 성격상의 문제를 보이는 클라이언트의 행동을 설명해 줄 수 있을 뿐만 아니라 그들 스스로가 자신들의 문제를 인식할 수 있도록 돕는 방법을 제공해 주었다.

둘째, 정신분석에 근거하는 정신역동적 이론들은 사회복지사에게 개인을 사정하는 객관적인 준거 틀을 제시해 주었다. 사정은 사회복지사의 핵심적 기능으로서 클라이언트의 문제를 다양한 측면에서 규명하는데, 이 과정에서 정신분석 이론은 사회복지사에게 클라이언트의 심리적·가족적 요인이 클라이언트의 현재 문제에 어떠한 영향을 주는지를 규명할 수 있도록 도와준다.

2. 아들러의 개인심리학 이론

1) 아들러의 생애

아들러(Adler, 1870~1937)

아들러(Alfred Adler, 1870~1937)는 1870년 2월 7일 비엔나의 유복한 유태인의 가정의 6남매 중 둘째로 태어났다. 어린 시절 아들러는 병치레가 많았고 남자형제 중 한 명이 어렸을 때 바로 옆 침대에서 사망하여 이로 인한 충격과 많은 질병의 경험은 나중에 아들러가 의사가 되기로 결심하는 계기가 되었다.

아들러의 유년기 특징은 아동기의 유약함과 열등감을 극복하려는 투쟁으로 볼 수도 있다. 아들러는 형제나 또래에게 열등감을 느꼈지만 신체적 한계를 보상하기 위해 투쟁했으며 점차적으로 많은 한계를 이겨냈다. 이러한 유년시절의 열등감이나 신체적 한계를 극복한 경험은 아들러가 이론을 형성하는 데 많은 영향을 미쳤으며, 아들러는 운명을 거부하고 자신의 삶을 만들어 간 사람의 본보기라고 할 수 있다. 어린 시절 담임교사에게 구두 수선공 수련을 권유받았으나 그의 아버지는 그를 격려해 마침내 대학에서 의학을 전공했고 안과의사로 개업하였다. 그러나 후에 일반의로 바꾸었고 결국에는 신경학과 정신의학을 전공했으며 아동의 불치병에도 깊은 관심을 가지게 되었다.

아들러는 개인의 치료뿐만 아니라 사회적 문제에도 관심이 많아서 아동양육, 학교개혁, 갈등을 야기하는 편견 등과 관련된 문제를 자주 거론했다. 그는 고난과 역경에 처한 일반 사람들을 돕기 위해서 이해하기 쉬운 평범한 언어로 많은 강연을 하고 글을 썼다. 그는 많은 일을 하면서도 노래하고 음악을 즐기고 친구들과 함께하는 시간을 소중하게 여겼다. 1920년대 중반부터 미국에서 강연을 하기 시작했으며, 그 이후로도 여러 나라를 여행하면서 활발한 강연활동을 펼쳤다. 1937년 5월 스코틀랜드 에버딘에서 강연을 앞두고 산책을 하던 중 심장마비로 사망하였다.

2) 인간관 및 기본 가정

아들러는 인간의 본성을 생물학적·결정론적 관점에서 해석하는 것과는 달리 사회심리적·비결정론적 인간관을 중심으로 삼는다. 아들러는 자신의 이론을 '개인심리학'이라 명명했는데, 이것은 인간을 전체적(holistic)으로 보는 입장이다. 개인심리학은 개인을 사회에 소속된 일원으로서 관심을 갖고 연구하며, 고정된 인간으로서 연구하는 것을 거부한다. 즉, 인간은 유일한, 분해할 수 없는, 자아 일치된, 통일된 실재이며 생태학적 체계 속에서 한 구성요소로 속해 있는 것으로 보아야 한다는 것인데, 이는 사회복지실천의 가치와 상당 부분 일치한다.

개인심리학은 다음과 같은 다섯 가지의 중요한 가정에 근거하고 있다.

첫째, 인간은 목표지향적인 존재라는 점이다. 인간의 모든 행동은 목적성을 지니고 있다. 인간은 과거에 의해 끌려가는 존재가 아니라 미래의 가상적인 목표를 향해 자신의 삶을 창조적으로 개척해 나가는 존재이다.

둘째, 인간행동의 가장 기본적인 목적은 열등감을 극복하려는 것이다. 아들러는 열등감을 극복하고 완전성을 추구하는 동기는 선천적인 것이라고 보았다. 특히 어린 시절에 경험한 자신만의 열등감을 보상하기 위해서 미래의 가상적 목표, 즉 가상적인 자기상을 만들게 되는데, 이러한 목표는 개인의 인생을 이끄는 마음속의 중심목표로 자리 잡게 된다. 아들러에 따르면, 인간은 6세 무렵에 완전한 존재로 여겨지는 가상적인 자기상을 만들어 삶의 목표로 추구하게 된다. 이러한 삶의 목표는 열등감을 극복하고 자신을 성장시키는 동기의 원천이 된다.

셋째, 개인심리학은 현실에 주관적 인식을 강조하며 무의식보다 의식을 중시한다. 인간은 유전과 환경에 의해 영향을 받는 모든 경험들을 개인적이고 주관적인 방식으로 해석하는 창조적인 힘을 지니고 있다. 그러한 해석을 통해서 개인은 자기, 타인, 세상에 대한 신념을 구성하고 삶에 대한 태도와 생활양식을 발달시키므로 그가 지닌 주관적인 인식의 틀과 세상을 지각하는 개별적인 방식을 이해하는 것이 중요하다.

넷째, 개인심리학은 인간이 사회적인 존재라는 점을 강조한다. 인간은 기본적으로 공동체 의식, 즉 사회적 관심을 지닌 존재이므로, 아들러는 인간의 모든 문제가 근본적으로 사회적인 문제라고 믿었다. 사회는 개인의 노력에 의해서 진보하며, 사회적 관계에 무관심한 개인은 심리적인 소외와 쇠약을 나타내게 된다. 아들러는 타인 또는 사회와의 연결감 속에서 타인의 행복을 위해 기여하려는 사회적 관심을 정신건강의 핵심적 요인으로 여겼다.

다섯째, 아들러는 인간을 통합적으로 움직이는 존재라고 여겼다. 아들러는 프로이트처럼 원초아, 자아, 초자아라는 내적 요인의 갈등으로 이해하기보다는 자신의 목표를 향해 통일성 있게 나아가는 통합적인 존재로 이해하고자 했다. 개인의 삶은 목표를 추구하기 위해서 신체, 정서, 지각, 사고를 포함하는 성격 전체의 움직임으로 보아 개인은 이러한 목표를 향해 일관성 있게 나아가는 통합적인 전체로 이해되어야 한다.

3) 주요 개념

(1) 열등감(Inferiority Complex)과 우월감 추구(Striving for Superiority)

아들러는 열등감이 성격형성에 중요하다고 믿었다. 열등감을 모든 정신병리의 일차적 원인으로 여겼지만 부정적인 것으로만 여기지는 않았으며 열등감은 매우 보편적이며, 정상적인 발전의 원동력이 될 수 있다고 그 긍정적인 측면도 강조하였다. 하지만 스스로를 지나치게 열등하다고 평가하여 다른 사람들이 인식하지 못하도록 숨기고 회피한다면 열등 콤플렉스가 되어 자신이 적응하고 성장할 수 있는 능력을 손상시키게 된다.

우월감을 추구하는 것은 인간의 보편적인 욕구이지만 열등 콤플렉스의 과잉보상으로 나타날 수도 있다. 아들러는 이러한 현상을 우월 콤플렉스(superiority complex)라고 불렀다. 우월 콤플렉스는 마치 자신이 열등감을 느끼지 않는 것처럼 행동하려는 과장된 시도로서 현실적인 적응을 악화시킬 뿐만 아니라 필요한 능력의 습득을 방해함으로써 부정적인 영향을 미친다.

(2) 생활양식(Life Style)

아들러는 개인이 지닌 독특한 삶의 방식을 생활양식이라고 지칭했다. 생활양식은 개인이 자신과 타인 그리고 세상에 대해서 지니는 나름대로의 신념체계뿐만 아니라 일상적인 생활을 이끌어 나가는 감정과 행동방식을 의미하며, 어린 시절의 가족경험에 의해서 발달한다. 생활양식은 성격과 유사한 개념이지만 최종목표를 추구하기 위한 개인의 독특한 신념, 사고, 감정, 행동을 의미한다는 점에서 성격과는 다르다.

아들러는 생활양식의 진정한 형태는 생활과제(사회, 직업, 사랑)에 접근하고 해결하는 태도에 따라 구별된다고 한다. 그는 생활양식을 사회적 관심과 활동수준이라는 두 가지 차원을 중심으로 다음과 같은 네 가지 유형으로 구분하였다.

〈표 3-2〉 아들러의 생활양식 네 가지 유형

① 지배형 (ruling type)	타인을 대할 때 지배적인 태도를 보이는 사람들이며 대부분의 관계에서 이러한 태도를 나타낸다. 부모가 지배하고 독재형으로 자녀를 양육할 때 나타나는 생활양식이다. 이 유형에 속하는 사람들은 사회적 관심이 거의 없으면서도 활동수준은 높아 주장적이고 공격적이며 적극적인 태도를 보인다. 이러한 사람들 중에는 독재자, 비행을 저지르는 사람, 중독자 등이 있다.
② 의존형 (획득형, getting type)	타인으로부터 많은 것을 기대하며 의존하는 사람들로 부모가 자녀를 지나치게 과잉보호할 때 나타나는 태도이다. 이 유형에 속하는 사람들은 그들의 욕구충족만을 위해 많은 다른 사람들에게 의존하려 한다. 그들의 주된 관심은 다른 사람들로부터 가능한 한 더 많은 것을 얻으려는 것이다. 이들은 무기력한 성격을 가지고 있으며, 타인으로 하여금 자기를 돕도록 동기화하지만 사회적 환원은 매우 낮은 특성을 보인다.
③ 회피형 (avoiding type)	타인과의 갈등이나 거부를 경험하지 않기 위해 적극적인 대인관계를 회피하는 사람들이다. 부모가 자녀의 기를 꺾어버리는 것이 회피형 생활양식을 갖게 한다. 이 유형에 속하는 사람들은 사회적 관심이 부족할 뿐만 아니라 어떤 형태로도 실생활에 참여하지 않으려 한다. 그들은 성공을 바라기보다는 실패를 두려워해서 모든 생활과제를 포기한다. 이들은 사회적 관심이 결핍되어 있고, 우울증, 신경증, 정신증적 증상을 보인다.
④ 사회 공헌형 (socially useful type)	타인에게 도움이 되는 방식으로 문제를 해결하기 위해 노력하는 사람들로 높은 사회적 관심과 높은 활동수준을 가지고 있다. 아들러는 이러한 사람은 성숙하고 긍정적이고 심리적으로 건강한 사람의 표본으로 제시하였다. 이들은 사회적 관심이 많아서 자신과 타인의 욕구를 동시에 충족시키는 한편, 인생과업을 완수하기 위해 기꺼이 다른 사람들과 협동한다. 이들은 또 사회문제를 해결하기 위해서는 협동, 개인적인 용기 그리고 타인의 안녕에 공헌하려는 의지가 필수적임을 인식하고 있다. 이들은 사회에 꼭 필요한 사람으로 꼽힌다.

(3) 사회적 관심(social concern)

아들러가 정신건강의 주요한 지표로 제시한 독특한 개념 중 하나가 사회적 관심이다. 아들러는 사회적 관심을 세 가지의 발달적 측면에서 기술하고 있다. 첫 번째 발달단계는 타고난 기질로서의 사회적 관심이다. 이는 다른 사람과의 관계를 추구하고 협동하는 기질적 측면을 의미하며 선천적인 개인차를 나타낼 수 있다. 두 번째 단계는 개인적 능력으로서 타인을 이해하고 공감하며 협동과 기여를 할 수 있는 사회적 능력을 의미한다. 이러한 능력은 교육과 훈련을 통해서 함양할 수 있는 협동의 기술을 뜻한다. 세 번째 단계는 일반적인 태도로서 다른 사람과의 협동을 소중하게 여기고 사회적 이익을 위해 헌신하려는 의지를 의미한다.

사회적 관심은 두 가지 차원으로 나누어 이해할 수 있다. 한 차원은 타인이나 사회적 환경과 조화를 이루기 위해 타협하고 협동하려는 노력을 의미하며, 다른 차원은 사회적 이익과 발전을 위해서 자신을 희생하고 기여하려는 노력을 뜻한다. 이러한 사회적 관심은 특히 다른 사람을 배려하기 어려운 상황에서 협동하고 헌신하려는 의지와 행동을 통해 평가될 수 있다. 또한 개인이 타인이나 사회적 집단을 넘어서 자연세계나 우주 전체와의 연결성 속에서 자신의 삶을 영위하려는 이상적인 태도로 확장될 수 있다.

(4) 가족구도(Family Constellation)와 출생순위(Order of Birth)

아들러는 어린 시절의 가족경험과 출생순서가 개인의 성격 형성에 미치는 중대한 영향에 주목하고 있다. 가족은 개인이 태어나서 처음 속하게 되는 사회집단으로서 아이들은 가족 속에서 자신이 누구인지, 다른 사람들은 어떤 존재인지, 세상은 어떤 곳인지에 관한 다양한 신념을 형성한다. 가족 내에서 아이의 서열적 위치(출생순위)는 자신과 세상에 대한 관점과 생활양식을 발달시키는 데 중요한 역할을 하게 된다. 가족환경에 대한 지각은 아이마다 다르며 시기에 따라 변화한다. 가족환경에 영향을 미치는 요소로는 재정상태, 이사, 가족 구성원의 변동, 죽음이나 부모의 이혼 등이 있다.

아들러는 출생순서가 개인의 행동양식에 미치는 영향력을 강조했으나 그것이 결정적인 것은 아니다. 다만, 가족 내의 형제서열에 따라 아이가 겪을 수 있는 특별한 경험의 가능성을 제시하고 있는 것이다. 아들러는 개인의 발달에 중요한 영향을 미치는 사회적 맥락으로서 부모, 형제자매, 중요한 타인들을 포함하고 있다. 출생순서에 따라 나타나는 전형적인 특징들이 존재하지만, 이러한 특성들은 고정된 불변적인 것이 아니라는 점을 유의해야 한다.

일반적으로 어떤 특정한 출생순위에 태어난 아이들이 일반적인 특징들을 가지고 있는데, 그것을 살펴보면 다음과 같다.

〈표 3-3〉 출생순위에 따른 성격 특성

출생순위	성격의 특성
첫째	잠시 동안 부모의 사랑을 독차지하지만 동생이 태어나면서 사랑을 빼앗기게 되고 그것을 되찾으려고 노력하나 실패한다. 그 결과 그는 스스로 고립해서 적응해 나가며 다른 사람의 애정이나 인정을 얻고자 하는 욕구에 초연해 혼자 생존해 가는 전략을 습득해 간다. 때문에 일반적으로 다른 성인들과 좋은 관계를 맺으며 타인의 기대에 잘 순응하고 사회적인 책임을 잘 감당하는 특징을 보인다. 이들은 부정적으로는 신경증, 알코올중독, 정신증환자의 위험성을 보일 수 있다는 것이나 긍정적으로는 동정적이며 권위의 중요성을 인식하여 유용한 인간이 될 수 있다.
둘째	둘째는 태어날 때부터 형이나 누나라는 경쟁자를 가지고 있으므로 그들의 장점을 능가하기 위해 자극과 도전을 받는다. 때문에 그들은 경쟁의식을 가지고 부모나 교사에게 계속해서 칭찬받으려고 애쓴다. 이러한 이유로 첫째보다 훨씬 빠른 발전을 보이기도 하며 그 결과 아주 경쟁심이 강하고 대단한 야망을 가진 성격이 되기 쉽다. 첫째와 다른 영역의 능력을 개발시켜 인정받으려 하는 경향이 있으며, 특히 첫째 아이가 실패한 것을 성취함으로써 부모의 애정을 받기 위해 노력하며 이러한 과정 속에서 첫째 아이와 반대되는 성격을 발달시키게 된다.
중간	위와 아래로 형제나 자매를 두고 있기 때문에 압박감을 느낀다. 이들은 따라 잡히지 않도록 애쓰는 한편 앞서가기 위해 노력한다. 중간 아이는 자신의 능력에 대한 확신을 갖지 못한 채 무력감을 느끼며 다른 형제와 자매들에게 의존적인 태도를 나타낼 수 있다. 그 대신 친구를 사귀거나 사회적 관계를 맺는 일에서 강점을 보일 수 있으며 갈등이 많은 가족에서는 갈등조정자나 평화유지군의 역할을 할 수 있다.
막내	막내는 부모에 의해 과잉보호될 가능성이 크다. 이러한 부모의 태도는 막내를 과도한 의존적 인간으로 만들기 쉽다. 막내는 동생에게 자리를 빼앗기는 경험을 하지 않고 귀염둥이로 자라게 될 수도 있지만 때로는 전혀 관심을 받지 못할 수도 있다. 또한 자기보다 크고 힘이 세고 특권이 있는 형제자매들에게 둘러싸여 독립심의 부족과 함께 강한 열등감을 경험하기 쉽고 다른 사람이 자기 대신 자기의 생활을 만들어 주기를 바라는 경향이 있다. 따라서 이들은 긍정적으로는 형제자매들을 앞지르려고 노력하면서 승자가 되기도 하지만 과잉보호될 가능성 때문에 문제아동 중 두 번째로 큰 비율을 점하고 있다고 하였다.
독자	독자는 항상 무대 중앙에 있지 않으면 견디지 못하는 특성이 있다. 첫째의 성취지향적 행동 특성을 가지고 있으면서 형제들과 나누고 협동할 수 있는 기회는 갖지 못한다. 외동이이는 경생할 형제가 없으므로 응석받이가 되기 쉬우며 이러한 생활양식으로 인해 의존성과 자기중심성이 현저하게 나타난다. 나누어 가지거나 다른 아동들과 협동하는 것을 배우지는 못하나 어른들을 어떻게 다루어야 하는지를 잘 배운다. 항상 무대의 중앙에 있기를 원하며 그 위치가 도전을 받으면 그것을 불공평하다고 느낀다.

(5) 창조적 자아(Creative Self)

창조적 자아는 아들러 이론에서 가장 잘 정리된 개념으로 그의 성격이론의 모든 개념을 지배하는 개념이다. 아들러는 그의 초기 이론에서 인간의 생활양식은 유년기에 형성되며 변화될 수 없는 것으로 정의하였다. 그러나 창조적 자아라는 새로운 개념을 제시하면서 성인기의 인간행동은 결코 초기 경험의 단순한 재생이 아니라 인생 초창기 몇 년 사이에 형성된 성격의 특수한 표현이라고 주장하였다. 이는 인간은 자신이 주체가 되어 이미 형성된 생활양식을 이용해서 스스로 자기에게 적합한 환경을 창조한다는 것을 의미한다.

자아의 창조적 능력은 유년기 때부터 사회적 발달과 함께 출현하며, 한 사람의 생활양식은 개인의 창조적 행위이며 인생의 목표와 우월성 추구방법을 결정하고 사회적 관심을 발달시키는 요인이 된다. 더 나아가 창조적 자아는 자신의 생활목표를 관조할 수 있는 능력이며, 목표에 맞는 선택과 결정할 수 있는 능력으로 인간의 지각과 기억, 상상, 공상, 꿈에 영향을 미쳐 개인의 성격과 행동 및 태도를 형성한다.

4) 치료이론

(1) 치료목표

아들러 학파에게 있어 치료의 목표는 클라이언트의 소속감을 발전시키고, 공동체감과 사회적 관심이라는 특징을 가진 행동과 과정을 받아들여 클라이언트가 자기 인식의 증가로 기본적인 삶의 전제와 생활목표, 기본 개념들을 수정하도록 돕는다. 클라이언트는 자신과 타인과 세상에 대해 지니고 있는 생각과 신념, 좌절감과 열등감 등을 탐색하는 과정을 통해 자신과 자신의 삶에 대한 자기인식을 증가시킨다.

아들러 학파의 심리치료는 개인이 지닌 잘못된 사회적 태도와 가치를 교정하고, 다른 사람들과 함께 살아가는 협동적인 삶의 방식을 가르치는 재교육의 과정이라고 할 수 있으며 다음의 여섯 가지로 제시할 수 있다.

① 클라이언트의 사회적 관심 증가
② 클라이언트가 좌절감과 열등감 극복 도움
③ 클라이언트의 인생목표와 생활방식 변화
④ 클라이언트의 잘못된 동기 변화
⑤ 클라이언트가 타인과 평등한 존재라는 인식 재고
⑥ 클라이언트가 사회에 기여하는 구성원이 되도록 도움

(2) 치료원리

아들러 학파에서는 클라이언트의 치료적 변화를 위해 통찰, 즉 깨달음의 중요함을 강조하며, 클라이언트로 하여금 자신의 목표와 생활양식에 대해 깨닫게 하는 것이 변화의 핵심이다.

클라이언트가 자신의 행동을 변화시키기 위해서는 자신의 삶을 스스로 결정할 수 있는 힘과 능력을 자각하는 것이 필수이며, 좌절과 낙담에 빠져 있는 클라이언트로 하여금 용기를 내어 자신의 삶을 돌아보고, 새로운 변화를 시도해 보도록 격려하는 것이 치료과정의 필수요소라고 할 수 있다.

아들러 학파의 치료에서는 클라이언트가 자신의 잘못된 목표와 신념 그리고 그것들과 연합된 감정과 행동을 인식하는 것이 중요하다. 따라서 클라이언트로 하여금 자신의 잘못된 목표와 신념을 회피하지 않고 정면으로 자각하도록 하는 직면을 조심스럽게 적용한다.

아들러가 프로이트의 정신분석과 구별되는 점은 개인의 내면적인 심리적 과정을 분석하는 것보다 클라이언트가 나타내는 대인관계 행동의 본질을 이해하고, 긍징적인 변화과정을 촉진하는 것에 초점을 맞춘 것이다. 즉, 아들러 학파의 치료는 좌절하여 낙담해 있는 클라이언트로 하여금 자신의 문제해결과 약점을 자각하게 하기보다 자신의 강점을 깨닫도록 함으로써 삶의 문제를 해결하도록 돕는 것에 초점을 맞추고 있다.

(3) 치료기법

① 생활양식 분석

아들러 학파의 치료는 클라이언트의 상세한 생활양식을 분석하기 위해서 가족구도, 가족 분위기, 가족 가치, 성역할 지침, 가족 역할, 초기 발달적 경험들과 관련된 정보를 수집한다.

가족구도는 가족 내에서 지니는 서열적·심리적 위치를 보여주며, 클라이언트가 가족 구성원과의 관계를 어떻게 인식하고 있는지를 보여준다.

가족 분위기는 부모의 부부관계를 비롯한 가족 구성원의 정서적 관계를 반영하므로 가족 분위기에 대한 클라이언트의 평가는 인간관계가 어떠해야 하는지를 결정하는 데 중요한 역할을 한다.

가족 가치는 부모가 자녀들에게 기대하는 것을 나타내며, 이런 가치는 보통 부모에 의해 공유되고 모든 자녀들에게 전달된다. 가족가치를 탐색해 보기 위해 "부모님이 가장 중요하게 여긴 것은 무엇이었나?", "부모님이 어떤 좌우명을 지니고 있었다면, 그것은 무엇이었나?"와 같은 질문을 사용할 수 있다.

성역할 지침은 부모에 의해 공유된 것일 수도 있고 부모 중 한 사람에 의해서 강조된 것일 수도 있다. 이러한 지침들은 성역할과 관련된 다양한 기대들의 패턴과 원칙을 형성하여 인간관계나 사회적 활동에 중요한 영향을 미치게 된다.

가족 역할은 개인의 가족 내부에서 각각의 역할을 맡고 있는데, 역할에 대한 기대나 수행이 클라이언트가 가족 역할의 인식과 가족의 관계에 중요한 역할을 한다. 어느 한 사람이 수행할 수 있는 행동에 대한 일련의 기대로서 중요한 환경적 체계에 의해 규정되고 승인된다(성정현 외, 2015).

초기 발달적 경험들과 관련된 정보는 주로 부모의 양육태도, 가정의 분위기, 가정의 사회적 수준, 의사소통, 부모나 자녀의 개인적 요소 등 여러 환경적 요인 등이 복합적으로 작용하여 구성된다(권재환·이은희, 2006).

② 격려(encouragement)

격려는 아들러 학파의 사회복지사들이 가장 보편적으로 사용하는 치료적 개입이다. 단순하게 정의하면 다른 사람에게 용기를 북돋워 주는 과정이라고 할 수 있겠으나, 구체적인 언어적 행위를 넘어선 인간 본성에 대한 기본적 태도이며 클라이언트로 하여금 자신감과 심리적 강인성을 촉진시키는 핵심적인 치료적 요인이라고 할 수 있다.

칭찬은 잘한 일이나 우수한 결과에 초점을 맞춘 조건적인 행위인 반면, 격려는 결과보다 노력과 향상에 초점을 맞추고 약점과 실수를 지적하는 대신 강점과 잠재능력에 초점을 맞춘다.

③ 마치 ~인 것처럼 행동하기(acting as if)

마치 ~인 것처럼 행동하기는 클라이언트가 스스로 할 수 없다고 생각하는 것을 실제로 성취할 수 있는 것처럼 행동해 보도록 권장하는 개입방법이다. 예를 들어, 언어적으로 학대하는 남편에게 위축되어 저항하지 못하는 여성은 마치 남편에게 대항할 수 있는 용기를 지니거나, 남편이 계속 모욕할 경우 관계를 청산할 용기를 가진 것처럼 행동해 보도록 할 수 있다.

④ 수렁 피하기(avoiding the tar baby)

수렁 피하기는 사람들이 흔히 빠지는 함정과 난처한 상황을 피하도록 돕는 기법이다. 예를 들어, 스트레스를 느끼면 혼자 백화점에 가서 돈을 낭비하며 무의미하게 시간을 보내는 클라이언트의 경우 이러한 행동을 하지 않도록 권하는 대신, 클라이언트로 하여금 어떻게 하면 스트레스를 받았을 때 친구들을 불러 돈을 많이 쓰지 않고 효과적으로 스트레스를 풀 수 있을지를 계획하도록 제안할 수 있다.

⑤ 자신을 포착하기(catching oneself)

자신을 포착하기는 클라이언트가 반복적으로 범하는 부적응적인 행동을 자각하게 함으로써 그러한 행동을 방지하도록 돕는 방법이다. 이 기법은 클라이언트로 하여금 자신의 행동에 대한 자각능력을 발달시킴으로써 스스로 자신의 행동을 점검할 수 있도록 돕는다. 예를 들어, 자주 냉정을 잃고 부적절하게 화를 내는 사람은 그가 분노를 폭발시키기 전에 몸 전체가 긴장한다는 것을 자각한다. 이러한 신체적 긴장의 징후를 느끼게 되면 이를 정지신호로 여기며 심호흡을 통해 분노를 효과적으로 조절하는 방법을 배우게 된다.

⑥ 단추 누르기(pushing the button)

단추 누르기는 클라이언트에게 자신의 감정을 통제할 수 있음을 인식하도록 하는 기법이다. 예를 들어, 과음을 자주 하는 클라이언트의 경우, 술을 마시면서 느끼는 유쾌한 감정과 더불어 과음으로 인한 신체적 고통과 절제실패로 인한 자괴감을 생생하게 상상하도록 권한다. 앞으로 유쾌한 감정을 선택하는 단추를 누르면 또 과음을 하게 될 것이며, 신체적 고통과 자괴감의 회피를 선택하는 단추를 누르면 술을 절제하게 될 것이다. 이러한 대조적인 두 가지 경험의 생생한 이미지를 통해 부적응적인 행동을 절제하도록 도울 수 있다.

⑦ 즉시성(immediacy)

즉시성은 클라이언트로 하여금 현재 이 순간에 무엇이 일어나고 있는지를 자각하도록 하는 기법이다. 이를 통해서 클라이언트가 사회복지사와의 상호작용에 관심을 집중하게 되고, 치료시간에 사회복지사와의 상호작용에서 일어나는 일들이 클라이언트의 일상생활에서 일어나는 일들의 표본이라는 것을 깨닫도록 도울 수 있다.

⑧ 직면(confrontation)

직면은 클라이언트가 제시하는 정보들 간의 불일치를 지적하는 것을 포함하며, 자신의 잘못된 목표와 신념을 회피하지 않고 정면으로 자각하도록 하는 것이다. 이러한 직면은 주관적인 견해에 대한 직면, 잘못된 신념과 태도에 대한 직면, 사적 목표에 대한 직면, 파괴적인 행동에 대한 직면의 네 가지 유형이 있다.

⑨ 과제 부여(task assignment)

과제부여는 사회복지사가 클라이언트의 동의하에 문제해결을 위한 구체적인 행동과제를 정하고 클라이언트로 하여금 그러한 과제를 수행하게 하는 것이다. 구체적인 과제 수행은 문제해결을 도울 뿐만 아니라 과제수행에 합의하고 과제를 계획하여 실행하는 과정을 통해서 클라이언트의 책임감과 과제수행 역량을 증진시킨다.

5) 평가 및 사회복지실천과의 연관성

(1) 평가

아들러의 개인심리학은 성격에 대하여 지나치게 단순한 해석을 하고 있다는 점에서 비판을 받아왔다. 또한 프로이트가 성을 지나치게 강조하여 비판을 받았듯이 아들러는 열등감 그리고 성격형성에서 사회적 요인들의 중요성을 지나치게 강조하였다는 점에서 비판받아 왔다. 그의 방법론은 실험적이기보다는 관찰적이었다.

그러나 그의 관점은 실존주의, 인지치료, 현실치료, 인간중심 상담, 게슈탈트 접근에 영향을 주었다. 또한 아들러의 이론에서 성격의 사회적 요인에 대한 강조는 집단 내에서 개인을 치료하는 집단치료의 개념을 선도하였고, 초등교육, 부모교육 집단, 결혼상담, 가족상담과 같은 영역에서 매우 유용하다. 또한 그는 양성의 동등성, 아동양육에서 가족의 중요성과 우리 모두가 추구해야 하는 인생목표의 중요성을 옹호하였다. 그의 심리학은 실용적이고 이해하기가 쉬워 이상심리학, 심리치료, 직업상담, 교육 그리고 범죄 연구와 범죄 예방 분야에도 적용되고 있다.

(2) 사회복지실천과의 연관성

첫째, 아들러는 인간의 행동을 주요 인물들 부모, 형제자매들과의 관계, 생활양식과 함께 사회환경과의 상호작용에 관심을 두었기 때문에 미시적인 사회복지실천에 영향을 미쳤다고 할 수 있다. 특히 클라이언트의 생활양식을 분석하는 과정은 사회복지사가 개인을 이해하고 이를 바탕으로 사정하여 개입계획을 세울 수 있는 이론적 근거가 되며, 아들러의 치료방법들은 사회복지사에게 '말로써 제공하는 서비스', 즉 면담방법에 많은 영향을 주었다.

둘째, 아들러의 개인 심리학에서는 가족의 분위기, 가족형태, 가족 구성원의 생활양식에 관심을 두고 있고, 따라서 사회복지실천에 있어 가족상담에 유용한 지식기반을 제공하고 있다. 또한 아들러의 이론에서 성격의 사회적 요인에 대한 강조는 집단 내에서 개인을 치료하는 집단치료의 개념을 선도하였고 집단 사회복지실천에 유용하게 활용되고 있다.

셋째, 아들러는 클라이언트들을 정신적으로 병든 상태로 보는 것이 아니라 좌절한 것으로 본다. 그래서 아들러의 치료 이론은 증상의 제거보다 기본적인 삶의 전제나 왜곡된 삶의 동기를 수정하는 것이다. 이처럼 아들러의 개인 심리학은 사회복지실천에서의 중요한 관점인 강점관점과 관련이 있다. 또한 치료과정에서 클라이언트가 두려워하는 행동이나 사고를 의도적으로 과장하는 역설적인 방법과 클라이언트로 하여금 자신이 원하는 방식으로 행동해 보도록 하는 기법들은 클라이언트 스스로 합리적인 대안들을 찾아볼 수 있도록 도와주는데, 이는 사회복지사가 클라이언트의 자기결정을 최대화하도록 하고, 클라이언트를 클라이언트 자신의 삶에 있어 전문가로 고려해야 하는 사회복지실천을 안내하는 원리를 제공한다고 할 수 있다.

넷째, 아들러의 인간에 대한 주요 가정에서 인간이 사회적인 존재라는 것을 강조하고 있는데, 인간은 기본적으로 공동체 의식, 즉 사회적 관심을 지닌 존재라는 것이다. 이는 사회복지실천에 있어 클라이언트의 과거 심리 내적인 정신역동적 측면과 함께 상황 속의 인간을 이해하도록 하고 있다. 더 나아가 클라이언트가 다른 사람들과 보다 협동하며 사회적 기여를 하도록 노력하거나 환경에 잘 적응하여 건강한 삶을 살아가도록 하는 사회복지실천의 본질과도 관련이 있다.

3. 융의 분석심리학 이론

1) 융의 생애

융(Jung, 1875~1961)

융(Carl G. Jung, 1875~1961)은 1875년 스위스의 케스빌에서 스위스 개신교회 혈통을 이어 받은 목사 집안에서 태어났다. 융은 어린 시절부터 몹시 내성적이어서 나무로 만든 인형이 그에게 유일한 친구였다. 그의 부모의 매우 긴장된 결혼관계 모습에 융은 아버지와 어머니가 모순된 것처럼 보았다.

신경증적 발작으로 인해 간간히 학교를 휴학해야 했던 융은 이 시기를 평상시 보고 싶었던 책을 보는 행복한 시간으로 즐겼다. 그러나 아버지가 자신의 신경증을 심각하게 걱정하는 모습을 보면서 현실성을 갖게 되자 곧 증상이 사라졌다. 이것이 그가 신경증을 이해하는 근거가 되었다.

강한 성격과 다양한 관심에도 불구하고 융은 전통적인 공교육을 받았다. 그는 바젤대학교의 의과대학에 들어갔고 그곳에서 내과를 전공했지만, 그의 독립성과 독특한 사고방식과는 잘 맞지 않아 관심을 정신과학으로 돌려 취리히에 있는 정신병원에 자리를 잡았으며, 정신분열병 연구의 선구자인 오이겔 블로일러(Eugen Bleuler)의 지도 아래 일했다.

융은 '단어연상검사'를 공부하고 실행했는데, 그것은 정신병리의 무의식적 기원에 대해서 더 많이 알고자 하는 그의 첫 번째 실험적 시도였다. 1907년 히이델베르크대학교의 한 교수가 프로이트를 공격하는 데 대항하여 프로이트를 옹호한 것을 계기로 프로이트의 후계자로 받아들여지기도 하였다. 이후로 프로이트와 융은 6년간 함께 작업하였으나 프로이트의 '범성설'에 반발하면서 결국 결별하게 되었다.

융은 그의 생애를 통틀어 18권이라는 전집을 저술했을 정도로 다작의 이론가였고 저술가였다. 그럼에도 불구하고 일생 동안 자신에 대한 의문을 갖고 자신에 대한 회의를 해결할 방법을 찾기 위해 자신의 무의식에 빠져들어 많은 시간을 보냈다. 융은 자신의 무의식에 대한 이해를 발전시키는 매체로 모래놀이치료, 꿈속의 인물들과의 대화 그리고 예술을 사용하였다.

융은 1961년 6월 6일 85세의 나이로 사망했으며 말년까지 그는 활발한 연구 활동을 하였다.

2) 인간관

분석심리학에서 인간의 정신은 의식과 무의식이 하나로 통합해서 완성된 것이기 때문에 의식과 무의식은 대립되기보다는 보완하는 상태에서 인간의 모든 생각과 감정, 행동을 포함하고 있다고 본다. 따라서 인간의 정신은 대립과 분열 상태에 있던 각 요소들이 계속적인 통합과정을 거쳐 전체적으로 독특하고 고유한 존재로 변화되어 가는 개성화 과정이며, 자기완성과 실현을 강조했다(안효근, 2008).

특히 융은 집단 무의식을 중시하였는데, 집단 무의식이란 인류의 선조들의 경험이 축적된 것으로 인간은 출생할 때부터 유전인자 속에 이러한 집단 무의식을 구성하는 원형을 가지고 태어난다고 보았다. 또한 융의 이론에서는 인간의 성격이 과거의 경험뿐 아니라 미래에 무엇을 하기를 바라는지와 같은 목적과 의미에 따라 달라질 수 있다고 하여 인간의 본질을 전체성의 관점에서 개성 있는 전체로 파악하고자 하였다.

3) 주요 개념

융에 따르면, 인간은 여러 부분의 집합이 아니라 하나의 통합된 전체이다. 인간은 전체성을 지니고 태어나며 분화나 통합을 반복하며 전체성을 발현해 나간다. 인간이 일생을 통해서 추구해야 할 것은 타고난 전체성이 되도록 최대한으로 분화된 것을 일관성 있고 조화롭게 발전시키는 것이다.

(1) 의식(Conscious)과 무의식(Unconscious)

① 의식

의식은 개인이 유일하게 직접적으로 알 수 있는 부분이며 태어날 때부터 죽을 때까지 지속적으로 성장해 간다. 개인은 타인과 구별되는 자신만의 고유한 존재로 성장하는데, 융은 이러한 과정을 개성화(individuation)라고 지칭했다. 개성화의 목표는 개인이 가능한 한 완전하게 자신의 전체성을 인식하는 것, 즉 '자기인식의 확대'에 있다. 개성화는 무의식적인 내용을 의식으로 가져옴으로써 이룰 수 있다. 의식의 중심에는 자아(ego)가 존재하는데, 자아는 개인의 정체성과 자기가치감을 추구하며 자신과 타인과의 경계를 수립하여 구분하는 기능을 한다. 뿐만 아니라 의식에 대한 문지기 역할을 하며 지각, 사고, 기억 그리고 감정이 의식될지 여부를 판단한다.

② 개인 무의식(personal unconscious)

무의식은 자아에 의해서 인정받지 못한 경험, 사고, 감정, 지각, 기억을 의미하는데, 개인 무의식에 저장된 내용들은 중요하지 않거나 현재의 삶과 무관하다고 여겨지는 것일 수 있다. 또는 개인적인 심리적 갈등, 미해결된 도덕적 문제, 정서적 불쾌감을 주는 생각들과 같이 여러 가지 이유로 억압된 것일 수 있다. 이러한 개인 무의식은 꿈을 만들어 내는 데 중요한 역할을 한다. 이러한 개인 무의식의 고통스러운 사고, 기억, 감정들은 어떤 주제를 중심으로 뭉치고 연합되어 심리적인 복합체를 이룰 수 있는데, 이를 콤플렉스(complex)라고 한다.

콤플렉스라는 용어는 융이 단어연상검사를 통해 발견한 심리적 구조를 지칭하기 위해 처음 사용한 것으로, 융의 콤플렉스가 다른 이론가의 콤플렉스와 구분되는 점은 원형적 핵(archetypal core)을 강조한다는 점이다.

융의 콤플렉스는 개인 무의식뿐만 아니라 집단 무의식의 요소를 지니고 있으며 아버지 콤플렉스, 어머니 콤플렉스, 구세주 콤플렉스, 순교자 콤플렉스와 같이 원형과 관련된 핵심적 주제를 중심으로 구성되어 있다. 이러한 콤플렉스는 개인에게 의식되지 않은 채로 부정적인 영향을 미치기 때문에, 콤플렉스를 의식화하는 것이 심리치료의 목표가 된다.

③ 집단 무의식(collective unconscious)

융의 이론이 다른 이론가들과 가장 차별화되는 개념으로 집단 무의식이 있다. '집단'이라 함은 그 내용들이 모든 인간에게 공통된 것이라는 점을 의미한다.

집단 무의식은 인간에게 전해 내려온 보편적인 경향성으로서 신화적 모티브의 표상을 형성하는 것을 말한다. 개인의 마음속에 존재하는 인류 보편적인 심리적 성향과 구조가 집단 무의식인데, 이를 구성하는 주된 내용은 본능과 원형이다. 본능은 행동을 일으키는 충동을 의미하며, 원형은 경험을 자각하고 구성하는 방식을 뜻한다.

(2) 원형(Archetype)

원형은 내용을 지니지 않고 단지 형태만을 지닌 심리적 반응양식이다. 원형은 한 사람 한 사람에게 따로 생긴다기보다는 문화와 세대에 그리고 그 안에 존재하며 타고난 것이기에 문화와 세대를 통해 전달된다.

원형은 어떤 유형의 지각과 행동의 가능성을 나타내고 있으며, 원형들은 집단 무의식 내에서 서로 별개의 구조를 이루고 있지만 결합을 하기도 한다. 모든 원형들이 여러 가지로 결합되어 작용하기 때문에 개인의 성격이 각기 판이하게 다른 것이다.

원형은 고정관념이나 기본형으로 생각해도 좋다. 예를 들면, 현명한 노인, 어머니, 아버지, 어린이, 부인, 남편, 영웅, 사기꾼, 예언자, 제자, 환생, 자기(개성화 과정의 궁극적 목표) 등을 포함한다. 원형은 꿈과 환상에서도 나타나고 종종 상징을 통해서도 나타난다. 원형의 유형에는 페르소나, 아니마, 아니무스, 그림자, 자기 등이 있다.

① 페르소나(persona)

페르소나는 우리가 외부세계로 보여주는 우리 자신이 이상화된 부분이고 집합적 영혼의 얼굴이라 할 수 있다. 이 가면 혹은 보호적 표면은 우리의 문제점과 슬픔을 감추지만, 사회 속에서 우리가 잘 기능하도록 하고 다른 사람들과 잘 어울리도록 하며, 우리의 일상적인 욕구와 활동을 추구할 수 있게 한다. 우리의 페르소나는 사회적 상황에 적응하려는 노력 여하에 따라 변할 수 있고, 특정한 시기에 우리가 함께하는 집단이나 사람에 의해서도 영향을 받는다.

페르소나는 사람이 특정한 상황에서 자신의 감정, 사고, 행동을 조절해야 하는 것을 배우는 데 유용하다. 그러나 페르소나를 너무 중요하게 여기면, 개인은 진정한 자신으로부터 유리되어 형식적이고 피상적인 삶을 살게 될 뿐만 아니라 순수한 감정을 경험하기가 어려워진다.

② 아니마(anima)와 아니무스(animus)

페르소나가 외부로 드러난 모습이라면, 아니마와 아니무스는 무의식 속에 지니고 있는 이성의 속성을 뜻하는데, 아니마는 남성 안의 여성적 심리요소이고, 반대로 아니무스란 여성 안의 남성적인 심리요소이다. 아니마와 아니무스는 우리가 맺는 관계, 특히 다른 성과의 관계에 큰 영향을 미친다.

아니마는 또한 전형적으로 남성적인 요인들을 조화시키기 위해 그에게 부드러움이나 헌신과 같은 전형적인 여성적인 요인들을 자신의 성격으로 통합하도록 만든다. 마찬가지로 여성은 아니무스를 그녀가 관계하고 있는 남자들에게 투사한다. 이러한 과정을 통해 긍정적인 면으로 본다면 그녀는 남자들을 빛나는 갑옷을 입은 기사로 볼 수도 있는 반면에 부정적인 측면에서는 남자들을 거만하고 지배적이라고 간주할지도 모른다.

아니마와 아니무스의 인식은 우리의 자기자각, 발전, 관계에 긍정적인 영향을 줄 수 있다. 하지만 페르소나에 과도하게 묶여 있는 사람들은 그들의 아니마와 아니무스를 지각하지 못하기 쉽고, 사람들과의 관계를 잘못 전달하는 방식으로 타인들에게 그것을 투사하게 된다.

③ 그림자(shadow)

그림자는 조상으로부터 물려받은 원형에서 전래되지만 집단 무의식과 개인 무의식 모두에서 나타날 수 있다. 그림자는 도덕적으로 불쾌한 특징이나 충동들이고 사회적으로 용인되지 않거나 수치스럽고 사악한 생각, 감정, 행동들을 끌어내는 가능성을 포함한다. 어떤 의미에서는 그림자가 페르소나의 반대라고 할 수 있다. 그림자가 사회적으로 적절하지 않은 것을 받아들이는 반면, 페르소나는 사회적 수용과 승인을 추구한다. 좋은 그림자도 있지만 일반적으로 그림자는 부정적인 특질이나 요인을 반영한다.

우리 자신의 도덕적 약점, 적응에의 문제, 사회적으로 용인되지 않는 행동 영역들은 우리의 그림자에 대한 단서를 제공한다. 그림자를 적절하게 표현하는 것은 창조력, 활력, 영감의 원천이 될 수 있으며, 반대로 과도하게 억압하면 개인은 자유로운 표현이 억제되어 진정한 자신으로부터 괴리될 뿐만 아니라 불안과 긴장 상태에 빠져들 수 있다. 그러한 개인들에게 있어서 치료의 목표는 그들의 그림자를 의식으로 가져와 인식하고 표현하도록 돕는 것이다.

④ 자기(self)

자기는 의식과 무의식을 포함한 성격 전체의 중심이다. 자기는 성격을 구성하고 통합하는 에너지를 제공하는 일을 한다. 자아가 의식의 중심이라면, 자기는 성격 전체의 중심이면서 동시에 성격 전체를 포함하고 있다. 개성화가 일어나지 않는 미숙한 사람들의 경우에는 자기가 무의식의 중심에 묻혀 있어서 다른 원형과 콤플렉스를 잘 인식하지 못한다. 융은 자기의 실현이 인간 삶에 있어서의 궁극적인 목표라고 보았다. 이처럼 자기는 성격에 통합, 평형, 안정성을 제공하며 성격발달의 목표로, 접근되긴 하지만 좀처럼 도달되지는 않는다.

4) 성격의 유형과 발달

(1) 성격 유형

융은 개인의 다양한 성격적 특성을 태도와 기능의 차이로 설명하고 있다(김제한, 2001). 그는 개인이 내면적 세계 또는 외부적 세계에 대해서 관심과 에너지를 투여하는 방향성에 따라 외향성과 내향성의 두 가지 태도로 구분했다. 외향성은 외부세계에 관심을 지니는 객관적 태도이며, 내향성은 내면세계에 관심을 두는 주관적 태도이다. 융의 성격에 대한 태도와 기능은 이후 MBTI(Myers-Briggs Type Indicator)의 이론적 기반이 되었다.

① 두 가지 태도(외향성, 내향성)

두 가지 태도는 서로 배타적으로 번갈아 나타날 수 있지만 의식에 공존할 수는 없다. 개인은 상황에 따라 외향적일수도 내향적일수도 있다. 개인은 전적으로 내향적이거나 외향적인 경우는 없으며 두 태도 모두 가지고 있다. 또 의식에서는 외향적이라 할지라도 무의식에서는 내향적이어서 구분이 더 모호해지기도 한다. 꿈이 보상적 기능을 한다는 융의 이론에 따르면 외향적인 사람은 꿈에서 내향적인 모습을 나타낼 수 있으며 내향적인 사람은 그 반대로 나타날 수 있다.

〈표 3-4〉 성격의 두 가지 태도

외향성 (extraversion)	이러한 태도를 가진 사람들은 에너지가 외부세계를 향해 있다. 그들은 외향적인 경향이 있고 외부의 변화에 쉽게 적응한다. 그들은 혼자 있을 때보다 사회나 대인 관계 상황에 있을 때 힘을 얻는다.
내향성 (introversion)	이것은 외향성과 반대에 있다. 내향성이 지배적인 사람들은 그들의 리비도가 내부로 향할 때 가장 편안하다. 그들은 좋은 사회기술을 가지고 있을지도 모르나, 자신의 내면을 성찰하는 경향이 있으며, 혼자 있을 때 에너지를 보충한다. 사람들의 무리는 그들을 지치게 한다.

② 네 가지 기능

네 가지 기능은 사람들이 어떻게 내부, 외부 자극을 처리하는지를 결정한다. 성격을 구성하는 기능에는 사고, 감정, 감각, 직관의 네 가지가 있다.

〈표 3-5〉 성격의 네 가지 기능

구분	내용
사고 (thinking)	사고는 사물을 이해하고자 하는 지적 기능으로서 여러 관념을 연결시켜 문제를 해결하는 역할을 한다. 사고기능을 가진 사람은 인식력이 있고, 지적으로 주로 반응하고 자극을 해석하고 이해하는 것을 추구한다.
감정 (feeling)	감정은 평가의 기능을 말하며, 어떤 관념이 긍정적 감정 또는 부정적 감정을 일으키는지에 따라 그 관념을 받아들일 것인지 물리칠 것인지를 결정한다. 감정기능은 사고기능과 반대된다. 감정기능은 주로 정서적으로 반응하며 좋고 싫음이나 자극에 의해 발생된 다른 감정들에 초점을 맞춘다.
감각 (sensation)	감각은 감각기관의 자극에 의해 생기는 모든 의식적 경험을 포함하고 있다. 감각을 통해 자극을 받아들이고 확인하며, 그것을 의식으로 다시 내보낸다. 주요한 기능으로서 감각을 가지고 있는 사람은 사실과 자극 자체를 보며 그 의미와 가치의 구체적인 증거를 찾는다.
직관 (intuition)	직관은 직접적으로 주어지는 경험이라는 점에서 감각과 비슷하다. 그러나 감각은 자극의 근원이 분명하지만, 직관은 갑자기 나타나며 그 근원과 과정을 설명할 수 없다는 점에서 차이를 지닌다. 직관이 지배적인 사람들은 자극이 어디로부터 나왔는지, 어디로 가는지, 그 가능성이 무엇인지에 대한 직감에 의존하여 판단한다.

(2) 성격발달 단계

융은 인간의 발달과정을 네 가지 단계, 즉 아동기, 청년기, 중년기, 노년기로 구분했다. 그는 성격발달 자체보다 무의식의 변화과정에 관심이 많았기 때문에 정교한 설명을 제시하지는 않았다.

① 아동기

출생에서 시작하여 사춘기 또는 성적 성숙기까지 계속된다. 이 시기의 아동은 근본적으로 본능적 에너지에 의해 움직인다. 부모의 역할은 아동의 에너지의 방향만 잡아주어 아동이 혼란스럽거나 무질서하게 되지 않도록 하는 것이다. 이 단계의 초기에 자아가 형성되기 시작하고, 이때부터 아동은 자신을 1인칭으로 말하기 시작하며, 학교에 들어가면서 부모의 세계, 즉 심리적 자궁에서 빠져나오기 시작한다.

② 청년기

사춘기에 일어나는 생리적 변화로부터 시작한다. 생리적 변화는 정신적 측면에서도 혁명적 변화를 유발하게 되는데, 융은 이 시기를 '정신적 탄생기'라고 불렀다. 청년기에는 사회생활에 적응해 나가는 다양한 방법을 배우게 된다. 이러한 적응방식을 잘 습득하게 되면 큰 어려움을 겪지 않지만, 아동기의 환상에 집착하여 현실을 인식하지 못하면 많은 어려움에 부딪히게 된다. 이 단계에서 생기는 정신적 문제는 성적 욕구에 의한 심리적 혼란과 밀접하게 관련되어 있으며 과민성과 불안정에서 생기는 열등감이 문제가 될 수 있다. 청년기 문제의 공통적 특징은 아이 원형, 즉 어른이 되기보다 아이로 머물러 있기를 원하는 경향에 의해서 영향을 받는다는 점이다.

③ 중년기

약 35세부터 40대 후반에 해당하는 시기로서 융은 이 시기의 변화에 깊은 관심을 보였다. 융이 중년기에 각별한 관심을 갖게 된 것은 그 자신이 이 시기에 정신적 위기를 겪었으며, 자신의 내면을 검토하고 꿈과 창조적 작업을 통해 무의식을 탐색했던 경험과 관련이 있다. 또한 융의 환자 중 대다수는 사회적으로 성공한 중년기의 사람들로서 삶의 의미와 관련된 물음들을 지니고 있었다.

중년기에는 특유의 적응문제가 발생하는데, 지금까지 외부세계에 대한 적응에 사용되었던 에너지가 새로운 정신적 가치로 방향을 돌리게 된다. 즉, 젊은 시절의 외향적이고 물질주의적 관심에서 내향적이고 정신적인 관심으로 변화되거나 확대된다. 이 시기는 행동을 통한 외부적 활동보다 내면적 사색과 명상을 통해서 자기를 실현하는 일에 관심을 가져야 할 시기이다. 이때 의식과 무의식을 성공적으로 통합하게 되면 긍정적인 심리학적 건강상태인 개성화가 이루어진다. 개성화를 이루기 위해서는 지금까지 해왔던 행동과 가치를 버리고 무의식에 직면해야 하며, 꿈과 환상에 관심을 가져야 한다(Schultz & Schultz, 1994 : 90).

④ 노년기

노년기에 접어들면서 사람들은 자신의 무의식 세계에 더 깊은 관심을 갖게 된다. 융에게 있어 노년기는 삶을 반성하고 지혜를 키우는 시기이다. 나이가 많아질수록 자신의 삶의 경험을 이해하고, 그러한 이해를 통해 삶의 의미를 이끌어 내는 데 많은 시간을 들여야 한다.

노년기에는 내세에 대한 관심이 높아지는데, 융은 내세를 여러 종교와 신화의 주된 주제로서 무의식적 기반을 지닌 것으로 여겼다. 인간의 심리적 발달은 노년기에도 결코 끝나지 않으며 나이에 상관없이 계속된다는 것이 융의 믿음이었다.

5) 치료이론

(1) 치료목표

분석적 심리치료의 궁극적 목표는 개성화와 성격의 통합이다. 개성화는 무의식과 의식의 통합을 통해서 자기를 충분히 실현시키는 것이다. 일반적으로 인생의 전반기를 살아가는 클라이언트의 치료는 현실 적응을 위한 구체적인 목표를 성취하는 데 초점이 모아진다. 그래서 직업에 적응하고 가정을 돌보는 정상적인 적응적 삶을 위해서 자아를 강화하는 일에 주력하는 반면, 인생의 후반기를 살아가는 클라이언트의 치료목표는 자기의 실현에 초점이 모아지며 따라서 개인적인 삶의 의미를 발견할 수 있도록 자신의 내면적인 존재를 경험하도록 하는 데 주력한다.

(2) 치료과정

융의 치료는 전형적으로 네 가지 단계를 거친다.

① 카타르시스와 정서적 해소

치료적 동맹이 형성되는 동안 강한 감정이 분출된다. 사람들은 그들의 과거를 이해하기 시작하지만, 다시 재생할 필요는 없으며 융은 과거 외상의 재생은 바람직하지 못한 것으로 간주했다. 오히려 카타르시스와 과거-현재 모두의 이해가 사람들로 하여금 고통을 주지 않고 현재의 어려움을 개선할 수 있도록 하였다.

② 설명(명료화)

증상의 의미, 아니마와 아니무스, 그림자, 그 사람의 현재 삶의 상황, 어려움들을 명료화한다. 또한 사람들은 그들의 미성숙하고 비현실적인 사고나 환상뿐만 아니라 정서적인 문제의 아동기 기원을 훈습한다. 전이와 역전이는 탐색되고 분석된다. 융은 전이와 역전이 모두 우리에게 치료에 대해 무언가를 알려주고 치료를 안내할 수 있다고 믿었다.

③ 교육

교육은 부적응이나 불균형에서 비롯된 발달이나 성숙의 어떠한 공백도 치료하도록 도울 수 있다. 이 과정 동안 사회복지사는 사람들을 지지하고 격려하면서, 자신의 삶을 개선시키고자 하는 모험을 감수할 수 있도록 돕는다. 사회적 환경에 적응하기 위해 자신의 성격에 대한 통찰을 한다.

④ 변화

변화는 자아와 자기에 대화를 촉진하고, 더 깊은 자기와 더 큰 균형의 출현을 이끈다. 클라이언트와 사회복지사 간의 역동적인 상호작용을 통해 단순히 사회에 대한 적응을 넘어서 자기실현으로의 변화가 도모된다.

(3) 치료기법

융은 치료장면에 있어 두 사람의 상호작용을 강조하고 전이와 역전이 현상에 초점을 둔 분석학자이다. 따라서 사회복지사는 비비판적이고 공감적인 청취자가 되어 클라이언트가 오랫동안 가두어 두었던 감정을 고백할 수 있도록 해야 한다. 또한 전이관계에 초점을 두어 꿈이나 환상분석을 통해 전이의 근원을 유아기까지 찾아 들어가는 노력을 해야 한다. 융의 분석적 심리치료 기법에는 다음과 같은 것들이 있다.

① 꿈 분석

융과 프로이트는 무의식 이해를 위해서 꿈을 중요시한다는 점에서 동일하지만, 이들이 꿈 분석을 통해서 해석하는 꿈의 의미는 매우 다르다. 프로이트는 꿈 분석을 통해서 억압된 성욕과 무의식적 갈등을 발견하고자 한 반면, 융은 꿈을 통해 마음 깊은 곳으로부터 들려오는 지혜로운 영혼의 음성이자 메시지를 발견하고자 했다. 융에게 있어서 꿈은 개인의 지극히 내면적인 정신세계를 보여주는 것으로서 상징과 심상을 통해 무의식의 상태와 변화를 보여주며, 개인이 지닌 내적 또는 외적 문제에 대한 해결책을 암시하는 예시적인 기능을 지닌다.

꿈은 하나의 연극과 같은 구조를 지닌다. 서막이 있고 문제상황이 기술되며 절정을 이른 후에 결말을 맺는 것으로 구성된다. 객관적 수준에서 보면 꿈속의 형상들은 부모, 배우자, 자녀와 같은 실제 인물이나 가까운 사람을 나타내지만, 주관적 수준에서 보면 그러한 형상들은 꿈꾸는 사람의 성격적 요소를 상징적으로 표상하고 있는 것이다. 꿈속에 등장하는 인물이나 형상의 위치, 행동, 감정은 물론 줄거리를 이루는 사건의 순서와 결말에도 중요한 의미가 있다.

꿈의 의미를 발견하는 것은 매우 어려운 일이기 때문에 일련의 꿈들을 묶어 해석하는 것도 좋은 방법이다. 내용이나 주제가 반복되는 꿈들은 개인에게 중요한 의미를 지니는 원형의 발현으로 해석될 수 있다. 꿈은 클라이언트가 콤플렉스를 이해하고 해소하는 데 필요한 지식을 얻는 통로가 될 수 있을 뿐만 아니라 클라이언트의 진정한 본성에 접촉하는 방법이 될 수 있다.

② 전이와 역전이 분석

전이와 역전이 분석은 융의 분석적 심리치료에서 무의식을 이해하는 중요한 기법이다. 전이와 역전이는 자신의 무의식을 상대방에게 투사하여 내보이는 것이다. 전이는 클라이언트의 내면적 상황, 기대, 콤플렉스, 공상과 감정을 보여주며 과거와 현재를 이어주는 다리역할을 한다. 일반적으로 클라이언트의 통합되지 못한 부분이나 억압된 부분이 사회복지사에게 투사된다. 전이는 클라이언트가 경험한 무의식적인 주요 사건을 재현하는 것으로서 과거나 현재의 문제들을 탐색하는 단서가 될 수 있다. 전이를 분석하는 과정에서 어떤 원형이 클라이언트에게 영향을 미쳤는지를 이해하게 되는 동시에 그와 관련된 꿈이나 환상으로부터 해결책의 암시를 얻을 수 있다.

사회복지사 역시 클라이언트에게 역전이를 나타낼 수 있다. 사회복지사는 치료적 상호작용에서 나타나는 자신의 투사와 클라이언트의 투사를 분별할 수 있어야 한다. 이를 위해서 사회복지사는 강도 높은 분석을 통해서 자신의 콤플렉스와 심리적 요소를 깊이 있게 자각하고 있어야 한다. 역전이는 클라이언트에 대한 사회복지사의 반응을 반영하며 매우 유용한 정보를 담고 있다. 역전이 속에서 사회복지사의 무의식을 자극하는 클라이언트의 심리적 속성과 무의식적 내용이 반영되어 있기 때문이다.

③ 적극적 상상

적극적 상상은 새로운 무의식적 주제들이 의식으로 떠오르도록 자극하는 다양한 방법을 의미한다. 이 방법은 융의 자기분석에 근거하여 개발된 기법이다. 적극적 상상을 위해서는 내면적인 심상이 활성화될 수 있도록 마음에 강하게 집중하는 것이 필요하다.

분석적 심리치료에서는 무의식적 과정을 의식화하기 위해 다양한 창조적 기법들을 사용하는데, 융은 자기분석을 하는 동안 꿈과 환상 속의 이미지를 그림으로 표현했으며 그림 그리기를 비롯하여 조각이나 놀이와 같은 활동이 치료적임을 인식했다.

분석적 심리치료에서는 미술치료의 기법들을 활용하는데, 클라이언트는 그림 그리기를 통해서 억압되어 있던 감정과 심상을 의식으로 표출하게 된다. 이 밖에도 모래상자 놀이, 만다라 그리기, 춤추기, 운동하기, 시 쓰기, 빈의자 기법 등과 같은 다양한 기법을 사용한다.

6) 평가 및 사회복지실천과의 연관성

(1) 평가

융의 분석심리학은 인간의 정신, 특히 무의식 세계에 대한 보다 심층적인 접근과 이해를 가능하게 했다는 점에서 커다란 의의를 갖는다. 특히 모든 인류에게 보편적으로 존재하는 집단 무의식과 원형이라는 개념을 통해서 사회문화적인 특수성을 넘어서 정신장애 환자를 비롯한 모든 인간이 공통적 심성구조를 지닌 한 집단의 일원임을 인식하게 해주었다. 그러나 집단 무의식과 원형이 드러나는 방식은 철저하게 개인의 입장에서만 이해 가능하다는 점을 제시함으로써 클라이언트 개개인의 특수성도 함께 중시하도록 강조했다.

그러나 정신분석과 마찬가지로 수년에 걸친 장기간의 치료기간과 많은 치료비를 요할 뿐 아니라 그 치료효과도 실증적으로 검증되어 있지 않다는 한계를 지니고 있다. 또한 치료대상이 제한적이라는 점에서 한계가 지적되고 있다. 분석적 심리치료를 받으려는 대부분의 클라이언트들은 지적인 경향이 있고 어느 정도의 성취를 이루었으며, 문제해결보다는 자신의 삶에 대한 이해를 심화시키려는 동기를 지니는 경향이 있다. 이런 점에서 융의 분석적 심리치료는 엘리트를 위한 치료라는 비판이 제기되었다.

(2) 사회복지실천과의 연관성

첫째, 융 이론의 대부분은 클라이언트를 치료하는 과정에서 비롯된 것이고, 클라이언트의 삶을 통합하는 데 필요한 경험과 무의식의 본질을 이해하는 데 도움을 줄 수 있으므로 임상사회복지사가 적용 가능하다.

둘째, 융은 인간이 자아실현을 향한 개인의 성장에 있어 방해를 받거나 멈추면 심각한 문제가 발생한다고 설명하였고, 이에 대한 치료과정을 네 단계로 설명하였다. 첫 번째 정서적 해소 단계는 클라이언트가 자신의 문제를 타인과 나누는 단계로 모든 사람과의 유대감을 자각하고, 정화하는 과정을 통해서 사회복지사와 신뢰를 형성하게 되며 전이가 일어나는 단계이다. 두 번째는 설명

단계로 사회복지사가 설명하는 내용을 클라이언트는 표면화하게 되고 이러한 전이를 통해 문제의 원인을 이해하게 된다. 세 번째는 교육단계로 클라이언트가 사회환경에 적응하기 위해 자신의 성격에 대한 통찰을 하는 단계이다. 네 번째는 변화단계로 사회복지사와 클라이언트의 역동적 상호작용을 통해 사회적응을 넘어 자아실현으로의 변화가 일어나도록 하는 것이다. 이러한 치료과정은 사회복지사와 클라이언트 간의 관계나 사회복지실천의 과정에 대해서도 잘 설명해 주고 있고 사회복지실천에 있어 활용 가능하다.

셋째, 융의 이론에서 페르소나의 개념은 사회복지실천에서의 사회기능과 같은 개념이라고 할 수 있다. 클라이언트의 페르소나를 구축시켜 클라이언트의 본성과 다른 측면으로 표현하게 하여 클라이언트의 사회기능을 원조할 수 있다.

넷째, 최근에는 예술매체를 이용한 원조활동이 많으므로 사회복지실천의 활동요법에 다양하게 활용할 수 있다. 특히 춤, 동작, 그림 그리기, 찰흙작업 또는 모든 예술매체를 사용하여 클라이언트를 돕는 사회복지사에게 유용한 이론이라고 할 수 있다.

4. 에릭슨의 심리사회 이론

1) 에릭슨의 생애

에릭슨(Erik Erikson, 1902~1994)은 1902년 독일의 프랑크푸르트에서 출생하였으며, 원래 독일에 살던 어머니가 에릭슨이 세살 때 소아과 의사인 유대인과 결혼해 프랑크푸르트에서 살게 되었다. 어머니와 계부는 유대인이었으나 에릭슨은 외모부터 전혀 달라 주위에서 이방인이라는 별명으로 불렸다(Coles, 1970 : 180). 의학을 공부하라는 계부의 조언을 듣지 않은 채 에릭슨은 고등학교 졸업 후 집을 떠나 유럽여행을 했고, 여행에서 돌아온 후 잠시 동안 예술학교에 적을 두었다가 다시 이탈리아 전국을 방황하면서 시간을 보냈다. 그는 이 시기를 자신의 유예기간이라고 일컬었다. 이방인으로 불렸던 인종적 소외감과

에릭슨(Erikson, 1902~1994)

계부 밑에서의 성장과 같은 에릭슨의 가족배경과 청년기의 방황 경험이 그의 심리사회 이론에, 특히 자아정체감이나 심리사회적 유예기간과 같은 주요 개념들을 정립하는 데 큰 영향을 미쳤다고 볼 수 있다.

25세 때인 1927년에 안나 프로이트(Anna Freud)가 설립한 아동연구소에 참여하였고, 1927년부터 1933년까지 안나 프로이트와 어거스트 에익혼(August Aichhorn)의 지도로 정신분석 훈련을 받았다. 이로 인해 에릭슨의 방황기는 끝났다고 한다. 1933년 미국으로 이주하여 아동분석가로 개업을 했고, 1936년부터 1939년까지 인간관계연구소(Institute of Human Relations)와 예일대학교 의대 정신과에서 일했다. 그는 여기서 문화인류학에 관심을 갖게 되어 그 후 지속적으로 인류학과 역사에 대한 관심을 가지고 상이한 문화적 환경에서 성장하는 아동들과 정상 아동들의 생활에 관한 연구를 계속했다.

에릭슨은 정식 교육을 받지 못하여 학위도 없지만 임상가와 대학교수로 왕성한 활동을 하였으며, 1994년 미국에서 사망하였다.

2) 인간관

에릭슨은 인간을 합리적이며 더 나아가 창조적 존재로 보고 있으며, 인간행동이 의식수준에서 통제가 가능한 자아에 의해 동기화된다고 보았다. 또한 그는 인간을 통합적 존재로 생각하고 환경 속의 개인(person in environment)으로 본다. 즉, 에릭슨은 인간을 제대로 파악하기 위해서는 생리, 심리, 사회적 총체로 보아야 한다고 하면서(Hjelle & ziegler, 1976), 인간의 생물학적 성숙뿐 아니라 개인의 심리적 요인과 문화적 요인의 영향을 특히 중요시하였다.

에릭슨은 인간을 가변성을 지닌 존재로 보고 각 개인은 끊임없이 새로운 발달과업과 투쟁하고 인생의 전환점에 직면하면서 더 나은 자아를 획득하기 위해 노력하는 가운데 변화와 성장을 거듭하는 존재로 보았다.

3) 주요 개념

(1) 자아(Ego)

프로이트는 자아가 원초아와 초자아의 세력 중간에 있다고 보았으나, 에릭슨은 이 두 세력을 어느 정도 무시하고 자아가 자율적인 기능을 하는 것으로 간주했다(Erikson, 1963). 이 차이는 성격이 어떻게 기능하는지에 관한 에릭슨의 관점을 암시하는데, 성격이 주로 본능이나 부모의 영향을 받는 것으로 생각하는 대신 에릭슨은 부모, 형제자매, 다른 사람들을 포함한 사회의 모든 구성원의 영향을 받는다고 보는 것이다. 그리고 성격이 아동기 초기에 거의 형성된다고 믿는 대신 지속적으로 사회와 관계되어 발달한다고 보았다.

(2) 자아정체감(Ego Identity)

에릭슨은 자아정체감이 두 가지 측면을 가지고 있다고 보았다(Erikson, 1968 : 92). 제1측면인 내적 측면은 시간적 자기동일성과 자기 연속성의 인식으로 시간이 경과하면서 자기 자신을 이제까지의 자신과 같은 존재로 지각하고 수용하는 것이다. 제2측면인 외적 측면은 문화의 이상과 본질적인 패턴을 인식하면서 그것과 동일시하는 것으로 타자와 본질적인 특징을 공유하는 것이다.

에릭슨은 자아정체감이 없는 상태에서 자아정체감의 상태로 이동하는 인간발달을 "내적 · 외적 갈등의 과정이고 인간이 위기를 극복하면서 통합감, 판단력, 자기 자신과 주위 사람들의 판단기준에 적합한 대처방식을 익히면서 성장하는 과정"이라고 설명하였다.

(3) 점성원칙(Epigenetic Principle)

심리사회적 자아발달은 점성원칙을 토대로 한다(Erikson, 1968). 점성원칙이란 성장하는 모든 것은 기초안을 가지며 이 기초안으로부터 부분이 발생하고, 각 부분이 특별히 우세해지는 시기가 있으며, 이 모든 부분이 발생하여 기능하는 전체를 이루게 된다는 것이다(Erikson, 1968 : 92). 각 요소는 결정적 시기가 정상적으로 도달하기 전에도 어떤 형태로든 존재한다. 이와 같이 생물학적으로 인간은 수태되면서 이미 기본적 요소들을 가지나 시간의 경과에 따라 이 요소들이 결합, 재결합하여 새로운 구조를 형성하듯이 심리사회적 성장도 이 원리를 따른다는 것이다. 즉, 건강한 성격은 각 요소가 다른 모든 요소에 체계적으로 관련되면서 적절하게 연속적으로 발달하게 된다.

4) 심리사회적 발달 8단계

(1) 1단계–영아기(기본적 신뢰감 대 불신감 : 희망)

이 단계의 영아가 만족을 얻는 생물학적 방식은 구강함입적 접근방법이 주된 특징이다. 대상에 반사적인 단계로 입이 닿는 대상이 있으면 빨고, 액체를 삼켜, 시야에 들어오는 것을 눈으로 바라보고, 촉각으로 좋게 느껴지는 것을 받아들인다. 영아기 후기에 가서는 더 적극적이고 직접적인 함입적 접근방법으로 이 능력을 발전시키고 쾌락을 느낀다.

건강한 성격의 가장 기본적 요소 중 하나가 신뢰감인데 자신과 다른 사람에 대한 신뢰감은 생후 1년 동안 발달한다. 출생 후 1년 동안 영아는 생을 신뢰할지 혹은 불신할지 결정짓는 위기를 겪게 되는데, 영아의 신뢰감은 양육자의 동일성과 연속성에 자신이 의존할 수 있음을 아는 것뿐만 아니라 자신과 충동을 다루는 자기 신체기관의 능력을 신뢰하는 것도 포함한다. 외부세계를 신뢰하는 영아의 태도는 빨거나 무는 대상에 대한 영아의 관계를 토대로 형성되는데 어머니의 보살핌의 질이 이에 결정적으로 영향을 미친다. 어머니는 영아의 개별적인 욕구를 민감하게 보살피고 문화적으로 전수된 양육방식에 의해 자녀의 신뢰를 받게 되며, 이에 영아는 다른 사람에 대한 기본적 신뢰와 자신에 대한 확신 및 신뢰감을 발달시킨다.

불신감은 어머니의 행동을 전혀 예측할 수 없고 믿을 수 없으며, 필요할 때 어머니가 옆에 없을 것이라는 느낌에서 싹튼다. 다시 말해, 자녀를 양육하는 데 다양한 양육방식을 시도하는 어머니, 부모역할에 자신감이 부족한 어머니, 지배적 문화와 갈등을 일으키는 가치관을 가진 어머니는 그 모호성이 자녀에게도 감지되므로 영아의 불신감을 낳는다.

기본적 신뢰감 대 불신감의 갈등이 성공적으로 해결되어 얻어진 심리사회적 능력이 곧 희망이며, 실패의 결과는 공포이다. 신뢰는 희망의 토대가 된다. 희망은 외부세계와 그것이 갖는 의미를 신뢰할 수 있다고 확신하는 데서 발달한다.

(2) 2단계–유아기(자율성 대 수치심과 회의 : 의지력)

유아기는 1세 반에서 3세까지 지속된다. 이 단계의 유아는 신경계의 발달로 괄약근을 수의적으로 조절할 수 있어 변을 배설하거나 보유하는 것이 가능해진다. 이 시기의 기본 양식인 보유 혹은 배설은 전반적으로 다른 행동에서도 나타난다. 어른들에게 다정하게 안기다가 갑자기 밀쳐낸다든지 소지품에 집착하다가도 내동댕이치는 행동이 그것이다.

발로 서고 손을 사용하기 시작하면서 유아는 스스로 외부세계를 탐색하기 시작하는 자율성을 획득하게 되는데, 이때 부모와 유아 간에 통제를 둘러싼 갈등이 치열해진다. 스스로 서면서 유아는 '나'와 '너'를 구분하며, '내가', '내 것'과 같은 자기 세계를 분명히 한다. 이 단계의 유아는 무엇이든 스스로 해보려는 경향이 강하다.

부모가 유아의 의사를 묵살하지 않고 사회적으로 기대되는 행동을 배우게 하면, 유아은 자율성을 상실하지 않으면서도 사회적 규제에 잘 적응하게 된다. 이 단계에서 외부의 통제는 확고한 신뢰를 주는 것이어야 한다. 그러나 미성숙한 유아에게 외부통제가 너무 빨리 또는 엄격하게 가해지는 경우, 유아는 스스로 통제력이 약하고 외부 압력자를 통제할 수 없다는 무력감으로 수치심과 회의를 느낀다.

수치심은 다른 사람의 눈에 자신이 좋게 보이지 않으리란 느낌이며, 회의는 다른 사람이 반드시 자기를 통제하리라는 느낌에서 비롯된다. 너무 엄격하거나 이른 훈련으로 유아에게서 자유선택으로 배변이나 다른 기능들을 스스로 통제할 기회를 박탈하면 그 유아는 패배와 반항이라는 이중성에 직면한다. 이런 상황에서 유아는 자신의 신체와 외부세계에 대한 무력감으로 퇴행 혹은 다른 사람의 도움을 거부하는 행동을 하기 쉽다. 예를 들면, 엄지손가락을 빨고 보채며 요구가 많아지는 등 구강기로 퇴행하거나 공격수단으로 변을 사용하기도 한다. 한편 부모가 전반적으로 관용적이면서 확고하지 못할 때도 전 단계로 퇴행하는 수가 있다.

자율성 대 수치심과 회의의 위기를 겪으면서 유아는 애정과 증오 간의 비율, 협동과 고집의 비율, 자기표현의 자유와 억제 간의 비율 등이 결정되는데, 자존심의 상실 없이 자기통제감을 가지면 선의와 긍지가 발달된다. 이 단계의 위기를 성공적으로 극복하면 의지력이 생긴다. 반면, 위기극복에 실패한 유아는 자신의 의지력을 불신할 뿐만 아니라 다른 사람이 자기를 지배하고 이용하려 한다고 불신함으로써 의심에 빠진다.

(3) 3단계–학령전기(주도성 대 죄책감 : 목적)

3~6세에 해당하는 이 단계의 행동을 지배하는 특징은 침투적 양식(intrusive mode)이다. 신체적 공격으로 다른 사람의 몸에 침투하고, 공격적인 말로 다른 사람의 마음에 침투하며, 활기찬 운동으로 공간에 침투하고, 호기심으로 미지의 것에 침투한다. 외부세계에서는 아동이 활동적으로 되고, 새로운 과제와 기술을 배우며, 생산적으로 움직이는 것을 기대한다. 언어능력과 운동기술의 발달로 아동은 가정 밖에서의 사회적 놀이에 참여한다. 이 단계의 아이들은 신체적 놀이뿐 아니라 부모를 비롯한 어른들을 흉내 내는 놀이경험을 통해 자신이 한 인간으로 목적이 있다는 것을 깨닫는다. 그러면서 아동은 계획을 세우고, 목표를 설정하며, 이를 달성하려고 노력하는 주도성이 생긴다.

한편 이 시기는 성적 호기심, 성기의 흥분, 성적인 문제에 대한 과잉 관심이 생기는 단계이므로 아동이 주도하는 행동은 때때로 제재를 받을 수 있다. 아동은 남성적인 또는 여성적인 주도성의 필요조건들을 발달시키면서, 상상력을 발휘하고 필요한 자제와 사물에 대한 관심을 갖는 반면 희망과 소망 중 많은 것을 억압하거나 잊어버린다. 질투와 경쟁심이 최고도에 달하며, 이 과정에서 불가피하게 경험하는 실패가 체념, 죄책감, 불안을 낳는다. 이 시기에 주도성의 지배자인 양심이 확립되는데, 아동기의 양심은 타협의 여지가 없이 흑백논리적인 특성을 가진다. 그러므로 과도하게 처벌하거나 무시하면 아동은 자신의 주도적인 행동에 자신감을 잃고 죄의식을 갖게 된다. 죄의식이 강한 아동은 체념하고 의존적으로 되어 목표를 달성하려는 의지를 잃어간다.

주도성 대 죄의식의 갈등해결에 관련되는 주 기제는 동일시이므로 동일시의 주 대상인 부모와 가족이 중요한 영향을 미친다. 부모가 자신의 권위를 절대시하지 않으면서 아동의 주도성을 격려하여 이끌어 주면 아동은 자신의 열망과 대범성을 성인기 사회생활의 목표에 맞게 부합시킬 수 있다. 반면, 부모가 아이 스스로 어떤 일을 하도록 기회를 주지 않고 지나친 통제를 하면 죄의식을 발달시키게 된다.

이 단계의 위기를 성공적으로 극복한 결과는 목적의식을 갖게 하고, 인지능력과 운동기술로 목표를 갖기 시작하며, 존경하는 성격과 직업을 가진 사람을 동일시하여 그러한 사람이 되기를 꿈꾼다. 죄의식이 지배적인 아동은 스스로 무가치하다는 감정을 가지므로 목표를 수립하고 추구하려는 목적의식이나 용기가 없다. 에릭슨은 지속적인 죄의식이 성인기의 소극적 성격, 성적 무기력, 정신병리적 행동 등을 낳는다고 보았다.

(4) 4단계-학령기(근면성 대 열등감 : 유능성)

학령기는 6세부터 12세까지로 활동이 활발한 시기이다. 모든 문화에서 이 단계의 아동은 체계적인 교육을 받는다. 이 단계의 아동은 적어도 낮 시간의 일부는 집을 떠나 부모의 보호나 지배 없이 동료들과 경쟁해야 한다. 이 시기에 아동은 세상을 살아가는 데 필요한 인지적 · 사회적 기술을 습득하여 사회의 건강한 구성원이 될 수 있는 근면성을 발달시킨다. 주위 환경이 지지적이면 근면성이 발달하기 쉽다.

하지만 이 시기엔 부적절감과 열등감 발달의 위험성이 있는데, 만일 아동이 공부와 기술 혹은 동료들 사이에서의 자기 위치에 절망한다면 직업세계에 대한 동일시와 동료에 대한 동일시가 방해받는다. 때로는 전 단계의 오디푸스적 갈등을 제대로 해결하지 못해 지식보다 어머니를 원하거나 아버지와 자신을 비교하여 그 비교가 열등감과 죄책감을 일으키기 때문에 자신감이 없을 수 있다. 학습에 실패한다든지 과제를 수행할 능력이 없을 때 열등감이 생기며, 가정에서 학교생활에 대한 준비를 시키지 못하거나 학교생활이 전 단계의 기대에 못 미치는 경우 아동의 발달수준은 미흡하게 된다. 열등감은 아동이 자신의 무능력이나 하찮음을 지각하면서 생기지만 열등감을 조장하는 사회적·문화적 요소들도 근면성의 발달을 방해한다.

근면성은 다른 사람들과 나란히, 함께 일하는 것을 의미하기 때문에 이 단계는 사회적으로 가장 결정적인 단계가 된다. 이 단계를 성공적으로 극복하면 개인적으로나 사회적으로 의미 있는 목표를 추구하면서 사회환경에 적극적인 영향력을 발휘할 수 있다는 자신감인 능력을 갖는다. 반면, 이 단계의 실패는 무능력감을 낳는다.

(5) 5단계–청소년기(자아정체감 대 역할혼미 : 성실성)

청소년기는 12세부터 20세까지로, 사춘기가 지나면 청년은 가족에서 분리되기 시작하여 드디어 자신의 가치관과 생활방식이 정립된 성인이 된다. 사춘기 때는 급격한 신체 성장과 생식기의 성숙으로 자신의 동일성과 연속성에 관한 의문이 생기기 쉽다.

자기 자신을 발견하는 것은 어려운 일이므로 다양한 역할과 소망이 자기에게 맞는지 종종 시험해 보게 된다. 그들은 자신이 누구라고 스스로 느끼는 것과 비교해서 다른 사람들 눈에 자신이 어떻게 비치는지에 관심이 크다. 신체의 변화, 성욕의 증가, 동료관계가 정체감에 영향을 미치는 중요한 문제들을 낳는다. 급격한 신체적 성장이나 거대한 사회질서를 감당해야 하는 이들은 정체감 혼란을 일으키기 쉬워 스트레스가 매우 크다.

일반적으로 청소년집단이 성인의 역할과 책임을 일정 기간 연기하는 것은 허락되며, 이 시기를 심리사회적 유예기간(psychosocial moratorium)이라 일컫는다. 심리사회적 유예기간은 사회적 · 직업적 역할을 탐색하는 기회가 된다. 정체감에 관한 확고한 선택을 할 수 없을 때 이 단계의 위험인 혼란이 발생한다. 정체감위기 혹은 역할혼란의 결과 직업을 선택하지 못하거나 학업을 중단해 버리는 경우도 있다. 이 위기를 성공적으로 넘기면 사회적 관습, 윤리, 가치를 지각하고 이를 지켜 스스로 약속한대로 충실히 이행할 수 있는 성실성이 발달한다. 이 단계의 실패는 불확실성을 초래한다.

(6) 6단계–성인 초기(친밀 대 고립 : 사랑)

이 시기는 20~40세에 해당하는 기간이다. 진정한 친밀감은 합리적인 자아정체감이 확립되었을 때만 가능한데, 에릭슨이 말하는 친밀감은 성적인 것 이상을 의미하며 사회적 친밀감을 포함한다. 자아정체감이 확립된 후에야 이성과 진정으로 친해지는 것이 가능하며 우정과 지도력 등도 마찬가지이다. 그러므로 이 시기에는 개인적 정체감과 더불어 사랑, 친교, 안정된 관계를 맺는 능력이 발달한다. 이 단계의 위험은 자아도취에 빠지거나 혹은 친밀감과 사회적 관계 맺기를 회피하는 것이다. 자아정체감을 확립하는 과제에서 실패한 사람은 친밀감을 가질 수 없어 고립에 빠지거나 또는 진지한 관계가 못되는 난잡하고 일시적인 관계들을 통해 거짓된 친밀관계를 만들어 낸다. 이와 같은 부적절하거나 미성숙한 반응은 다른 사람으로부터 멀어지게 하며 깊은 인간관계를 유지할 수 없게 한다. 자아도취에 빠진 사람은 직업도 소용없다고 여기므로 직업에서도 소외감을 갖기 쉽다. 이는 다음 단계로의 진행을 방해하기 마련이다.

친밀감 대 고립의 갈등을 성공적으로 해결하면 사랑의 능력이 생긴다. 사랑은 자신을 타인에게 관여시키고 이 관여를 유지하는 능력이다. 이러한 사랑은 다른 사람에 대한 보호, 존경, 책임으로 나타난다. 이 단계의 실패는 난잡함을 낳는다.

(7) 7단계–중년기(생산성 대 침체 : 보호)

40~65세에 해당하는 성인기에는 다음 세대를 양육하는 것이 가장 중요한 과업이다. 여기서 중요한 것은 다른 사람에게 필요한 사람이 되고 싶은 소망이다. 이러한 생산성이 결핍되면 성격이 침체되고 황폐해진다. 즉, 혼자라고 느끼거나 피상적이고 위장된 친밀감으로 퇴행하는 자기중심성 또는 자아도취에 빠진다.

침체는 이기적으로 자기 자신에 대해서만 관심 갖는 것을 뜻한다. 과도한 자기애를 가진 사람은 다른 사람을 보살필 능력이 없다. 자녀가 있거나 자녀를 원하는 것만으로 생산성을 성취하지는 못한다. 사실상 일부 젊은 부모들은 이 단계를 발달시킬 능력 부족으로 고통을 겪는다. 이 단계에서 성공한 사람은 다른 사람을 배려할 줄 안다. 배려는 심리적 무관심의 반대 개념이다. 생산성의 확립에 실패한 사람은 개인적 욕구나 안위를 주된 관심으로 하는 자아도취의 상태에 빠지므로 이 단계의 실패는 이기주의를 낳는다.

(8) 8단계–노년기(자아통합 대 절망 : 지혜)

65세 이후에 해당되는 노년기는 신체적 · 사회적 상실에 직면하는 시기이다. 자아완성을 성취하기 위해서는 이전 단계들을 성공적으로 통합해야만 한다. 노년기에는 내적인 투쟁이 강조된다. 노인은 죽음에 직면하여 지나온 생을 음미하게 되는데, 이 과정에서 후회나 회한 같은 절망에 부딪힐 수 있다. 이 절망에 직면하면서 지나온 단계들의 경험을 다져 최종적인 자아완성을 이룰 수 있는 기회를 갖게 된다. 지나온 일들이 어쩔 수 없었다는 것을 인정함으로써 그것들을 용납하고 가치 있다고 여길 수 있다. 또한 지나온 삶을 돌아보고 많은 것이 좋았다는 것을 발견할 수 있어야 한다. 이 단계에서 지혜, 자기수용, 지나온 생이 옳았고 적합했다는 느낌, 죽음을 위엄과 용기로 직면할 능력을 갖게 된다.

그러나 자아완성에 실패할 경우는 궁극적으로 절망에 빠지게 된다. 절망은 현재 남은 시간이 없고 다른 인생을 시작하기엔 늦었다는 느낌을 나타낸다.

자아완성의 부재나 상실은 죽음에 대한 공포로 나타난다. 죽음에 대한 공포, 실망, 분노 때문에 삶을 돌아보기가 고통스럽고 현재가 불만스러운 것이다. 절망은 인생을 돌이킬 수 없다는 후회 그리고 자신의 부족과 결함을 외부세계로 투사하는 것으로 흔히 표현된다. 이 단계를 성공적으로 극복하면 한 시대를 살면서 얻은 지식으로 인생에 대한 초연하면서도 적극적인 관심을 갖는 것을 의미하는 지혜가 생긴다. 이 단계에서 실패한 결과는 인생이 무의미하다고 느끼는 것이다.

〈표 3-6〉 심리사회 발달 8단계

단계	시 기	연 령	적응 대 부적응	기본적 쟁점	주요 관계	주요 병리	성심리 단계
1	영아기	0~1.5세	신뢰감 대 불신감	희망	어머니	철퇴	구강기
2	유아기	1.5~3세	자율성 대 수치심	의지	부모	강박	항문기
3	학령전기	3~6세	주도성 대 죄책감	목적	가정	억제	남근기
4	학령기	6~12세	근면성 대 열등감	유능성	이웃, 학교	비활성	잠복기
5	청소년기	12~20세	자아정체감 대 역할혼미	성실	또래집단	거절	생식기
6	성인 초기	20~40세	친밀감 대 고립감	사랑	우정, 애정, 동료	배타심	
7	중년기	40~65세	생산성 대 침체성	보호	직장, 확대가족	거부	
8	노년기	65세 이후	자아통합 대 절망감	지혜	인류, 민족	경멸	

5) 프로이트 이론과의 비교

에릭슨의 심리사회적 자아발달 이론은 프로이트의 이론과 구별되는 세 가지 특징을 가진다(최순남, 2005).

첫째, 일생에 걸친 성장을 논하고 있다. 유아기부터 노년기까지 주된 쟁점들을 규명하고 구별하였다.

둘째, 인간이 생물학적 혹은 환경적 영향에 전적으로 좌우되지 않는다고 가정하고 있다. 즉, 인간은 매 단계의 심리적 발달을 주도하는 능력을 가지고 있으며, 자신을 보호하고 자신의 삶의 과정을 지시함으로써 경험을 통합하며 조직화한다고 가정하였다.

셋째, 개인의 성장에 문화가 기여하는 것을 주목하였다. 매 단계마다 문화적 목표와 동경, 사회적 기대와 요건, 문화가 개인에게 제공하는 기회들이 있다는 것이다. 다시 말해, 사회가 양육의 패턴을 전수하고 교육 기회를 제공하며 성욕, 친밀, 일에 대한 가치와 태도를 전달하다고 보았다.

6) 치료기법

에릭슨이 기여한 중요기법은 클라이언트의 발달상의 왜곡에 대한 해석이다. 클라이언트가 속한 발달단계에 대한 이해, 즉 통찰이 에릭슨의 주요 치료목적이다. 에릭슨은 클라이언트가 발달단계상에서 초래된 긴장과 갈등을 극복하지 못할 때 치료가 필요하다고 하였다. 에릭슨은 자아분석에 의한 자기인식을 통해 환경과 긍정적으로 상호작용할 수 있고, 자아기능을 회복하며, 왜곡이나 망상, 방어기제, 행동화 문제로부터 자유로울 수 있다고 믿었다(이우언 외, 2017 : 174).

에릭슨 이론에 따른 상담의 주요 지침은 다음과 같다(Green, 1991).

① 클라이언트 자신이 일생에 걸친 성격발달에 깊이 관여되어 있음을 이해하도록 한다.
② 클라이언트로 하여금 자신의 발달상의 역사를 되돌아보게 하는 자기분석을 하도록 한다.
③ 클라이언트가 심리사회적 위기를 해결하는 데 있어 상대적으로 어느 것이 더 성공적이었고 더 어려웠는지를 구분하도록 한다.
④ 현실에 대한 왜곡과 자아기능을 축소시키도록 이끈 발달영역을 파악하도록 한다.
⑤ 클라이언트의 발달상의 왜곡이나 문제를 해석하고 사회복지사의 해석이 맞는지를 물어본다.
⑥ 클라이언트로 하여금 해결되지 않은 위기와 그것이 현재에 미치는 영향에 대한 통찰과 이해를 하도록 한다.

⑦ 클라이언트가 자신의 환경을 효과적으로 다룰 수 있도록 자아의 강점을 활용할 수 있는 방법을 모색한다.
⑧ 다양한 사회제도가 클라이언트의 심리사회적 안녕에 어떻게 영향을 주고 있는지를 분명하게 한다.
⑨ 클라이언트의 사회적 지지를 향상시키는 수단을 찾는다.
⑩ 클라이언트가 자신의 환경 속에서 자신의 위치를 명확하게 인식하도록 도와준다.

7) 평가 및 사회복지실천과의 연관성

많은 사람들이 에릭슨의 이론을 선호하는데, 그 이유인 인간의 성적 본능을 지나치게 강조한 프로이트에 비해 인간의 이성과 적응을 강조한 에릭슨의 이론이 훨씬 더 호소력이 있기 때문이다. 에릭슨은 심리성적 단계에 심리사회적 단계를, 생물학적 영향에 문화적 영향을, 자아방어에 자아정체감을, 비정상적인 연구대상에 정상적인 연구대상을, 특정한 문화적 시각에 비교문화적 시각을, 아동기에 대한 성인의 회상에서 아동에 대한 관찰을, 그리고 아동발달에 성인발달을 첨가시켰다. 특히 인간발달에서 전 생애 발달적 접근을 행한 점과 문화적 상대성을 인정한 점은 에릭슨의 매우 중요한 공헌이라고 할 수 있다(이인정 · 최해경, 2007).

또한 에릭슨의 심리사회적 이론에 의해 제창된 인간의 자아기능에 관한 견해는 사회복지실천 방법론에 중요한 영향을 미쳤다고 평가되고 있다. 개인의 자아를 강화하고 클라이언트를 둘러싼 환경적 조건을 향상시킴으로써 문제해결이 가능하다는 관점은 아직도 사회복지전문직의 핵심적 시각이다. 그의 성격발달에 대한 접근방법은 사회복지실천 철학과 가치에 일치되며, 사회제도가 어떻게 인간발달을 촉진하는지에 대한 사회복지계의 이해에 도움이 되었다. 특히 1940년대에 사회복지실천이 단선적인 '의료모델'로부터 변화를 시도할 때 에릭슨의 이론은 사회복지실천의 심리사회적 접근방법의 지식기반을 제공한 것으로 평가되고 있다.

한편 에릭슨 이론의 단점은 개념 정의가 명확하지 못하고 발달의 원인이 무엇인가에 대한 설명이 부족하다는 점이다. 다시 말해서, 인간의 사회정서 발달에 대한 기술만 있고 설명이 없다는 것이다. 뿐만 아니라 그의 단계이론은 각 단계로의 전환이 어떻게 이루어지는지 그 기제가 명확하지 않다는 점 또한 문제점으로 지적되고 있다.

04
CHAPTER

행동주의 이론과 사회복지

행동주의 이론은 정신분석 이론의 비과학성을 맹렬하게 비판하면서 엄격한 실증적 과학주의에 근거하여 발전한 성격 이론이다. 행동주의 이론은 성격을 내면적인 심리적 구조나 역동으로 설명하기보다는 외부환경에 의해서 강화된 행동패턴으로 여긴다.

"인간의 행동은 학습될 뿐만 아니라 학습에 의해 수정이 가능하다"고 보는 행동주의 이론은 학습 이론의 원리를 치료에 적용한 것이므로 '학습 이론'이라고도 불리며, 인간행동을 연구하는 심리학의 주요 세력으로서 20세기 초에 시작되어 막강한 영향력을 행사하였다. 행동치료의 기초가 되는 중요한 학습 이론은 파블로프의 고전적 조건화, 스키너의 조작적 조건화, 반두라의 사회학습이론 등이 있다.

1. 파블로프의 고전적 조건화 이론

고전적 조건화 이론(classical conditional theory)은 러시아의 생리학자 파블로프의 '개 실험'에 의해 잘 알려진 개념이다. 파블로프는 개에게 음식을 보여주면 개가 침을 흘린다는 사실에 착안하였는데, 이는 학습이 아니라 자연적으로 유발된 것이므로 '무조건적 반응(침 흘림)'이라고 하며, 이런 무조건적 반응을 유발하는 자극을 '무조건적 자극(음식)'이라고 하였다. 만약 개에게 음식과 종소리(중성자극)를 일정 기간 계속해서 동시에 들려줄 경우 개는 음식이 아닌 중성자극이었던 종소리만 듣고도 침을 흘릴 수 있게 되는데, 이를 '조건화된 자극(종소리)'이라고 한다. 또한 종소리만으로 개가 침을 흘릴 경우 학습에 의한 반응이라는 의미로 '조건화된 반응(종소리에 침 흘림)'이라고 한다. 이러한 파블로프의 실험에서 음식에 의한 침의 발생은 선천적인 것이며, 종소리에 의한 침의 발생은 학습된 것이라고 할 수 있다.

이처럼 고전적 조건화란 종소리와 같은 중성자극을 무조건적 자극과 짝을 짓게 함으로써, 즉 반응유발 능력(연상)을 가지게 하여 조건자극으로 변화시키는 과정에 착안한 것이다. 여기서 관심을 가질 것은 조건자극과 무조건자극 간의 연관성이다. 이 둘은 단순한 자극−반응 연합을 통해 학습되는 것이 아니라 상관관계 혹은 수반관계에 의해 학습된다.

1) 파블로프의 생애

파블로프(Pavlov, 1849~1936)

파블로프(Ivan Petrovich Pavlov, 1849~1936)는 1849년 9월 26일 러시아 라잔에서 태어났으며, 과학적인 일에 흥미를 갖고 생리적 연구에 전념하여 1904년 소화액 분비에 관한 연구로 노벨 생리학·의학상을 수상했으며, 개(犬)의 타액분비 본질에 관한 우연한 발견으로 조건반응에 대한 연구를 완성하였다.

파블로프는 1881년 작가 도스토예프스키(Dostoevskii)의 친구와 결혼했으며, 그는 자신이 얻은 성공의 많은 부분을 가정적·종교적·문학적이고 자신의 편안과 연구를 위해 평생을 헌신한 부인의 업적으로 돌렸다.

1890년 그는 임피리얼 의학 아카데미의 생리학 교수가 되어 1924년 사임할 때까지 그곳에서 일했다. 새로 설립된 실험의학연구소에서 파블로프는 외과적인 실험방법으로 정상적인 동물의 위장액 분비를 연구할 수 있었는데 이러한 연구들은 그의 저서 『소화샘 연구에 대한 강의(Lectures on the Work of the Digestive Glands, 1897년)』에서 정점에 달했다. 그는 실험에서 사람과 가장 가깝고 길들이기 쉽다는 이유로 개를 실험동물로 선택했다.

2) 인간관

행동주의 이론의 인간관은 인간은 행동할 때 자연현상과 마찬가지로 일정한 법칙성에 따른다고 가정한다. 인간이 어떤 해동을 할 경우 여러 가지 요인들에 의해 결정되므로, 이 요인들과 행동을 결정짓는 법칙을 발견할 수 있다면 미사일의 탄도를 추정하여 수정할 수 있듯이 인간의 행동도 예언하고 수정할 수 있다는 것이다. 이러한 전제에 따라 대부분의 행동주의 학자들은 인간의 행동이 학습된 것이라고 주장하며, 학습원리를 통해 인간의 행동을 이해하려고 한다. 행동주의자들의 인간관은 시대의 변천에 따라 많이 달라지는데, 초기에는 주로 환경에 반응하는 수동적인 것으로 인간을 본 반면, 후기에는 점차 인간의 능동적인 면을 인정하고 있다.

초기 행동주의를 대변하고 있는 호스포드(Hosford, 1969)의 인간관은 다음과 같다.

① 인간은 좋지도, 나쁘지도 않은 상태로 이 세상에 태어났다.
② 인간은 환경의 자극에 대해 반응하는 유기체다.
③ 인간의 행동은 유전과 환경의 상호작용 산물이다.
④ 인간의 행동은 학습에 의한 것이며, 긍정적 또는 부정적 습관으로 이루어진다.
⑤ 인간의 행동은 생활에서 경험하는 강화의 형태와 빈도에 따라 결정된다.

3) 주요 개념

(1) 파블로프의 고전적 조건화 실험

고전적 조건화 이론(classical conditional theory)은 처음에는 조건반사 이론이었으나, 후에 스키너의 조작적 조건화 이론이 나오면서 이와 구별하기 위하여 고전적 조건화 이론이라고 구별하게 되었다. 파블로프가 러시아의 상트페테르부르크 군의학교 생리학 교수로 재직할 때 개에게 음식을 주는 시간을 알리기 위하여 종을 쳤는데, 개가 종소리만 듣고도 침을 흘리는 현상을 발견하고, 연구의 방향을 바꾸어 이에 관한 조직적 연구를 하게 되었다.

먼저 실험장치를 보면, 아래 ❙그림 4-1❙과 같이 온도와 조명이 일정한 방음실을 준비하고 그 안에 미리 설치한 고정된 멍에에 개를 맨다. 이것은 개의 움직임이나 방안의 온도 또는 소음이 개의 행동에 영향을 미치지 못하게 하려는 의도에서 설계된 것이다. 실험에 앞서 개의 턱밑에 간단한 수술을 하여, 귀밑샘의 관이 밖으로 나올 수 있도록 구멍을 뚫어 침이 나올 때 이를 모아 침의 양을 측정할 수 있도록 장치하였다. 한편 실험자는 밖에서 창문을 통해 개의 행동을 관찰할 수 있게 하였다.

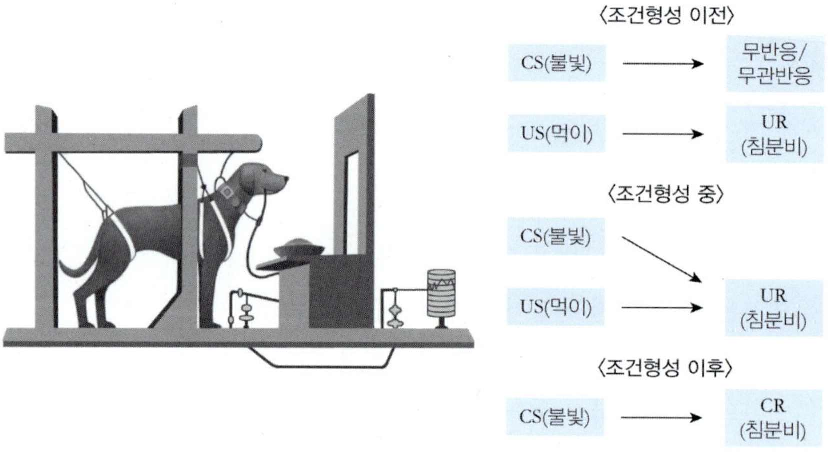

❙그림 4-1❙ 파블로프의 고전적 조건화 실험장치

이와 같은 실험상황에 개가 익숙해졌을 때부터 본격적 실험이 시작되었다. 공복의 개에게 하루 5~10회씩 계속하여 3~30초씩 종소리를 들려주면서 이와 짝지어 고기를 주었더니, 나중에는 종소리만 듣고도 고기를 주었을 때와 똑같은 타액분비 반응을 유발하였다. 원래는 고기에 대해서만 침을 흘리던 개가, 이 실험이 반복되면서 종소리만 듣고서도 침을 흘리게 되었다.

파블로프는 이 실험에서 침을 흘리게 하는 고기를 무조건자극(Unconditioned Stimulus, US)이라 부르고, 개가 고기를 보고 침을 흘리는 행동을 무조건반응(Unconditioned Response, UR)이라고 불렀다. 무조건반응이란 무조건자극 때문에 유발된 반응을 말한다. 그리고 개에게 음식을 줄 때마다 종을 울리면 일정 기간이 지난 후, 개는 종소리만 듣고 음식을 보지 않고서도 침을 흘리게 되었는데 이런 현상을 조건화(Conditioning)라고 불렀다.

무조건자극(US) : 자동적/ 생득적 반응을 유발하는 자극(예 먹이)
무조건반응(UR) : 학습되지 않은 자동적/ 생득적 반응(예 먹이에 대한 침 분비)
조건자극(CS) : 무조건 자극과 짝지어져 새로운 반응(즉, 무조건반응)을 유발하는 자극 (예 발소리, 빈 밥그릇, 또는 불빛)
조건반응(CR) : 조건자극에 의해 새로이 형성된 반응(예 조건자극에 대한 침 분비)

(2) 고전적 조건화의 주요 원리

① 조건반사의 형성

조건반응이 형성되려면, 무조건자극(US)과 조건자극(CS)이 짝지어지는 횟수와 두 자극 간의 시간간격이 매우 중요하다. 조건자극과 무조건자극은 짝짓는 횟수가 증가하면 할수록 일정한 수준까지는 조건반응의 강도가 급속도로 증가한다. 그런데 그 횟수가 더욱 많아짐에 따라 증가하는 속도가 점차 줄어들고 어느 수준에 이르면 증가를 멈추게 된다.

조건반응의 형성에서 또 하나 중요한 것은 조건자극(CS)과 무조건자극(US)을 짝지어 제시할 때 두 자극 간의 시간간격이다. 일반적으로 조건자극(CS)을 무조건자극(US)보다 0.5초 정도 먼저 제시했을 때 조건자극과 조건반응이 가장 강하게 연결된다.

② 자극의 일반화

어떤 특정의 조건자극에 대한 조선반응은 이 조건자극과 유사한 다른 자극에 의해서도 유발되는데, 이와 같은 현상을 자극의 일반화라고 한다. 이것은 조건화가 완전히 형성되기까지는 무조건자극(고기)에 결부된 조건자극(종소리)과 유사한 자극에 대하여 모두 조건반사가 일어나는 현상이다.

③ 변별

조건화가 진행되는 과정에서는 조건자극과 유사한 모든 자극에 대하여 반응하지만, 점차 변별력이 생겨서 자극을 변별하며 반응하게 된다. 이러한 현상을 자극변별(stimulus discrimination)이라고 한다. 예를 들면, 최초의 주어졌던 조건자극인 종소리에는 조건반응이 일어나지만 휘파람 소리나 사이렌 소리 같은 자극에는 조건반응이 일어나지 않는 것을 말한다.

④ 소거

일단 조건반응(CR)이 형성된 후에라도 무조건자극(US)은 주지 않고 조건자극(CS)만을 계속해서 제시하면, 조건반응은 점차 약해지고 마침내는 반응 자체가 일어나지 않게 된다. 이와 같이 반응 자체가 일어나지 않게 되는 현상을 소멸 또는 소거(extinction)라고 한다. 소거는 일시적 억압현상이다.

⑤ 자발적 회복과 재조건 형성

소거현상에 의하여 조건반응이 일어나지 않게 된 후, 조건자극도 무조건자극도 전혀 제시하지 않다가, 무조건자극을 다시 제시하면 소거되었던 것으로 보이던 조건반응이 다시 회복되는 경향이 있다. 이것을 자발적 회복(spontaneous recovery)이라고 한다. 자발적 회복이 생긴 이후 계속해서 조건자극과 무조건자극을 짝지어 제시하면, 조건반응은 곧 원래의 강도를 되찾게 된다. 이러한 현상을 재조건 형성(reconditioning)이라고 한다. 재조건 형성은 처음 조건 형성될 때보다 시간이 단축되어 빨리 이루어지는데, 이것은 소거가 이루어진 후에도 원래 조건 형성되었던 것이 어느 정도 남아 있기 때문이다.

⑥ 고차적 조건형성

어떤 조건자극이 일단 조건반응을 유발하는 힘을 획득하고 난 다음에는 그 조건자극은 다른 제2의 자극과 짝지어졌을 때 제2의 자극에 대한 무조건자극이 되어 새로운 조건반응을 일으키는 자극력이 될 수 있다. 이것을 이차적 조건형성(secondary conditioning)이라고 한다. 이런 방식으로 제3, 제4의 조건자극을 만들어 낼 때, 이러한 절차로 이루어진 형성을 고차적 조건형성(higher-order conditioning)이라고 부른다.

4) 치료기법

고전적 조건화 이론과 관련된 행동치료 기법에는 체계적 둔감화, 역조건 형성, 상호억제, 긴장이완 기법, 소거, 혐오요법, 포화(홍수법) 등이 있다.

(1) 체계적 둔감화

행동치료 기법으로 널리 사용되는 '체계적 둔감화(systematic desensitization)'는 긴장이완(relaxation)의 상태에서 클라이언트에게 긴장된 자극의 수준을 점차 강화함으로써 클라이언트가 긴장된 자극에 무뎌지게 하는 일종의 행동절차이다(Wolpe, 1976).

체계적 둔감화은 클라이언트가 비현실적인 불안이나 긴장 등을 통제할 수 있도록 도와주는 행동기법으로서 공황장애, 공포증 등의 불안장애에 주로 적용된다. 울프(Wolpe)는 불안과 이완은 양립할 수 없다는 데 착안하여 불안을 다루는 방법으로 긴장이완 기법을 도입하여 체계적 둔감화를 고안하였다.

체계적 둔감화 기법은 대략 다음의 절차를 가진다.

① 클라이언트에게 근육을 이완하는 긴장이완 훈련을 연습하도록 한다.
② 클라이언트에게 자신의 관점에서 볼 때 가장 낮은 불안유발 상황에서부터 높은 불안유발 상황까지 불안유발의 위계를 작성하도록 한다.
③ 클라이언트가 깊이 이완된 동안 클라이언트가 불안해하는 각각의 사건을 불안한 순서대로 떠올리도록 요구한다.
④ 클라이언트에 의해 제시된 자극 중 만일 어떤 항목에서 과도한 불안을 일으키게 되면 사회복지사는 클라이언트에게 상상을 멈추고 이완 느낌을 회복하도록 지시한다.
⑤ 그런 다음 클라이언트가 불안을 경험하지 않고 그 장면을 상상할 수 있을 때까지 그 항목을 반복하거나 불안의 순서가 조정되도록 한다. 그 후 그 다음의 불안상황을 제시하면서 높은 수준의 불안상황을 계속 상상하도록 하며 점차 높은 수준의 불안단계로 이동해 나간다.

위의 단계에서 상상기법을 사용하지 않고도 실제의 장면에 노출되어 이완과 직면을 반복하면서 이 기법을 진행할 수도 있다.

(2) 역조건 형성

이것은 파블로프의 고전적 조건형성의 이론적 가정에 근거한 새로운 조건반응이 조건자극에 조건형성되는 과정이다. 쉽게 말하면, 어떤 상황에서 나타나는 부적절한 행동을 적절한 행동으로 바꾸도록 새롭게 학습하는 것이다.

(3) 상호억제

상호억제는 '불안과 이완은 양립할 수 없다'는 전제에서 시작한다. 울프(Wolpe, 1958)는 만약 공포 혹은 불안과 양립할 수 없는 어떤 반응이 정상적으로 공포 혹은 불안을 야기하는 자극에 나타나게 할 수 있다면, 그러한 자극은 공포반응을 유발하는 것을 중지할 것이라는 진술로 상호억제 원리를 확장하였다. 이러한 울프의 주장은 고전적 조건형성을 이용한 행동치료의 발달에 주요한 기여를 제공하였다.

(4) 긴장이완 기법

만일 이완상태가 유지된다면 불안반응은 제지된다고 보는 관점을 견지하는 일정의 행동기법이다(Benson, 1976).

긴장이완 기술로는 점진적 이완훈련을 수정한 방식이 널리 사용된다. 이 방식은 클라이언트가 사회복지사의 지시에 따라서 온몸의 근육군을 점차적으로 긴장시켰다가 이완시키는 방법과 정신적인 심상훈련을 통해 스트레스와 긴장을 다스리는 방법들을 훈련시킨다. 긴장이완 요법은 단독으로 이루어지기도 하지만 체계적 둔감화 기법과 함께 활용된다면 효과가 배가될 수 있다.

긴장이완 요법을 시행할 경우 지켜야 할 점은 다음과 같다.

① 근육군의 긴장과 이완 시에는 그 근육군에 온 정신을 집중시키도록 한다.
② 긴장을 풀 때는 갑자기 풀도록 한다.
③ 근육을 긴장시켰을 때와 긴장을 풀 때 느껴지는 기분의 차이를 생생하게 감상하도록 한다.

(5) 소거

앞서 개 실험에서 보았듯이 개에게 무조건적 자극(음식) 없이 조건화된 자극(종소리)을 계속 제공할 경우, 개는 더 이상 조건화된 반응(침 흘림)을 보이지 않게 된다. 달리 말해, 소거란 어떤 반응에 대한 강화를 중지하는 것을 말하는데, 이러한 시도로 그 행동의 발생빈도는 줄거나 아예 없어질 수 있을 것으로 본다. 조건화된 자극으로 인해 개가 더 이상 침을 흘리지 않게 될 경우, 이러한 조건화된 자극은 '소거(extinction)'되었다고 한다. 다시 말해, 소거란 만일 한 상황에서 어떤 사람이 이전에 강화되던 행동을 했음에도 불구하고 그 행동이 기대했던 강화를 받지 못했다면, 그 사람이 다음에 그와 비슷한 상황에서 같은 행동을 할 가능성이 줄어든다는 원리를 이용한다.

다음은 소거의 일반적 절차이다(이성진, 1998).

① **표적행동의 확인** : 약화 또는 제거하고자 하는 행동을 우선 확인해야 하고, 행동은 구체적으로 세분화되어야 한다.
② **행동의 기록과 강화물의 확인** : 소거 프로그램에 들어가기 전에 소거하고자 하는 바람직하지 못한 표적행동의 빈도를 관찰하여 기록해야 한다.
③ **소거 프로그램 운영의 환경 조절** : 프로그램이 실시되기 전에 대상자와 관련되는 주변의 사람들에게 소거 프로그램이 시작된다는 사실을 미리 알리고 바람직하지 못한 표적행동은 무시하며, 바람직한 행동에 대해서는 칭찬해 주도록 당부한다.
④ **소거와 강화의 일관성 유지** : 바람직하지 못한 표적행동을 무시하고 바람직한 상반 행동을 칭찬함에 있어서 일관성이 있어야 한다.
⑤ **소거 프로그램의 끝내기** : 바람직하지 못한 표적행동이 제거된 뒤에도 그 행동이 가끔씩 나타날 수 있으므로 대비해야 한다.

(6) 혐오요법

'혐오요법(aversion therapy)'은 바람직하지 않는 행동(음주중독)과 불쾌한 자극(구토)을 연합하고, 바람직하지 않는 행동에 대해 불쾌한 자극이 조건화되도록 하여 바람직하지 않는 행동을 제거하려는 행동절차를 말한다(Franks, 1969). 즉, 바람직하지 않는 행동에 대한 욕구가 떠오를 때, 혹은 그러한 행동을 시도하게 될 때 구토나 통증, 메스꺼움과 같은 혐오스러운 자극을 제시하여 바람직하지 않은 행동을 멀리하도록 하는 것이다.

혐오요법은 사전에 클라이언트와 충분한 합의를 이룬 후에 숙련된 전문가에 의해 신중하게 적용되어야 하며, 적용되는 대표적인 문제들은 알코올중독, 비만, 도박중독, 도벽, 성도착 등이다.

(7) 포화(홍수법)

'포화(satiation)'란 바람직하지 못한 강화물의 효과를 상실시킬 목적으로 강화물의 효과가 상상될 수 있을 정도의 과도한 양의 강화를 제공하는 일종의 약한 수준의 혐오요법이다. 포화는 더 많은 강화를 제공함으로써 강화의 효과를 반감시킨다는 점에서 역 강화전략이며, 역설적 기법(paradoxical approach)이라고도 볼 수 있다.

2. 스키너의 조작적 조건화 이론

조작적 조건화 이론(operant conditioning theory)은 인간이 환경적 자극에 능동적으로 반응하여 나타나는 행동, 즉 조작적 행동을 설명하기 위한 접근방법으로 "행동은 그 결과에 의해 변화한다"는 학습원리에 기초하고 있다. 행동의 양을 변화시키거나 감소, 제거하는 것은 그 행동의 결과에 의해 영향을 받는데, 행동의 결과를 행동절차로 조절하는 것이 조작적 조건화의 핵심이다. 조작적 조건화에서는 강화물의 조작을 통해 바람직한 행동을 늘리거나 부적절한 행동을 감소시킬 수 있다고 본다. 오늘날 행동치료 기법의 대부분은 조작적 조건화에서 나온다고 할 정도로 차지하는 비중은 막중하다고 할 수 있다

1) 스키너의 생애

스키너(Skinner, 1904~1990)

스키너(Burrhus F. Skinner, 1904~1990)는 1904년 3월 20일 미국 펜실베이니아의 서스퀘안나에서 변호사인 아버지와 쾌활하고 선(善)에 대한 확고한 기준을 가지고 있는 어머니 슬하에 안정적인 가정환경 속에서 태어났다. 그는 보상과 벌이 주어지는 적절한 훈육을 받으면서 학습을 중시하게 되었고, 성장하는 과정에서 썰매, 마차, 그네 등 움직이는 기계를 디자인해 보고 만드는 것에 열중했는데, 이는 후에 관찰한 행동을 변형시키는 데에 대한 관심으로 연결되었다. 그는 대학을 졸업한 후 작가가 되려고 하다가 자신이 심리학에 관심이 있음을 깨닫게 되어 심리학을 공부해 1931년 박사학위를 받은 후 5년 동안 하버드대학교에 머물면서 연구를 계속했다. 1948년에 그는 하버드대학교의 교수로 자리를 옮겼다. 1966년에는 파블로프 학회 회장이 되었으며, 1990년 8월 10일에는 미국 심리학회 역사상 최초로 평생의 공로를 인정하는 공로상을 수여받았다.

스키너의 주요 관심사는 실험실에서 나온 결과를 인간의 문제해결과 관련시키는 것이었다. 동료인 홀랜드(J. G. Holland)와 함께 『행동분석』이라는 책을 발간했는데, 1948년에는 『Walden Ⅱ』라고 하는 행동주의의 원리에 기초하여 이상적 사회를 묘사한 소설을 썼다. 행동주의적 이상형은 없을지라도 행동주의적 관점은 아이들 교육이라든지 산업현장에서 생산성 향상이라는가 심리적 장애의 치료 등과 같은 많은 부분에서 광범위한 영향을 미쳤다.

2) 주요 개념

(1) 스키너의 조작적 조건화 실험

스키너는 스스로 스키너 박스(Skinner box)라고 명명한 아래 **|그림 4-2|**와

같은 실험상자를 만들어서 실험하였다. 스키너 박스는 여러 번 개조되었으며, 보통으로는 철망마루, 빛(전구), 지렛대 및 먹이통을 갖추고 있다. 동물이 지렛대를 누르면 배식기계가 작동하여 먹이가 먹이통에 나오도록 되어 있고, 실험자에 의하여 조작이 가능한 전구가 지렛대에 부착되어 있다.

스키너는 우선 실험동물인 흰쥐(때로는 비둘기)를 박탈스케줄(deprivation schedule)에 따라 훈련한다. 박탈스케줄이란 흰쥐에게 먹이를 강화인으로 사용하기 위하여 실험 전 며칠간 23시간 동안 먹이를 박탈하고 1일 1회만 먹도록 순응시키는 것을 말하는데, 먹이의 양도 조절하여 자유로이 먹이를 먹을 때 체중의 80%를 유지시킨다. 이렇게 며칠 동안 박탈스케줄을 거치게 한 다음, 흰쥐를 스키너 박스에 넣는다. 흰쥐는 상자 안에서 쉬지 않고 계속 움직이면서 새로운 환경을 탐색하다가, 우연히 지렛대를 눌러 먹이가 먹이통에 떨어지는 것을 보고 이를 먹고는, 다시 지렛대를 누르는 행동을 계속 하게 되었다. 이때 먹이는 지렛대를 누르는 행동을 강화시켜 주어 지렛대 누르는 행동이 증가되었다. 다시 말하면, 지렛대 누르는 반응은 먹이라는 강화를 받았기 때문에 반복된 것이며, 다시 누르면 또다시 강화를 받기 때문에 지렛대 누르는 반응은 증가하게 되었다. 이러한 절차가 반복됨에 따라 흰쥐는 지렛대 누르는 반응을 학습하게 된다.

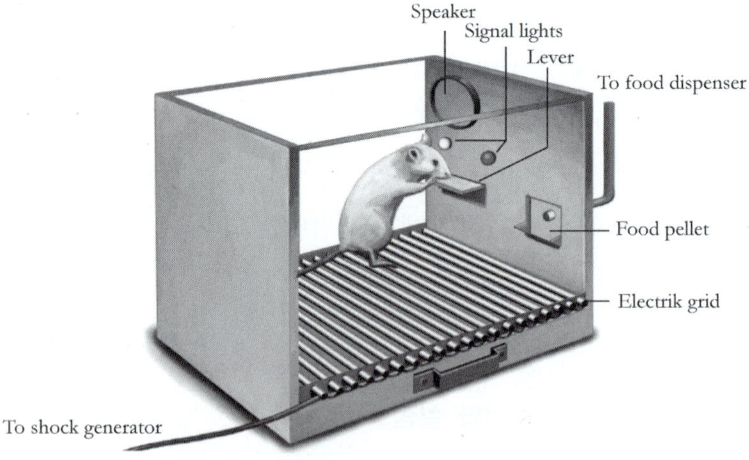

그림 4-2 스키너의 조작적 조건화 실험장치(Skinner box)

스키너는 흰쥐가 이러한 행동을 통하여 환경에 스스로 작용함으로써 결과를 생성해 내는 것을 조작(operant)이라고 하고, 이와 같은 절차가 학습되는 과정을 조작적 조건화(operant conditioning)라고 불렀다.

(2) 조작적 조건화의 주요 원리

① 반응적 행동

'반응적'이란 용어는 구체적 자극에 의해 유발되는 구체적 행동을 뜻한다. 또 이런 행동은 반사적 반응(reflexive-type)을 뜻하며, 자극이 행동보다 먼저 나타나게 된다. 반응적 행동으로는 눈 깜빡임, 무릎반응, 타액분비 반응, 공포반응 등이 있다.

② 조작적 행동

조작적 행동은 환경을 조작해서 어떤 결과를 낳게 되는 행동이다. 즉, 조작적 조건화에 의해 습득된 행동을 말한다. 이 행동은 유발되는 것이 아니라 방출되는 것이며, 이것은 능동적 유기체의 특성이다. 스키너는 방출된 반응과 그 결과에 대한 연구가 심리학의 기본적 탐구내용이라고 생각했다. 조작적 행동에는 읽기, 쓰기, 악기 연주, 식사, 운전 등이 있다. 또한 스키너는 어떤 결과를 가져오는 반응들을 '조작적 반응'이라고 했다.

③ 변별자극

조작적 행동도 특정 자극의 영향을 받을 수 있다. 어떤 반응이 특정한 경우에만 강화를 받을 수 있기 때문에, 특정 자극이 제시되었을 때만 반응이 일어난다면 변별(discrimination)이 형성된 것이다. 예를 들어, 유아는 부모가 곁에 있다는 것과 '엄마'나 '아빠'라는 언어적 반응에 대한 강화가 연합됨을 알기 때문에, 부모가 있을 때만 '엄마'나 '아빠'라고 부르는 것을 학습하게 되는 것이다.

사람들은 일상생활에서 여러 가지 변별을 하도록 조건형성된다. 예를 들어, 운전할 때 파란불이 켜지면 지나가고 빨간불이 켜지면 정지하는 경우처럼, 사소한 것과 중요한 것을 변별한다. 변별자극은 바람직한 결과를 얻기 위해 어떤 행동을 선택해야 할지를 암시한다. 만약 변별이 존재하지 않는다면 부적절한 반응을 더 자극하게 될 것이다.

④ 강화

스키너는 행동의 결과로 일어날 수 있는 강화에 정적강화(positive reinforcement)와 부적강화(negative reinforcement)가 있다고 했다. 이 두 가지 강화는 모두 반응의 가능성을 증대시킨다. 즉, 행동을 강화한다.

정적강화는 행동에 대한 보상을 주는 것이다. 예를 들어, 음식, 물, 성적 접촉 등과 같은 것을 제시하는 것인데 이것을 정적강화 자극이라고 한다. 부적강화는 불쾌한 경험으로부터 회피할 수 있게 하는 것을 의미한다. 예를 들면, 숙제를 해오면 화장실 청소를 시키지 않는다거나, 지각을 하지 않으면 운동장을 몇 바퀴 돌지 않게 하는 것 등으로 이것을 부적강화 자극이라 한다. 부적강화물은 어떤 행동이 일어난 직후에 제거했을 때 그 행동이 점차 일어날 확률을 높인다.

그러므로 정적 강화물이 되려면, 먼저 그것을 획득함으로써 반응의 가능성이 증대되는지를 밝혀보아야 한다. 또 부적 강화물의 경우에도 그것을 철회함으로써 반응의 가능성이 증가하는지를 먼저 검토해 보아야 한다. 이 두 가지의 강화의 효과는 동일하며, 모두 반응의 확률이 증가한다.

⑤ 벌

벌(punishment)이란 어떤 사람에게 그가 원하는 어떤 것을 빼앗아 가거나 원하지 않는 어떤 것을 줌으로써 반응을 약화시키는 절차를 말한다. 강화에서는 반응의 빈도가 올라가는데, 벌에서는 반응의 빈도가 내려간다. 때로는 벌과 부적강화를 혼동하는 수가 있으나, 벌은 반응빈도의 감소의 효과를 가져오고 부적강화는 반응빈도의 증가를 초래한다.

⑥ 소거

소거(extinction)는 어떤 반응에 대한 강화를 중지하는 것으로, 소거를 통해 특정 행동의 발생빈도를 줄이거나 없애기도 한다. 소거는 벌과 다른 개념으로 소거는 일상생활에서 관심을 받아 강화된 특정 행동을 무시하는 형태로 나타난다. 떼를 쓰는 아이에게 부모가 아이스크림을 주어 달래곤 했다고 가정하자. 이때 떼를 쓰는 아이에게 긍정적 강화물인 아이스크림을 주기 않고 무시하면 처음 몇 번은 더 오랫동안 떼를 쓰겠지만 곧이어 떼를 쓰는 행동은 빈도가 줄거나 사라지게 된다. 이와 같이 무시하는 것은 소거의 효과적인 수단이다(김규수 외 역, 2002).

⑦ 행동의 조성

행동의 조성은 복잡한 행동이나 기술을 학습시키는 과정이다. 스키너는 조작적 조건화의 행동조성 방식은 조각가가 조각품을 만드는 방법과 유사하다고 지적했다. 스키너 박스 속의 쥐가 음식을 먹기 위해 지렛대를 누르거나, 수업 중인 학생의 읽기나 쓰기 등과 같은 조작적 조건형성에 의한 행동은 한꺼번에 나타나는 행동은 아니다. 이런 행동은 연속적 단계를 거쳐 조성된다.

조성(shaping)이란 용어는 유사한 반응에 대해 연속적으로 차별적 강화를 하는 과정을 의미한다. 즉, 의도한 반응에 근접한 반응을 해야 계속 강화를 받을 수 있다. 이런 조성의 결과로 잘 읽고 쓰는 것을 학습하거나, 뛰어난 운동선수가 되기도 하며, 조심스럽게 차를 운전하거나, 고도의 기능을 요구하는 작업을 하게 되는 등 바람직한 행동이 나타나게 된다.

〈표 4-1〉 조작적 조건화의 원리

	긍정적 자극	부정적 자극
제시	정적강화 (칭찬, 상, 안아주기 등)	정적처벌 (야단치기, 체벌 등)
철회	부적처벌 (기쁨이나 만족을 주는 것을 제거)	부적강화 (고통스러운 결과를 줄 수 있는 것 제거)

3) 치료기법

조작적 조건화 이론과 관련된 행동치료 기법에는 강화, 토큰강화 체제, 벌, 타임아웃, 사고중지, 프리맥의 강화원리 등이 있다.

(1) 강화(Reinforcement)

강화란 스키너의 조작적 조건화의 중심원리로서 표적행동의 출현빈도를 높이기 위한 행동절차이다. 즉, 이전의 행동빈도를 즉각 늘리고자 하는 것이다. 행동의 빈도를 조절하다는 점에서 강화와 처벌은 유사해 보이지만 강화는 행동의 빈도를 늘리는 데 주안점을 두는 반면에 처벌(punishment)은 행동의 발생빈도를 줄이려는 데 초점을 둔다는 차이가 있다. 강화물은 행동을 강화해 미래에도 그 행동을 다시 할 가능성을 높여주는 자극물을 말한다. 이러한 강화에는 정적강화와 부적강화가 있으며, 공통점은 행동의 빈도를 높이거나 유지하도록 한다는 점이다.

(2) 토큰강화 체제

다른 강화자극과 적절히 짝지어짐으로써 강화력을 얻는 자극을 조건강화자극이라고 하며, 대표적으로는 음식과 칭찬 등이 있다. 하지만 칭찬과 같은 조건강화 자극은 강화자극이 주어지자마자 사라지는 반면, 돈과 같은 조건강화자극은 그 힘이 오랫동안 지속되고 그것을 모아서 나중에 자신이 좋아하는 다른 강화물과 교환할 수 있다. 이러한 조건강화물을 '토큰'이라고 한다.

토큰은 많은 장점을 가진다. 첫째, 행동의 양을 계량화할 수 있다. 즉, 주어지는 토큰의 양과 긍정적인 행동의 양은 같은 것으로 받아들여질 수 있다. 둘째, 토큰과 더불어 주어지는 긍정적인 자극들로 인해 토큰은 바람직한 행동과 그렇지 않은 행동을 감별할 수 있게 해준다. 셋째, 토큰은 동기유발의 효과적인 수단으로 작용할 수 있다.

(3) 벌

강화가 칭찬이나 상으로 우리에게 널리 알려져 있는 것과 같이 벌 역시 그러하다. '벌(punishment)'은 자칫 부적강화와 혼동하기 쉽다. 언급한 바와 같이 강화와 벌은 특정한 행동의 빈도를 증가(강화) 혹은 감소(벌)시키는 것으로 구별된다. 즉, 강화는 특정한 행동의 빈도를 높이려는 시도인 반면, 벌은 어떤 반응에 대하여 어떤 자극을 즉각적으로 뒤따르게 함으로써 그 반응이 장차 일어날 확률을 감소시키는 것이라고 할 수 있다.

벌은 행동수정에서 중요한 행동적 절차로 자리 잡고 있다. 바람직한 행동은 강화와 같은 방법으로 증가시킬 수 있으나 벌에 의해서는 그 효과가 크지 않다는 손다이크(Thorndike)의 지적은 벌이 남용되어서는 안 된다는 것을 말해준다(Stephen, 1987). 따라서 벌은 최후의 수단으로 사용되어져야 하며, 행동수정이라는 미명 아래 함부로 사용되어서는 곤란하다.

(4) 타임아웃

강화를 일시적으로 중단한다는 의미로서의 '타임아웃(time-out)'이란 이전에 받았던 강화를 소거하여 특정 행동의 발생빈도를 줄이기 위한 행동전략이다. 이는 혐오스러운 자극을 제공하는 대신에 클라이언트를 다른 장소로 잠시 옮겨 놓도록 하는 것이다.

(5) 사고중지

'사고중지(thought-stopping)'는 클라이언트가 강박사고와 같이 원치 않는 생각을 멈추게 하는 행동기법이다(Williams et al., 1979). 사고중지는 "원하지 않는 생각이 날 때마다 항상 방해를 받으면 결국 그러한 생각은 없어지게 된다"는 원리에 기초한다. 사고중지는 적용하기가 쉽고 클라이언트가 무리없이 이 기법을 받아들이며, 일상에서의 자기조절 방식으로 쉽게 활용할 수 있다는 장점이 있다.

(6) 강화계획

강화계획(reinforcement schedule)은 크게 '연속강화(continuous reinforcement)'와 '간헐강화(intermittent reinforcement)'로 구분된다. 연속강화는 발생한 모든 반응

에 강화물을 제공하는 경우로 일반적으로 실제적인 생활상황에서 발견되는 것은 드문 일이다. 반면 간헐적 강화는 행동을 통제하기 위해 정해진 계획에 따라 강화물이 제공되는 것으로, 강화계획은 특별한 시간간격 혹은 특별한 반응비율에 근거할 수 있다. 간헐적 강화에는 시간과 비율을 바탕으로 효과적인 행동 통제를 위해 사용되는 네 가지 강화계획, 즉 '고정간격계획', '변수간격계획', '고정비율계획', '변수비율계획'이 있다. 강화계획을 반응률이 가장 높게 일어나는 순서대로 나열하면 변수비율계획(VR), 고정비율계획(FR), 변수간격계획(VI), 고정간격계획(FI) 순이다(최순남, 2002 : 248).

〈표 4-2〉 강화계획

강화계획		의 미	예 시
간헐적 강화계획	고정간격 강화계획	일정한 시간마다 강화물이 주어짐	2시간 마다 간식, 월급 등
	변수간격 강화계획	강화 사이의 시간간격이 불규칙	불시에 치루는 시험. 2시간 안에 아무 때나 주는 간식
	고정비율 강화계획	정해진 수의 반응이 일어난 후 강화	흰머리 10개 뽑으면 용돈 천 원, 자동차 10대 팔면 보너스 지급
	변수비율 강화계획	강화를 받는 데 필요한 반응의 수가 어떤 정해진 평균치 범위 안에서 무작위로 변하는 것	일정한 횟수 안에서 거액이 나오도록 설계되어 있지만 언제 나올 것인지 알 수 없는 슬롯머신, 경마 등
연속적 강화계획		반응이 있을 때마다 강화물을 제공	강아지가 짖을 때마다 간식을 제공

3. 반두라의 사회학습 이론

1) 반두라의 생애

반두라(Albert Bandura, 1925~현재)는 캐나다에서 폴란드계 밀농사꾼의 아들로 태어나 스탠포드대학교 심리학과 교수로 재직하면서 관찰과 모방을 통한 사회학습이론(social learning theory)을 발전시켰다.

반두라(Bandura, 1925~현재)

그는 초기에 심리치료 과정, 아동들의 공격성 산출, 그 후에 행동수정, 모델링, 관찰학습, 자기조정과정, 자기효능 등에 대해 연구를 하였으며, 행동수정의 개척자로서 또한 공격성 이론의 학자로서 널리 인정받고 있으며, 인간이 환경과의 접촉을 통하여 행동유형을 어떻게 발전시켜 나가는가 하는 이론을 발전시켰다.

반두라의 사회학습 이론은 내적 과정과 외적 과정을 잘 결합한 행동주의 학파의 이론으로, S(자극)－O(유기체)－R(반응)에 그 토대를 두고 있으며, 행동에 영향을 주는 사회적 요소와 인지적 요소를 강조한다. 스키너는 모든 학습이 직접적인 경험을 통해서 이루어진다고 보는 반면에 반두라는 자신의 경험을 통해서뿐만 아니라 관찰학습을 통해서도 학습이 이루어진다고 하였다. 관찰을 통한 대리강화를 함으로써 학습한다는 측면은 사회학습 이론에서 인지가 중요한 역할을 한다는 의미이다. 반두라의 사회학습 이론은 인지심리학에 영향을 주었고, 발달에서 사회적 영향에 관한 분석뿐 아니라 행동수정의 원칙에도 영향을 주었다(Thomas, 1985).

2) 인간관

반두라는 인간의 인지적 능력에 초점을 둔 사회학습 이론가다. 정신분석학자는 인간이 무의식적 정서에 의해 지배된다고 하고, 행동주의자들은 인간이 환경에 의해 지배된다고 하였다. 이에 반해 사회학습 이론가들의 관점은 인간이 무의식적 정서의 영향을 받지만 이를 극복할 인지적 능력도 갖고 있다고 보았다. 또 환경이 인간에게 영향을 미치지만 인간은 특정한 상황을 피해갈 수 있고, 스스로 물리적·사회적 환경을 조정하면서 자기통제를 할 수 있다고 보았다(Pervin et al., 2005).

행동이론의 인지요인을 포함시킨 반두라의 사회학습 이론은 다음의 몇 가지 기본 관점을 갖는다.

① 인간의 두드러진 특성은 유연성으로, 모든 인간은 여러 상황에서 다양한 행동을 학습할 수 있는 유연성을 갖고 있으며, 인간의 행동을 촉진시키는 강화가 대리적으로도 발생할 수 있다고 보았다.
② 인간은 개인, 행동, 환경요인의 '세 가지 상호원인 모델(triadic reciprocal causation model)'을 통해 자신의 삶을 조절해 나갈 능력을 갖고 있다.
③ 사회학습 이론은 인간에 대해 적극적 관점을 갖는다(인간=생산자).
④ 인간은 자신의 행동을 내적 외적 요인을 통하여 조절한다.
⑤ 도덕적으로 불명확한 상황에 처할 때 일반적으로 인간은 도덕기제(moral agency)를 통하여 자신의 행동을 조절하려고 한다.

인간발달에 있어 행동주의자들은 발달이 점진적으로 일어나며, 매일매일 발생하는 일상생활에서의 학습기회에 달려있고, 일생을 통해 계속되는 것이지 명확히 구분되는 단계로 나누어지지 않는다고 보았다.

3) 주요 개념

(1) 상호결정주의

반두라는 '상호결정주의(reciprocal determinism)' 원리를 소개하였다. 인간의 행동을 분석할 때는 개인과 그의 행동, 개인이 행동하는 환경, 이 세 가지 요인이 서로의 원인이 되며 상호결정을 한다고 본다. 즉, 반두라의 상호결정주의 원리란 개인적·행동적·환경적 특성이 서로에게 영향을 주는 힘의 체계를 이루고 있음을 의미한다.

(2) 관찰학습

관찰학습이란 모델이 되는 타인의 행동을 관찰하는 것만으로 학습이 가능하다는 전제에서 출발한다. 인간은 관찰을 통해서 새로운 행동패턴을 습득할 수 있다. 인간은 타인의 행동을 보고 자신도 동일한 행동을 취하게 된다(현정환, 2007).

관찰학습은 모방학습, 대리학습, 사회학습 등으로 불리기도 한다. 인간의 삶은 학습과정으로 평생 무엇인가 배우면서 살아가게 되는데, 이때 인간이 단순한 환경적 자극에 대한 반응을 통하여 행동을 익히는 것이 아니라 다른 사람의 행동을 관찰함으로써 학습한다는 주장이 곧 관찰학습이다.

관찰을 통한 학습의 과정을 반두라는 하위 과정으로 설명하고 있는데, 각 하위 과정들은 완전히 분리된 별개의 요소들이 아니라, 각 과정이 다음 과정에 영향을 주고있다고 보았다.

① 주의집중(attention) 과정

관찰학습의 첫 단계로 이 과정에서 개인은 타인의 행동에 주의를 기울인다. 주의산만한 아동은 자극에 주목해야 하는 시간에 충분히 가만히 앉아 있지 못하므로 학습의 기회를 얻지 못한다. 주의집중 과정에 영향을 미치는 요인은 모델이 지니는 특성, 관찰자가 지니는 속성, 과거 행동의 결과에 대한 보상이다. 보상을 받은 경험이 많은 사람일수록 모델에 대해 주목할 것이다. 모방할 행동에서 중요한 특징에 관심을 기울이고 정확하게 지각하기 위해 노력하면서 무엇을 선택적으로 관찰할 것인지 결정하는 과정이다.

② 보존(retention)과정

모델을 관찰한 후 일정 기간 동안 모델의 행동을 언어적 방법이나 심상을 사용하는 상징적인 형태로 기억하는 것을 말하며, 상징적인 형태로 기억하기 위해서는 모델의 행동을 상징적으로 기초화해야 하며, 이를 상징적·운동적으로 시연해야 한다. 이는 학습한 내용을 실제로 기억하지 못하면 실제로 효과가 없음을 뜻한다. 일단 정보를 인지적으로 저장하고 나면 관찰학습이 일어난 뒤 오랜 시간이 경과해도 이용할 수 있다.

③ 재생(production)과정

심상(imagery)에 저장되어 있거나 상징적으로 부호화된 기억을 행동으로 전환하는 것이다. 모델의 행동을 재생하기 위해서는 필요한 운동기술과 신체적 능력이 있어야 하고, 이의 획득을 위해서는 성장과 연습이 필요하다. 자신의 행동을 관찰하고 자신의 행동과 기억하고 있는 모델의 행동을 비교하면서 계속적으로 자기의 행동을 수정하여 모델의 행동을 재생할 수 있게 해주는 교정적 피드백이 필요하다(김영호 외, 2005).

④ 동기(motivation)과정

반두라는 보상만 가지고는 지속적인 모방을 위한 동기를 만들어 내는 데 충분하지 않다고 하였고, 행동을 수행할 수 있는 능력을 가지고 있다 하더라도 인센티브나 동기 없이는 행동을 수행하지 않을 것이라고 하였다. 아이는 단순히 결과를 경험하는 것이 아니라 예상되는 결과들을 소중히 한다. 이러한 결과들은 행동적 결과를 예견하고 모델이 된 행동들을 선택하게 함으로써 아이의 행동을 규정하도록 돕는다. 그러므로 모델을 통한 관찰학습은 긍정적 자극이 주어질 때 동기화되고 행동으로 전환될 수가 있다. 반두라는 아이가 다른 사람들을 관찰하거나 실제로 그 행동을 수행함으로써 최대의 보상을 얻을 수 있다는 사실을 배운다고 하였다. 또한 행동은 자신의 내면화된 수행의 수준과 자기효능감에 관한 지각에 의하여 결정되는 예상적 자기반응에 의해서도 영향을 받는다(최순남, 2005).

(3) 자기효능감

외적인 보상이나 벌에 의하여 인간행동이 학습된다는 급진적 행동주의자들과는 달리 반두라는 인간이란 감정, 사고, 행동을 통제할 수 있는 자기반영적 능력을 지니고 있기 때문에 개인의 행동은 자기강화와 외적 영향요인에 의해서 결정된다고 보았다(Bandura, 1977). 반두라는 자기효능감(self-efficacy)을 '자신의 기능과 환경적 사건에 대해 어느 정도 통제를 행사할 수 있는 자신의 능력에 대한 믿음'이라고 정의했다. 자기효능감은 사회적 모델링을 통해 획득되기도 하는데, 주어진 상황을 효과적으로 대처하는 인간의 능력이기도 하다.

반두라는 공포의 치료에 자기효능감을 적용하는 일에 관심을 가졌다. 그리하여 공포와 관련된 대상들의 자아효능감에 초점을 맞추었다. 이때 얼마나 두려워하는지에 초점을 맞추는 것이 아니라 공포를 그리고 공포대상을 얼마나 능란하게 다룰 수 있다고 생각하는지를 통해 자기효능감을 이해하는 것이다 (이영애 역, 1998 : 234-235).

(4) 사회화의 영향요소

① 공격성(aggressiveness)

사회화 과정에서 아동들은 공격적인 모델을 관찰하고 그 모델이 언제 강화를 받는가를 주시하며 모델의 행동을 모방한다. 만일 아동이 공격적인 행동을 하는 사람이 벌을 받는 것을 관찰했다면, 아동은 자신의 충동을 억누르고 그러한 행동을 하지 않게 될 것이다.

② 성역할(sex role)

사회화 과정에서 아동들은 자신의 성에 적합한 방식으로 행동하는 것을 배우게 된다. 소년은 남성적 특성을, 소녀에게는 여성적 특성을 발달시키도록 격려한다. 성 특질이 부분적으로 유전적인 요소가 연결되어 있기는 하지만, 더 많은 것들은 사회화 과정에서 모방을 통한 학습에서 얻어진다는 것이다.

③ 친사회적 행동(pro-social behavior)

친사회적 행동은 이타성, 협동심, 기부행위, 원조활동 등을 비롯한 긍정적이고 온정적인 사회적 행위를 말한다. 이러한 행동은 적절한 모델에 대한 관찰을 통해 쉽게 영향을 받게 된다. 특히 대중매체에서 접할 수 있는 다양한 친사회적 행동의 모델은 사람들에게 그러한 행동을 할 수 있는 동기를 부여하고, 행동을 습득할 수 있는 많은 기회를 제공한다.

④ 대리강화(proxy enhanced)

자신이 직접 행동을 하여 결과를 경험하지 않고도 모델이 하는 행동을 보고 강화를 받는 절차를 말한다. 관찰된 결과에 의해 얻은 정보는 관찰자가 어떤 외부에서 가해진 강화요인이 보상이 될 것인지 처벌될 것인지를 판단할 수 있도록 해준다. 어떤 행동에 보상이 주어졌다면 그 행동의 가능성은 높아지는 반면에 처벌이 따른다면 행동 가능성은 감소할 것이다.

⑤ 자기강화(self-reinforcement)

자신의 기대와 표준을 정해놓고 그것에 도달하거나, 초과하거나 미치지 못할 때 자기 자신에 대한 보상과 처벌을 스스로 관리하는 것이다. 즉, 이것은 자신이 스스로 통제할 수 있는 보상과 처벌을 자신에게 제공함으로써 자신의 행동을 개선하거나 유지하는 과정이다. 인간의 행동은 자신의 감정・사고・행동을 통제할 수 있는 능력을 가지고 있다고 보기 때문이다. 과거의 행동은 현재의 행동을 평가하는 준거가 되고, 성취동기가 부여되면 성공과 실패를 적절히 조절하며 행동을 조절해 나간다.

⑥ 자기효능감(self-efficacy)

자신이 바라는 목적을 이루기 위해 어떤 특정 행동을 성공적으로 수행할 수 있다는 신념이다. 자기효능감은 행동수행의 표준을 달성하고 유지하는 것을 통하여 향상시킬 수 있다. 반두라는 한 개인이 주관적으로 개인적인 효능감에 대하여 어떤 개념을 가지고 있느냐가 중요하다고 보며 이는 자신의 행동을 결정짓는 데 중요한 요소이다.

자기효능감이 낮은 사람은 자신의 생활사건에 어떠한 영향도 발휘할 수 없다는 무력감을 느낀다. 자기효능감이 높은 사람들은 그들이 직면하는 사건이나 상황을 효과적으로 처리한다고 믿는다.

자기효능감을 높이기 위해서는 도달할 수 있는 목표를 세우고 수행능력을 증진시켜 성공한 경험을 갖게 하며, 사람들이 자신의 능력을 신뢰할 수 있도록 설득과 격려가 필요하며, 운동 프로그램, 스트레스 감소, 대처능력 등을 통하여 심리사회적 각성을 촉진시켜야 한다.

⑦ 학습된 무기력(learned helplessness)

셀리그만(seligman, 1975) 등이 발전시킨 이론으로 인지행동의 특수한 영역에 대한 사회학습 이론의 적용이다. 학습된 무기력이 이루어지는 상황으로는 자연재해, 범죄, 폭력, 돌발적인 사고, 심각한 질병, 강간, 가까운 사람들의 이별 또는 죽음, 상실, 학대와 방임 등이 있다.

사람들은 자신의 노력에도 불구하고 그들이 통제할 수 없는 사건에 직면하여 미래의 결과를 통제하지 못할 것이라는 예측, 반응과 결과가 일치하지 않을 것이라는 무기력이 발생한다는 것이다.

4) 치료기법

(1) 모델링(Modeling)

모델링이란 어떤 특정한 사람의 행동이나 말을 그대로 따라 하는 행동을 의미한다. 한 아동이 인형에게 과자를 나누어 주는 것을 모델의 행동을 보고 배웠다면, 그 아동은 친구들과 장난감을 나누어 갖는 행동이나 엄마의 집안일을 도와서 물건을 정리하는 행동을 할 수 있다(이훈구 역, 1998).

(2) 자기지도(Self-directed Change)

자기지도란 자신의 인지적 행동수정 프로그램을 자기 스스로 이끌어 나가는 것을 말한다. 자기강화는 직접 강화물과 강화방법을 정하여 바람직한 행동을 했을 때 자신이 스스로에게 강화물을 주는 것이다.

(3) 인지적 행동수정(Cognitive Behavior Modification)

인지적 행동수정은 인지구조를 수정하여 개인의 문제행동을 변화시키는 방법이다. 엘리스의 인지·정서·행동치료는 행동의 수정보다는 사고의 변화를 강조하는 반면에, 반두라의 인지행동수정은 사고도 바꾸지만 그 보다는 행동을 바꾸는 것에 궁극적 목적을 두고 있다.

(4) 자기지시훈련(Self-instructional Training)

자기지시훈련은 인지행동적 기법으로서 마이켄바움(Meichenbaum)이 개발하였다. 클라이언트가 새로운 행동을 배우고 자기지시를 통해서 스스로 적응적 행동을 연습하고 실천하도록 돕는 방법이다.

(5) 행동조성법(Behavior Shaping)

행동조성법은 조작적 조건형성의 원리를 이용하여 부적절한 행동을 없애고 바람직한 행동을 형성하게 하는 기법이다. 부정적 행동에 대해서는 강화물을 제거하고 새로운 적응적 행동에 대해서는 긍정적 강화를 해주는 방법이다.

5) 행동주의 이론의 평가 및 사회복지실천 연관성

(1) 평가

스키너 이론은 행동주의 학습이론의 범위를 확대시켰으며, 과학적 실험주의를 통해 인간행동의 발달과 관련된 구체적이고 명확한 지식을 제공하였다. 특히 정적강화, 강화계획, 행동조성 등과 같은 일련의 연구는 사회생활에서 실용적 가치와 효과성을 입증되어 다양한 분야에서 활용되고 있다.

반두라의 이론은 모방학습의 중요성에 대한 우리의 자각을 증진시켰으며, 사회적 환경이 인간에게 얼마나 많은 영향을 미치는가에 대해 다시 한 번 인식하도록 하였다. 또한 그는 스키너와는 달리 관찰학습에서 행동에 영향을 줄 수 있는 자기강화와 자기효능감 등과 같은 인지요소의 중요성을 받아들여 행동주의 이론을 한 단계 높은 수준으로 끌어올렸다. 이러한 의의에도 불구하고 행동주의 이론에 대한 비판은 다음과 같다(이근홍, 2014).

첫째, 행동주의 이론은 인간의 행동에 대한 환경의 결정력을 너무 강조하여 행동에 영향을 미치는 인간의 내적·정신적 특성을 배제하고 있다.

둘째, 스키너의 이론은 인간을 조작이 가능한 대상으로 취급하고 있기 때문에 인간의 자유와 존엄성을 무시할 수 있다. 동물실험의 결과를 인간에게 동일하게 적용하는 것은 비인간적이다.

셋째, 스키너 이론에서 인간의 모든 행동이 조작을 통해 변화될 수 있다고 보는 것은 인간을 지나치게 단순화, 객관화하고 있다는 측면에서 비판을 받고 있다.

넷째, 반두라의 관찰학습은 단순한 행동을 신속하고 쉽게 학습할 수 있다는 장점을 가지지만 다양하고 복잡한 기능을 필요로하는 행동의 학습을 설명하는 데는 한계가 있으며, 인간행동의 발달에서 연령별로 다르게 나타나는 학습과 관련된 인지적 수준을 고려하지 못하고 있다.

(2) 행동주의 이론의 사회복지실천에의 적용

행동주의 이론은 인간행동에 영향을 미치는 상황적·환경적 요인의 역할을 인식한 이론으로 환경의 중요성에 주목하는 사회복지실천에도 보편적으로 적용되고 있다. 행동주의 이론을 통해 사회복지는 원조의 초점을 정신 내적 갈등에서 외현적 행동으로 이동하게 되었고, 인간의 발달에 환경이 얼마나 중요한지에 대한 지식기반을 제공받았다(이인정·최해경, 2007). 특히 스키너의 이론에서는 실험과 관찰을 통해 체계적인 연구가 가능하기 때문에 사회복지실천의 개입 효과성을 측정하고 제시하는 데 유용한 이론이다.

행동주의 이론가들은 '현재 문재행동으로 간주되고 있는 부적응을 어떻게 개선시켜 나갈 것인가?, 바람직한 행동형성을 위해 어딴 방법을 써야 하는가?'에 대해 클라이언트와 충분히 이야기하면서 개입을 진행한다(현정환, 2007). 이러한 일련의 계획들은 행동의 변화를 위해 사회복지실천 과정에 클라이언트를 최대한 참여시키고, 클라이언트 스스로 변화의 주체로 서게 하는 사회복지실천의 원칙과도 잘 부합된다.

행동주의 이론은 구체적이고 정확한 문제의 규정, 변화목표, 개입과정이 강조되므로 사회복지실천 과정에서 사회복지사와 클라이언트 간의 이해를 도울 뿐 아니라 개입에 대한 연구와 평가, 책무성을 증진시키는 데도 기여한다(김례란 외, 2008).

05 CHAPTER

인지 이론과 사회복지

인지 이론은 인간행동을 설명하는 데 있어서 인간의 사고과정에 대한 이해가 핵심적이라는 입장을 가진다. 개인이 환경과 상호작용하면서 마음속으로 정보를 처리하고 문제를 해결하는 인지적 요인을 밝히는 것이 인간행동의 이해에 필수적이라는 것이다.

인지 이론은 성격의 핵심은 개인이 자신과 세상을 구성하는 방식에 있다. 인간은 객관적 현실에 반응하는 수동적 존재가 아니라 스스로 의미를 부여하여 주관적 현실을 구성하고 그에 근거하여 행동하는 능동적 존재이다. 사람마다 자신과 세상을 구성하는 방식이 다를 뿐만 아니라 일상생활에서 부딪히는 생활사건의 의미를 부여하는 방식이 각기 다르다. 따라서 개인의 성격과 행동을 이해하기 위해서는 그가 자신과 세상에 대해서 지니고 있는 구성개념이나 신념, 그리고 구체적 상황에서 특정한 행동을 유발하는 사고과정을 이해하는 것이 매우 중요하다.

인지 이론의 인간관은 무의식을 강조한 정신분석 이론에 비해 긍정적이고, 환경에 인간이 능동적으로 적응한다는 측면에서 인간의 성장가능성을 시사하고 있다. 무의식에 초점을 두고 인간을 다분히 충동적인 존재로 보는 정신역동 이론과 달리 인지 이론에서는 인간의 의식에 초점을 두고 인간을 생각하는 합리적인 존재로 인식한다(최옥채 외, 2016 : 71).

인지 이론에는 인간의 지적 능력뿐만 아니라 인간의 사고, 태도, 동기 등의 인지적 능력의 발달에 관한 인지발달 이론이 중요하다. 이 장에서는 대표적인 인지발달 이론으로 피아제의 이론과 콜버그와 길리건의 도덕발달 이론을 살펴보고자 한다.

1. 피아제의 인지발달 이론

1) 피아제의 생애

피아제(Piaget, 1896~1980)

피아제(Jean Piaget, 1896~1980)는 1896년 스위스에서 중세학자인 아버지와 지성적인 어머니 사이에서 태어났으며, 10세에 쓴 논문이 학술지에 기고되는 등 어려서부터 천재성을 보였고 21세에는 생물학 전공으로 박사학위를 받았다. 1920년 실험실에서 아동용 지능검사를 제작하는 연구에 참여하면서 아동의 사고가 성인과는 다른 독특한 특성을 가짐에 주목하게 되었고, 줄곧 아동의 사고에 대한 연구에 몰두하였다. 1925년 피아제의 첫 아이인 재클린(Jacqueline)이 태어났는데 이때부터 아동의 인지적 행동에 관해 연구를 시작하여 1940년에 아동 및 청년에 대한 연구를 다시하였으며 1980년 9월 사망하였다.

2) 인간관

인지 이론에서는 인간을 매우 주관적인 존재로 규정하고 있다. 인지 이론에서는 이 세상에는 객관적 현실이란 존재하지 않으며, 각 개인이 나름대로 의미를 부여한 주관적 현실만이 존재한다고 본다. 그러므로 인지 이론에서는 각 개인의 정서·행동·사고는 개인이 현실을 창조해 내는 방식, 즉 현실세계를 구성하는 방식에 따라 달라진다고 본다(Beck, 1976; Kelly, 1955). 인지발달 학자들은 아동이 백지상태에서 환경을 수동적으로 받아들이는 존재가 아니라 능동적으로 자신의 인지를 구성해 나가는 학습의 주체라고 보았다. 이들은 아동의 지적 활동을 환경과의 능동적인 상호작용 과정으로 간주하기 때문에 아동이 지적 발달의 상당 부분을 주체적으로 만들어 나간다고 본다.

피아제는 아동의 인지발달 단계를 처음으로 제시한 학자로서 인지발달의 연구 토대를 마련하였다. 그는 아동이 출생하는 순간부터 성인의 인지 형태를 획득할 때까지 지적 발달이 계속된다고 보았다. 즉, 인간의 인지 발달은 일련의 명확한 시기와 단계를 갖고, 인지발달의 각 단계는 이전 단계보다 나아지고, 어느 단계도 건너뛰지 않으며, 단계의 순서도 변화하지 않는다고 하였다. 피아제는 아동의 인지 발달이 유전, 생물학적 성숙, 신체경험, 사회로부터 전이된 지식, 변화하는 환경에 대한 반응으로서 동화와 조절의 과정 등을 통해 이루어진다고 하였다. 이때 아동은 지식 구성에 능동적으로 참여한다고 주장함으로써 지식의 습득과정에서 아동의 수동적 역할을 강조하던 기존의 관점과 달리하였다(Forte, 2007).

인지학자들은 인지발달의 모든 메커니즘을 아동 내부에서만 찾지는 않았다. 타인을 포함한 환경 또는 다른 사람과의 활동도 아동의 인지발달에 결정적 영향을 준다고 보았다. 이는 인지발달에서 사회문화적 환경의 중요성을 강조하는 것으로, 로고프(Rofoff, 1990)는 인지발달의 제 과정을 도제과정으로 보았다. 즉, 아동은 사회제도적으로 마련된 활동에 부모, 기타 관련된 성인, 또는 다른 아이들과 함께 참여하여 지식과 기술을 배운다.

아동의 발달은 보편적 인간발달을 따르기보다는 아동 개인에게 특수한 문화적 경험에 의한 발달이 이루어지는 것으로 이해된다(이민희·정태연 역, 2005 재인용). 인간을 능동적인 학습자라고 가정하며, 인간의 발달은 생물학적 요인에만 좌우되지 않고 가족·학교·지역사회 등 모든 것이 최적의 인간 성장과 발달에 기여한다고 본다.

3) 기본 개념

(1) 인지(Cognition)

인지란 일정한 자극을 조직하여 지식을 얻는 심리적 과정이다(이정균, 1981). 버너(Werner, 1982)는 생각하기에 따라 행동은 달라질 수 있다고 하여, 인지를 사고라는 좁은 의미로 사용하기도 하지만, 최근에는 인지를 지식, 의식, 지능,

사고, 상상, 계획과 전략의 개발, 합리화, 추론, 문제해결, 개념화, 분류 및 유목화, 상징, 환상 그리고 꿈과 같은 소위 높은 수준의 정신적 과정을 모두 포함하는 개념으로 받아들이고 있다. 여기에 더하여 지각, 기억, 주의집중 그리고 학습 등이 포함되기 때문에 인지에 속하지 않는 심리적 과정은 없다고 할 수 있을 것이다(Flavell, 1985).

(2) 인지과정(Cognitive Process)

개인이 활용 가능한 정보를 지각하고, 조직하고, 평가하는 정신과정이 인지적 과정이다. 이것은 개인이 어떻게 생각하느냐는 점과 관련된 것으로(Meichenbaum, 1985), 탐색, 재생 그리고 저장과정이 기억의 기본 과정이다. 이러한 과정은 문제와 상황의 명확화, 문제해결에 필요시되는 것에 대한 인식, 인지적 규칙과 전략의 활성화, 융통성, 불안과 혼란의 통제가 포함된다(Kagan, 1984).

인지과정은 환경에서 정보가 투입되면, 컴퓨터의 정보처리 과정과 유사하게 정보를 조직화하고 판별하는 등의 심리적 규칙과 절차를 통해 정보를 처리하는 전환과정을 거쳐, 다시 외부환경으로 정보처리 결과를 산출하고, 이를 다시 투입으로 연결하는 환류과정이라는 일련의 정보처리 과정으로 구성된다(Siegler, 1983). 이러한 관점에서 볼 때 인지는 단지 개인이 생각하는 것, 그리고 그러한 생각을 하는 이유에 국한되는 것이 아니라 개인의 다양한 일상생활의 측면을 처리할 수 있도록 정보를 변환하는 정신의 조직화된 구조, 규칙, 문제해결 전략이라고 볼 수 있다.

(3) 인지구조(Cognitive Structure)

인지구조는 개인이 현실을 구성하고 해석하며, 의사결정, 문제해결과 다른 인지활동에 관련된 정보를 제공한다. 기본적인 인지의 기본 단위로는 도식, 개념, 명제가 있다(Kagan, 1984).

① 도식(schema)

도식은 사건이나 자극을 인식하고 그것에 대응하여 사용하는 기본적 틀로서 인지적 구조의 주요 부분이다. 또 인간이 자신의 인지발달 수준에 따라 어떠한 아이디어와 개념을 생각하고 이를 조직화하는 방식을 도식이라고 한다. 같은 발달단계에 있더라도 각 개인의 인지발달 수준에 따라 사람마다 다른 도식을 갖는다. 도식은 지식의 기본 단위로서 유기체가 외계의 사물을 인지하기 위해 사용하는 '이해의 틀'로 아동의 도식은 성장함에 따라 조금씩 확대되고 분화되어 어른 인지적 도식에 도달한다.

영아의 경우 기본적 도식을 갖고 태어나므로 반사와 같은 선천적 행동도 도식에 포함된다. 영아에게 나타나는 빨기나 잡기와 같은 최초의 도식들은 반사적이지만, 이러한 반사적 행동은 환경의 요구에 따라 변화한다. 예를 들어, 유아의 빨기 도식은 유아가 자라 숟가락 사용을 하게 되면 형태상으로 변화한다. 여기서 빨기 도식은 구조상으로는 변했지만, 그것을 수행하는 기능 면에서는 변한 것이 아니다. 유아는 적응의 과정을 통해서 새로운 도식을 개발하고 기존의 것들을 변화시켜 나간다.

② 개념(concept)

개념은 다양한 경험에서 나온 정보들이 공유하고 있는 특성을 통합하여 계층 또는 범주로 조직화한 것이다. 즉, 개념은 어떤 현상이나 사상의 의미를 머릿속에 그려보는 관념적 구성물이다.

개념은 현상 자체가 아니라 순전히 지적인 또는 상징적인 뜻의 집합체다. 이러한 개념은 개인이 어떤 현상을 조직적이고 질서 정연하게 관찰할 수 있게 해주고, 자신이 지각한 것이 어떤 중요성과 의미를 갖는지를 판단하고, 행동노선을 결정할 수 있도록 도와주며, 타인과의 의사소통을 가능하게 해주는 기능을 한다(김경동 · 이온죽, 1995).

③ 명제(proposition)

명제는 두 가지 이상의 개념들 사이의 관련성을 토대로 하여 규칙, 신념 그리고 가설을 설정한 것이다. 예를 들어, 정보를 어떻게 유형화하고 조직화하느냐, 즉 신념이나 규칙(명제)을 자기 자신에 대한 관점(자아개념)에 어떻게 적용하느냐에 따라 행동뿐만 아니라 타인에 대한 지각을 어떻게 해석할 것인가 하는 점이 달라지게 된다(Markus et al., 1985).

(4) 인지기능(Cognitive Function)

인지기능은 유전적으로 물려받은 인간의 기본 경향으로서 주요 인지기능으로는 적응, 조직화, 평형이 있다(성현란 외, 2001).

① 적응(adaptation)

적응은 환경과의 직접적인 상호작용을 통해 기존의 도식을 유지하거나 새로운 도식을 형성하는 과정으로, 동화와 조절을 통해 진행된다.

동화(assimilation)는 자극 혹은 입력되는 정보자료를 이전부터 존재하는 구조의 활동에 의해 처리하는 것이다. 즉, 새로운 환경자극에 반응함으로써 기존의 도식을 사용해 새로운 자극을 이해하는 것이다. 유아가 음식이든 아니든 무엇이나 입으로 가져가는 것은 동화의 한 예다. 이를 통해 유아가 환경의 요구에 관계없이 하나의 도식을 사용하고 있음을 알 수 있다. 동화는 새로운 사물이나 사건을 이미 자신이 가지고 있는 이해의 틀에 맞춰 해석하고 받아들이는 인지과정이며 도식의 양적인 변화이다.

조절(accommodation)은 정보에 적응하기 위한 구조 자체의 능동적 변경을 일컫는다. 환경은 유기체에게 도식의 변화를 요구할 수 있는데, 이러한 기존의 도식에 대한 변화가 조절이다. 즉, 기존의 도식으로 새로운 사물을 이해할 수 없을 때 기존의 도식을 변경하는 것을 말한다. 아동이 사자를 보고 고양이라 말할 때 누군가가 "아니야, 그것은 사자란다"라고 말해 줌으로써 잘못을 바로잡을 수 있다. 이때 아동은 '사자'라고 불리는 새로운 도식을 형성하게 된다. 조절을 통해 도식의 형태에 질적 변화가 발생하므로, 조절은 새로운 도식이 형성되는 과정이라고 할 수 있다. 조절은 기존의 도식으로서는 새로운 사물을 이해할 수 없을 때 기존의 도식을 변경하는 것이며 도식의 형태에 질적인 변화를 말하며, 적응은 환경과의 직접적인 상호작용을 통해 도식이 변화하는 과정을 의미한다.

② 인지조직화(organization)

인지조직화는 개인이 가지고 있는 여러 가지 도식을 하나의 통합된 체계로 만드는 기능이다. 개인은 자신이 가지고 있는 각기 독립적인 도식을 서로 연결하고 통합하여 하나의 인지구조를 만들어 나가는데, 이를 인지조직화라 한다. 예를 들어, 영아는 처음에는 어떤 물체를 쳐다보거나 잡을 수 있는 분리된 행동만을 하다가 시간이 조금 지나면 두 개의 행동을 통합하여 쳐다보면서 잡을 수 있는 보다 고차원적인 행동구조를 지니게 되는데, 이와 같은 과정이 조직화라고 할 수 있다. 개인은 인지조직화를 통해 더욱 다양한 도식을 만들어 내고 더 높은 차원의 인지기능을 수행할 수 있게 된다.

③ 평형(equilibrium)

피아제는 적응을 자기조절적 구조로 정의하고 이 구조는 동화와 조절의 평형화 과정에 의해 발달한다고 보았다(Piaget, 1963 : 6). 평형은 동화와 조절의 균형을 의미한다. 예를 들어, 5세 된 아이가 하늘에 날아다니는 물체는 새라고 배웠다고 가정하자. 하늘에 날아다니는 물체를 볼 때마다 아이는 그 사물이 가지고 있는 기존 체계, 즉 새라는 것에 자신의 생각을 동화시킨다. 그런데 어느 날 아이는 날아가는 비행기를 보게 된다. 이 새로운 사물을 보고 아이는 자신이 갖고 있는 기존 개념인 '새'에 결부시키려고 하지만 모양이나 크기 등이 너무 다르다. 따라서 아이는 기존의 도식을 변경하지 않으면 안 되는데, 이 과정이 조절이다. 아이는 이제 불평형 상태에 놓이게 된다. 즉, 새로운 물체가 새인지 아닌지, 만약 새가 아니라면 무엇인지 알 수 없다. 그래서 어머니에게 물어 본 후 그것은 새가 아니라 비행기임을 알게 된다. 이제 아이는 새와 비행기의 차이를 알게 되는데, 이것이 평형의 상태이다.

4) 인지발달 단계

피아제는 아동의 인지능력 발달이 아동과 그를 둘러싼 환경 간의 상호작용에 의해 질적·양적으로 변화되는 일관된 과정이며, 발달단계의 순서는 불변한다고 보았다(서봉연·이순형, 1983). 그러나 순서는 불변하여도 각 단계를 지나가는 속도에는 차이가 있을 수 있으며, 이러한 발달은 어른으로부터의 학습이나 유전적인 요인에 의해 결정되는 것이 아니라 환경과의 상호작용으로 아동 스스로가 구성한다고 보았다.

각 발달단계는 4단계를 거쳐 발달된다(Cram, 1983; Flavell, 1983; Piaget, 1983). 각 단계별 특징을 살펴보면 다음과 같다(김정민 역, 2006).

(1) 감각운동기(Sensory Motor Stage, 0~2세)

0~2세의 유아는 외부세계에 대해 빨기, 쥐기, 때리기와 같은 신체적 행동양식을 조직화한다. 이 시기의 행동양식은 대부분 자극에 대한 반응으로 과거에 대한 기억이나 미래에 대한 계획이 아닌 순전히 감각운동에 기초하여 행동하게 된다. 이 시기는 ① 대상이 보이지 않을 때라도 대상이 계속해서 존재한다는 사실을 인식하는 대상연속성(object permanence), ② 유아가 원인과 결과 사이의 관계에 대한 인식을 표현하기 시작한다는 것을 의미하는 인과론, ③ 목적지향적 행동의 출현에 동반되는 의도성의 획득이 포함된다. 감각운동 단계는 6개의 세부단계로 구분되는데 각 단계의 특성은 <표 5-1>과 같다.

〈표 5-1〉 감각운동기의 세부 6단계

세부단계	연 령	인지발달
반사활동기	0~1개월	• 빨기, 파악반사, 웃음, 미소반사 등 타고난 반사행동을 통해 환경과 접촉하고 적응적 방향으로 수정됨
1차 순환반응	1~4개월	• 우연히 어떤 행동을 하여 흥미 있는 결과를 얻었을 때 이러한 행동을 반복함(즐거운 행위의 반복)－손가락 빨기
2차 순환반응	4~10개월	• 활동 자체의 흥미에서 벗어나 환경변화에 흥미를 가지고 활동을 반복(딸랑이 흔들기) • 우연히 발견한 사건에 대한 의도적 반복, 인과 개념

2차 도식들의 협응	10~12개월	• 친숙한 행동이나 수단을 통해 새로운 결과를 얻으려 하므로 이 단계의 행동은 의도적이고 목적적임 • 기존 도식을 새로운 상황에 적용, 대상 영속성
3차 순환반응	12~18개월	• 도식 자체가 크게 변화하게 되고 능동적으로 새로운 수단을 발견함 • 새로운 문제해결을 위한 새로운 수단의 발견 및 새로운 것을 위해서 다양하게 반복한 실험
상징적 표상	18~24개월	• 행동하기 전에 생각을 함으로써 이해와 통찰을 얻을 수 있음 • 수단과 목적의 관계에 대한 정신적 조작이 가능해짐 • 몸으로 행동하는 대신 마음속으로 행동의 결과를 예측함

(2) 전조작기(Preoperational Stage, 2~7세)

이 단계에서는 논리적인 조작이 가능하지 않기 때문에 전조작기라 부른다. 조작(operation)이란 정보의 전환을 이해하는 정신능력, 즉 처음으로 되돌아갈 수 있는 능력을 말한다. 이 단계에서는 언어의 습득을 통하여 상징적 표상능력을 지닐 수 있게 되고 개념적 사고를 하기 시작한다. 그러나 자신의 관점에서 탈피하지 못하는 자아중심성, 비논리적 사고, 환상이나 놀이를 통한 상징적 표상이 문제해결과 지배감을 갖게 되는 중요한 통로가 된다. 이러한 특성을 지닌 전조작적 사고 단계는 전개념적 사고 단계와 직관적 사고 단계로 구분된다.

① 전개념적 사고 단계(2~4세)

전개념적 사고는 상징적 사고, 자기중심적 사고, 물활론적 사고, 인공론적 사고, 전도추리가 특징적이며, 상징적 사고 발달과 함께 상징놀이를 통해 사회, 신체 및 내적 세계를 실험하고 이해하며, 현실적으로 불가능한 것도 다룰 수 있고, 언어적 제한성을 보충할 수 있게 된다.

② 직관적 사고 단계(4~7세)

직관적 사고 특성은 다음과 같다.

첫째, 상위개념과 하위개념을 완전히 구분하지 못하므로 분류능력이 불완전하다.

둘째, 사물이나 사건의 개별적 특성만을 고려하여 추리하고 특수한 것에서 특수한 것을 추리하는 전도추리 경향이 나타난다.

셋째, 전체 상황 중에서 하나의 차원이나 측면에만 주의를 기울이고 다른 중요한 차원은 무시하는 중심화 경향이 나타난다.

넷째, 일련의 논리나 사건을 원래 상태로 역전할 수 없는 불가역적 사고 특성이 나타난다.

다섯째, 타인의 관점과 역할을 고려하지 않은 채 자신의 입장에서 세계를 지각하는 자아중심적 사고 특성을 나타낸다.

- 자아중심성(egocentrism)은 자신의 관점과 다른 사람의 관점을 구별하지 못하는 특성으로 모든 사람이 자신이 보는 것과 같이 세상을 보고 있다고 생각하는 것을 말한다.
- 물활론적 사고(animistic thinking)는 모든 사물에 생명이 있고 생각이 있으며, 감정이 있다고 믿는 것이다.
- 상징적 기능은 감각운동기 6단계에서 처음 나타나 전조작기에 가장 많이 발달한다. 상징적 기능은 상상놀이, 그림 및 언어를 통해서 가장 잘 표현된다. 상상놀이란 가상적인 사물이나 상황을 실제 사물이나 상황으로 상징화하는 놀이로 베개를 업고 아이를 업었다고 하는 것, 나무토막으로 총놀이를 하는 것 등이 이에 속한다.
- 보존개념 미형성은 같은 양의 물을 다른 모양의 용기에 담았을 때 양이 다르다고 믿는 특성이다.
- 분류화 개념 미형성은 하위개념 및 상위개념의 의미를 모르는 것으로 8개의 붉은 색 구슬과 2개의 푸른색 구슬이 모두 나무 구슬이라고 한 뒤, "붉은 색 구슬이 많니? 아니면 나무 구슬이 많니?"라고 물으면 붉은색 구슬이 더 많다고 한다.
- 타율적 도덕성(heteronomous morality)은 어린이가 성인들이 만들어 놓은 규칙과 제도에 무조건 따르는 것을 말한다. 이 시기의 어린이는 그들이 항상 따라야 하는 규칙이 있으며, 이 규칙을 지키지 않으면 벌을 받기 때문에 절대적으로 지켜야 한다고 생각한다. 타율적 도덕성은 10세까지 대부분 지속되다가 점차 자율적 도덕성으로 발전한다.

(3) 구체적 조작기(Concrete Operational Stage, 7~12세)

구체적 조작기 사고의 특징은 보존개념을 획득하고 유목화 및 서열화를 할 수 있으며, 탈중심화와 자율적 도덕성을 획득한다.

보존(conservation)은 크게 수의 보존과 양의 보존으로 구분되는데, 먼저 수의 보존이란 두 세트의 수가 같을 때 물리적 배열이 변하더라도 수는 변하지 않음을 의미한다. 양의 보존은 똑같은 크기의 그릇에 들어 있는 액체의 총량은 모양이 다른 그릇에 옮겨 담아도 똑같으며 작은 그릇에 나누어 부을 때도 액체의 양이 증가되거나 감소되지 않음을 의미한다. 6세 이하의 아동들은 실제로 동일한 양일지라도 큰 용기에 들어 있는 액체의 양이 더 많다고 인식한다. 이러한 예를 통해, 나이 어린 아이들은 컵의 크기(액체의 양)를 결정하는 데 눈으로 보는 지각에 의존하며, 보다 나이가 많은 아이들은 더 논리적으로 생각함으로써 동일한 양의 액체가 용기에 따라 어떻게 다르게 보일 수 있는지 생각할 수 있으며, 훨씬 더 추상적인 사고 수준을 갖고 있음을 알 수 있다(김규수 외 역, 2002).

전조작기 아동은 가지고 있지 않은 보존개념이 구체적 조작기 아동에게는 분명해지며, 이는 아동의 논리적 사고를 가능하게 한다(김정민 역, 2006).

유목화(classification)는 대상을 일정한 특징에 따라 다양한 범주로 나누는 능력 이다. 구체적 조작기에 있는 아동은 점차 형태, 색상, 무늬, 크기 등에 따라 대상의 차이점을 구별할 수 있는 능력을 발달시킨다. 하지만 전조작기의 유아는 상위유목, 하위유목, 유목포함(전체와 부분의 관계를 이해하는 능력) 등의 개념을 완전히 이해하지는 못하고 다만, 색상, 무늬, 크기 등에 따라 대상의 차이점을 구별할 수 있는 능력을 발달시킨다.

서열화(seriation)란 일정한 특성에 따라서 사물을 순서대로 늘어놓는 것으로, 3~4세의 유아는 길이의 순서대로 막대기를 나열하지 못하지만, 5~6세가 되면 완전하지는 않지만 어느 정도 순서대로 나열할 수 있다. 반면, 구체적 조작기의 아동은 완전한 서열화가 가능하여 막대기를 길이의 순서대로 나열하는 등이 가능하다.

탈중심화(decentering)는 사물의 어떤 두드러진 특성이나 측면에만 얽매이지 않고 여러 가지 특성이나 측면을 고려하는 다면적 사고를 할 수 있는 것을 말한다. 구체적 조작기에 이르면 자아중심성에서 벗어나 다른 사람의 관점과 사물의 다른 특성을 고려하게 된다.

자율적 도덕성(autonomous morality)은 규칙이 상호 합의에 의해 제정되며, 서로가 동의하면 언제든지 자율적으로 변화될 수 있다는 것을 의미한다. 구체적 조작기에 어린이는 사회적 규칙이 사람들의 동의에 의해 만들어진 것이며, 그들의 동의에 의해 변경될 수 있다고 생각한다.

(4) 형식적 조작기(Formal Operational, 12~15세)

형식적 조작기의 특징은 새로운 상황에 직면했을 때 현재의 경험뿐만 아니라 과거의 경험을 이용하고 미래를 예측할 수 있다는 점이다. 즉, 구체적 조작기의 아동이 현재의 문제만을 다루는 반면, 형식적 조작기의 청소년은 시간을 초월하여 문제를 다루며, 체계적인 과학적 사고가 가능하다.

이 단계의 인지발달 특성을 요약하면 다음과 같다.

① 구체적 상황을 초월하여 상상적 추론이 가능하다.
② 가설설정과 미래 사건의 예측이 가능하며, 제시된 문제가 자신의 이전 경험이나 신념과 어긋난다 할지라도 해결이 가능하다.
③ 있을 수 있는 모든 개념적 조합을 체계적으로 고려하고 검증할 수 있다.
④ 관련된 모든 변수의 관련성을 파악하여 적절한 문제해결 방법을 찾아낼 수 있다.

피아제의 인지발달 4단계를 요약하면 <표 5-2>와 같다.

〈표 5-2〉 피아제의 인지발달 4단계

단 계	특 성
감각운동기 (출생~2세)	• 아기가 자기 신체의 경계를 이해하기 시작한다. '자기'가 '자기가 아닌 것'과 구분되는 것을 알게 된다. • 점차 대상영속성의 개념을 학습한다. 즉, 컵이나 장난감 같은 물체가 눈에 보이지 않을 때에도 계속 존재한다는 것을 이해한다.
전조작기 (2~7세)	• 표상의 개념을 이해하게 되고, 사물을 소리로 표상하는 것을 학습하며, 궁극적으로 언어를 발달시킨다. • 사고는 '자아중심적'이며, 타인의 관점을 취하는 능력이 아직 발달되지 않았다.
구체적 조작기 (7~12세)	• 주변의 사물이나 사건들에 대해 논리적으로 생각할 수 있다. • 보존개념이 발달한다. • 물체들을 여러 가지 방식으로, 색깔과 크기 등에 따라 분류할 수 있다.
형식적 조작기 (12세 이상)	• '정부'나 '정의'와 같은 추상적인 개념에 대해 생각할 수 있다. • 쟁점과 이데올로기에 대해 알게 되며, 가설에 의한 추상적 사고를 할 수 있다.

5) 치료방법

(1) 치료목표와 과정

인지치료의 목표는 클라이언트가 보이는 정서장애나 문제행동의 제거가 아니라 문제행동 배후에 있는 비합리적이고 자기패배적인 신념을 최소화하고 삶에 대하여 더욱 현실적이고 합리적인 가치관을 형성하는 데 있다.

사회복지사가 수행해야 할 구체적 기능과 역할은 ① 클라이언트에게 치료방법을 강의 또는 설명하고 치료과정에 끌어들이고, ② 클라이언트의 문제점, 특히 비합리적 신념체계에 대한 진단과 평가를 실시하고, ③ 비합리적 신념체계의 구체적 내용을 밝혀내고, ④ 클라이언트가 지적 통찰과 정서적 통찰을 얻을 수 있도록 논박하는 것이다.

(2) 치료기법

합리적 정서행동치료에서는 클라이언트의 사고, 감정, 행동을 변화시키기 위하여 다양한 기법을 사용하고 있는데, 크게 인지적·정서적·행동적 기법으로 구분할 수 있다(권중돈, 2014).

① 인지적 기법

- 합리적 정서행동치료의 자기치료 양식(self=help form)을 사용한다.
- 합리적인 자기진술을 기회가 있을 때마다 읽게 한다.
- 합리적 정서행동치료와 관련된 서적을 읽어오게 하는 등의 과제를 부여한다.
- 재정의 기법을 사용하여 부정적 언어의 의미를 변화시킨다.
- 비합리적 신념체계를 은유적으로 표현하여 이에 대한 클라이언트의 인식을 증진한다.

② 정서적 기법

- 유머를 사용하여 클라이언트의 불안을 줄인다.

- 사회복지사가 클라이언트와 비슷한 경험을 한 상황을 솔직하게 함께 나눈다.
- 비유나 우스꽝스러운 노래를 사용한다.
- 수치심을 극복하는 어떤 행동을 시도해 보도록 한다.

③ 행동적 기법

- 행동과제를 부여한다.
- 클라이언트가 일상생활에서 모험을 하고 새로운 경험을 함으로써 비능률적인 습관을 버리도록 한다.
- 만성적 불안감정을 장시간 경험해 보도록 권한다.
- 일을 미루는 습관을 교정하기 위해 곧바로 일을 착수하도록 한다.
- 합리적 인간이 된 것처럼 연출하여 매사에 합리적으로 생각하고 행동하도록 지시한다.

6) 이론의 평가 및 사회복지실천과의 연관성

(1) 평가

피아제 이론에 대한 가장 일반적인 비판은 각 단계에 도달하는 연령에 대한 것이다. 또한 이 이론은 인지능력과 다른 사회적·정서적 능력의 동시성을 강조하고 있지만, 사회적 인지능력이 다른 인지능력보다 더 빨리 획득되며, 최종적인 인지발달이 15~16세경의 청소년기에 완성되는 것이 아니라 그 이후 성인기에도 가능하기 때문에 이에 대한 새로운 단계의 설정이 필요하다. 그리고 피아제는 모든 보통의 아동이 같은 속도로 동일한 논리적 구조의 지배를 받으며 발달한다고 보았는데, 보통에 대한 정의가 불분명하고 과도하게 결정적이며, 문화적·사회경제적·인종적 차이를 고려하지 않았다. 발달단계가 불변적인 순서로 진행되는 것이 아니라 특정 단계로 이동할 수 있다는 견해가 있다. 피아제의 단계 이론과는 달리 정보처리적 접근을 취하는 학자들은 인지발달은 뚜렷한 단계를 거쳐 이루어지는 과정이 아니라 계속적으로 진행되는 비단계적 과정으로 설명한다.

그리고 사용한 절차와 해석에 대한 것으로 예를 들어, 용액보존 과제에서 용액을 붓기 전과 후에 질문을 두 번 한다. 그런데 일상생활에서 성인이 두 번 질문을 한다는 것은 첫 번째 답이 틀렸다는 것을 의미한다. 따라서 이 경우 아동은 관습적인 규칙에 근거하여 새로운 답을 고안했을 수도 있다. 또 피아제 이론에서는 인지발달이 자연적이고 자발적이어서 어른으로부터 직접적인 가르침 없이도 자신의 인지구조를 발달시킨다고 하였는데, 훈련효과를 들어 수동적으로 인지발달을 가져온다고 반박하고 있다.

마지막으로 실험실 상황에서의 연구가 아니라 자신의 아이를 대상으로 한 임상연구이므로 개인적 편견이 삽입될 가능성이 높은 점, 인간발달의 왜곡된 부분에 대한 언급이 없다는 점, 아동이 어떻게 하여 인지발달의 한 단계로부터 다음 단계로 넘어가는지를 명확히 설명해 주지 못하며, 성숙과 경험 모두가 인지발달에 영향을 미친다고 주장하지만 너무 애매하므로 자세한 기술 정도로 간주된다. 그리고 4단계(감각운동기, 전 조작기, 구체적 조작기, 형식적 조작기)가 순서에 따라 나타나고 질적으로 다르며, 사고의 일반적인 속성을 나타내고 전 단계에 걸쳐 보편적으로 나타나는지를 의문시하고 있다. 그러나 이러한 피아제 이론의 약점이 있다 하더라도 피아제의 이론이 인지발달의 필수적인 측면을 다룬 것은 틀림이 없다.

(2) 사회복지실천과의 연관성

인지발달 이론은 개인의 능동적인 역할을 강조하고 심리적 구조의 존재와 이러한 구조 내에서 일어나는 변화들이 행동의 외형적 변화에 반영된다는 것을 강조한다. 따라서 사회복지사들은 클라이언트의 현재 발달단계 내에서 발달을 촉진시키기 위하여 도전적 환경을 탐색하도록 하여 클라이언트의 인지발달을 도모하고 사회복지사들이 교육자로서 클라이언트의 교육적인 면에 이바지할 수 있다. 또한 피아제 이론은 아동발달에 대한 전반적 이해의 틀을 제시하는데, 아동의 인지발달을 위한 여러 가지 사회복지실천 프로그램 개발에 적용이 용이하다. 일반 아동뿐 아니라 인지발달이 늦거나 학습장애 등을 가진 아동에 대한 개입에도 중요한 영향을 미치며, 특히 정신보건, 위기개입, 아동복지, 공적 부조, 가족서비스, 물질남용 등 다양한 사회복지실천 현장에서 활용되고 있다.

그러나 인지발달 이론을 사회복지실천 현장에 적용시킬 때에는 개인의 인지발달에 사회환경이 미치는 영향의 중요성과 인지발달에서 개인차를 충분히 고려해야 한다. 그 이유는 첫째, 연구방법의 객관성과 신뢰성 부족한 것이 그 이유이고, 둘째, 아동의 인지발달에서 문화적·사회경제적·인종적 차이를 충분히 고려하지 않고 있음이고, 셋째, 인지발달에서 가까운 사람 및 사회적 환경과의 관계에는 관심을 두지 않았고, 정서장애나 성격장애에 대한 설명이 없다는 점과 마지막으로 인지발달이 청소년기에 멈춘다고 주장하여 이후의 발달단계에 있는 성인의 인지발달에 대해서는 언급이 없다는 점 때문이다.

2. 콜버그와 길리건의 도덕성 발달 이론

1) 콜버그의 도덕성 발달 이론

(1) 콜버그 이론의 특성

콜버그(Lawrence Kohlberg, 1927~1987)는 피아제의 이론을 확장시켰다. 그는 도덕적 딜레마에 대해 사람들이 사용하는 추론을 분석하여 도덕발달에 관한 3수준 6단계 이론을 제시하였다.

먼저 '전인습적 수준'에 있는 아동의 도덕적 추론은 권위에 대한 복종, 보상과 처벌에 의해서만 통제된다. 단계 1은 복종지향적으로 아동은 처벌을 피하기 위해서 어른들이 옳다고 말하는 대로 한다. 단계 2는 보상지향으로 아동은 미래에 돌아올 호의를 기대하기 때문에 타인에게 잘한다.

'인습적 수준'에 있는 사람은 도덕적 의사결정을 타인이 기대하는 사회적 규범에 근거한다. 단계 3은 착한 소년/ 소녀를 지향하는 단계로, 타인의 기대에 따라 행동함으로써 그들의 칭찬을 얻고자 한다. 단계 4는 권위지향 단계로 그들은 사회적 규칙과 기대, 법은 사회의 질서 유지에 필수적이고 모든 사람에게 이롭다고 생각한다.

콜버그(Kohlberg, 1927~1987)

'후인습적 수준'에 있는 사람은 개인적 · 도덕적 원리에 근거하여 도덕적 추론을 한다. 단계 5는 사회적 계약을 지향하는 단계로 기대와 법이 모든 구성원에게 이롭기 때문에 그들은 이러한 계약을 지킨다. 그러나 그것이 더 이상 이롭지 못한 경우 그 의미는 없어진다. 단계 6은 윤리적 원리 지향의 단계로 정의, 평등과 같은 보편적 도덕원리에 근거해서 도덕적 추론을 한다.

콜버그가 제안한 대로 나이가 들수록 도덕성 발달의 수준이 높아지는 경향이 있다(Stewart & Pascual-Leone, 1992). 예를 들면, 단계 1과 2는 아동과 어린 청소년들에게 보편적인 것이지만 나이 든 청소년이나 성인들에게는 단계 3과 4가 보편적이다. 그렇다고 모든 사람이 마지막 단계에 도달하는 것은 아니다.

〈표 5-3〉 **콜버그의 도덕발달 3수준 6단계 이론**

수 준	단 계	특 징
수준 Ⅰ: 전인습적 수준	단계 1	복종지향(처벌을 피하기 위해 규범에 복종하는 단계)
	단계 2	보상지향(보상과 호의를 얻기 위해 따르는 단계)
수준 Ⅱ: 인습적 수준	단계 3	착한 소년/ 소녀 지향(타인의 승인을 얻고 비난을 피하기 위해 따르는 단계)
	단계 4	권위지향(권위자의 비난을 피하고 의무 불이행에 따른 죄의식을 피하기 위해 법과 규범을 지키는 단계)
수준 Ⅲ: 후인습적 수준	단계 5	사회적 계약 지향(공공의 선을 위해 다수가 동의한 원칙에 따라 행동하는 단계)
	단계 6	윤리적 원리 지향(정의, 존엄, 평등과 같이 자신이 스스로 선택한 윤리적 원칙에 따라 행동하는 단계)

(2) 이론의 평가

콜버그의 도덕성 발달 이론에 대한 비판은 다음과 같다(엄신자, 2007; 이광자 외, 1999).

첫째, 캐럴 길리건(Carol Gilligan)은 여성은 남성과 다른 도덕적 기준을 가지고 있다고 주장하면서 여아들이 남아들보다 도덕성에서 열등하다고 보는 콜버그의 관점을 비판하였다. 길리건은 도덕발달은 성별에 따른 차이를 넘어 개인의 상황적 맥락과 특수성을 이해하는 데 초점을 맞출 필요가 있음을 강조하였다.

둘째, 콜버그는 도덕성이 한 단계에서 다음 단계로 이행하는 것이 자발적 행동의 결과라고 하였으나 도덕적 태도는 부모와 가정의 환경, 학교나 사회의 문화적 영향도 중요함에도 불구하고 교육과 사회화를 간과하였다는 비판을 받고 있다.

셋째, 콜버그는 도덕적 사고를 지나치게 강조하고 도덕적 감정이나 행동 간의 관계에 대한 연구가 부족하다는 비판을 받고 있다. 도덕적 추리단계는 어느 정도 도덕적 행동을 예측할 수 있는지 알기 어렵다. 왜냐하면 도덕적 행동은 일반적으로 도덕적 추리 이외에 개인의 다른 특성과 많은 상황적 요인들에 의해 영향을 받기 때문이다.

넷째, 콜버그의 도덕성 발달 단계는 미국이라는 다양한 문화권에서 성장한 사람들을 대상으로 연구하였지만 모든 문화권에서 보편적인 이론으로 수용하기는 어렵다가는 견해이다. 서구사회는 정의실현에서 개인주의를 중요시하지만 동양사회는 집단주의를 중요시하는 차이점을 고려해야 한다.

06 CHAPTER

인본주의 이론과 사회복지

인본주의 이론(humanistic theory)이란 실존주의 철학에 근거하며, '클라이언트 중심주의'로 불리던 것을 1974년을 기점으로 인본주의로 칭해지고 있다. 인본주의란 여러 가지 의미를 내포하지만 문제해결 과정이 클라이언트 중심으로 이루어져야 하며, 클라이언트의 잠재력이 문제해결 과정에 충분히 반영되어야 함을 강조한다.

모든 인간은 자신을 지지하고 존중하며 진심으로 믿어주는 조건에서 성장할 수 있다는 가능성을 지녔다는 로저스의 주장은 인본주의 이론을 잘 드러내고 있다. 이러한 주장은 심리치료의 주요 이론인 정신분석이나 행동주의 이론과는 크게 차이를 보인다고 할 수 있다.

애초에 인본주의 이론은 사회복지실천 이론에서 많은 영향을 받았지만 추후에는 사회복지실천의 중요한 이론적 토양이 되고 있다. 실례로 오늘날 사회복지실천의 주요 가치와 인본주의 이론의 주장이 상당 부분 일맥하는 것을 볼 수 있다.

인본주의 이론의 특징은 인간의 잠재능력과 가능성에 대한 신뢰이다. 인간에 대한 이러한 믿음은 이론을 떠나 대인원조에 종사하는 전문가라면 누구나 취해야 하는 태도이자 자세로 받아들여지고 있다. 특히 인본주의 이론은 인간의 가치와 존중을 강조하고 클라이언트의 강점을 강화하여 사회적 적응을 도모하는 사회복지실천의 철학과 상당 부분 맥을 같이 한다는 점에서 더 많은 관심을 가질 필요가 있는 이론이라고 할 수 있다(정원철, 2006).

이 장에서는 인본주의 심리학의 대가로 평가되며, 인본주의 상담의 창시자인 로저스의 이론과 매슬로우의 이론을 중심으로 고찰해 보고자 한다.

1. 로저스의 현상학 이론

1) 로저스의 생애

로저스(Rogers, 1902~1987)

로저스(Carl R. Rogers, 1902~1987)는 1902년 미국 일리노이주 태생으로 위스콘신대학교에서 심리학을 공부했으며 1987년에 사망했다. 그의 인간중심 철학은 상담과 교육 및 심리치료의 여러 분야에서 지대한 영향을 끼쳤다. 그중에서도 가족상담 분야에 많은 영향을 끼쳐 이 분야에서 보웬(Bowen), 미누친(Minuchin), 핼리(Halley) 등과 함께 가장 영향력 있는 이론가로 인정받고 있다. 그리고 참만남집단(encounter group)을 통한 집단상담 운동에도 많은 기여를 했으며, 그 외에도 임상감독, 목회상담에도 기여를 하였다.

칼 로저스는 일반심리학에 끼친 영향도 지대하여 매슬로우와 함께 인본주의적 제3세력 심리학(the third force psychology) 운동을 주도하였다. 또한 인본주의 교육운동에 선봉장 역할을 한만큼 교육에 큰 영향을 끼쳤고, 산업, 행정, 종교, 의료 및 보건 분야, 예술, 연구, 지역사회 개발, 정치학, 국제관계 및 평화에 이르기까지 폭넓게 영향을 끼쳤다.

2) 인간관 및 기본 가정

(1) 인간관

로저스는 인간마다 현실을 각기 달리 지각하고 주관적인 경험이 행동을 지배한다고 믿었다. 다시 말해서, 사람이 외부현실보다는 오히려 내부적인 경험에 의해 이끌어진다는 것이다.

로저스는 오랜 임상경험을 바탕으로 하여 인간은 기본적으로 자유로우며 자신의 행동에 책임을 지고, 유목적적이며, 합리적이고 건설적인 방향으로 지속적으로 성장해 나가는 미래지향적 존재라고 보고 있다. 따라서 이러한 선천적 잠재력을 발휘할 수 있는 조건들이 적절히 갖추어진다면 인간은 무한한 성장과 발전이 가능하다고 결론지었다. 이러한 로저스의 인간관을 자세히 살펴보면, 자유, 합리성 그리고 자아실현의 경향이 서로 연결되어 있다. 로저스는 인간의 삶은 자신이 통제할 수 없는 어떤 힘에 의해 조종당하는 피동적 삶이 아니라 각 개인이 자유로운 능동적 선택의 결과라고 보았다.

모든 인간은 자신의 과거와 현재 생활상태를 정확히 인식할 수 있기 때문에 자신의 삶과 미래를 능동적으로 선택할 수 있다. 즉, 인간은 선천적으로 타고난 성장가능성을 실현하는 과정에서 자신의 인생목표와 행동방향을 스스로 결정하고, 이러한 결정에 따르는 책임을 수용하는 자유로운 존재로 규정하고 있다.

인간 본성에 대한 강한 자유론적 관점과 아울러 로저스는 인간을 합리적인 존재로 규정한다. 이러한 인간의 합리성은 자아실현의 경향이 강해지고 인간이 더욱 자유로워질 때 강하게 표출된다. 로저스는 모든 인간이 자신의 내부에 자기이해, 자기개념과 기본적 태도의 변화 및 자기 지향적 행동을 위한 거대한 자원을 갖고 있다고 하였다. 이러한 선천적 능력의 표현이 바로 자아실현 경향이다.

로저스는 자아실현경향을 자기충족, 성숙의 방향을 지향하는 모든 동기를 포함하는 각 개인의 진보적인 추진력이라고 규정하였다. 로저스는 이러한 자아실현의 경향을 성취하기 위하여 인간은 항상 노력하고 도전하고 어려움을 극복함으로써 진정한 한 개인이 되어간다고 보고 있다. 그러나 로저스는 이러한 자아실현을 완전히 최종적인 것으로 간주하지 않았으며, 인간은 항상 발전하고 성장할 수 있는 창조성이 있으며, 또 그럴 수 있는 가능성이 무한히 잠재되어 있다고 본다.

인간은 각자가 타고난 청사진을 갖고 있으며, 그들의 잠재력을 달성하려는 타고난 자성능력이 있어 어떤 역경에서도 금방 회복할 수 있다고 믿었다.

(2) 기본 가정

로저스의 인간행동에 대한 기본 가정은 그의 주관적 경험론에 입각하여 모든 인간에게 있어서 객관적 현실세계란 존재하지 않으며, 주관적 현실세계만이 존재한다고 보고 있다. 모든 인간은 자신의 사적 경험체계 또는 내적 준거체계와 일치하는 방향으로 객관적 현실을 재구성하며, 이러한 주관적 현실에 근거하여 행동하는 것이다. 모든 인간행동은 개인이 세계를 지각하고 해석한 결과이다. 그러므로 인간행동을 정확히 이해하기 위해서는 각 개인의 내적 준거체계를 정확히 이해하여야만 한다. 즉, 한 개인이 생각하고 느끼고 행동하는 고유한 방법을 이해하기 위해서는 그가 객관적 현실을 어떻게 지각하고 해석하는지를 알아야만 하는 것이다.

프로이트는 인간행동의 기본 동기를 긴장 감소에 두고 있으나, 로저스는 이와 정반대의 입장을 취하고 있다. 즉, 로저스는 모든 인간은 내적 긴장이 증가하더라도 자아실현을 위하여 그 고통을 감내하고 행동한다고 보고 있다.

이러한 로저스의 인간행동의 동기에 대한 기본 가정이 바로 인간행동의 미래 지향성으로서, 인간의 본질적 가치와 성장 가능성에 대한 로저스의 신념에서 유래된 것이다. 따라서 인간은 자아실현을 위한 끊임없는 도전과 투쟁의 과정에서 발생하는 고통을 감내할 것이다. 그러므로 인간의 자기실현 경향, 즉 미래 지향성은 인간행동의 가장 기본적인 동기라고 할 수 있다.

3) 주요 개념

(1) 현상학적 장(Phenomenal Field)

현상학적 장이란 경험적 세계 또는 주관적 경험으로도 불리는 개념으로 특정 순간에 개인이 지각하고 경험하는 모든 것을 의미한다. 현상학의 기본 이론은 "모든 개인은 변화하는 경험의 세계 속에 존재하며, 자연현상의 장을 경험하고 지각하는 대로 반응한다"는 것이다.

로저스는 동일한 현상이라도 개인에 따라 다르게 지각하고 경험하기 때문에 이 세상에는 개인적 현실, 즉 현상학적 장만이 존재한다고 보고 있다. 특히 프로이트가 과거 경험이 인간의 행동을 결정하는 요인이라고 본 점에 대항하여, 로저스는 현재 행동을 결정하는 것은 과거 그 자체가 아니라 과거에 대한 각 개인의 현재의 해석이라고 할 정도로 현재의 현상학적 장을 중시하였다. 이러한 현상학적 장에는 개인이 의식적으로 지각한 것과 지각하지 못하는 것까지도 포함되지만, 개인은 객관적 현실이 아닌 자신의 현상학적 장에 입각하여 재구성된 현실에 반응한다. 따라서 동일한 사건을 경험한 두 사람도 각기 다르게 행동할 수 있고, 이러한 속성 때문에 모든 개인은 서로 다른 독특한 특성을 보이는 것이다.

그리고 로저스는 인간이 자극에 단순히 반응하는 존재가 아니라 전체적으로 조직화된 체계로 보고 있기 때문에, 이러한 현상학적 장, 즉 현실에 대한 지각도표에 따라 행동하고 생활할 때, 모든 개인은 조직화된 전체로서 반응한다고 보고 있다. 이와 같이 로저스는 인간행동에 대한 현상학적 관점을 강하게 주장함과 아울러 전체론적인 관점을 고수하고 있다.

(2) 자기(Self)

자기는 자신에 대해 갖고 있는 조직적이고 지속적인 인식을 말한다. 자기개념은 현재 자신이 어떤 존재인가에 대한 개인의 개념으로, 자기 자신에 대한 자아상(self image)이다. 로저스는 자기 개념은 현재 자신의 모습에 대한 인식, 즉 현실 자기(actual self)와 앞으로 자신이 어떤 존재가 되어야 하며, 어떤 존재가 되기를 원하고 있는지에 대한 인식, 즉 이상적 자기(ideal self)로 구성되어 있다고 본다.

로저스는 현재 경험이 이러한 자기구조와 불일치할 때 개인은 불안을 경험한다고 보았다. 예를 들어, 다른 사람으로부터 존경받고 성공한 인물로 간주되는 사람들 중에서 자기 자신을 보잘 것 없는 실패자라고 지각하는 경우가 많다. 이와 같이 로저스는 자아구조와 주관적 경험 사이의 일치가 매우 중요하며, 이 양자가 일치될 경우에는 적응적이고 건강한 성격을 갖게 되는 반면,

이들 간의 불일치가 심할 경우에는 부적응적이고 병적인 성격을 갖게 된다고 보았다.

자기는 우리에게 우리가 아는 범위 내에서 삶에 대해 나름대로 특정한 방식으로 반응하는 것을 허용한다. 자아의 발달은 자신이 세상에서 경험하는 것을 어떻게 지각하는가를 바탕으로 하여 변화하는 역동적인 과정이라고 볼 수 있다. 로저스는 이러한 자기가 사용하는 기본적 방어기제로서 왜곡과 부인을 제시하고 있다.

경험의 왜곡(distortion)은 받아들이기 어려운 경험을 자신의 현재 자기상과 일치하는 형태로 변형하여 받아들이는 것을 의미한다. 예를 들어, 진급하는 사람을 보고 사장이 진급하게 해주었다고 왜곡시킴으로써 자신의 현재의 자아상을 유지하는 경우를 들 수 있다.

또 다른 방어기제인 부인(denial)은 위험한 경험이 의식화되는 것을 회피함으로써 자기구조를 유지하는 것을 말한다. 예를 들어, 부당한 대우를 받은 여사원이 화를 내지 못하는 것은 화를 내면 사랑받지 못한다는 부모님의 믿음이 내재되었기 때문이다. 이 방어기제는 자아개념과 불일치하는 경험이 존재한다는 사실을 완전히 무시해 버린다.

(3) 자기실현경향(Self Actualization)

로저스는 인간에게는 많은 욕구와 동기가 있지만 그것들은 단지 하나의 기본적 욕구의 일부분에 지나지 않는다고 하였다. 로저스는 모든 인간은 성장과 자기증진을 위하여 끊임없이 노력하며, 고통이나 성장 방해요인에 직면하여 극복할 수 있는 성장지향적 유기체라고 보고 있다. 특히 이러한 자기실현 동기는 성장과 퇴행 중에 어느 하나를 선택해야 하는 상황에 처하게 되면 더욱 강하게 작용한다. 그러나 현실지각이 왜곡되어 있거나 자아분화의 수준이 낮은 개인의 경우에는 퇴행적 동기가 더 강하게 작용하여 유아적 수준의 행동을 나타내는 경우도 있다. 그러나 로저스는 모든 인간이 퇴행적 동기를 지니고 있긴 하지만 그보다는 성장지향적 동기, 즉 자기실현 욕구가 기본적인 행동동기라고 보았다. 그리고 진정한 자아실현은 개인적인 노력이 없으면 이루어질 수 없는 것으로 부단한 노력과 투쟁, 고통을 수반하게 된다.

(4) 완전히 기능하는 사람(the Fully Functioning Person)

완전히 기능하는 사람은 심리적 발달과 사회적 진화의 바람직한 결과이다(Schultz & Schultz, 1994 : 309). 로저스는 훌륭한 삶이란 인간이 어떤 방향으로든 자유롭게 움직일 수 있는 내적 자유가 있을 때 그가 선택하는 방향으로 움직이는 과정이라고 하였다. 완전히 기능한다는 것은 자신의 잠재력을 인식하고 능력과 자질을 발휘하여 자신에 대한 완벽한 이해와 경험을 풍부히 하는 방향으로 이동해 나가는 것이다(Hjelle & Ziegler, 1994 : 468). 즉, 완전히 기능하는 사람은 개인적으로 자신의 삶의 목표와 방향을 자유롭게 움직일 수 있는 내적 자유가 있을 때 가능하며, 성격 특징은 다음과 같다.

첫째, 완전히 기능하는 사람은 경험에 대해 개방적이기 때문에 자신의 모든 느낌과 태도에 대해서도 개방적이다(경험에 대한 개방성).

둘째, 완전히 기능하는 사람은 개인의 자기심상(self picture)과 경험이 일치하는 사람으로 지나간 과거를 회상하고 미래를 예상하면서 불안해하지 않고 현재의 순간을 자각하는 실존적 삶을 산다(실존적인 삶의 태도).

셋째, 완전히 기능하는 사람은 자신에 대한 충분한 신뢰로 타인의 판단에 의해 행동하는 것이 아니라 자신의 경험과 판단에 따라 행동하며, 이성적 · 합리적 행동에 도달할 수 있는 능력을 가지고 있다(자신의 유기체에 대한 신뢰감).

넷째, 완전히 기능하는 사람은 자신이 자발적으로 선택한 행동과 그 결과에 책임을 지면서 인생을 충분히 즐기면서 산다(경험적 자유).

다섯째, 완전히 기능하는 사람은 사회규범에 구속되거나 문화적 배경에 억압받지 않는 반면에, 주어진 환경 속에서 건설적이고 창조적인 삶을 산다(창의성).

4) 성격발달에 대한 관점

인본주의 이론가들과 마찬가지로 로저스는 주로 개인의 현상학적 자기에 초점을 두고 인간의 성격발달을 논의하고 있다. 그러나 성격발달 그 자체에 특별한 주의를 기울이지 않는 관계로 자아개념을 획득해 나가는 주요 단계에 대해서는 구체적인 시기를 언급을 하지 않았다. 그 대신 로저스는 유아기나 아동기 초기에 타인이 한 개인을 평가하는 방법이 자아개념의 긍정적 또는 부정적 발달을 촉진시킨다는 점을 강조하고 있다.

신생아는 신체적 감각이든지 또는 외적 자극에 의한 것이든지 간에 모든 경험을 하나로 지각한다. 즉, 유아는 다른 대상과 분리된 존재인 'I'로서의 자신을 지각하지 못하며, 'me'와 'not me'를 구분하지 못한다. 이와 같이 인생의 초기 단계에서는 자아라는 것이 존재하지 않으며, 단지 포괄적이고 분화되지 않은 현상학적 장만이 존재한다. 그러나 모든 인간은 자아실현 과정의 일부분인 분화를 지향하려는 경향이 있기 때문에 어린아이는 점차 자기 자신을 제외한 나머지 세계와 자신을 구분하기 시작한다. 로저스는 개인의 자아개념이 이 현상학적 장을 구분하는 과정에서 출현한다고 보았다. 즉, 어떤 것은 자신의 것으로 인식되고 또 다른 어떤 것은 자신이 아닌 것으로 인식하는 과정에서 자아가 발달한다고 보았다. 로저스는 자아가 처음 형성될 때 유기체적 평가과정에 의해 지배된다고 보았다. 다시 말해, 유아나 아동은 내적 평가중심을 지니고 있기 때문에 부모의 도움 없이도 새로운 경험이 자신의 선천적인 자아실현경향을 촉진시키는지 또는 방해하는지를 평가하고, 이에 따라 반응한다는 것이다.

아동이 발달함에 따라 자신과 외계를 구분할 수 있게 되고, 자신에 대한 외부세계의 평가를 받아들이게 되고, 그럼으로써 유기체적 가치부여 과정의 점진적인 변형이 이루어진다. 부모, 교사 그리고 마지막으로 권위적 인물이 자신을 어떻게 생각하는가에 따라 스스로를 평가하는 방법을 배우게 된다. 자아에 대한 의식이 생기면 모든 사람은 타인으로부터 온화함, 존경, 숭배, 수용 그리고 사랑을 받고 싶어 하는 기본적 욕구가 생기는데, 특히 어머니로부터 사랑받고 보호받고 싶어 하는 욕구가 강하다. 이와 같이 긍정적 관심을 받고자 하는 욕구의 충족은 타인에 의해서 가능해지기 때문에, 아동은 성장하면서 점점 더 다른 사람으로부터 긍정적 관심을 받으려 하며, 자신의 유기체적 평가과정을 희생해서라도 이러한 관심을 받고 싶어 한다. 이와 같이 아동은 긍정적 관심에 대한 강한 욕구를 가지고 있지만 점차로 주요 타인들의 자기에 대한 기대와 태도에 영향을 받고 민감해진다.

대부분의 성인들은 아동들에게 조건적인 긍정적 관심을 보이는데, 그 예는 '네가 내가 바라는 사람이 되면, 나는 너를 사랑하고 인정할 것이다'라는 표현을 들 수 있다. 이러한 조건적인 긍정적 관심을 조건적 가치 부여라고 한다. 이것은 아동이 타인의 기대에 따라 행동함으로써 칭찬받고, 주의를 끌며, 인정이나 또 다른 형태의 보상을 받는 상황을 의미한다. 이와 같은 조건적 가치 부여는 아동의 자아발달에 지대한 영향을 미친다. 그 이유는 현재의 자기 모습이나 앞으로의 자기가 되고자 하는 것을 성취하기 위하여 노력하기보다는 타인이 설정한 기준에 맞추려고 노력하기 때문이다. 즉, 아동은 타인이 설정한 기준에 맞도록 행동하고 생각하고 느낌으로서 타인으로부터 긍정적 관심을 받으려고 한다. 따라서 타인의 조건적인 긍정적 관심이 아동에게 내면화되어 행동의 기준과 규범이 된다.

만약 아동이 조건적인 긍정적 관심을 얻기 위하여 다른 측면들을 무시한다면 자신의 잠재력과의 접촉이 단절되며, 자기 소외를 경험하게 되며, 건전한 성장과 발달은 방해를 받게 된다. 어떤 사람도 조건적 가치 부여, 즉 조건적인 긍정적 관심을 피할 수는 없지만 로저스는 무조건적인 긍정적 관심을 주고받는 것이 가능하다고 하였다. 이것은 어떤 개인에게 만약, 그리고, 그러나 라는 조건 없이 있는 그대로 수용하고 존경하는 것을 의미하는 것으로, 이러한 무조건적인 긍정적 관심의 표현은 한 개인을 있는 그대로 수용하고 존중하는 것을 의미하는 것이다.

로저스는 이러한 무조건적인 긍정적 관심을 주고받을 때 개인으로 하여금 완전히 기능하는 사람으로 진보하게 만들어, 자아구조가 더욱 심화되어 간다고 보았다.

5) 치료과정

(1) 치료목표

로저스에 의하면, 치료적 초점은 현재의 문제가 아니라 인간 그 자체이며, 단순히 문제를 해결하는 것이 아니라 클라이언트의 성장과정을 도와줌으로써 그가 현재 대처하고 있는 그리고 미래에 대처하게 될 문제들에 대해 보다 잘 대처할 수 있도록 돕는 것으로 규정하고 있다. 즉, 로저스는 내담자가 자신의 내적 준거 틀을 정확히 이해하게 함으로써, 클라이언트의 내적 및 환경 내에서 긍정적인 행동 변화가 이루어질 수 있도록 하는 데 치료목표를 두고 있다. 이러한 치료목표를 달성하기 위하여 사회복지사는 클라이언트가 자신의 경험세계를 탐색하고 존중할 수 있도록 자극하는 촉진적 조건을 제공하여야 한다. 이러한 치료관계를 통하여 클라이언트는 자아가치 부여 과정을 새롭게 하고 강화할 수 있게 된다. 즉, 촉진적 치료관계를 통하여 클라이언트는 긍정적 자기존중을 하는 방향으로 변화할 수 있으며, 개인은 평가의 내적 중심을 회복하고, 융통성이 있고, 높은 수준의 분화를 유지하고, 다양한 과거 경험과 현재 경험을 고려할 수 있는 사람이 되어간다.

(2) 사회복지사의 기능과 역할

사회복지사는 클라이언트와의 관계에서 진실해지려고 노력해야 한다. 클라이언트를 선입견적인 진단적 범주에서 지각하지 말고 순간순간의 경험에 기초하여 그들을 만나고 그들의 주관세계에 들어감으로써 그들을 돕는다. 진실한 보살핌, 존중, 수용, 이해의 태도를 통하여 그들은 방어와 경직된 지각을 느슨하게 할 수 있고 개인적 기능을 높일 수 있다.

(3) 상담에서 클라이언트의 경험

치료가 진행됨에 따라 클라이언트들은 자신의 감정을 더 잘 탐색할 수 있게 되고 자신과 관련된 갈등과 혼란된 감정을 더 잘 수용하고 더 잘 통합하게 된다. 클라이언트가 이해받고 수용받고 있음을 느낄 때 자신의 경험에 더 개방적으로 된다. 치료에 있어서의 경험은 클라이언트가 자신이 믿는 방향으로 변화하도록 기회를 제공한다.

(4) 사회복지사와 클라이언트의 관계

로저스는 감정이입적 이해, 무조건적 긍정적 관심, 그리고 일치성을 치료적 성격 변화를 위한 필요충분조건이라고 하였다. 그리고 이러한 조건들이 갖추어질 경우 클라이언트의 자연적 성장이 이루어질 것이라고 하였다. 이에 대해 구체적으로 기술하면 다음과 같다.

① 자기일치성 및 진실성

로저스가 촉진적 치료관계를 위한 세 가지 요소 중에서 가장 중시한 것은 일치성이다.

일치성은 사회복지사가 진실하다는 의미로, 치료기간 동안에 사회복지사는 거짓된 태도를 보여서는 안 되며, 자신의 내적 경험과 외적 표현이 일치되어야 하며, 클라이언트와의 관계에서 일어나는 감정을 솔직하게 표현하여야 한다.

진실한 사회복지사는 자발적이며 긍정적이든 또는 부정적이든 자신의 행동이나 감정에 솔직해야 하는데, 부정적 감정을 표현함으로써 사회복지사는 클라이언트와 정직한 대화를 할 수 있다. 그러나 이것은 사회복지사가 모든 감정을 충동적으로 표현하거나 클라이언트와 모든 감정은 공유하여야 한다는 것을 의미하는 것은 아니며, 적정 수준의 자기표현이 이루어져야 한다는 의미이다.

일치성의 개념은 연속선상의 개념이기 때문에, 완전한 자아실현을 성취한 사회복지사만이 효율적인 치료를 할 수 있다는 의미는 아니다. 사회복지사도 인간인 이상 완전히 진실한 인간일 수는 없으며, 단지 사회복지사와 클라이언트 사이의 관계가 일치성에 근거하였을 때 좋은 치료결과를 얻을 수 있다고 가정하는 것이다. 그러나 사회복지사가 일치성을 유지하기 위해서는 자기인식, 자기수용, 자기진실성의 수준이 높아야 하는 것만큼은 분명하다.

② 무조건적 긍정적 관심과 수용

인간중심적 접근방법의 치료관계에 포함된 두 번째 치료적 조건은 무조건적 긍정적 관심(unconditional positive regard) 또는 비소유적 온화함(nonpossessive warmth)이다.

로저스는 무조건적 존경을 클라이언트에게 결론을 강요하려는 시도를 하지 않고, 클라이언트에게 완전한 감정표현의 기회를 제공하는 것이라고 하였다. 사회복지사는 클라이언트를 하나의 인격체로서 온화하고 진실하게 보호(caring)하는 것이다. 보호한다는 것은 클라이언트의 감정이나 생각, 행동의 좋고 나쁨에 대한 판단에 의해 영향을 받지 않는다는 점에서 무조건적이다. 사회복지사는 클라이언트를 수용함에 있어서 특별한 규정을 하지 않고 무조건적으로 존중하고 있는 그대로의 모습을 따뜻하게 수용하여야 한다. 이러한 수용적 분위기가 형성되었을 때 클라이언트는 자신의 감정이나 경험 등을 자유롭게 표현할 수 있고, 사회복지사와 공유할 수 있게 된다. 그리고 사회복지사의 보호는 비소유적이어야 한다. 만약 보호를 하는 사회복지사가 자신이 인정받고 사랑 받으려 한다면 클라이언트의 건설적인 변화는 기대하기 어렵다.

로저스에 의하면, 비소유적 온화함으로 클라이언트를 돌보고, 칭찬하고, 수용하며 그리고 가치를 인정해 줄수록 치료가 성공할 가능성이 높다고 한다. 그러나 사회복지사는 언제나 수용과 무조건적 관심을 보여줄 수는 없으며, 무조건적 관심과 수용은 단지 연속선상의 정도의 문제를 의미하는 것이다. 그런데도 불구하고 클라이언트에 대한 존중과 수용을 강조하는 이유는 사회복지사가 클라이언트를 존중하지 않거나 싫어하거나 또는 더 나아가 혐오할 경우 클라이언트는 방어적 태도를 보일 것이므로 성공을 거두기 어렵게 되기 때문이다.

③ 공감적 이해

치료 순간순간의 상호작용에서 나타나는 클라이언트의 경험과 감정들을 민감하고 정확하게 이해하는 것이다. 사회복지사는 클라이언트의 주관적인 경험, 특히 지금 여기의 경험을 감지하려고 노력한다.

공감적 이해란 사회복지사가 클라이언트의 감정에 빠져들지 않으면서 감정을 자신의 감정인 것처럼 느끼는 것을 의미한다. 사회복지사는 클라이언트에게 자기자신을 표현하는 데 나타나는 두려움을 잊어버리고 자신의 유기체적 경험과 보다 밀접한 접촉을 많이 하도록 따뜻하고 수용적인 분위기를 만들려고 노력해야 한다. 온정과 수용은 그것이 있다고 말로만 클라이언트에게 전하는 것이 아니라 스스로 느낄 수 있도록 해야 한다.

④ 촉진적 치료관계

촉진적 치료관계의 결과 로저스는 사회복지사가 변화를 위한 필요충분조건을 제공하게 되면, 관계에 속해 있는 나머지 사람, 즉 클라이언트는 다음과 같이 변화될 것이라고 하였다.

- 이전에 억압했던 측면들을 경험하고 이해할 것이다.
- 더욱 통합되고, 효과적으로 가능할 수 있을 것이다.
- 자신이 되고 싶었던 인물에 더욱 가까워질 것이다.
- 자기지향적이고, 자기 확신을 갖게 될 것이다.
- 더욱 인간적이고, 독특하고, 자기 표현적인 사람이 될 것이다.
- 타인을 더 잘 이해하고, 수용할 것이다.
- 생활상의 문제에 보다 적절하고 편안하게 대처할 수 있을 것이다.

6) 치료기법과 절차

(1) 치료기법

인본주의 접근방법에서는 기법의 사용을 최대한 억제하며, 사회복지사의 인간성, 신념, 태도 그리고 치료적 관계가 치료의 성패를 좌우하는 것으로 보고 있다. 인본주의적 접근방법에서의 치료기법은 수용, 존경, 이해를 표현하고 전달하며, 생각하고 느끼고 탐색함에 의해 클라이언트가 내적 준거 틀을 발전시키도록 도와주는 것이다. 만약 사회복지사가 전략의 하나로서 기법을 사용하면 관계를 비인간화시키게 된다. 기법은 사회복지사의 솔직한 표현이어야 하며 이를 의식적으로 사용하여서는 안 된다.

(2) 치료절차

① 제1단계 : 경직된 경험의 상태에 있는 개인은 자신에 대한 이야기를 할 수 없다. 친밀하게 터놓고 대화하는 것은 위험한 것이라고 생각한다.
② 제2단계 : 클라이언트가 지신이 충분히 수용되고 있음을 경험하게 되면 가끔 감정들이 표현되기도 한다.
③ 제3단계 : 약간 느슨해지고 유동적으로 된 태도의 변화가 방해받지 않고, 계속 자신이 있는 그대로 수용되고 있다고 느낄 수 있게 되면, 보다 많은 감정과 사적인 표현을 하게 된다.
④ 제4단계 : 클라이언트가 여전히 있는 그대로의 자신이 수용되고 이해되고 있다고 느낄 때, 보다 자유로운 감정의 흐름이 가능해진다.
⑤ 제5단계 : 전에 부인되었던 감정들이 비록 두려움이 있기는 하지만 의식 속으로 흘러나온다(진실된 나가 되려는 바람).
⑥ 제6단계 : 전에 부인했던 감정을 즉각적으로 현재의 경험들로 수용한다. 자신의 문제를 주체적으로 대체해 갈 수 있게 된다.
⑦ 제7단계 : 사회복지사의 도움을 필요로 하지 않는다. 개인은 자유롭게 경험하면서 충분히 기능하는 인간으로 성장한다.

7) 평 가

(1) 공헌

① 인간 내면의 주관적 경험을 다룰 수 있는 새로운 과학적 연구모델을 고안함으로써 사회복지사 자신의 치료방식과 신념을 검토하도록 했다.
② 사회복지사들이 자신의 상담스타일을 개발해 나갈 수 있도록 하였다.
③ 자신의 개념을 검증 가능한 가설로 진술하고 연구 가능하도록 하여, 심리치료의 영역에 대한 연구의 문을 열었다.
④ 다양한 문화를 지닌 사람들의 상호 이해를 발전시키는 데 적용됨으로써, 인간관계와 다문화적 치료에 지대한 공헌을 하였다.

⑤ 로저스는 상담과 심리치료라는 저서의 제목을 통하여 '상담'과 '심리치료'를 연결하고 당시까지만 해도 심리치료 영역에서만 다루어지던 클라이언트 문제를 사회복지사도 다룰 수 있다는 사실을 제시하였다.
⑥ 로저스는 상담장면을 테이프에 담아 공개하고 상담기술을 체계화하여 보편화시켰다.

(2) 한계와 비판

① 정서적 및 감정적인 요소를 크게 강조하는 반면에 지적 및 인지적 요인을 무시하는 경향이 있다. 심리검사 등의 객관적인 정보를 사용하여 클라이언트를 도와주는 면이 부족하다는 비판을 받고 있다.
② 사회복지사의 기술수준을 초월하는 사람됨됨이의 문제이므로 사회복지사의 인격과 수양이 요구되나 결코 쉽지 않다.
③ 현상학에서는 객관적 환경은 그대로라도 수용방법이 변하면 행동이 변한다고 본다. 그러나 이런 생각은 환경의 작용을 경시할 위험이 있다.
④ 가르친다는 것을 죄책감으로 생각하는 편견을 소유하게 되나 상담도 하나의 가치관을 가르치고 있는 것이다.
⑤ 로저스 이론에선 저항과 감정, 전이 등이 무시된다.

(3) 연구 및 이론에 대한 평가

정신분석에 대한 주요 대안인 클라이언트 중심의 치료를 소개했다. 그래서 과거의 상세한 재구성의 필요성을 무시함으로써 치료절차들이 단순해지고 사회복지사의 훈련이 덜 요구되었기에, 대면집단·자조집단 등이 발달되게 되어 보다 많은 사람들에게 개인적 성장 및 발전의 가능성을 부여하게 되었다.

그러나 그의 이론이 지나치게 현상학에 근거하고 있어서 인간에 의하여 지각되고 있는 경험의 장, 즉 현상적 장을 그 개인의 실재의 세계로 보고 그것을 의식적으로 표현되는 것을 전적으로 신뢰하려고 한다. 그러나 우리는 의식할 수 없는 요인들이 행동을 동기화한다는 것과 그리고 어떤 사람이 자신에 관해서 말하는 것은 방어나 여러 가지 종류의 속임수에 의해서 왜곡된다는 것을 알고 있다.

클라이언트의 내면세계, 즉 감정의 표현을 강조함으로써 정서적 및 감정적인 요인을 강조하고 있는 반면에, 지적 및 인지적 요인들을 무시하는 경향이 있다. 사회복지사는 클라이언트와 상담과정에서 가치중립적이어야 한다고 말한다. 그러나 어떠한 사람도 대인관계에 있어서 전적으로 가치를 배제한다는 것이 과연 가능할 것인가에 대해서 의문을 제기할 수 있다.

마지막 비판으로써 로저스의 개념들 중 어떤 것은 상당히 범위가 넓고 모호한 점이 있다. 예를 들어, '유기체적 경험'은 상당히 많은 것을 포함하는 개념이기 때문에 위험스럽게도 의미가 없는 용어가 될 수도 있다. '자아개념'과 '완전한 기능'이란 용어 역시 너무 포괄적이어서 이들 용어는 이해가 거의 불가능할 정도이다. 이러한 약점에도 불구하고 오늘날 로저스의 접근은 개인 및 집단상담 및 심리치료의 분야에서 뿐만 아니고 교육, 사업, 결혼 및 가정생활, 그리고 국제관계 등의 분야에서 인간의 문제 해결 및 효율성의 증진을 위한 접근으로 확대·발전해 가고 있다.

2. 매슬로우의 자아실현 이론

1) 매슬로우의 생애

매슬로우(Abraham Maslow, 1908~1970)는 미국 뉴욕의 브루클린에서 태어났다. 그는 러시아에서 이주한 가난한 유태인의 집안에서 태어났으며, 어린 시절과 청소년 초기를 매우 고독하게 보냈다. 그는 아버지의 권유로 뉴욕시립대학교에 들어갔다가 코넬대학교로 전학하였으며, 1930년 위스콘신대학교에서 학사학위를 받았다. 그 후 위스콘신대학교 대학원에서 심리학을 전공하여 1931년 석사학위를 받았으며, 1934년 박사학위를 취득하였다.

매슬로우는 1937년 컬럼비아대학교의 카네기 특별회원이 되어 유명한 학습

이론가인 손다이크(Thorndike) 밑에서 엄격한 실험훈련을 받았다. 1939년부터 1951년까지 브루클린대학교에서 교수로 재직하다가 1951년부터 1969년까지는 브랜디스대학교의 심리학과 교수로 있었다. 이 기간 중에 그는 미국 심리학계의 인본주의 운동의 가장 유명한 인물이 되었다.

매슬로우(Maslow, 1908~1970)

매슬로우는 심리학을 처음 시작할 무렵에 행동주의에 깊이 빠졌었다고 술회하고 있으며, 그는 결코 행동주의를 배척했던 적이 없었다. 그러나 점차 행동주의의 지나친 일방성에 회의를 느꼈으며, 인간의 성장, 잠재적 창조성, 자유의식 등을 인식하고 인본주의 심리학자가 되었다. 1970년 6월에 심장마비로 62세에 생을 마감하였다.

2) 인간관 및 기본 가정

(1) 인간관

매슬로우의 인간관은 인본주의적 인간관이라 불린다. 원래 인본주의 이론은 심리학의 제1세력인 정신분석이론, 제2세력인 행동주의 이론에 이어 '제3세력'의 심리학이라 불리며, 실존주의 철학과 현상학에 기초한다.

실존주의 철학이란 19세기 중엽에 유럽에서 키에르케고르(Kierkegaard), 사르트르(Sartre), 카뮈(Camus) 등의 사상가들이 발전시킨 철학적 사조로서 "실존은 본질에 앞선다"는 것이 핵심적 개념이다. 인간은 관념적으로 규정될 수 있는 존재가 아니라 주관적으로 경험되는 실제이며, 정지된 것이 아니라 되어가는(becoming) 존재라고 본다. 즉, 불변성 혹은 결정론적 입장을 거부하고 가변성을 인정한다.

현상학이란 주관적 관찰자의 입장에서 보이는 사물을 이해하려는 접근방법이다. 인간에 대해 관념적으로 정확한 자료를 얻고자 하기보다는 실존적으로 진실한 것을 파악하고자 하며, 즉각적 경험의 내적인 특성을 강조한다. 따라서 개인에게 현실로 보이는 것은 그가 인식하는 모든 것을 포함한 인간의 내적 준거체계나 그의 주관적 세계 내에 존재하는 것으로 본다.

매슬로우는 자아실현자들을 연구한 결과, 내적으로 잠재력을 완전히 실현한, 즉 자유롭고 건강하며 두려움 없는 사람이 사회에서 완전히 기능한다는 것을 발견하였다. 성장, 자아실현, 건강에 대한 열망, 정체감과 자율성 추구, 향상을 향한 노력이 보편적인 인간의 성향으로 간주되었다.

매슬로우는 유전이 성격발달에 중요한 역할을 수행하고 있으며, 유전구조 속에 잠재적인 재능이나 흥미가 결정지어져 있다고 인정하였다. 그러나 이러한 유전적 토대 위에서 자아실현은 환경에 의해 결정된다고 보았다. 또한 인간은 자신의 잠재력을 발달시키고 완성시킬 수 있는 본능적 욕구를 가지고 태어난다고 보았으며, 인간이 균형을 유지하거나 좌절을 회피하는 것에만 관심이 있기보다는 성장에 더 많은 관심이 있다고 생각했으며, 인간은 항상 무엇인가를 갈망하는 '소망을 가지고 있는 동물'로 묘사하였다.

(2) 기본 가정

① 통합된 전체로서의 개인

인본주의 이론의 가장 중요한 관점 중의 하나는 각 개인은 유일하면서도 통합된 전체로서 연구되어야 한다는 것이다. 인본주의 이론은 주로 통합된 전체로서의 인간을 무시하고 행동의 나누어진 여러 부분들을 다루는 이론들에 대한 반발로 발전되었다.

② 동물연구의 부적절성

인간은 동물 이상의 특별한 존재이므로 인간의 행동과 동물의 행동 사이에는 근본적인 차이가 있다. 그러므로 동물연구를 인간에게 그대로 적용하는 것은 부적절하다. 매슬로우는 행동주의 이론이 개인을 비인간화하고 있으며, 조건반응에 의해 좌우되는 기계 이상으로 보지 않는다고 믿었다. 인간행동에 관한 연구는 인간을 대상으로 하여 이론화해야 함을 주장하였다.

③ 인간 본성의 선함

인본주의 이론은 인간의 본성이 본질적으로 선하며 존경받을 만하다고 보았다(Schultz & Schultz, 1994 : 290). 그러므로 사람이 악하고 파괴적이며 폭력적인 요소들을 갖게 된 것은 좋지 못한 환경의 영향에 의해 발생한 것으로 보고 있다.

④ 인간의 잠재적 창조성

인간의 창조성은 인본주의의 가장 핵심적 요소이다. 매슬로우에 의하면 창조성은 인간이 태어날 때부터 잠재적으로 가지게 되는 인간 본성의 공통적 특질이라는 것이다. 이러한 창조성은 문명화가 이루어지면서 대부분의 사람들로부터 사라지고 있지만, 사물을 새롭고 순수하게 직접적으로 보는 극소수의 사람들에 의해 나타난다.

창조성은 누구에게나 잠재해 있는 것으로, 이것을 갖기 위한 특별한 자질이나 능력이 요구되지 않는다. 창조성은 보편적인 인간의 기능이면서 여러 가지 형태의 자기표현을 가진다(Hjelle & Ziegler, 1994 : 414).

3) 주요 개념

(1) 욕구단계 이론(Hierarchy of Need)

매슬로우는 성욕과 공격성을 인간의 가장 기본적인 동기로 여기는 정신분석 이론과 인간을 백지로 간주하는 행동주의 이론에 반대하면서 자아실현동기를 인간이 지향하는 가장 높은 동기라고 주장하였다. 인간의 행동은 다양한 동기에 의해 유발되는데, 이러한 동기들은 위계적 구조를 이루고 있다고 하였다. 그는 인간의 욕구를 결핍의 욕구와 성장의 욕구로 구별하고 이러한 욕구들은 선천적인 것으로 보았다. 그리고 강도나 정도의 차이에 따라 다섯 가지의 위계로 구분하고 있으며, 아래 단계의 욕구가 가장 강도가 강한 욕구이며 위로 올라올수록 욕구의 강도가 낮아지는 것을 의미한다.

결핍욕구(deficiency needs)란 음식, 물, 사랑, 신체적 안전, 쾌적한 온도, 존경

등에 대한 욕구로 결핍되면 병이 생기며 충족되면 병이 예방되거나 회복된다고 보았다. 또한 자유롭게 선택할 수 있는 상황이라면 욕구가 결핍된 사람은 우선적으로 그것을 충족하려고 한다.

성장욕구(growth needs) 혹은 자아실현의 욕구는 잠재능력, 정의, 선, 조화, 기능, 잠재능력과 재능을 발휘하려는 욕구이다. 성장욕구 또한 결핍욕구처럼 선천적이라고 보았지만 결핍욕구만큼 사람들에게 강도가 강한 욕구는 아니다. 따라서 성장욕구는 충족되지 않아도 결핍된 상태는 아니므로 이 단계에 이르는 사람은 많지 않다고 하였다.

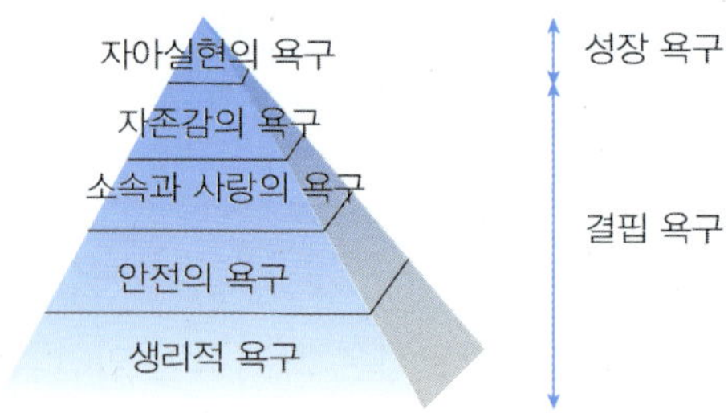

| 그림 6-1 | 매슬로우의 욕구 단계

① 생리적 욕구(physiological needs)

생리적 욕구는 생물학적 유지와 직접적으로 관련 있는 것으로 인간의 욕구 중에서 가장 기본적이고 강하며 분명한 욕구이다. 여기에는 음식, 물, 산소, 수면, 주거지, 휴식, 건강 등이 포함된다. 이러한 기본적인 욕구수준을 만족하지 못한 사람은 더 높은 단계의 욕구를 만족하려는 시도를 할 수 없다.

생리적 욕구는 인간행동을 이해하는 데 매우 중요하다. 이것은 인간의 욕망을 지배하고 있으며, 만일 이것이 제대로 충족되지 못하면 사회의 가치나 도덕이 지켜지기 어려울 수 있다. 생리적 욕구는 기본적인 생존에 어려움이 있는 사람들에게는 가장 중요한 삶의 동기가 되지만 대부분의 사람들의 생활에서는 최소한의 역할을 수행하고 있다(Schultz & Schultz, 1994 : 281).

② 안전의 욕구(safety needs)

안전의 욕구는 생리적 욕구가 만족된 이후에 개인이 새롭게 관심을 갖게 되는 욕구이다. 이것은 개인이 환경 내에서 확실성, 정돈, 질서, 예측성 등을 알맞게 보장받기 위한 동기에서 나타난다. 안전의 욕구는 상대적 무력감과 어른에 대한 의존 때문에 유아와 아동들에게서 가장 많이 나타나는 보편적인 욕구이다. 또한 이것은 개인이 전쟁, 범죄, 홍수, 지진, 폭동, 사회해체 등과 같은 실제적 위기에 직면했을 때 나타난다.

안전의 욕구는 성인이 되어서까지도 커다란 영향력을 갖게 되며, 이것은 부분적으로 의식주를 해결할 수 있는 직업, 저축, 보험가입, 철학, 종교 등과 관련되어 있다. 특히 종교와 철학은 개인이 자신의 세계를 구축하는 것을 돕고 거기에 소속된 사람들 전체를 의미 있는 하나로 만들어 안전감을 느끼게 한다 (Hjelle & Ziegler, 1994 : 418-419).

③ 소속과 사랑의 욕구(belong and love needs)

사랑과 소속의 욕구는 생리적 욕구와 안전의 욕구가 충족되었을 때 개인에게 나타나는 욕구이다. 이 단계에서는 남들과의 애정, 가족 내에서의 위치, 준거집단 등을 갈망하며, 집단의식이 개인의 주요한 목표가 된다.

소속에 대한 욕구는 산업화·도시화에 따른 사회적 이동성의 증가로 인하여 점점 충족되기 어렵다. 그러므로 소속의 욕구를 충족시키기 위하 개인이 조직, 단체, 집단 등에 가입하여 활동하는 것이 필요하다(Schultz & Schultz, 1994 : 282).

사랑에 대한 욕구는 사랑을 받는 것뿐만 아니라 주는 것을 포함한다. 여기에서 사랑이란 각각의 개인에 대한 깊은 이해와 수용을 바탕으로 상호 간의 건전한 신뢰관계와 존중을 포함하는 개념이다. 개인은 사랑을 받고 포용되는 것을 통하여 가치가 있다는 느낌을 갖게 되지만, 사랑을 받지 못하게 되면 공허감, 무가치함, 적대감 등을 갖게 되며 부적응, 신경증, 정신병 등의 원인이 되기도 한다.

④ 자존감의 욕구(self-esteem needs)

자존감의 욕구는 자신을 긍정적으로 평가하려는 데에서 생기며, 자기존중과 타인으로부터의 존경으로 구분된다. 자기존중은 능력, 신뢰감, 적합성, 성취, 독립, 자유 등을 포함하는 것으로 개인이 자신이 가치 있다고 생각하는 것이다. 타인으로부터의 존경은 명성, 인식, 수용, 주목, 평판, 지위 등을 포함하는 것으로 자신이 다른 사람으로부터 중요하게 인식되고 좋게 평가되는 것이다.

자존감의 욕구가 만족되면, 자신감, 자기존중, 힘, 능력, 적절성, 세상에서 유용하고 필요하다는 느낌 등을 가져온다. 그러나 이러한 욕구가 만족되지 못하면 열등의식, 어리석음, 약함, 무력감, 좌절감, 무용지물이라는 느낌, 자기비하 등을 유발한다. 가장 건강한 자존감은 명성, 지위, 재산, 아첨 등과 같은 외부 요소에 의해 얻어지는 것이 아니라 개인의 능력과 끊임없는 노력을 통하여 다른 사람으로부터 얻어지는 것에 근거한다(Hjelle & Ziegler, 1994 : 421-422).

⑤ 자아실현 욕구(self-actualization needs)

자아실현 욕구는 자기가 성취할 수 있는 모든 것을 성취하려는 욕구이다. 이 단계에 도달한 사람은 자기 자신의 능력, 재능, 잠재력을 충분히 발휘하기 위해서 노력한다.

여기에서 자아실현이란 자아의 완전한 발달을 의미하며, 자신의 잠재력을 최대한 발휘하여 자기가 원하는 사람이 되도록 하는 것이다. 자아실현을 위한 몇 가지 조건은 다음과 같다. 첫째, 사회나 타인, 자신에 의해 부과된 강요로부터 자유로워야 한다. 둘째, 생리적 욕구나 안전의 욕구와 같은 낮은 단계의 욕구에 의해서 정신적으로 혼란해져서는 안 된다. 셋째, 자신의 이미지와 다른 사람들과의 관계에 대해 확신이 있어야 하며 사랑을 주거나 받아야 한다. 넷째, 자신의 강점과 약점, 미덕과 악덕 등에 대해 실제적인 지식을 소유해야 한다(Schultz & Schultz, 1994 : 284).

자아실현은 자신에게 충족감을 주기도 하지만, 책임감과 미지의 것에 대한 두려움도 일으키게 된다. 이것은 개인 각자가 자신의 위치에서 최선을 다하는 것이기에 형태와 정도에 개인차가 나타날 수 있다.

자아실현은 많은 사람들이 달성하고자 하는 목표이지만 이것을 달성하는 사람은 거의 없다. 그 이유로는 그들이 자신의 능력을 의심하고 두려워하여 자아실현의 기회가 소멸되며, 사회적 환경이 자아실현을 억누르기도 하기 때문이다. 또한 안전의 욕구로의 귀착하려는 이유 때문이기도 하다. 즉, 인간발달의 과정에서 위험을 무릅쓰고 실수도 하면서 자신의 잠재력을 최대한 발휘하겠다는 지속적인 의지가 요구되지만 두려움이나 걱정 때문에 안전의 욕구로 되돌아가려는 경향을 띠게 된다는 것이다.

자아실현자의 특성은 아래와 같다.

- 현실지각이 정확하고 효율적이다
- 자신, 다른 사람들, 자연, 세계에 대하여 있는 그대로 수용한다.
- 자신의 행동에 꾸밈이 없으며, 개방적이고 솔직하다.
- 자기 자신 이외의 문제에 대한 몰두하고 책임감을 가진다.
- 독립적이고 분리되어 있다.
- 사회적·물리적 환경에 자율적으로 기능한다.
- 반복적인 경험에 대해서 지속적인 신선함을 가진다.
- 절정경험(peak experience)
- 공동체적 삶을 영위하면서 사회적 관심을 가진다.
- 대인관계를 깊게 유지한다.
- 조건에 관계없이 모든 사람들을 수용할 수 있는 민주적인 성격구조를 가진다.
- 수단과 목적, 선과 악을 구별할 수 있다.
- 감각적, 철학적, 비적대적인 유머감각을 가지고 있다.
- 창조적이다. 이때 창조성은 예술성이 있는 작품이라기보다는 세계를 어떻게 지각하고 반응하는가 하는 방식에 보다 관심을 가진다.
- 문화에 예속되어 있지 않다. 어떤 방식에 따라 사고하거나 행동하라는 사회적 압력에 잘 저항할 수 있다.

4) 치료방법

사회복지실천에서 인본주의 이론을 사용하여 클라이언트를 원조하려면 다음과 같이 접근할 수 있다.

첫째, 욕구충족과 통찰이다. 이것은 좋은 인간관계로서의 심리치료를 의미한다. 욕구가 충족되지 않으면 병이 든다는 결핍욕구의 관점에서 본다면, 심리적으로 병에 걸린 클라이언트란 충분한 안정감, 사랑, 존중 등이 결핍된 사람이라 추정된다. 결핍욕구는 다른 사람에 의해 충족될 수 있으므로 사회복지사는 클라이언트의 결핍욕구를 직접 혹은 간접적인 인간관계를 통해 충족케 할 수 있을 것이다. 즉, 사회복지사와 클라이언트의 관계에서 기본적 욕구를 충족하도록 도와주어야 한다.

둘째, 통찰치료이다. 병이 심각한 사람은 기본 욕구의 충족을 찾거나 원하지 않고 대신 신경증적 욕구충족을 원한다. 이들은 애정을 보여주어도 두려워하며 불신하고 잘못 해석하는 등, 기본 욕구를 충족시키려 해도 거절하게 된다. 깊은 죄책감으로 파괴적이게 되므로 전문적 치료가 필요하다. 전문적 치료기법은 정신역동적 통찰치료이다. 무의식적 욕망과 충동 해석, 즉 프로이트의 정신분석적 접근을 사용하거나 전문가에게 의뢰하여 원조할 수 있다.

5) 평 가

(1) 공헌

매슬로우는 인간욕구에 대해 단계적으로 설명함으로써 사회복지실천 현장에서 클라이언트의 욕구수준을 고려하여 관계를 형성할 수 있는 근거를 마련해 주었으며, 클라이언트의 욕구수준을 고려하여 미래를 가늠할 수 있게 하였다.

매슬로우가 관심을 두었던 인간의 욕구란 인간이 사회생활을 영위함에 있어서 충족시켜야 할 기본적 욕구를 나타내는 말이다. 사회복지실천에서 서비스나 정책의 단위가 욕구이다. 사회복지실천과 욕구는 불가분의 관계로 사회복지실천에서 매슬로우의 욕구단계 이론은 다음과 같은 이유에서 자주 거론되고 있다.

첫째, 사회적 자원은 한정되어 있으므로 프로그램의 효율성 제고를 위해 낮은 수준의 욕구충족으로부터 높은 수준의 욕구해결을 위한 방안을 마련할 수 있다.

둘째, 욕구단계이론은 사회복지사가 클라이언트의 욕구를 평가하는 데 유용한 지침이 될 수 있다.

셋째, 사회복지 프로그램을 비교 연구하는 데 기준이 된다.

(2) 비판

첫째, 매슬로우의 이론은 연구방법에서 비판을 받고 있다. 자아실현에 관한 정보를 수집하는 방법에서 자료를 이끌어 내기 위한 표본이 연구의 결과를 일반화하기에는 어려움이 있을 정도로 표본 수가 적다.

둘째, 건전하고 창조적인 인간을 너무 강조하여 인간행동에서 내면적인 측면과 환경과의 상호작용을 간과하고 있다. 또한 인간욕구의 우선순위가 사람에 따라 다양성을 보일 수 있기 때문에 욕구의 단계가 순서적으로 일어난다고 볼 수 없다.

셋째, 자아실현 이론에서 사용되고 있는 성장욕구, 절정경험, 자아실현 등과 같은 개념들은 명료성이 부족하고 모호한 점이 많다. 또한 자아실현의 욕구가 학습된 것이 아니라 선천적인 것으로 보기에는 어려움이 있다.

제3부
생애주기에 따른 인간의 성장과 발달

07 CHAPTER

생애주기의 개요

인간은 누구나 수정되는 순간부터 사망에 이르는 전 생애에 걸쳐 안정 또는 정체되어 있는 것이 아니라 신체적, 지적, 정서적, 사회적 등 역동적으로 변화한다. 이것이 발달적 변화이다. 발달이란 어원적으로 유기체 내에 잠재해 있는 본질 또는 가능성이 점차 그 모습을 드러내는 현상을 의미한다(손광훈, 2010). 이러한 발달에 대해 학자들마다 다양하게 정리할 수 있다(Newman & Newman, 1987; 정 은, 2014).

- 성장은 태아기부터 노년기까지 매 단계마다 일어난다.
- 개인의 생활은 지속성과 변화를 나타내며, 이 양자는 인간발달의 이해를 위한 핵심이 된다.
- 신체적 · 지적 · 정서적 · 사회적 발달을 포함하는 인간의 전체적 특성을 이해할 필요가 있다.
- 인간은 그가 존재하는 환경과의 관계 내에서 연구되어야 한다.

발달은 지속적인 역동적 변화의 과정이지만, 전 생애를 놓고 볼 때 기간에 따라서 서로 다른 생리 · 심리 · 사회적 발달의 특성이 나타난다. 이와 같이 시간의 흐름에 따라 나타나는 인간의 특징적인 발달을 근거로 하여 그 과정을 세분화한 것을 인간발달 단계라고 한다(손광훈, 2010).

인간의 발달단계에 대한 구분은 많은 학자들에 의해 이루어져 왔으며 학자마다 그 정의와 기준이 조금씩 다르다.

재스트로(Zastrow)는 인간의 발달단계를 태아기(임신~출산), 영유아기(출생~3세), 학령전기(4~5세), 아동기(6~11세), 청소년기(12~18세), 청년기(19~29세), 장년기(30~64세), 노년기(65세 이상)의 8단계로 나누었다.

뉴먼과 뉴먼(Newman & Newman)은 11단계, 즉 태아기(임신~출산), 유아기(출산~2세), 걸음마기(2~4세), 초기 학령기(4~6세), 아동기(6~12세), 청소년기(12~18세), 청년기(18~24세), 성인 초기(24~34세), 성인 중기(34~60세), 노년기(60~75세), 노년 후기(75세 이상)로 더욱 세분화하였다.

〈표 7-1〉 인간발달 단계의 구분

학 자	발달단계명	연령구분
하비거스트 (Havighurst, 1970)	아동 초기	출생~5-6세
	아동 중기	5-6~12-13세
	청년기	12-13~18세
	성인 초기	18~35세
	성인 중기	35~60세
	성인 후기	60세 이후
불러와 마자릭 (Buhler & Massarik, 1968)	아동기	출생~15세
	청년기	15~25세
	성인 중기	25~45세
	성인 후기	45~65세
	노년기	65세 이상
뉴먼과 뉴먼 (Newman & Newman, 1984)	태아기	임신~출산
	유아기	출산~2세
	걸음마기	2~4세
	초기 학령기	4~6세
	아동기	6~12세
	청소년기	12~18세
	청년기	18~24세
	성인 초기	24~34세
	성인 중기	34~60세
	노년기	60~75세
	노년 후기	75세 이상
레빈손과 그 동료들 (Levinson et al., 1978)	아동기 및 청소년기	0~17세
	성인 초기	17~40세
	성인 중기	40~60세
	성인 후기	60세 이상

각 발달단계는 그 단계에서 반드시 성취해야 할 발달과업을 가지고 있다. 따라서 발달단계는 발달상에서 어떤 과제의 성취와 특정한 측면의 발달이 강조되는 삶의 기간을 말한다고 볼 수 있다. 각 발달단계는 고유한 특징이 있고,

그 이전 단계나 이후 단계와 구분되며 새로운 단계는 그 이전 단계까지 이루어진 발달을 통합한다. 각 발달단계에서 수행해야 할 발달과업을 요약해 보면 다음 <표 7-2>와 같다.

〈표 7-2〉 **인간발달 단계별 주요 발달과업(손광훈, 2010)**

발달단계	발달과업
영유아기	① 보행학습, ② 고형분 음식의 섭취학습, ③ 언어학습, ④ 배설통제 학습, ⑤ 성차 인식, ⑥ 생리적 안정 유지, ⑦ 환경에 대한 단순개념 형성, ⑧ 타인과의 정서적 관계 형성 학습, ⑨ 양심의 발달
아동기	① 놀이에 필요한 신체기술 학습, ② 자신에 대한 건전한 태도 형성, ③ 또래친구 사귀는 법 학습, ④ 성역할 학습, ⑤ 기본학습 기술(3R)의 습득, ⑥ 일상생활에 필요한 개념 획득, ⑦ 양심, 도덕, 가치체계의 발달, ⑧ 사회집단과 제도에 대한 태도 발달
청소년기	① 자신의 신체 및 성역할 수용, ② 동성 또는 이성 친구와의 새로운 관계 형성, ③ 부모와 다른 성인으로부터 정서적 독립, ④ 경제적 독립의 필요성 인식, ⑤ 직업선택 및 준비, ⑥ 유능한 시민으로서의 기본적인 지적 기능과 개념 획득, ⑦ 사회적 책임에 맞는 행동, ⑧ 결혼과 가정생활 준비, ⑨ 과학적 세계관에 근거한 가치체계의 발달
청년·성인 초기	① 배우자 선택, ② 배우자와의 생활방법 학습, ③ 가정 형성, ④ 자녀양육과 가정관리, ⑤ 시민으로서의 의무 완수, ⑥ 친밀한 사회적 집단 형성
중·장년기	① 사회적 의무의 완수, ② 경제적 표준생활 확립과 유지, ③ 10대 자녀의 훈육과 선도, ④ 적절한 여가활용, ⑤ 배우자와의 친밀한 관계 유지, ⑥ 중년기의 생리적 변화 인정 및 적응, ⑦ 노년기 부모에의 적응
노년기	① 신체적 건강 쇠퇴에의 적응, ② 은퇴와 수입 감소에의 적응, ③ 배우자의 사망에 대한 적응, ④ 동년배와의 유대관계 재형성, ⑤ 사회적 시민의 의무 수행, ⑥ 생활에 적합한 물리적 환경의 조성

이 책에서는 인간의 발달단계를 태아기(임신~출산), 영유아기(출생~4세), 학령전기(5~6세), 아동기(7~12세), 청소년기(13~19세), 청년기(20~34세), 중장년기(35~65세), 노년기(65세 이상)의 8단계로 나누어 다루고자 한다.

인간발달에 대한 지식과 단계별 주요 발달개념은 사회복지실천에 직접 적용할 수 있다. 인간의 욕구와 행동을 정확하게 평가하기 위해서 사회복지사는 무엇이 정상이고, 무엇이 적합한지를 알아야만 한다. 사회복지사는 적절한 개입시기를 판단할 수 있어야 하며, 이것은 정상적 행동의 인식에 대한 중요성을 뒷받침해 준다.

실천현장에서 문제해결을 위한 프로그램이나 서비스를 고안할 때 발달단계에 입각해서 접근하게 되면, 특정 발달단계에 속한 클라이언트의 욕구에 대한 이해도를 높일 수 있고, 욕구를 충족시킬 수 있는 자원의 파악이 더욱 용이할 것이다.

08 CHAPTER

태아기(임신~출산)

태아기는 수정이 이루어지는 순간부터 출생하기까지의 시기로서 정자와 난자의 결합을 통하여 생명체가 형성된다. 이때 염색체의 결합으로 유전과 성이 결정된다. 임신을 하게 되면서 모체에 여러 가지 변화가 일어나며, 수정 후 약 280일 동안 태아는 어머니의 체내에서 자라게 된다. 태내발달은 여러 가지 환경, 즉 어머니의 영양상태, 정서상태, 질병, 연령, 분만횟수 등에 영향을 받는다. 뿐만 아니라 약물, 흡연, 음주, 방사선, 환경오염 등과 같은 외부적 요인에 의해서도 영향을 받는다.

1. 태아기의 개요

인간의 생명은 수정되는 순간부터 시작되며 수정 후 약 280일 동안 어머니의 체내에서 자라게 된다. 이 시기를 태아기라 한다. 태아기 동안 하나의 세포에서 시작된 태아는 수많은 분화와 성장의 과정을 거치게 되며 그 에너지는 모체로부터 공급받게 된다.

태아기는 다음과 같이 세 기간으로 구분된다.

첫째, 배종기(배란기, germinal period)이다. 배종기란 수정 후 첫 약 2주 동안을 일컫는다. 배종기에는 수정란의 형성, 세포분열, 수정란의 자궁벽 착상 등이 이루어진다. 임신 후 대략 1주일이 되면 이미 세포분화가 시작되어 유기체의 내층과 외층이 형성된다. 세포내층을 포배(blastocyst)라고 하고 후에 배아(embryo)로 발달한다. 세포의 외층을 영양막(trophoblast)이라고 하고 이후 배아에게 영양을 제공해 주고 배아를 보호한다. 착상(implantation)은 수정란이 자궁벽에 자리를 잡는 과정으로 임신 후 10~14일경에 이루어진다. 이때 형성된 태반은 모체로부터 산소와 영양물질을 전달받아 태아에게 공급해 주고, 태아의 복벽과 연결되어 있는 탯줄을 통해 들어오는 혈류를 여과해 주는 장치의 역할을 함으로써 태아를 안전하게 보호해 준다. 그리고 양막은 외부충격을 막아주고 온도를 일정하게 유지해 주는 역할을 함으로써 태아가 안전하게 성장할 수 있도록 도와준다. ❙그림 8-1❙은 배종기에 이루어지는 가장 중요한 발달을 제시해 주고 있다.

> •배종기 : 임신 후 첫 2주. 배종기에는 수정란의 형성, 세포분열, 수정란의 자궁벽 착상 등이 이루어진다.
> •포배 : 배종기에 형성되는 세포의 내층. 이 세포들이 후에 배아로 발달한다.
> •영양막 : 배종기에 형성되는 세포의 외층. 영양막은 이후 배아에게 영향을 제공해 주고 배아를 보호한다.

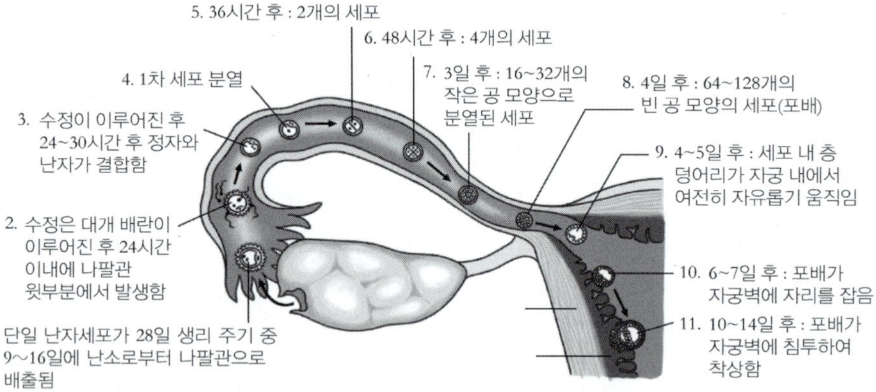

❙그림 8-1❙ **배종기에 이루어지는 중요한 발달(곽금주 외, 2007 : 106)**

둘째, 배아기(embryonic period)이다. 배아기란 착상 후부터 2~8주 사이의 시기를 일컫는다. 세포분열이 빠르게 일어나며, 중요한 신체기관과 신경계가 형성된다. 이 시기에 발달을 방해하는 사건이 발생하면 영구적 손상을 입게 된다. 배아기에는 수정란이 자궁벽에 착상함에 따라 세포들은 2개의 층을 형성한다. 이 시기에는 이 거대한 세포 덩어리의 명칭이 배아로 바뀐다. 배아의 내배엽은 세포의 내층으로서 이후 소화계와 호흡계로 발달하여 신체 내부기관을 만든다. 외배엽은 세포의 가장 바깥쪽에 있는 층으로서 이후 신경계, 감각 수용기(귀, 코, 눈 등) 및 피부조직(머리카락, 손톱 등)을 이루어 외부기관을 만든다. 중배엽은 세포의 중간층으로서 이후 순환계, 골격, 근육, 배설계 및 생식계를 이루어 내부기관을 감싸는 기관을 만든다. 신체의 모든 부위는 결국 이 3개의 층으로 발달한다.

배아로부터 이러한 세 층이 형성됨에 따라 생명 유지 체계가 신속하게 성숙하고 발달한다. 생명 유지 체계에는 태반, 탯줄, 양막이 포함된다. 태반이란 원반 모양으로 생긴 조직들로 구성된 생명 유지 체계로서 태반 안에는 모태와 아기로부터 나온 작은 혈관들이 각각 함께 섞여 있으나 연결되어 있지는 않다. 탯줄이란 두 개의 동맥과 하나의 정맥으로 구성된 생명 유지 체계로서 아기를 태반에 연결시켜 준다. 어머니의 피는 자궁 동맥을 통해 태반을 둘러싸고 있는 공간으로 흘러 들어갔다가 자궁 정맥을 통해 다시 어머니의 몸으로 나온다. 태아의 피는 탯줄 동맥을 통해 태반의 모세혈관으로 흘러갔다가 탯줄 정맥을 통해 다시 태아의 몸으로 돌아온다. 물질교환은 어머니의 혈액과 태아의 혈액 공급을 분리시키는 층을 통해 일어나기 때문에 어머니의 혈액과 태아의 혈액은 결코 섞이지 않는다. 양막이란 또 하나의 중요한 생명 유지 체계로서, 맑은 액체로 가득 찬 주머니이고 이 속을 배아가 떠다닌다.

> •배아기 : 임신 후 2~8주 사이의 기간이다. 배아기에는 세포 분화 속도가 증가되고 세포 지원 체계가 형성되며 기관이 나타난다.

임신 3개월 이전, 배아기에 결함이 있는 경우에는 시각장애, 폐의 결함, 언청이 등과 같은 장애를 갖게 된다. 배아의 결함이 크면 배아는 더 이상 살지 못하고 자연유산이 된다. 특히 이 시기는 임신 후 3~8주 사이에 빠르게 세포분열이 일어나기 때문에 이 시기에 발달을 방해하는 사건이 발생하게 되면 영구적인 손상을 입게 된다.

셋째, 태아기(fetal period)이다. 태아기란 임신 2개월부터 시작하여 이후 평균

7개월 동안 지속되는 기간을 일컫는다. 이 시기에는 내적 생식기뿐 아니라 외부 생식기도 형성되는 등 계속해서 극적인 성장과 발달이 이루어진다. 수정된 후 8주경부터 배아가 뼈세포를 만들기 시작하면서 생명체의 구조 분화가 끝난다. 이때부터 이 생명체를 태아라고 부른다. 태아는 4개월이 되면 임신부가 태동을 느껴 하나의 생명체를 잉태하고 있다는 실감을 하게 한다. 7개월이 되면 태아가 생존이 가능하게 되는 중요한 시기이다. 즉, 조산이 되더라도 생존의 가능성이 크게 된다. 이 시기 동안 생식기관 간의 극적인 분화가 이루어진다. 남아의 정관과 고환이 분화되며 여아에서는 나팔관, 자궁 그리고 질이 분화된다. 곧이어 남·여아의 외부 생식기도 형성된다.

태아의 발달은 개인에 따라 차이가 있을 수 있지만 9개월에 걸치는 이 기간을 약 3개월씩 3단계, 즉 임신 초기, 임신 중기, 임신 말기로 구분할 수 있다.

- 제1단계(임신 초기, 임신 1~3개월)는 수정 후 임신 3개월까지이다. 태아의 급속한 세포분열이 일어나므로 임산부의 영양상태, 약물복용에 영향을 받기 쉬운 가장 중요한 시기이다. 임신 1개월은 원시적인 형태의 심장과 소화기관이 발달한다. 두뇌와 신경계의 구조, 팔과 다리가 될 부위도 나타난다. 임신 2개월은 태아가 인간의 모습을 갖추기 시작한다. 눈, 코, 입을 비롯한 얼굴 전체 모습이 드러난다. 2개월이 된 태아는 대략 1인치(약 2.5cm) 정도이며, 몸무게는 약 15~20g 정도이다. 임신 3개월은 팔, 다리, 손, 발의 형태가 나타난다. 손톱과 모낭, 눈꺼풀이 발달하고, 연골도 뼈로 대체되기 시작한다. 이때 태아의 움직임이 감지된다.
- 제2단계(임신 중기, 임신 4~6개월)는 임신 4~6개월에 해당된다. 태아는 계속 성장하면서 손가락, 발가락, 피부, 지문, 머리털 등이 나기 시작하고, 심장박동이 규칙적이며 정해진 시간에 자고 일어나기 시작한다.
- 제3단계(임신 말기, 임신 7~9개월)는 임신 7~9개월에 해당되며, 태아발달이 완성되고 출산 후 자궁 밖에서 생존하기 위한 준비가 완료된다. 이 시기에 가장 중요한 것은 태아의 생존능력이다. 일반적으로 6개월 혹은 26주가 되면 태아는 생존이 가능하다.

2. 태아의 발달에 영향을 미치는 요인

일부 임산부들은 자신의 모든 행동과 감정이 뱃속에 있는 아기에게 직접적인 영향을 끼칠 것이라고 믿기 때문에 매사에 조심스럽게 행동하려고 한다. 이와는 달리 일부 임산부들은 자신의 경험이 뱃속에 있는 아기에게 별 영향을 끼치지 않을 것이라고 믿기 때문에 임신 전과 별 다름없이 행동한다. 그러나 진실은 이 두 가지 극단적인 믿음의 중간에 놓여 있다. 비록 편안한 환경 내에서 보호를 받으면서 자라기는 하지만, 태아는 어머니를 둘러싸고 있는 보다 큰 세계로부터 완전히 분리되어 있는 것은 아니다. 주변 환경은 태아에게 커다란 영향을 끼칠 수 있으며, 이러한 영향은 수많은 사례를 통해 증명된 바 있다.

매년 수천 명의 기형아와 정신지체아가 태어나는 것은 어머니의 삶에 특정한 사건이 발생했기 때문이며, 이러한 사건들은 빠를 경우 임신 한두 달 전에 일어난 것이기도 하다(Bailey, Forget & Koren, 2002).

1) 유전적 요인

태아는 유전적 요인에 의해 신체적 성숙과 관련된 한계와 성숙 속도, 기질적 차이를 만들어 내며 비정상적 발달이 초래된다. 즉, 신체적 특징뿐만 아니라 사회성, 활동적 성격과 같은 기질적 측면도 유전적 요소의 영향을 받는다. 많은 비정상적 발달이 유전적 요소에 기인한다. 염색체가 없거나 필요 이상의 염색체가 존재하는 것은 태아에게 치명적 영향을 미친다.

- 불필요한 염색체가 존재하는 경우 : 다운증후군, 클라인펠터 증후군 등
- 필요한 염색체가 부족한 경우 : 터너증후군 등

기형발생 물질에 의해 유발되는 기형의 종류 또는 심각성은 어머니의 유전자형 및 태아의 유전자형과 관련이 있다(Frayling & Hattersley, 2002). 예컨대 어머니가 특정 약물을 어떻게 받아들이고 어떻게 배설하는가에 따라 그 약물이

태아에게 전달되는 정도가 달라진다. 발달장애의 유전적 원인과 발달 특성을 제시하면 <표 8-1>과 같다.

〈표 8-1〉 발달장애의 유전적 원인과 발달 특성

발달장애	유전적 원인과 발달 특성
터너 증후군 (Turner's syndrome)	• X염색체가 1개이며 전체 염색체의 수가 45개인 성염색체 이상으로 발생하는 장애 • 외견상 여성이지만 여성호르몬의 부족으로 2차적 성징이 나타나지 않으며, 난소가 기능을 제대로 하지 못하여 생식을 하지 못함 •목이 가늘고 키가 작음
클라인펠터 증후군 (Klinefelter's syndrome)	• 남성에게서 발생하는 성염색체 이상으로 XXY, XXXY, XXXXY 성염색체를 가지고 있어 남성의 특성이 약함 • 사춘기에 가슴과 엉덩이가 커지는 등 여성적인 2차적 성징이 나타남 • 고환이 미성숙하여 정자의 생산이 불가능하므로 생식이 불가능함
X염색체 결함 증후군	• 여성보다 남성에게 더 많고, 얼굴이 길고, 당나귀 모양을 하고 있으며 고환이 비대함 • 정신지체, 언어장애, 자폐증 등의 장애가 나타나기도 함
다운 증후군 (Down's syndrome)	• 염색체 이상으로 발생하는 장애 • 몽고증이라고도 불림 • 23쌍의 염색체 중 21번째 염색체가 하나 더 있음 • 눈가에 진 두꺼운 주름 때문에 눈이 처져 보임 → 신장이 짧음 → 두개골이 넓고 짧음 → 손가락이 짧고 손은 넓음 → 첫 번째 발가락과 두 번째 발가락 사이가 특히 넓게 보임 → 머리가 작고 뒷머리가 납작함 • 지능은 40~60 정도 • 성격이 밝고 다정하며 쾌활하며 사교성이 좋음
혈우병(Hemophilia)	• 혈액이 응고되지 않는 선천적 장애 • 성염색체인 X염색체의 이상에 의해 발병 • 질병저항력이 약함
페닐케톤뇨증 (PKU : Phenylketonuria)	• 페닐알라닌이라는 단백질 분해효소가 결여되어 소변에 패닐피브라산이 함유되어 배출되는 증상 • 금발 · 백안 · 치아 사이가 많이 벌어져 있음 → 굽은 자세 · 운동과다 등 매너리즘적 손가락놀림이 특성임 • 출생 즉시 특수한 식이요법을 실시해야 지적장애를 억제할 수 있음
겸상 적혈구 빈혈증 (Sickle-cell anemia)	• 헤모글로빈을 만드는 유전자의 부족으로 인한 장애 • 헤모글로민을 암호화하는 유전자의 염기 하나가 바뀌어 비정상적인 헤모글로빈이 만들어지고, 이것이 적혈구에 축적되어 적혈구의 모양이 낫 모양(겸상)으로 되는 유전자 돌연변이

흑내장성 지진아 (tay-sachs disease)	• 안구진탕, 수정체 혼탁으로 시력이 매우 낮고, 전신쇠약 증세를 보임 • 보통 2~3세에 사망
거대남성 증후군 (XYY 증후군) (supermale syndrome)	• 남성으로서 Y염색체를 더 많이 가지고 있는 것으로, XY 대신에 XYY형을 이룸 • 평균보다 키가 크고 지능이 낮은 경향이 있음

태아의 유전적 요인에 의한 발달장애를 예방하는 방법은 다음과 같다.

- 조상들의 유전병을 조사하는 가계도를 분석한다.
- 부모의 유전병, 부모의 연령조사 등 부모에 대해 조사한다.
- 임신 14~16주경 양수에 포함된 태아의 세포를 검사하는 양수검사를 한다.
- 가는 튜브를 자궁에 삽입하여 융모막 조직을 채취하여 검사하는 융모막 검사를 한다.

2) 환경적 요인

임신기간 중 임산부가 처한 환경에 따라서 태아는 절대적인 영향을 받게 된다. 먼저 어머니의 영양상태는 태아의 발달에 결정적인 영향을 미치는 태내 환경이 된다. 성장하는 태아는 영양을 얻기 위해 전적으로 어머니에게 의존하며, 영양은 어머니의 혈액을 통해 공급된다. 어머니가 영양부족일 때 태어난 유아의 경우 모든 측면에서 발달이 저조하며, 특히 신경계의 발달이 이루어지지 않는다. 특히 뇌의 발달이 이루어지는 시기와 맞물린 경우에는 더 큰 상처를 받게 되며, 여러 가지 장애를 가진 유아를 출생할 가능성이 높아진다. 따라서 어머니는 음식의 양을 늘리는 것뿐 아니라 영양가 높은 음식을 섭취하도록 관심을 기울여야 한다. 또 어머니의 질병은 태반을 통해 태아에게 전이되거나 출생 시 태아에게 감염될 수 있기 때문에 사전에 예방되어져야 한다.

어머니가 앓고 있는 질병 및 어머니가 갖고 있는 감염균이 태반 벽을 통과하면 자녀에게 악영향을 끼칠 수 있다. 뿐만 아니라 임신기간 중 어머니가 경험하는 정서상태는 태아에 큰 영향을 미치는데, 임신 여성이 엄청난 두려움이나 걱정, 또는 이와 유사한 감정상태를 겪는 경우 호흡작용에 변동이 생기고

호르몬 분비에도 영향을 끼치는 등 생리적인 변화가 발생하게 된다. 예컨대 두려움에 대한 반응으로 아드레날린이 분비되어 혈액을 통해 태반으로 흘러 들어가게 되기 때문에 자연유산, 조산, 난산의 원인이 될 수 있다. 이러한 정서적 환경은 태아의 발육에 지장을 줄 수 있으며 출생 후 잘 울고, 잘 놀라는 등 정서적 불안정을 보일 수 있다.

어머니의 나이 역시 자신과 아이 모두에게 영향을 미칠 수 있다. 일반적으로 이상적인 임신연령은 16~35세이며, 16세 이하와 35세 이상에서의 출산은 선천성 결함의 가능성을 높인다. 지금까지 어머니의 나이가 태아 및 영아에게 해로운 영향을 끼치는지 여부를 알아보는 연구들은 대개 청소년 또는 30세 이상의 임산부들을 중점적으로 다루어 왔다(Abel, Kruger & Burd, 2002; Blickstein, 2003). 청소년 어머니에게서 태어난 신생아는 대개 조산아이다(Ekwo & Moawad, 2001). 최근 한 연구에 따르면, 여성이 35세 이상이 되면 저체중아를 출산할 확률이 11%, 조산아를 출산할 확률이 14%나 증가했다(Tough et al., 2002). 또 45세 이상의 임산부는 20세 혹은 21세의 임산부에 비해서 다운 증후군이 있는 아이를 출생할 비율이 40배나 더 높다. 또 10대의 산모가 출산한 아기 또한 체중미달이나 미숙아가 될 위험이 매우 크다. 어머니의 나이가 임신과 출산에 어떠한 변수로 작용하는가에 대해서는 보다 많은 연구가 이루어져야 한다. 활동적이고 정기적으로 운동을 하고 영양섭취를 골고루 하는 여성의 생식기관은 더욱 오랫동안 건강한 상태를 유지할 수 있을 것이다.

임산부에게 안전한 약물도 태반을 통해 태아에게 전달되는 경우는 태아에게 치명적인 영향을 미칠 수 있다. 약물치료가 아니더라도 아스피린이나 카페인 같은 약품을 지나치게 복용하는 것도 위험할 수 있고, 마약중독은 저체중아 출산, 조산, 경련 등의 증상을 초래한다. 약물중독자가 낳은 신생아는 이미 그 약물에 중독되어 있는 경우가 많다. 미국에서의 코카인 복용량이 증가함에 따라 임신 여성이 코카인을 복용할 경우 공통적으로 발견된 사실은 체중, 신장 및 머리 크기가 작아질 수 있다는 점이었다. 또한 태내에서 코카인에 노출된 경험이 정보처리 능력을 손상시킨다는 연구결과도 갈수록 더욱 많이 발표되고 있다(Singer et al., 1999). 또 임신 중에 알코올을 섭취하는 경우 ❙그림 8-2❙와 같이 태아 알코올 증후군이 될 가능성이 높다. 특이한 얼굴과 작은 머리, 작은 몸, 선천적인 심장질환, 관절상의 결함, 정신능력의 저하, 이상한 행동패턴 등을 보일 수 있다. 흡연의 경우는 저체중아를 출산하고, 임신기간이 단축되고, 자연유산도 증가할 수 있다. 간접흡연도 태아에게 위험하고 이는 아동기로 이어질 수 있게 된다. 방사선 노출 역시 태아에게 치명적인 영향을 미친다. 수정란이 자궁에 착상되기 이전에 방사선에 노출되면 수정란은 죽게 되며, 착상한 이후에 방사선에 노출되면 기형아나 정신지체아를 출산하거나, 태아의 성장이 지체되거나 중추신경계의 기형으로 출생 직후 사망하는 경우도 있다. 특히 임신 중에 모체의 복부에 X선을 투사하는 것은 유해할 수 있으며, 난소와 고환을 방사선에 노출시키는 것은 매우 위험하다(이근홍, 2006).

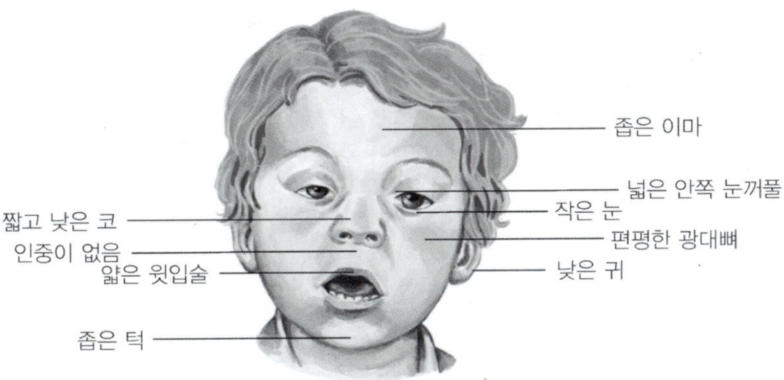

▎그림 8-2▎ 태아 알코올 증후군

주 : 태아 알코올 증후군을 앓는 아동은 넓은 미간, 평평한 골격, 얇은 윗입술이라는 특징을 가지고 있다.

최근의 각종 환경오염도 태아에게 심각한 영향을 미칠 수 있다. 수은, 납, 카본 등과 같은 중금속은 태아의 뇌신경계의 발육장애와 이에 따른 정신지체를 유발할 수 있다. 유해한 화학물질은 태아의 신체발육을 저하시키고 조산을 초래할 수 있으며, 출생 후 감각기능의 저하, 지각 변별장애, 단기 기억장애 등을 일으킬 수 있다(송명자, 1996).

기타 사회적·경제적 요인인 적은 수입, 낮은 사회경제적 지위 또한 태아에게 직·간접적으로 영향을 미칠 수 있다.

3) 태아기 검사

태아기에는 각종 다양한 검사를 통해 발달장애 등을 예방할 수 있다.

- 초음파 검사는 태아를 진단하는 가장 일반적인 방법으로 태아의 이미지를 TV와 같은 스크린에 형상화하기 위해 초음파를 사용한다.
- 양수검사는 임산부의 복강을 통해 자궁에 바늘을 삽입하여 양수를 채취하는 방법이다.
- 융모생체표본검사는 태아의 선천성 기형을 진단하는 또 다른 방법으로 태아나 양수를 싸고 있는 난막의 일부를 이루는 융모막에 가느다란 플라스틱 관을 질을 통해 삽입하거나 혹은 복강을 통해 바늘을 자궁으로 삽입하는 것이다.
- 산모 혈액검사는 임신 15~20주 사이에 이루어지며, 이 검사를 통해서 태아의 다양한 상태를 알아낼 수 있다. AFP(Alpha Feto Protein) 수준을 검사함으로써 다운 증후군의 가능성도 알아볼 수 있다. 초음파검사, 양수검사 이 두 가지 모두는 혈액검사의 결과를 확인하기 위해 사용되기도 한다.

3. 태아기의 사회복지실천

사회복지실천 현장에 있는 사회복지사들이 원조해야 하는 태아기의 문제는 생물학적 측면, 심리적 측면, 사회적 측면 등에서 각각 생각해 볼 수 있다.

첫째, 생물학적 측면의 관심영역은 임산부의 건강문제와 선천장애 발생의 예방 측면에서 관심을 가져야 한다. 임산부의 건강문제의 경우 가임여성과 그 배우자를 대상으로 임신 전 철저한 의료진단을 받도록 권유할 필요가 있다. 임신기간 중 질병에 대한 적절한 치료가 필요하고, 임신기간 중 금연, 금주가 적극적으로 권장된다. 또 선천장애 발생의 예방에 있어 사회복지사는 임신한 부부를 대상으로 선천장애의 예방방법과 대책을 알려주어야 하고, 출산 이후 선천성대사이상검사 등을 통하여 선천장애의 유무를 확인할 수 있도록 해야 한다. 뿐만 아니라 선천장애아를 출산한 경우 장애인전문기관과 서비스에 대한 정보를 제공하고, 조기에 치료받을 수 있도록 원조해야 한다.

둘째, 심리적 측면의 관심영역에 있어 원하지 않은 아이의 임신으로 인한 임산부의 부정적인 심리반응을 고려하여 출산 또는 낙태의 선택과 가족 및 사회생활 계획을 수정하는 데 필요한 다양한 정보를 제공하고, 임산부와 가족의 올바른 판단을 도울 수 있어야 한다.

특히 산후 우울증은 갓 어머니가 된 여성이 일상생활을 꾸려 나가기 어려울 정도로 슬픔, 불안 또는 절망을 매우 심하게 느끼는 증상으로서, 산후기간 중에 있는 대부분의 여성들은 감정기복이 심하다. 이러한 감정기복은 호르몬 변화, 피로, 신생아를 다루는 능력의 미숙 및 자신감 부족, 신생아를 돌보는 데 드는 엄청난 시간과 요구사항 등 여러 다양한 요인에 기인한 것일 수 있다. 일부 여성들의 감정기복은 출산 후 3~5주 내에 약화되고 아기를 돌보는 데 별 지장을 주지 않는다. 그러나 또 다른 일부 여성들은 걱정, 우울을 동반한 감정기복을 보다 오랫동안 경험하고 스트레스 대처에 어려움을 겪기도 한다(곽금주 외 역, 2007).

산트록(Santrock, 2007)에 따르면 '갓 어머니가 된 여성의 경우 약 70%가 산후 우울감(baby blues)'을 경험한다고 한다. 이들은 출산 후 2~3일 이후가 되면 우울하고 불안하고 화를 내기 시작한다. 이러한 증상은 출산 후 며칠 동안 반복될 수 있으며 종종 3~5일째에 최고점에 이르기도 한다. 그러나 산후 우울감은 특별한 치료 없이도 1~2주 후에 사라지는 것이 보통이다. 반면, 산후 우울증(postpartum depression)을 겪는 여성들은 슬픔, 불안 또는 절망을 매우 심하게 느끼고 일상생활을 꾸려 나가는 데 어려움을 겪는다. 산후 우울증이 시작되면 대개 출산 후 약 4주 정도 되는 시기에 심해진다. 치료를 하지 않고 내버려 두면 더욱 악화되어 여러 달 동안 지속될 수도 있다.

따라서 출산과정에 지식이 없는 경우에 임산부는 매우 불안해하므로 교육

집단 프로그램을 운영하고, 예비부모 역할교실을 개최할 수도 있다. 그리고 대부분의 산모들은 출산 후에 산후 우울증을 경험하므로 가족들과의 상담을 통하여 극복하는 방법을 알려주고 사회적 지지망을 활성화시키기 위한 개입이 필요하다.

셋째, 사회적 측면의 관심영역에 있어 빈곤으로 인해 임신기간 중 필요한 영양과 의료적 보살핌을 받지 못하는 경우, 물리적 환경이 열악한 것, 직장생활을 하는 임산부의 과도한 업무부담으로 인한 신체적 과로와 스트레스 등은 태아기의 문제를 야기할 수 있다. 이에 대해 사회복지사가 제공해야 하는 서비스와 직장생활을 계속하는 임산부들을 위한 서비스는 다음과 같다. 먼저 사회복지사가 제공해야 하는 서비스는 사회적 보호를 필요로 하는 가족의 임산부들이 적절한 의료보호를 받을 수 있도록 필요한 자원을 연결하고, 직접적인 재정을 지원해 주거나 가사지원서비스 등의 다양한 서비스를 연결해야 한다. 또 임산부의 건강과 태아의 발달을 지원할 수 있는 안정적인 물리적 환경을 제공해야 한다. 다음으로 직장생활을 계속하는 임산부들을 위해 직장생활과 가사활동을 병행할 수 있는 적절한 방법에 대한 정보를 제공하고 가사분담을 포함한 가족 내 역할을 재조정하는 것을 도울 수 있다.

넷째, 태아기와 직접 관련은 없지만 임신과 관련된 문제로서 불임의 문제를 들 수 있다. 결혼을 한 부부가 아이를 가지지 못하는 경우 여러 가지 문제를 일으키게 되고 이혼까지 갈 경우도 있다. 그러므로 사회복지사는 불임부부를 원조할 수 있는 지식과 정보를 가지고 있어야 한다. 먼저 정확한 의학적 진단을 받게 하고 인공수정, 시험관 아기 또는 대리모에 의한 출산이나 입양 등에 대한 확고한 철학을 가지고 정확한 정보를 제공할 수 있어야 한다(이근홍, 2006). 불임부부를 돕는 사회복지사의 역할은 조력자, 중재자, 교육자, 분석가 및 평가자, 옹호자 등이다(나눔의집, 2014).

- 조력자 : 불임부부에게 최선의 선택이 가능한 대안을 찾아준다. 합의를 하지 못할 때 사회복지사는 타협하여 서로 만족스러운 결정을 이끌어 내도록 중재자의 역할도 할 수 있다.

- 중개자 : 사회복지사는 클라이언트를 구체적인 자원과 서비스에 연결시켜 줄 수 있다.
- 교육자 : 사회복지사는 클라이언트에게 구체적이고 정확한 자료를 갖고 실질적인 대안과 절차를 알려줄 수 있다.
- 분석가와 평가자 : 사회복지사는 기관에서 제공하는 치료의 효과성을 평가하는 데 관여할 수 있다. 또한 클리닉의 효과성을 향상시키기 위해 기관과 클라이언트 및 지역사회에 알릴 수 있다.
- 옹호자 : 사회복지사는 클라이언트 입장에서 서비스를 받는 과정에서 클라이언트가 소외되고 있지는 않는지, 방해요인은 없는지, 서비스 비용이 너무 비싼 것은 아닌지 등을 살펴서 필요한 부분을 주장할 수 있다.

다섯째, 원치 않는 임신을 한 여성을 도울 때도 경우에 따라 조력자, 교육자, 중개자, 옹호자로서의 역할을 할 수 있다.

- 조력자 : 사회복지사는 여성이 무엇을 할 것인지 결정하는 데에 도움을 줄 수 있다. 클라이언트가 스스로 대안을 발견하고, 그것의 장점과 단점을 평가하도록 돕는다.
- 교육자 : 사회복지사는 임신한 여성에게 낙태과정, 유산, 태아발달, 그 외 여성이 선택할 수 있는 대안들에 대해 정확한 정보를 제공한다.
  또한 미래에 또다시 원치 않는 임신을 하지 않도록 예방하는 데 필요한 피임방법에 관한 정보를 제공한다.
- 중개자 : 사회복지사는 클라이언트가 낙태를 최종 결정했다 해도 적절한 자원을 발견해야 한다. 낙태가 가능한 의료기관, 임산부 건강관리 상담, 입양서비스 등이 그 예이다. 사회복지사는 이러한 가능한 자원과 이용방법을 설명하고 서비스를 직접 받을 수 있도록 도와준다.
- 옹호자 : 서비스 접근이 매우 제한된 지역의 여성이나 빈곤여성의 경우 낙태서비스에 좀 더 원활하게 접근할 수 있도록 돕고, 필요한 경우 경제적인 지원도 할 수 있다. 또한 여성이 원하는 서비스를 획득하는 데 장애가 되는 법이나 정책을 변화시키는 역할을 한다.

여섯째, 재정적 문제에 있어(정 은, 2014), 경제적인 어려움으로 인해 임신 중에 필요한 영양섭취를 하지 못하고 적절한 의료혜택을 받지 못하는 임산부의 경우, 적절한 도움과 자원을 연결시켜 주어야 한다. 특히 혼전 임신의 경우 임신사실을 숨기는 과정에서 임산부가 충분한 영양과 의료적 보호를 받지 못하는 경우가 많다. 우리나라도 미국이나 스웨덴 등에서 이루어지는 산전보호 서비스를 보다 체계적으로 제공할 수 있는 정책 마련이 시급하다.

09 CHAPTER

영유아기(출생~4세)

1. 영아기(출생~2세)

영아기는 태어나서부터 18~24개월까지에 걸친 발달시기이다. 영아기는 성인에게 극도로 의존적인 기간이다. 이 시기에 영아는 언어 획득 이외에 엄청난 신체발달과 운동기능 향상을 보이며 타인과 개인에 대한 개념을 형성하고, 대인관계에 대한 기본적인 태도를 형성하게 된다. 또한 인지능력의 발달과 더불어 심리사회적인 적응방식을 발달시켜 나가게 된다. 이 시기의 모든 행동들은 서툴고 둔하지만 점차 정교화되고 분화되어 의미 있는 행동을 형성해 가는 것이 특징이다.

1) 신생아기(생후 1개월)

신생아기는 생후 1개월 까지를 말한다. 주로 양육자인 어머니와의 관계의 양과 질이 대상관계와 대인관계 그리고 사회관계에 있어서 신뢰감과 불신감을 형성하는 근간이 된다. 이 시기의 발달과업을 충실히 수행하면서 건강한 신체와 정신 및 정서적 안정이 조화롭게 이루어져 건전한 인격체로 성장·발달하는 밑거름을 형성하게 된다.

(1) 신체적 발달

피부는 쭈글쭈글하고 붉은 색을 띠며 끈적끈적한 태지로 덮여있고, 눈꺼풀은 통통 부어 있으며, 몸 전체는 솜털로 덮여있는데 몇 주가 지나면 점차 없어진다. 평균 신장은 50~52cm 정도로 성인의 1/3~1/4 정도이고, 머리 부분이 신장의 1/4 정도를 차지한다. 체중은 3.2~3.4kg 정도이고, 2.6~4.1kg 정도면 정상 범주에 속한다. 남아가 더 크고 체중이 많이 나가는 것이 일반적이다. 맥박은 1분에 120~160회 정도 뛰는데 빠르고 불규칙적이다. 호흡은 출생 후 첫 울음을 통하여 공기가 폐로 들어가면서 산소의 독립적 흡입이 가능하며, 동시에 불규칙적인 복식호흡을 시작한다. 체온은 37~35.5℃로 체온조절 능력이 미흡하다. 배변은 생후 1~2개월 경에 검고 끈적끈적한 태변을 보게 되며, 모유를 먹이는 경우는 하루 3~4회, 인공유를 먹이는 경우는 하루 1~2회의 배변을 한다. 운동은 전신 운동과 신체 특정 부위의 운동이 이루어지는데, 신경근육 계통의 미분화로 인하여 생후 10일 동안은 전신 운동이 이루어진다.

신생아는 수동적이고 무반응적인 유기체가 아니다. 신생아는 출생 직후 외부 자극에 분명하게 반응하기보다는 주로 반사운동을 한다. 예컨대 신생아는 물을 두려워하지 않는다. 물속에서는 자연스럽게 숨을 참을 줄 알고 물속으로 가라앉으면 물 위로 머리를 내놓으려 한다. 반사는 이후의 중대한 운동능력 발달의 중요한 초석으로 작용할 수 있다.

신생아의 운동을 지배하는 반사는 자동적으로 일어나고 신생아의 통제를 벗어나 있다. 즉, 반사는 자극에 대해 선천적으로 준비되어 있는 반응이다. 아직까지 주변 환경에 대해 배울 기회가 없었던 신생아는 반사를 통해 주변 환경에 대해 적응적인 반응을 할 수 있다.

신생아기의 반사운동은 다음과 같이 분류할 수 있다.

- 빨기 반사(sucking reflex)는 신생아가 입가에 놓인 물체를 자동적으로 빠는 행위로서 어머니의 젖과 우유를 아직 연합시키지 못하는 신생아가 영양소를 섭취할 수 있도록 해준다. 빨기 반사는 출생 직후 나타나서 곧 사라지는 반사 중의 하나이다.
- 젖찾기 반사(rooting reflex)는 탐색 반사라고도 한다. 신생아의 뺨을 어루만져 주거나 입가를 건드릴 때 나타나며, 이에 대해 신생아는 무엇인가를 빨려고 애쓰면서 어루만지거나 건드린 쪽으로 고개를 돌린다. 빨기 반사와 찾기 반사는 생후 3~4개월 후에 사라진다. 이 두 반사는 영아가 자발

적으로 먹는 행위로 대체된다. 영양소 섭취를 위해 어미의 젖을 찾아야만 하는 포유류 동물에게는 빨기 반사와 찾기 반사가 생존적인 가치를 지니고 있다.

- 모로 반사(놀람 반사, moro reflex)는 신생아가 갑작스럽게 큰 소리를 듣거나 크게 흔들릴 때 나타내는 놀라는 반응으로서, 등을 구부리고 머리를 뒤로 젖히며 팔과 다리를 내뻗는다. 그러고 나서는 팔과 다리를 신체의 중앙으로 재빨리 모아 움츠린다. 모로 반사는 인간의 선조인 영장류가 남긴 흔적이며, 모로 반사를 통해 신생아는 떨어지는 동안 지탱하기 위해 무언가를 붙잡으려는 시도를 하게 되므로 이 역시 생존적인 가치를 가지고 있다고 할 수 있다. 모든 신생아에게서 공통적으로 나타나는 모로 반사도 생후 3~4개월 후면 사라지는 경향이 있다. 놀란 신생아에게는 지속적으로 마사지를 해줌으로써 진정시킬 수 있다. 신생아의 팔을 어깨 쪽으로 구부리는 것도 효과가 있다(곽금주 외, 2007).
- 바빈스키 반사(Babinski reflex)는 영아의 발바닥을 자극하면 성인의 경우와는 반대로 발가락을 부채처럼 폈다가 다시 오므리는 반사운동을 말한다. 생후 6개월 이후 서서히 사라진다.
- 잡기 반사(grasping reflex)는 파악 반사라고도 불린다. 영아의 손바닥에 무엇을 올려놓으면 마치 막대기나 손가락을 쥐는 것과 같은 반응을 보인다.
- 걷기 반사(stepping reflex)는 영아의 발이 바닥에 닿게 될 때 걷는 동작을 취해 보이는 것으로 이 동작은 2~3주가 지난 후에 사라진다.

신생아기의 반사운동을 제시하면 <표 9-1>과 같다.

〈표 9-1〉 신생아기의 반사운동

반 사	자 극	영아의 반응	소멸시기
눈깜박임 (blinking)	눈에 빛을 비추거나 입김을 훅 불어보자.	양쪽 눈을 감는다.	영구적
바빈스키 (babinski)	발바닥을 간지럽혀 보자.	발가락을 쫙 펴고 두 발을 서로 꼰다.	9개월~1년 사이에 사라진다.

잡기 (grasping)	손바닥을 건드려 보자.	손바닥을 꽉 쥔다.	3개월 이후 약화되며 1년 후 사라진다.
모로(moro)	큰 소리를 들려주거나 약간 아래로 흔들어 줌으로써 갑작스러운 자극을 제시해 보자.	놀라면서 등을 구부리고 머리를 뒤로 젖히며 팔과 다리를 쫙 편 다음 재빠르게 몸을 움츠린다.	3~4개월 이후 사라진다.
찾기(rooting)	뺨을 어루만져 주거나 입가를 만져보자.	자극을 제시받은 방향으로 얼굴을 돌린다.	3~4개월 이후 사라진다.
걷기(stepping)	바닥 위에 영아를 일으켜 세운 다음 발이 땅에 닿도록 낮추어 보자.	마치 걷는 것처럼 발을 움직인다.	3~4개월 이후 사라진다.
빨기(sucking)	입가에 물체를 대어보자.	자동적으로 그 물체를 빨기 시작한다.	3~4개월 이후 사라진다.
수영(swimming)	물속에 담가보자.	잘 조정된 수영 동작을 한다.	3~4개월 이후 사라진다.
긴장성 목 (tonic neck)	등을 대고 눕혀보자.	두 손을 함께 쥐고 주먹 모양을 만들며 때로 오른쪽으로 고개를 돌린다(검객처럼 보인다고 하여 "검도자세"로 불리기도 한다)	2개월 이후 사라진다.

출처 : 정 은(2014).

(2) 감각 및 지각 발달

① 시각

출생 후 2일이 되면 동공반사를 하며, 15일이 지나면 색채식별이 가능하다. 신생아의 시력은 정상적인 성인의 시력인 20/20보다 10~30배 정도 낮다. 그러나 생후 6개월에 이르면 시력이 20/100 또는 그 이상으로까지 좋아지고, 첫 생일을 맞이할 즈음이 되면 성인의 시력과 거의 비슷해진다. 또 영아는 초록색과 빨간색을 구분할 수 있다(Adams, 1989). 색깔에 민감한 세 가지 형태의 수용기(빨간색, 파란색, 초록색) 모두가 성인처럼 작동하려면 생후 2개월은 지나야 한다. **그림 9-1**은 여러 발달 시점에서 약 6인치 떨어진 거리에 있는 사람의 얼굴이 영아에게 어떻게 보이는지를 컴퓨터를 이용해서 추측하여 나타낸 것이다.

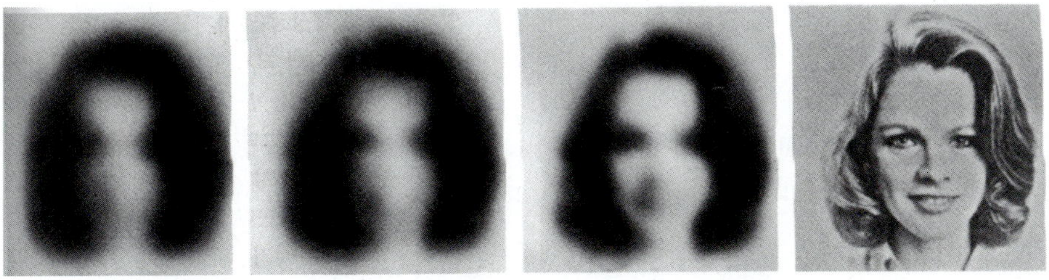

| 그림 9-1 | 출생한지 얼마 되지 않은 신생아의 시력(곽금주 외, 2007 : 175)

주 : 네 장의 사진은 생후 1개월, 2개월, 3개월, 1년(성인의 시력과 거의 비슷해지는 시기) 된 영아에게 사람의 얼굴이 어떻게 보이는지를 컴퓨터를 이용해서 추측하여 나타낸 것이다.

② 청각

출생 두 달 전부터 태아는 어머니의 자궁 안을 돌아다니면서 밖에서 들려오는 어머니의 목소리, 음악소리 등을 들을 수 있다. 출생 후 처음에는 양수로 인하여 반응하지 않다가 곧 매우 예민해져 출생 4주가 되면 어머니의 음성을 식별할 수 있게 된다. 영아기의 청각 발달은 소리의 크기, 음조, 방향과 관련하여 이루어진다. 갓 출생한 신생아는 작은 소리를 성인만큼 잘 듣지 못하기 때문에 신생아가 듣기 위해서는 성인에게보다 큰 소리의 자극을 주어야 한다(Trehub et al., 1991). 예컨대 누군가 4~5피트 떨어진 곳에서 속삭인다면 성인은 그 속삭임을 들을 수 있지만 신생아가 그 정도 떨어진 거리에서 들을 수 있기 위해서는 속삭임 수준이 아니라 정상적인 대화 수준의 목소리로 말해야 한다. 그리고 신생아는 성인보다 소리의 음조에 덜 민감하다. 신생아는 저음에 덜 민감하고 고음을 더 잘 듣는다(Aslin et al., 1998). 영아는 생후 2년이 되면 여러 음조를 가진 소리를 상당히 정확하게 구별할 수 있게 된다. 신생아는 인간의 말소리에 특히 민감하다. 그리고 여러 소리들 중에서도 일부 소리를 듣기 위해 젖을 더욱 빨리 빨기도 한다. 신생아가 젖을 빠는 행동을 살펴보면 신생아는 낯선 여성의 목소리보다는 어머니의 목소리를, 외국어보다는 어머니의 모국어를 더 선호한다.

③ 미각

생후 2일 후 맛에 대한 식별반응을 나타내는데, 단맛을 선호하고 쓰거나 신것은 내뱉고 얼굴을 찡그린다. 출생한 지 2시간밖에 되지 않은 신생아가 단맛, 신맛, 쓴맛이 나는 음료를 맛보았을 때 【그림 9-2】와 같이 각기 다른 얼굴 표정을 지었다(Rosenstein & Oster, 1988). 생후 4개월경이 되면 영아는 신생아기에는 싫어했던 짠맛을 선호하기 시작한다(Harris, Thomas, & Booth, 1990).

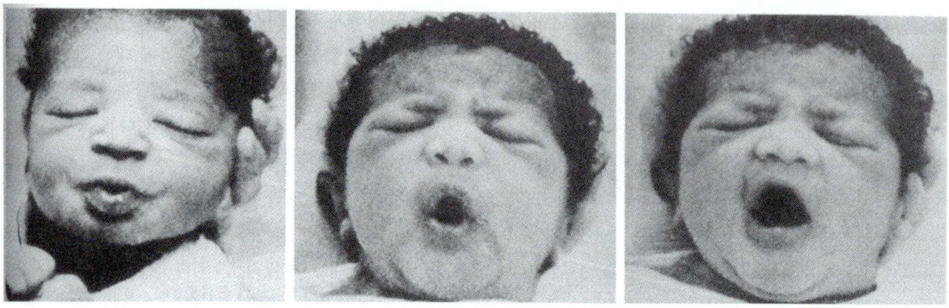

(a) (b) (c)

【그림 9-2】 신생아가 기본적인 맛에 대해 짓는 얼굴 표정

주 : (a)는 단맛, (b)는 신맛, (c)는 쓴맛이 나는 음료를 맛보았을 때 짓는 각각의 표정이다.

④ 후각

신생아는 냄새를 구별할 수 있다. 예컨대 신생아에게 여러 냄새를 풍겨준 후 그 얼굴 표정을 보면 바닐라와 딸기 향기는 좋아하지만 썩은 달걀이나 생선 냄새는 좋아하지 않는 것 같다(Steiner, 1979). 후각은 출생 직후에는 완전하지는 못하나 젖 냄새를 맡을 수 있으며 자극적인 냄새로 코를 자극시키면 반응을 보인다. 그 밖에 온도감각과 통각 등이 발달한다. 한 실험에서는 모유를 먹은 신생아가 생후 6일이 되자 어머니의 젖을 묻힌 솜 냄새를 좋아하는 것으로 나타났다(MacFarlane, 1975). 그러나 생후 2일이 된 신생아에게 이 실험을 했을 때에는 아무것도 묻히지 않은 솜과 비교하여 어머니의 젖을 묻힌 솜 냄새에 대해 별다른 선호를 나타내지 않았다. 즉, 어머니의 젖 냄새를 인식하는 데에는 며칠간의 경험이 필요한 것이다.

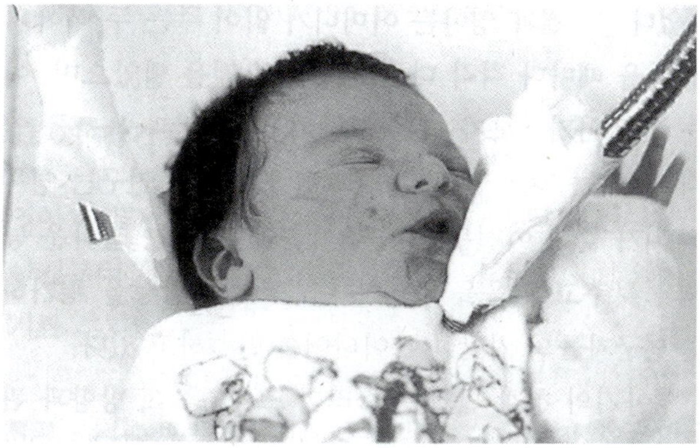

┃그림 9-3┃ 어머니의 젖을 묻힌 솜 냄새에 대한 신생아의 선호

⑤ 통각

태어날 무렵 통각에 둔하지만 생후 며칠 이내에 고통에 대한 감각이 발달한다.

(3) 사회 · 정서적 발달

사회 · 정서적 과정은 타인과의 관계에 있어서의 변화, 정서에서의 변화, 성격에서의 변화를 포함한다. 안정된 모성보호는 모성인물에 대해 기본적인 신뢰감을 형성한다. 이 시기에 어머니가 아기에게 빠르게 반응하여 적절하게 돌보아 줌으로써 아기는 필요할 때 자기를 돌보아 주는 어머니를 믿고, 여기에서 인간관계에 대한 기본적인 안정감을 갖게 되며 이러한 감정은 사회성 발달에 필요한 요소가 된다. 불안정하고 불규칙적인 모성보호는 타인을 불신하게 되고 이후의 사회화 과정에 부정적 영향을 미친다(김영호 외, 2007). 신생아의 사회적 발달은 미소반응을 통해 확인할 수 있다. 생후 1개월 전에는 무의식적 · 반사적 미소반응을 하고, 생후 5주부터 사회적 미소반응을 하고, 생후 4개월경에 미소반응이 분화된다.

2) 영아기(1개월~2세)

영아기는 제1성장 급등기이고, 신체와 뇌의 성장이 급속히 이루어지는 시기이다. 대략 출생 후 1년 6개월 내지 2년간의 아기를 말한다. 이 시기에 언어획득 이외에 엄청난 신체발달과 운동기능 향상을 보이며 타인과 개인에 대한 개념을 형성하고 대인관계에 대한 기본적인 태도를 형성하게 된다. 또한 인지능력의 발달과 더불어 심리사회적인 적응방식을 발달시켜 나가게 된다(김영호 외, 2007). 프로이트의 구강기, 에릭슨의 유아기, 피아제의 감각운동기에 해당되는 시기이기도 하다. 이 기간 동안에 영아는 직립보행이 이루어지고 말을 배우기 시작한다. 이 시기의 모든 행동들은 모두가 서툴고 둔하지만 점차 정교화되고 분화되어 의미 있는 행동을 형성해 가는 특징을 보인다(서혜석 · 송유미 · 이미영, 2009).

(1) 신체적 발달

신장은 45~55㎝, 체중은 2.4~4.5㎏ 정도이다. 대개 생후 4개월경이 되면 출생 시 체중의 2배가 되고 생후 1년경에는 3배 그리고 생후 2년경에는 4배가 되는 등 급격한 신체적 성장이 이루어진다. 또 몸통과 다리의 성장급등 현상이 강하게 나타난다(두미원칙). 머리는 전신의 약 1/4로 다른 부위에 비해 비교적 크고, 머리에서 발가락으로 발달이 진행된다. 가슴둘레보다 머리둘레가 더 크며 남아가 여아에 비하여 키가 더 크고 몸무게가 많이 나가는 것이 특징이다. 다리보다 상체를 사용하는 법을 먼저 배운다. 만 2세가 되면 점차 속도가 감소된다.

영아기의 운동발달은 분화되지 않고 전체적이고 통합적인 움직임으로부터 점차 분화되어 특수한 반응으로 이행하게 된다. 즉, 머리운동이 먼저 이루어지고 팔과 다리로 이행되고 신체의 중앙부에서 말초로 이루어진다. 1개월이면 턱쳐들기, 2개월이면 엎드린 상태에서 머리 들어 올리기, 3개월에는 구르기, 6개월에는 혼자서 앉기, 7개월에는 붙잡고 서기, 9개월에는 붙잡고 걷기, 11개월에는 서기, 12개월에는 혼자서 걷기, 16개월에는 손잡고 계단 오르내리기, 그리고 24개월에는 달리기 및 혼자서 계단 오르내리기 순으로 발달한다. 이러한 발달에는 개인차가 있으며 운동능력이 발달됨에 따라 다양한 환경과의 접촉을 통해서 자발적인 탐색과 목표추구가 가능하다(서혜석 · 송유미 · 이미영, 2009).

(2) 감각발달

지각은 감각에 의미를 부여하는 과정으로 자극에 대한 해석이다. 청각은 출생 후 얼마되지 않아 성인 수준에 도달하게 되고, 시각발달은 인간의 감각능력 중에서 가장 늦게 성숙한다. 후각은 영아기 때 다른 동물들에 비해 덜 발달하게 되고, 미각은 태내에서도 어느 정도 기능을 하며 출생 직후에도 여러 가지 맛을 구분하는 것이 가능하게 된다. 영아기 말엽에 이르러 미각이 매우 예민해진다. 촉각은 출생 시에 입술과 혀를 제외하고는 그다지 발달되어 있지 않지만, 6개월이 지나면 영아는 촉각을 사용하여 물체를 탐색하고, 첫돌 무렵에는 손의 감촉만으로 물체를 식별하게 된다.

(3) 심리적 발달

심리적 발달은 인지발달, 정서발달을 통해 진행된다.

첫째, 인지적 발달은 급격하게 이루어지고, 반사적 유기체에서 생각하는 유기체로 자신의 행동을 통제하고 사고할 수 있게 된다. 영아기의 인지발달은 감각기관과 운동기능을 통해 이루어지고, 반복적 경험과 실험을 통하여 '울면 안아준다'와 같은 현상들 간의 예언적 관계를 학습한다. 이 과정에서 대상영속성이 발달하게 된다. 대상영속성이란 영아가 이룩하는 가장 중요한 성취 중 하나를 설명하기 위해 피아제(Piaget)가 사용한 용어로서, 이는 물체와 사건이 직접적으로 보이거나 들리거나 만져지지 않아도 계속해서 존재한다는 사실을 아는 것이다. 대상영속성을 연구하는 가장 기본적인 방법은 흥미로운 물체나 사건이 사라졌을 때 영아의 반응을 관찰하는 것이다.

영아가 아무런 반응도 나타내지 않는다면, 영아는 그 물체가 더 이상 존재하지 않는다고 생각하는 것이라고 보면 된다. 반면에 영아가 그 물체가 사라진 것에 대해 놀라워하면서 그 물체를 찾으려고 한다면, 영아는 그 물체가 계속해서 존재한다고 생각하는 것이라고 보면 된다. 이러한 능력은 인간이 갖고 태어나는 것이 아니라 감각운동기 동안에 단계적으로 서서히 발달하는 것이라고 보았다. 1단계(0~1개월)에서 영아는 엄마의 얼굴이나 친숙한 광경은 인지할 수 있으나 눈앞에 보이지 않는 대상이 존재한다는 개념을 갖고 있지 않다. 2단계(1~4개월)에서 영아는 한번 보거나 만져본 대상에 대해서는 다시 보고 만질 수 있다는 약간의 기대를 하고 있음이 나타나기 시작한다. 3단계(4~8개월)에서 영아는 사라진 대상물을 찾는 행동을 보이게 되는데, 대상영속성 개념이 형성되기 시작한다. 특히 안정된 애착을 한 아기는 불안정하게 애착된 아기보다 더 빠른 시기에 대상 및 영속성 개념이 발달한다. 4단계(8~12개월)에서 영아는 대상이 완전히 감추어져 눈에 보이지 않더라도 찾으려고 한다. 그러나 감추어지는 과정을 보았더라도 그 대상을 이전에 보았던 장소에서 찾으려고 한다. 5단계(12~18개월)에서 영아는 대상물을 어디에 숨기든지 가장 최근에 사라진 곳에서부터 대상을 찾는 능력을 보이게 된다. 그러나 볼 수 없는 공간이동에서는 대상의 숨겨진 위치를 정신적 표상만으로 정확하게 추적하는 능력을 갖고 있지 못하다(서혜석 · 송유미 · 이미영, 2009).

둘째, 정서발달에 있어 영아기에 감정은 아기와 엄마 사이의 대화에 중심적 역할을 한다. 태어난 후 처음 2년 동안에 감정의 점진적 분화가 일어난다. 영아기 초기에는 기쁨, 슬픔, 놀람, 공포 등 일차정서가 나타나고, 첫돌이 지나서 수치, 부러움, 죄책감 같은 이차정서가 나타난다. 6개월이 지나면서 정서를 구분, 다른 사람들의 정서를 인식, 정서를 규제하는 능력도 발달한다.

브리지스(Bridges)의 영아 정서 분화과정을 보면, 2개월경이면 울음을 통하여 불쾌감을 표현하고 미소로서 즐거움을 표현할 수 있으며, 3개월경이면 분노의 감정이 분화되고 6개월이면 공포감이 분화되며 분노의 감정도 증가한다. 또한 12개월이면 의기양양하고 성인에 대한 애정이 증가하고 18개월이면 다른 아이에 대한 애정과 질투 감정이 나타난다(서혜석 · 송유미 · 이미영, 2009).

(4) 언어발달

언어발달은 인지발달 및 사회성 발달과 밀접한 관련이 있다. 영아는 울음, 표정, 몸짓 등과 같은 비언어적 행동을 통하여 의사소통을 하며, 다른 사람이 알아들을 수 있는 단어를 사용하는 것은 첫돌 무렵이다. 영아기의 언어발달 특징은 자기중심적인 언어를 사용하고, 부모가 아동의 질문에 성실하고 지혜롭게 답변을 해주고, 새로운 세계를 경험할 수 있는 기회를 제공해 주게 되면 언어발달이 보다 촉진된다.

언어 이전의 기간(출생 후~8개월)과 언어 획득의 과도기(9개월에서 2세 사이) 그리고 언어획득의 기간(3~4세)으로 나누어 볼 수 있다. 언어 이전의 기간에는 생후 1개월까지는 분화되지 않은 울음(반사적인 울음)을 나타내고, 1개월 이후에는 분화된 울음을 나타냄으로써 보다 정확한 의사전달의 수단으로 사용된다. 또한 생후 2개월부터는 옹알이를 한다. 옹알이는 언어와 유사한 최초의 소리이며, 만족스러운 상태에서 가장 많이 나타나고 언어발달의 기반을 형성하기에 중요하다. 생후 6개월 후 자기 소리 모방이 가능하며 생후 8개월 후 자기와 타인의 소리를 구분하며 반향음을 내기 시작한다.

그 후 9개월에서 2세 사이의 언어획득 과도기를 거치며 언어 획득이 시작되고 3~4세에는 급속한 언어활동이 시작된다. 생후 1년경에 영아는 분명하게 이해할 수 있는 단어를 사용할 수 있으며, 그 단어가 자신의 생각을 표현하는 수단이 된다. 24개월경 영아는 문장을 만들기 위해 두 개 이상의 단어를 연결시킬 수 있다(서혜석 · 송유미 · 이미영, 2009).

(5) 사회적 발달

사회적 발달은 애착형성과 발달, 낯가림과 분리불안 과정 속에서 진행된다. 애착형성과 발달은 영아기에 발생하는 가장 중요한 형태의 사회적 발달이며, 보통 유아는 일차적 양육자인 어머니와 애착을 형성하는 데 영아가 특정 인물에게 애착을 형성하게 되면 그 사람과 있을 때 기쁨을 느끼고, 불안한 상황에서는 그의 존재로 인해 위안을 받게 된다. 영아기에 형성된 애착은 이후 인지,

정서, 사회성 발달에 중요한 영향을 미치고, 일반적으로 안정된 애착관계를 형성한 영아는 유아기에 자신감, 호기심, 타인과의 관계에서 긍정적인 성향을 보인다. 또 낯가림과 분리불안에 있어 낯가림은 영아가 애착을 형성하게 되면, 그 반작용으로 낯선 사람에 대해 불안반응을 보이는 현상이고 특정인에 대한 애착형성의 표시이기도 하다. 분리불안은 부모나 애착을 느끼는 대상과 분리될 때 나타내는 불안반응이고, 친숙 정도 및 분리기간 등 여러 요인들의 영향을 받는다. 안정적인 애착을 형성한 영아는 불안정한 애착을 형성한 영아보다 분리불안 반응을 덜 보이는 경향이 있다. 정상적인 애착유대를 형성한 영아들은 어머니와 분리되면 슬퍼하고 불안해하며 심한 울음만을 나타낸다. 낯선 사람에 대한 불안과 분리불안은 1세경에 최고조로 달한다. 그리고 13~18개월경 영아가 애착대상과 분리될 때 나타나는 불안반응으로 분리불안이 나타난다. 뉴먼과 뉴먼(Newman & Newman)의 애착발달 단계를 살펴보면 <표 9-2>와 같다(서혜석 · 송유미 · 이미영, 2009).

〈표 9-2〉 뉴먼과 뉴먼(Newman & Newman)의 애착발달 5단계

단계	연 령	특 징
1	출생~3개월	빨기, 젖찾기, 쥐기, 웃기, 쳐다보기, 껴안기, 눈으로 따라 하기 등을 사용하여 주요 양육제공자와 가까움을 유지하려고 한다.
2	3~6개월	낯선 사람보다는 친밀한 사람에게 반응을 더 보인다. 낯가림이 시작되는 시기, 애착형성의 결정적 시기이다.
3	6~9개월	애착의 대상에게 접근하여 신체적 접촉을 하려 한다.
4	9~12개월	애착의 대상에 대해 내부적 표상을 형성한다.
5	12개월 이후	안전과 친밀감의 욕구를 채울 수 있는 방법을 사용하여 애착대상에게 영향을 줄 수 있는 다양한 행동을 한다.

3) 영아기의 사회복지실천

영아기는 유전적 요인 또는 출산과정상의 문제로 인하여 신체 내부 기관의 결함이나 선천성 질병이나 장애를 가질 수 있다. 정신지체와 자폐증이 대표적 질환이라 할 수 있다. 정신지체는 지적 발달이 평균보다 상당히 낮은 수준에

머물러 있어 적응행동을 제대로 나타내지 못하는 상태로 대개 지능지수 70 이하이다. 자폐증은 자신의 내적인 행동에 열중하는 성격 특성으로서 다른 사람들과 의사소통을 할 수 없고, 다른 사람들에 대해서 반응을 보이지 않는 발달장애이다. 이들 질환은 생존에 필요한 여러 가지 기능을 수행하는 데 어려움을 겪을 수 있으므로 다양한 측면에서 사회복지사의 원조가 필요하다.

사회복지사는 영아의 정상적인 발달과정을 이해함으로써 잠재적인 발달지체나 발달상의 문제를 조기에 사정할 수 있고, 미래에 발생할 수 있는 어려움을 최소화하거나 예방하도록 도울 수 있다.

첫째, 발달이정표에 관한 실천이다. 영아의 정상적인 발달이정표를 이해함으로써 잠재적인 발달지체나 발달상의 문제를 조기에 사정할 수 있고, 사회복지사는 미래에 발생할 어려움을 최소화하거나 예방할 수 있도록 도와야 한다.

둘째, 감각 및 지각 발달 측면의 실천이다. 아이가 적절한 반응을 보이지 못할 경우에는 아이에 대한 정확한 진단과 치료, 어머니에 대한 정서적 지지 및 치료를 제공해야 한다.

셋째, 신체적 측면이다. 먼저 영아가 유전적 요인 또는 출산과정상의 문제로 신체 내부 기관의 결함, 선천성 질병 또는 신체적 장애를 갖고 있는 경우에는 생존에 필요한 여러 가지 기능을 수행하는 데 어려움을 겪을 수 있으며 부모와의 상호작용에도 많은 제한을 받게 된다. 따라서 사회복지사는 선천적인 질병과 장애문제에 있어 조기치료와 교육기회를 제공하고, 장애아 부모와 가족에 대한 지지서비스를 제공해야 한다. 또 영아의 운동발달 지체는 인지 또는 정서발달에 많은 영향을 미치게 되므로 영아의 운동발달 상태를 평가하고 필요시에는 의학적 진료나 서비스를 받을 수 있도록 연계해야 한다.

넷째, 사회적 발달 측면이다. 먼저 애착은 영아와 양육자 사이의 긍정적 관계를 의미한다. 양육자가 영아의 신호에 민감하고 영아의 욕구에 바로 반응해준다면 영아는 안정애착을 형성하게 되지만, 양육자가 영아의 욕구에 반응하지 않거나 거부하는 경향이 있다면, 영아는 불안정애착을 형성하게 된다(정 은, 2014). 불안정애착이 형성된 영아는 아동기, 청소년기 등 사회적 관계에 지장을 초래할 가능성이 높다. 따라서 부모－자녀 간에 효과적인 애착관계를 형성하기 위해 양육기술을 교육하고 양육의 질을 높일 수 있는 서비스를 개발해야 한다. 또 양육문제에 있어 여성의 사회진출이 증가하면서 영아와의 분리문제를 해결하기 위해 양질의 보육시설 및 보육서비스가 필요하다. 뿐만 아니라 맞벌이 부부를 대상으로 하여 영아와의 효과적인 애착을 형성할 수 있는 양육기술에 대한 교육이나 정보제공이 필요하다. 보육의 질이 높을 때 영아는 인지적·언어적 발달을 보다 안정적으로 이루게 되고, 또래와 긍정적이고 유능한 상호작용을 하게 되고, 행동문제가 적게 나타나게 된다(정 은, 2014).

2. 유아기(걸음마기, 3~4세)

유아기는 3~4세까지에 해당되며 걷기 시작하고, 두 손을 자유롭게 움직일 수 있는 등 급격한 신체적 발달이 이루어지는 시기인 동시에 인지적 성장과 언어발달이 빠른 속도로 진행된다. 이 과정에서 자아가 발달한다. 자유로운 독립적 보행이 가능한 걸음마 단계에서는 끊임없는 지적 호기심을 충족시키기 위해 많은 탐험과 학습을 하게 된다. 부모로부터 사회화 교육을 받고 이를 바탕으로 향후 사회적 행동의 기준이 되는 가치관을 학습하게 된다. 이 시기에는 주체성이 확립되기 시작한다. 이전의 시기에 시작되었던 대인관계 및 사회적 관계에 대한 믿음과 불신 그리고 가치관 확립 등은 향후 독립된 개체로서 성장과 정신적인 성숙의 밑거름이 된다(정 은, 2014). 비록 3~4년에 해당하는 짧은 시기이지만 이 시기에 형성된 신체, 인지, 언어, 정서, 사회적 발달은 일생을 좌우한다.

1) 신체적 발달

신체적 발달은 영아기에 비하면 신체성장 비율은 감소되지만, 그래도 꾸준히 성장한다. 영아기에 비하여 팔다리가 확장되며 머리의 비율이 작아진다.

걷는 능력이 정교하고, 운동능력이 발달하고, 대근육과 소근육 운동의 활동이 이루어진다.

3세경에는 키는 92~95㎝, 체중은 13~15㎏ 정도에 이르지만 청소년기까지 아동은 매년 5~7㎝ 정도 자라며 체중은 2~3㎏ 정도 증가한다. 유아기의 팔과 다리는 가장 빨리 성장하는 데 머리 성장은 훨씬 느린 속도로 이루진다. 무거운 머리와 짧은 다리를 가진 아기 모습은 2~5세에 어른의 신체비율과 매우 비슷하게 변화한다. 하지만 머리에 집중되어 있던 신체적 성장이 신체 하부로 확산되어 가긴 하지만 아직까지는 머리가 크고, 가슴이 작고 배불뚝이인 데다가 다리가 짧다. 시각은 현저히 향상된다. 출생 시 약 20/300 정도이었던 시력이 1세에는 20/100으로, 2세에는 20/40, 4세에는 '정상'으로 불리는 20/20으로 향상된다.

이 시기의 전반적인 신체적 변화는 비교적 천천히, 규칙적으로, 그리고 계속적으로 일어난다. 경우에 따라 유아는 의도적으로 발달의 한 측면에만 집중하여 관심을 보임으로써 기타 출현하는 다른 능력들은 주춤하거나 퇴행하는 것처럼 보이기도 한다. 또한 대부분의 유아들은 성장속도에 있어서 계절에 따른 차이를 보여 신장의 증가는 봄에, 체중의 증가는 가을에 보다 급속도로 일어난다. 유아기의 성장속도는 영아기보다는 느리지만 이전의 발달단계와 동일한 일반 원리를 따른다.

일반적으로 유아기의 운동발달은 전신운동에 바탕을 둔 보행의 발달과 달리기, 뛰기, 나무에 오르기, 미끄럼 타기, 세발자전거 타기 등의 전신운동이 발달되고 손가락 끝의 세부적·기교적 운동의 발달이 현저하다. 그중 손가락 끝의 세부적 동작의 발달은 전신운동에 비해 늦게 발달하게 된다. 2세 때에는 쌓기놀이가 가능하고, 공을 아무렇게나 던질 수도 있고, 3세가 되면 수직선을 그릴 수 있고, 가위질이나 젓가락질이 가능하다. 4세 때에는 원이나 사각형을 그리거나 단추 끼우기와 풀기가 가능하다.

유아기 아동의 신경근육 기술은 2세 유아는 층계를 올라갈 때 손이나 난간, 혹은 벽을 잡고 올라가며, 한 층계를 오를 때마다 두 발을 모은다. 3세 유아는 한 층계에 한 발씩 발을 번갈아 사용하기 시작하며, 4세 유아는 아무것도 붙잡지 않고 발을 번갈아 사용하며, 오르고 내려간다. 2세 유아들의 경우 대부분 물을 엎지르지 않고 컵을 들고 마신다는 것은 쉬운 일이 아니다. 그러나 3세 유아는 다른 사람의 도움 없이는 혼자 마시고 먹을 수 있다. 또한 3세 유아는 혼자 옷을 벗을 수 있으며, 서툴지만 남의 도움 없이 옷을 입으려고 시도한다.

눈과 손의 협응이 잘 이루어지는 시기이기 때문에 조작운동 능력이 발달한다. 또한 기본생활습관이 형성되는 시기이므로 일상생활에 필요한 기술인 자조기술이 유아기에 습득된다. 이러한 자조기술의 발달은 서투른 유아를 인내하고 기다려 주면서 유아가 스스로 할 수 있도록 기회를 제공해 주는 성인들이 있을 때만 가능하다(서혜석 · 송유미 · 이미영, 2009).

2) 심리적 발달

유아기의 심리적 발달은 지각발달, 인지발달, 자아통제 및 자율성의 발달 등으로 각각 구분된다.

(1) 지각발달

유아의 지각은 정서적 혹은 주관적으로 파악되고, 사물의 크고 작음은 지각하지만, 방향이나 위치에 대한 지각은 발달하지 않는다. 언어와 사회적 기준을 배우기 시작하고, 괄약근이 발달하여 배변훈련을 통해 대소변을 가리게 된다. 이때 자아통제 및 자율성의 발달에서 자아통제 능력을 획득하게 된다. 또 부분적 형태 특성에만 관심을 기울이며, 상하보다는 좌우의 전도지각 능력의 결핍으로 형태를 판별하는 데 많은 오류를 범하게 된다.

(2) 인지발달

피아제의 전조작기 초기에 해당된다. 내적 표상이나 상징적인 기능들이 두드러지는 시기로 유아는 더 이상 사물을 만지거나 보지 않아도 마음속으로 사물의 이미지를 만들 수 있다. 즉, 유아는 직접 눈에 보이지 않는 물체를 정신적으로 표상할 수 있는 능력을 획득한다. 이와 같은 추상능력의 발달로 인하여 유아는 모방, 상징놀이, 언어기술의 획득이 가능해진다. 특히 상징놀이를 통해 유아의 정신세계가 방대하게 확장된다. 더 이상 자신의 행동이나 감각에 의존하지 않아도 여러 형태의 상징으로 표현할 수 있는 상징적 사고는 감각운동기 말기에 시작되지만 언어를 습득하고, 상상력이 풍부해지는 전조작기에 주를 이룬다. 상징적 사고가 가능해짐으로써 가상놀이를 즐기게 된다. 가상놀이는 가상적인 사물이나 상황을 실제 사물이나 상황으로 상징화하는 놀이를 말한다. 긴 막대를 총이라고 하면서 노는 것은 가상놀이의 사례에 해당된다(나눔의집, 2014).

그림을 휘갈겨 그림으로써 사람, 집, 자동차, 구름 등을 표상한다. 이 시기의 초기 놀이는 운동성이 주된 것들이지만 발달해 가면서 점차 언어적인 놀이가 증가하고 유아의 상상, 감정, 충동, 욕구, 사고 등의 정신적 기능들이 놀이로 나타나고, 언어를 통한 의사소통이 가능해지는 시기이다. 유아의 놀이와 사고는 직관적이고 상징적이며 시간이나 공간을 초월하는 등 자기중심적 사고를 하고, 논리적 조작이 불가능하다. 자기중심성 때문에 다른 사람의 입장에서 사물을 볼 수 없다. 다른 사람의 욕구와 관점을 인식하지 못하는 것으로 이기적인 것과는 다른 의미이다. 또래들과의 상호작용을 통해 극복될 수 있다.

3~4세경부터 유아는 여러 가지 사물이나 현상에 대해서 흥미와 관심을 갖고 '무엇', '왜', '어떻게'와 같은 의문이 많아지며, 질문의 횟수가 증가한다. 이때 질문을 방치하지 말고 적절한 응답이나 설명을 해줌으로써 유아의 지식이나 이해력 또는 사고력을 발달시켜 주어야 한다.

전체적으로 이 시기 유아들의 사고 특징을 정리하면 다음과 같다. 첫째, 중심화이다. 전체 상황에서 오직 한 가지 현상에만 초점을 맞추거나 집중할 수 있다. 둘째, 물활론이다. 유아는 생명이 없는 대상에게 감정과 생명을 부여하는 것으로, 아직 인지의 미성숙한 결과이다. 예를 들어, 인형의 다리가 부러지면 아플 것으로 생각한다. 셋째, 전환적 사고이다. 전반적 상황의 고려없이 특정 상황에서 다른 특정한 상황으로 뛰어넘어 진행하는 사고이다. 넷째, 비가역성이다. 유아들은 생각을 되돌리거나 다시 생각할 능력이 없다. 다섯째, 공상이다. 실제로 존재한다고 믿는 상상의 친구를 가진다. 여섯째, 인위주의다. 모든 물체와 사건들은 인간에 의해 만들어지고 조정된다고 믿는다.

한편 비고츠키(Vygotsky)는 인지적 발달의 근원으로서 '협력'을 들고 있는데, 이는 의미 있는 활동 습득을 위한 성인이나 유능한 또래의 안내와 도움을 가리킨다. 유아의 잠재적 발달수준을 고려하여 적절하게 도전적 수준에서 과업과 주변 환경을 제공하고, 유아의 현재의 요구와 능력에 따라 성인의 개입을 조절해 나가면 그들의 인지발달은 더욱 촉진될 수 있다고 보았으므로, 발달이 학습에 선행한다는 피아제(Piaget)와 달리 교육의 중요성을 강조하고 있다(서혜석·송유미·이미영, 2009).

(3) 자아통제 및 자율성의 발달

자아통제 능력 획득은 대소변 훈련에서 시작된다. 자아통제력은 장기적인 목표 달성을 위해 순간적인 욕구와 행동, 즐거움과 만족을 지연하는 능력, 유혹에 저항하는 능력, 충동을 억제하는 능력으로 구성된다. 2~3세경에는 본격적인 자아통제가 시작되며 스스로 자신의 행동을 통제하게 된다. 유아기에는 무엇이든 혼자서 해보려 함으로써 환경에 대한 통제를 시도하는데, 예를 들어, 배변훈련을 통해 자아통제력을 획득하게 된다. 또한 부모의 언어적 설명이나 벌에 의해 분노를 통제하는 방법을 학습하게 되는데, 부모의 분노 통제행동을 모방하여 분노 통제방법을 발달시킨다.

3) 사회적 발달

유아는 사회화 과정을 통해 사회의 한 구성원으로 성장·발달하면서 그 사회에서 공인된 생활양식을 학습하여 타인과의 상호 접촉을 통한 건전한 사회생활을 할 수 있는 성향을 획득하게 된다. 유아기는 아동의 삶이 가족을 중심으로 이루어지기 때문에 가족 환경이 사회화의 일차적 지점이 된다. 유아는 부모와 자신이 분리된 별개의 존재라는 사실을 인식하기 시작하기 때문에 많은 것을 자기가 원하는 방식대로 하려고 한다. 자기주장적이고 반항적인 행동은 3~4세에 절정에 달하는데, 이를 제1 반항기라고하며, 이러한 자기주장적이고 반항적 행동을 통해 자율성이 발달한다.

유아의 자율성과 자기통제력은 대소변 훈련에서 시작된다. 대소변 훈련은 개인의 자율성과 사회적 요구의 갈등이 최초로 일어나는 장으로서, 이러한 갈등의 성공적 해결은 자기통제력의 발달에 기여한다. 또 유아는 자신의 성이 여자인지 남자인지를 인식하는 성정체감 형성으로부터 시작하여 성역할 고정관념과 유형화된 성적 행동양식을 발달시켜 나간다(나눔의집, 2014). 그 결과 동성의 친구들과 어울리며, 성에 맞는 옷차림, 놀이, 직업에 대한 사회적 기대를 의식하고 행동하게 된다.

우리 문화에서는 남성성은 활동적, 공격적, 독립심이 강하고 과제 중심적인 특성을 가지며 여성성은 온순하고, 의존적, 인간관계 중심적인 특성을 가졌으나, 시대의 변화로 양성성 개념이 대두되며 이러한 구분 또한 바뀌고 있는 실정이다(서혜석 · 송유미 · 이미영, 2009).

마가렛 말러(Margarett Mahler)는 정신분석학적 관점에서 1958년부터 1972년에 걸친 관찰연구를 통해 유아와 양육자와의 상호작용의 중요성을 강조하며, 심리적 탄생을 개념화하였다. 그녀에 의해 구분된 심리발달 단계는 3단계로 분류되는데, 그 첫 단계가 자폐기로서 0개월에서 3개월까지이고, 두 번째 단계가 공생기로서 18개월까지이며, 세 번째 단계는 격리개별화기(감별기, 실행기, 친화기, 개체성 확립과 정서적 대상항구성)로서 36개월까지이다. 전체적으로 사회성 발달을 어머니-자녀관계의 발전이란 시각에서 설명하고 있다. 특히 그녀는 어머니로부터 독립되어 나오기를 시도하는 시기인 격리 개별화기를 강조하면서 어머니로부터 정신적인 독립이 완벽하게 이루어져야 한다고 주장한다. 이러한 독립이 완벽하게 이루어지지 못했을 때 아이는 이 시기를 불행하게 보내는 사람들이 가지게 되는 경계선 증후군, 즉 반사회적인 성격, 인격장애, 다면성 정신장애 등과 같은 정신질환을 일으킬 잠재성을 가지게 된다.

도둑질을 하고, 거짓말을 하고, 가출을 하고, 무자비하게 싸우고, 공부를 안 하고, 전자오락, 만화, TV 등에 정신을 빼앗기는 아이가 된다는 것이다. 이러한 정신질환의 잠재성 역시 아이가 12세 이후 사춘기가 진행되는 동안의 어느 시기에 노출이 된다. 결국 유아와 양육자와의 관계 질은 사회화의 주요 기제가 되며, 이후의 부모, 형제자매, 또래 등의 상호작용 관계 패턴을 결정하게 된다.

또 유아들은 놀이를 통해 운동기술을 숙달하고 성취감을 키우며, 사회적 관계를 알게 되고, 타인의 역할을 수용하며 현실에서 경험한 좌절을 해소할 수 있다. 이때 부모들은 일관성 있는 행동의 통제와 감독을 통해 유아의 공격적인 감정을 조절해 주고, 자기의 주장과 고집을 적당히 들어주거나 막아 줌으로써 유아의 행동적 한계를 배우도록 도와야 한다.

4) 도덕성 발달

유아기에는 부모의 칭찬과 제한을 통해 기초적 수준의 도덕성이 발달한다. 이것은 프로이트에 말하는 초기적 형태의 양심 또는 초자아라고 할 수 있다. 콜버그(Kohlberg)의 6단계 모델 중 <표 9-3>과 같이 1, 2단계에 해당하는 전인습적 수준의 도덕판단을 하는 단계이다. 예컨대 유아는 어른이 복종하라고 했기 때문에 어른의 말을 듣는다.

콜버그(Kohlberg, 1927~1987)는 아이들에게 도덕적 갈등상황에 대한 광범위한 면접을 실시하였다. 이를 통해 도덕성 발달은 주로 도덕적 추론에 기반을 두고 일련의 단계로 나타난다고 믿었다. 그는 이 면접에서 도덕적 갈등상황을 겪는 인물들의 이야기를 아이들에게 제시했다. 아래는 콜버그의 갈등상황 중에서 가장 유명한 하인츠(Heinz) 씨 이야기이다.

> 유럽에서 특이한 암에 걸려 죽어가는 한 여자가 있었다. 그녀를 살릴 수 있는 유일한 약이 있었다. 그것은 같은 마을에 사는 약사가 최근에 발견한 약이었다. 그 약의 원가가 200달러였는데 약값으로 2,000달러를 받았다. 병든 여자의 남편인 하인츠(Heinz) 씨는 약값을 빌리기 위해서 아는 사람들을 찾아가 보았지만 결국 약값의 절반인 1,000달러밖에 마련하지 못했다. 그는 약사에게 아내가 죽어가고 있으므로 약을 싸게 팔거나 나중에 모자란 약값을 갚도록 해달라고 했다. 그러나 약사는 자신이 약을 발견했고 그 약으로 큰 돈을 벌 것이라고 하면서 거절했다. 실의에 찬 하인츠(Heinz) 씨는 아내를 위해 결국 약국에 침입해서 약을 훔쳤다.

이 이야기를 읽고 난 후 피면접자들은 이 도덕적 갈등상황에 대해 일련의 질문에 답했다. 하인츠(Heinz) 씨는 약을 훔쳐야만 했는가? 훔친 것은 옳은 일인가, 그른 일인가? 그 이유는 무엇인가? 약을 구하는 다른 방법이 없을 때, 아내를 위해 약을 훔치는 것이 남편의 의무인가? 좋은 남편이라면 약을 훔쳐야 하는가? 약사는 가격에 상한선을 두는 법률이 없다고 해서 그렇게 비싸게 약값을 받을 권리가 있는가? 그 이유는 무엇인가?

콜버그는 이 도덕적 딜레마에 대한 사람들의 대답에 근거하여, 도덕성 발달을 세 수준으로 나누었고, 각 수준별 두 가지 단계로 나누어 가설을 세웠다. 도덕성 발달을 이해하는 중요한 개념은 내면화인데, 행동이 외적인 통제에서 발달과정을 거침에 따라 내적인 기준과 원칙들에 의해 통제되는 것을 말한다. 어린아이들과 청소년기 아이들은 성장함에 따라 도덕적 사고도 점점 내면화된다.

유아기는 피아제(Piaget)가 말하는 타율적 도덕성에 해당한다. 이 단계의 사람은 행위의 옳고, 좋음을 행위의 결과로써 판단한다. 예를 들어, 우연히 12개의 컵을 깬 것이 과자를 훔치다가 고의적으로 1개의 컵을 깬 것 보다 더 나쁘다고 생각한다. 또한 규칙을 불변의 권위하고 생각한다. 어린 유아들이 피아제가 공기놀이의 새로운 규칙을 도입하려 하자, 규칙은 똑같아야 하며 변할 수 없는 것이라고 주장하면서 규칙 변경을 거부했다.

〈표 9-3〉 콜버그(Kohlberg)의 도덕 이론의 세 수준과 각 수준별 2단계

수준 및 단계 구분		도덕적 발달 특성
전인습적 도덕기 (4~10세) –내면화의 부재	1단계	벌과 복종지향의 도덕성(타율적 도덕성) • 보상과 처벌의 기준에 따라 행동을 판단 • 아이들은 처벌받지 않기 위해 어른들의 말에 맹목적으로 복종
	2단계	목적과 상호교환 지향의 도덕성(개인주의, 도구적 목적, 교환) • 자신이나 사랑하는 사람에게 이익이 되는 정도에 따라 행동을 판단 • 동등한 교환이 이루어지는 상황에서 개개인은 자기의 이해를 충족
인습적 도덕기 (10~13세) –과도기적 내면화	3단계	착한 아이 지향의 도덕성(대인 간 기대, 관계, 상호 복종) • 권위적 인물의 기대를 충족시키고 인정받는 정도에 따라 행동을 판단 • 도덕적 결정에 있어서 타인에 대한 신의, 배려, 충성
	4단계	법과 질서 지향의 도덕성(사회적 도덕체계) • 사회의 법률이나 규칙을 지지하는 정도에 따라 행동을 판단 • 사회질서, 법, 정의와 의미가 도덕적 결정의 기준
후인습적 도덕기 (13세 이상) –내면화의 완성	5단계	사회계약 지향의 도덕성(사회계약, 효용, 개인의 권리) • 개인의 권리를 존중하고 사회계약을 유지하는 정도에 따라 행동을 판단 •가치, 권리, 원칙이 법을 초월
	6단계	보편적 원리 지향의 도덕성(보편적 윤리적 원칙) • 시대와 문화를 초월한 보편적 원리에 근거하여 행동 • 도덕적 결정은 보편적인 인간의 권리에 바탕을 두고 이루어짐, 법과 양심 사이의 딜레마의 경우, 개인의 양심을 지켜야 함

5) 유아기의 사회복지실천

유아기에 있어서 사회복지사는 신체적 발달, 심리적 발달, 사회적 발달 측면에 관심을 가지고 적절한 개입을 할 수 있어야 한다.

첫째, 신체적 발달에서는 먼저 사회복지사는 출생 직후 유아의 유전적 선천성 질환에 관심을 가져야 하며 조기에 발견, 전문적인 치료를 받을 수 있도록 단체 및 시설과의 적절한 개입을 해야 한다. 왕성한 신체발달을 통해서 영아에서 아동으로 성장하는 유아기의 유아가 영양불균형 상태에 이르거나 질병에 걸리게 되면, 신체적 성장이 지연되고 운동능력이 뒤떨어지게 된다. 이로써 또래와의 사회적 상호작용에서 고립될 가능성이 높아진다. 따라서 사회복

지사는 부모의 빈곤이나 무지 등으로 발생되는 영양결핍과 질병에 대해서 점검할 필요가 있으며, 유아의 발달단계에 관심을 두고 상태를 파악하여 적절한 영양 공급이 이루어질 수 있도록 자원과 정보를 제공해 주어야 한다. 또 사회복지사는 학교에 입학하기 이전에 유아의 과잉활동을 억제하고 주의집중 시간을 늘려나가며, 공격성을 줄여나갈 수 있도록 주의력결핍 및 과잉활동장애에 대한 임상적 개입을 할 필요가 있다.

둘째, 심리적인 문제로는 자폐증, 눌어증, 야뇨증 등이 있다. 특히 자폐증은 외부에는 거의 관심을 두지 않고 강하게 내부에만 몰두하는 상태로서 정신질환의 일종이다. 전형적인 자폐증은 생후 30개월 이전에 시작된다. 자폐증과 관련해 사회복지사는 정보제공, 개입기관 소개, 부모에 대한 정서적 원조, 경비지원서비스, 자조모임 원조 등의 역할을 수행할 수 있다. 이러한 심리적 장애를 예방하기 위해서는 사회복지사는 양육자를 대상으로 하여 유아와 신체적 접촉을 유지하고, 외부환경에 대한 유아의 자발적 환경을 제공하고, 유아의 과잉보호에 대한 주의점 등을 중심으로 한 자녀양육교육을 실시하는 것이 필요하다. 또 가족상담을 통해 유아가 자신의 자발적 환경탐색을 조장해 줄 수 있는 훈육기술과 가족분위기 조성방법에 대한 정보를 제공할 수 있어야 한다.

셋째, 사회적 문제로는 유아의 공격성이나 과잉행동을 둘 수 있다. 또 최근 사회적 관심으로 확대되는 아동학대의 문제가 유아들을 대상으로 이루어지고 있는 현실이다. 학대에는 정서적 학대, 신체적 학대, 성적 학대, 유기, 방임으로 구분된다. 먼저 정서적 학대는 유아의 인격·감정·기분을 무시, 모욕하는 행위로 아동의 정신건강 및 발달에 해를 끼친다. 또 신체적 학대는 보호자를 포함한 성인이 유아에게 우발적인 사고가 아닌 상황에서 신체적 손상을 입히는 행위이며, 성적 학대는 신체 및 도구에 의해 아동의 성적인 신체부위가 강제적으로 손상당했거나 강제적으로 접촉하도록 요구하는 행위이다. 유기는 부모나 양육자가 보호를 거부하여, 보호하지 못하는 상태로 내다버리는 행위이다. 마지막으로 방임은 유아기에 필요한 영양, 교육, 의료적 처치를 소홀하거나 방치하는 행위이다. 사회복지사는 유아를 학대 또는 방임하는 가족에 대한 면밀한 욕구평가에 근거하여 필요한 서비스를 제공하고, 필요한 경우 아동복지 전문기관에 의뢰하여 적절한 조치를 받을 수 있도록 개입해야 하며, 요보호 유아에 대해서는 재가복지 차원의 지지적이고 보충적인 서비스를 개발 확대해야 한다.

신고의무제와 신고의무자들을 대상으로 유아학대에 대한 인식을 제고하고, 문제를 바로잡을 수 있는 사회교육의 기회를 강화하는 것이 필요하다. 또한 학대부모에게는 책임인정과 함께 부모교육을 의무화하고, 피해를 당한 유아는 적절한 격리와 보호, 의료적 치료와 정서적 안정을 위한 상담치료가 필요하다. 유아학대 긴급 신고전화 1577-1391이나 보건복지콜센터(국번없이 129)로 전화하면 각 지역의 아동학대예방센터로 연결되며 학대받는 유아가 도움을 받을 수 있다.

10 CHAPTER

학령전기(5~6세)

학령전기는 5~6세까지의 시기로 부모나 가족과 많은 시간을 보내던 아동이 유치원에 입학하는 등 생활환경이 확대되고 변화됨에 따라 보다 복잡한 사회적 영향을 받게 된다. 특히 또래집단과의 접촉을 통해 사회적 기술을 본격적으로 습득하고, 사물에 대한 호기심이 증가하며, 직관적 사고 능력이 발달하고, 유아기에 특징적으로 나타났던 반항적 활동은 점차 반항적 사고로 대치되어 간다(정 은, 2014).

학령전기는 프로이트 발달의 남근기에 해당된다. 남근기에는 초자아가 발달한다. 에릭슨의 심리사회 발달단계의 3단계인 주도성 대 죄의식이 형성되는 시기이기도 하며, 이 시기 심리사회적 위기를 극복하면 목표의식을 성취할 수 있다고 보았다. 피아제의 이론의 전조작기 후기인 직관적 사고단계로서 타율적 도덕성 단계에 해당된다. 직관적 사고단계의 특징으로 자기중심성, 직관적 사고, 비가역적 사고 등을 제시한 바 있다. 또 콜버그 이론의 학령전기 도덕성은 전인습적 수준에 머문다.

그 외의 주요한 특징으로 성안정성과 성항상성의 확립과 집단놀이 등이 있다. 이 시기는 매우 활동적인 것이 특징이며 끊임없이 움직이고 말한다. 풍부한 활동의 동기는 자기주장과 지배에 대한 욕구에서 비롯된다. 개인으로서의 자신을 의식하기 시작하며 반항과 고집, 자기주장이 나타난다. 이것은 자신의 정의, 주장하고 싶은 강력한 욕구를 보여주는 것이라고 할 수 있다.

학령전기 동안 다른 사람들과의 상호 의존성을 의식하지 못하는 자기중심적 존재에서 자의식을 가진 인간으로 성장하게 된다. 그래서 이 시기의 초기에는 매우 독자적인 방식으로 자신을 주장하다가 이 시기가 끝날 때쯤이면 자기가 어떤 면에서 타인에게 의존적이며, 어떤 면에서 독립적인지에 대해 좀 더 현실적인 평가를 할 수 있도록 바뀌게 된다. 또한 자신의 고유성을 의식하게 된다. 다시 말해서, 여러 가지 경험을 통해서 자신이 원하는 것을 부모가 항상 알 수 있는 것은 아니라는 점을 알게 된다.

학령전기 초기에 유아는 자신이 독립성을 탐색하기 위해 다소 원시적인 방식으로 고집하고 주장하지만 자율성이 발달함에 따라 자신의 독자성을 표현하는 데 있어서 보다 자주적이고 지속적인 방식으로 변화해 간다. 그 결과 학령전기 후반의 유아는 '나 하고 싶은 대로' 또는 '내 방식대로' 하는 데 대한 관심보다는 '내 스스로' 하는 데 더욱 관심을 갖게 된다. 내 스스로 하는 것이 긍정적인 결과로 이끌어질 때 자율성이 성장하게 된다.

1. 신체적 발달

학령전기의 유아는 이전 발달단계보다 성장속도가 느려지지만 지속적으로 이루어진다. 신체의 양적인 성장은 영아기나 걸음마기처럼 두드러지지는 않지만 지속적으로 이루어진다. 신장은 출생 시의 약 2배에 달하는 108cm 정도이며, 6세경에는 5cm 정도 더 성장한다. 체중은 5세경에는 출생 시의 5배 정도인 약 18kg에 달하며, 6세경에는 19~20kg에 이른다. 그리고 6세경에는 영구치가 한두 개 나기 시작한다. 머리 크기는 성인의 90~95%에 달하고, 신경계의 전달능력도 향상된다. 운동발달에 있어 모든 근육의 기능이 높은 수준까지 발달하기 때문에 다양한 운동이 가능하고 삼각형과 사각형을 그릴 수 있을 정도로 근육이 정교해지며, 공을 던지고 받을 수 있게 된다. 5세경에는 직선을 따라 걸을 수 있고, 달리면서 방향조절과 멈춤이 가능하다. 또 발을 바꿔 계단 오르기가 가능하고, 6세경에는 한 발 뛰기, 뛰어넘기, 오르기 등이 가능하다.

2. 심리적 발달

학령전기 유아의 심리적 발달 특징은 인지적인 측면과 도덕적인 측면 그리고 정서적 측면에서 각각 살펴볼 수 있다.

1) 인지발달

학령전기 유아의 인지발달은 피아제의 전조작적 사고단계 중 직관적 사고단계에 해당된다. 이 단계의 유아는 원시적인 추론을 하기 시작하고, 모든 종류의 질문에 대한 답을 알고 싶어한다. 피아제(Piaget)는 이 시기를 직관적이라고 부른 것은 어린 아동이 자기가 알고 이해하는 것에 대해 아주 확신에 찬 것처럼 보이다가도 그것을 어떻게 아는지에 대해서는 아무 설명도 하지 못하기 때문이다. 즉, 추론 시에 부분적인 논리를 적용할 수 있을 뿐이며, 그들의 사고는 현재 보고 듣는 것에 의해 결정된다. 어떤 것을 안다고 말하기는 하지만 이성적인 사고를 통해 그것을 알고 있는 것은 아니다.

어린 유아의 추론능력이 어느 수준인가를 보여주는 한 예는 이들이 여러 물체들을 올바른 범주에 제대로 넣지 못한다는 사실이다. 전조작기 아동에게 2개 이상의 특징을 기준으로 범주화할 수 있는 여러 물체들을 제시하면 아동은 그 특징들을 일관되게 사용하여 물체들을 적절한 범주로 정렬하지 못한다. ❙그림 10-1❙에 여러 모양의 물체들이 놓여 있다. “이 물체들을 동일한 범주에 속한다고 생각하는 것끼리 모아 보세요”라는 과제를 성인에게 제시한다면 이 물체들을 크기와 모양에 따라 정렬시켜 ❙그림 10-1❙과 같은 결과를 보여줄 것이다. 4세 여아에게 친구들과 노는 와중에 친구인 아이와 친구가 아닌 아이, 그리고 남자아이와 여자아이를 기준으로 이 친구들을 분류해 보라고 하면 이 여아는 자기 친구들을 친구인 남자아이, 친구인 여자아이, 친구가 아닌 남자아이, 친구가 아닌 여자아이로 각각 분류하지 못한다.

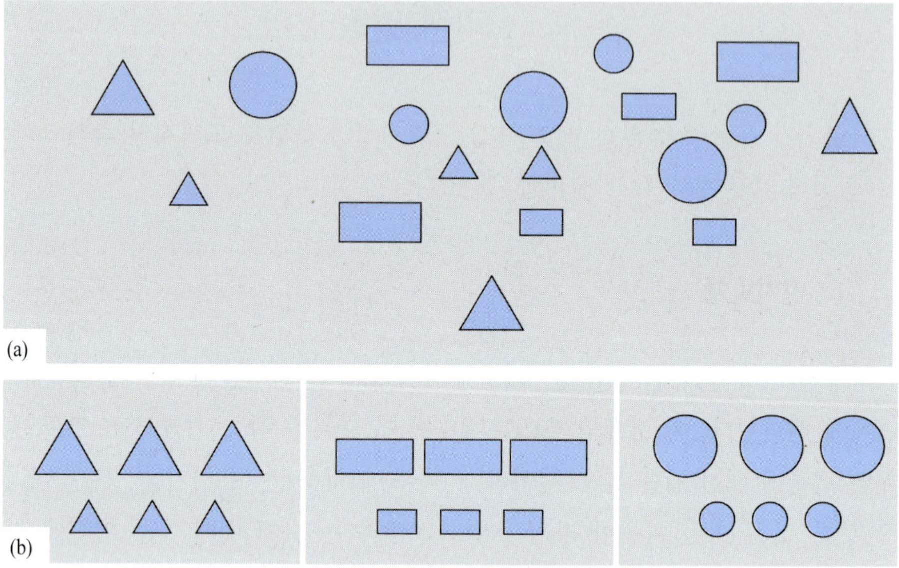

| 그림 10-1 | 배열

주 : <a> 도형의 임의적 배열, <b> 도형의 규칙적 배열

이 시기에 보존개념 획득을 어렵게 하는 인지적 특성이 나타난다. 보존개념이란 물체의 외형이 변하더라도 그 물체에 더하거나 빼지 않는다면 그 물체의 양은 그대로 보존된다고 판단할 수 있는 능력을 말한다. 대상의 겉모양이 변해도 본질적인 특성은 그대로 남아 있음을 의미한다. 이러한 보존개념의 획득을 어렵게 하는 학령전기의 인지적 특성은 중심화 경향, 전도추리, 직관적 사고, 불가역적 사고, 자기중심성 등이다.

중심화(concentration)는 두 개 이상의 차원을 동시에 고려하지 못한 채 한 번에 한 가지 차원에만 주의를 집중하는 것을 말한다. 상황의 한 가지 측면만을 보고, 다른 중요한 측면은 무시해 버리는 특징이 있다. 예를 들어, 동일한 질량의 찰흙을 다른 모양으로 보여주면 한쪽이 '더 길기 때문에' 또는 '더 높기 때문에' 다른 한쪽이 더 많다고 생각하는 경향을 보인다. 아동의 보존 개념이 미성숙하다는 사실에서 가장 잘 드러난다. 보존이란 특정 용기에서 다른 용기로 옮겨 담더라도 그 안에 들어 있는 양은 동일하다는 사실을 아는 것이다(그림 10-2).

전도추리는 사물이나 사건의 추론 시에 단지 개별적 특성만을 고려하여 추리하는 것을 말한다. 예를 들어, 아동에게 "태양이 살아있니?"라고 질문할 때 "살아 있어요"라고 대답하는 이유를 물어보면 "움직이니까요"라고 대답하는 경우이다.

그림 10-2 피아제(Piaget)의 보존과제

주 : 이 실험은 아동이 조작적으로 사고할 수 있는지, 즉 행동을 정신적으로 되돌이켜 물질의 보존을 이해하고 있는지를 알아보기 위해 피아제가 고안한 유명한 실험이다. (a) 2개의 동일한 컵에 물을 담아 아동에게 제시한 후, 실험자는 B컵에 들은 액체를 보다 길고 홀쭉한 C컵으로 옮겨 담는다. (b) 아동에게 A컵과 C컵이 동일한 양의 액체를 담고 있는지를 물어보면 전조작기 아동은 "아니요"라고 대답한다. 그리고 어느 컵에 더 많은 액체가 들었는지를 골라보라고 하면 길고 홀쭉한 C컵을 고른다.

직관적 사고는 어떤 사물을 볼 때 대상이나 상태가 갖는 여러 속성들 중에서 가장 두드러진 지각적 속성에 의해 판단하는 것이다. 유아는 지각적 특성에 기반을 두어 판단하기 때문에 보존개념 형성이 어렵다. 예를 들어, 물의 양을 비교하는 실험에서 높이와 너비라는 두 속성을 한 번에 고려하지 못하고, 높이나 너비 중 더 두드러진 지각적 특성 하나만을 비교하여 물의 양을 판단한다(나눔의집, 2015). 학령전기 아동은 높이와 밑면적이 다르고 물의 높이도 다른 두 컵을 보았을 때 유아가 보기에 밑면적이 넓고, 길이가 짧은 잔의 물의 양이 시각적으로 적어 보이기 때문에 그 컵의 물의 양이 더 적을 것이라고 생각한다.

또 불가역적 사고를 하기 때문에 양의 보존에 관한 실험에서 물을 처음 잔에 도로 부으면 물의 양이 똑같다는 사실을 이해하지 못한다. 가역성은 어떤 변화가 일어났을 때 이것을 먼저 상태로 돌려놓는 것이고, 사고의 가역성이란 사고가 진행된 과정을 거꾸로 되밟아서 사고하는 것이다.

마지막으로 자기중심성은 자기 조망에 의한 세계를 제외하고, 타인의 관점이나 역할을 인지하거나 고려하지 못하는 것을 말한다.

2) 도덕성 발달

도덕성 발달에 있어 학령전기 유아는 가족과 사회의 도덕적 규칙을 내면화하고, 내면화된 규칙에 따라 행동을 수행한다. 프로이트에 의하면, 이 시기에 초기적 형태의 양심인 초자아가 발달한다. 아동이 경험하는 오이디푸스 콤플렉스를 해결하는 과정에서 동성의 부모를 동일시하면서 도덕성이 발달한다고 본다. 부모의 훈육으로 아동의 성적 충동과 공격적 충동이 통제되는 과정에서 아동은 부모의 도덕적 기준을 내면화하게 되고 양심과 초자아가 발달하게 된다는 것이다(나눔의집, 2015). 피아제는 도덕성 발달 단계를 <표 10-1>과 같이 타율적인 도덕성 단계와 자율적인 도덕성 단계로 구분하고 있다.

피아제(Piaget)는 유아의 도덕적 판단은 타율적 도덕성에서 자율적 도덕성으로 발달해 나간다고 하였다. 피아제는 유아기부터 학령전기의 아동은 타율적 도덕성에 의존하여 도덕적 판단을 내린다고 하였다. 즉, 이 시기의 아동들은 규칙을 어떤 권위자에 의해 주어진 고정불변의 것으로 반드시 지켜야 하는 것으로 강조하며, 행동의 옳고 그름을 자신이 입게되는 손해의 양이나 처벌 여부에 따라 판단한다. 그러므로 이 시기에 부모를 포함한 권위적 인물이 아동이 수행해야 할 올바른 행동에 대한 정의를 내리고, 이러한 행동을 수행하도록 요구하는 것이 바람직하다. 학령전기 아동이 지니고 있는 타율적 도덕성은 피아제가 말하는 구체적 조작 사고 단계에서 감소되고 점차 자율적인 도덕성으로 옮겨가게 된다.

〈표 10-1〉 **피아제의 도덕성 발달 단계**

<table>
<tr><td>타율적인
도덕성 단계</td><td>• 어른의 권위에 대한 복종에서 시작
• 규칙은 신성하고 변경할 수 없는 것
• 행위자의 의도와는 관계없이 행동의 결과만을 가지고 판단</td><td>• 4~7세(전조작기 후기)</td><td rowspan="2">• 7~10세의 아동기는 타율적 도덕성과 자율적 도덕성이 공존하는 과도기적 단계</td></tr>
<tr><td>자율적인
도덕성 단계</td><td>• 옳고 그름에 대한 판단을 행위의 결과가 아닌 의도성에 의해 판단
• 규칙은 수정 가능</td><td>• 10세 이후(구체적 조작기 후기)</td></tr>
</table>

반면에 학습이론가들은 도덕적 행동을 환경적 보상이나 처벌에 대한 반응으로 간주하였다. 만약 어떤 행동이 보상을 받게 되면 반복될 가능성이 증가하는 반면, 무시당하거나 처벌을 받게 되면 반복될 가능성이 감소될 것이다.

한편 사회학습 이론가들은 도덕적 행동의 학습에 대해 또 다른 이론을 제시하였다. 그들은 아동이 부모와 같은 모델의 도덕적 행동을 관찰함으로써 원조행동을 학습하고, 비행의 부정적 결과를 관찰함으로써 비행을 억제하는 것을 학습한다.

3) 정서적 발달

학령전기 유아의 정서발달은 여러 가지 감정을 다루고 적절한 방식으로 표현되며, 충동이나 사회적 요구 간에 균형을 유지하는 방법을 배우게 된다. 또 불안을 감소시키기 위하여 방어기제와 적응기제를 사용한다.

스펙트와 크레이그(Specht & Craig, 1987)는 5~6세 정도가 되면 유아는 자신의 감정을 감추거나 가장하는 여러 가지 기제를 갖게 된다고 하였다. 이러한 기제는 불안을 감소시키기 위하여 유아가 취한 노력의 결과라 할 수 있다. 이것은 유아가 어떤 상황을 있는 그대로 받아들이거나 감정표현을 했을 때 일어날 수 있는 극도의 불안으로부터 자신을 방어하기 위하여 자아가 사용하는 일종의 방어기제인 동시에 적응기제인 것이다. 이러한 적응기제로서 자기통제를 학습하게 된다. 자기통제란 타인의 특정한 요구에 순응할 수 있고, 상황에 맞추어 행동을 조절하거나 지연시킬 수 있으며, 외부에 의해 꼭 지시받지 않더라도 사회적으로 수용되는 방식으로 행동할 수 있는 능력 등을 포함한다. 이러한 능력은 자의식이 성장함에 따라 형성된다.

3. 사회적 발달

학령전기의 사회적 발달은 사회적 관점 수용능력, 성역할 학습, 우정의 발달, 사회화 과정을 통해 촉진된다.

1) 사회적 관점 수용능력

사회적 발달은 타인의 관점을 수용할 수 있는 능력과 직결되고, 다른 사람의 기분을 어느 정도 이해하게 된다. 그러나 학령전기 유아는 모든 사람이 자신과 동일한 방식으로 상황을 이해한다고 생각하므로 사회적 관점 수용능력은 매우 낮다. 그리고 자신과 타인의 관점이 다를 수 있다는 것을 인지하기 시작하지만 아직까지 자신의 관점과 타인의 관점을 정확하게 구별할 수 없다. 그러므로 대인관계상의 갈등을 객관적으로 해결하지 못하는 수준이라고 할 수 있다.

2) 성역할 학습

학령전기 유아는 성과 관련된 사회적 관계 성향에 관심을 가지고, 자신의 성에 걸맞은 행동을 함으로써 성역할 정체감을 형성한다. 그래서 성과 관련된 사회적 역할에 관심을 나타내고, 자신의 성에 걸맞은 행동을 하려고 한다. 동성의 친구와 어울린다거나 성에 따라 옷차림, 놀이, 직업에 대한 사회적 기대를 의식하고 이에 따라 행동하고자 한다. 또 부모의 기대와 문화적 기준에 맞는 성역할 기준을 이해하고 내면화하여 또래와의 관계에서 매우 엄격하게 적용하는 특성이 나타난다. 한번 형성된 성역할에 대한 고정관념은 그 강도가 약화되기는 하지만, 일생 동안 지속되는 것이 보통이며, 이 고정관념은 자신과 타인을 분류하고 판단하는 기준이 되기 때문에 중요하다.

다음은 학령전기의 성역할 학습에 따른 특성이다.

첫째, 성안정성과 성항상성의 확립이다. 학령전기에는 성안정성과 성항상성 개념이 확립된다. 남아는 자라서 남자어른이 되고 여아는 자라서 여자어른이 된다는 사실을 받아들이며(성안정성), 사람의 행동이나 겉모습이 달라지더라도 성은 변하지 않는다는 성항상성이 확립된다.

둘째, 성역할 고정관념의 심화이다. 성역할 고정관념은 남성 또는 여성에게 속하는 것으로 생각되는 특성과 역할의 총체로 정의된다. 남성의 특성과 역할, 여성의 특성과 역할에 대한 믿음 같은 것이다. 성역할 고정관념은 사람들이 각 성에 대해 갖는 비교적 안정된 신념과 이미지로서 사실일 수도 있고, 사실이 아닐 수도 있는 추상적이며, 일반화된 것이다. 사람들은 자신이 알지 못하는 사이에 고정관념을 수용하는 경향이 있다. 자신의 성정체성을 형성하면 자신이 속한 사회의 성에 대한 고정관념을 배우기 시작한다. 성역할 고정관념은 다른 사람들의 행동과 사회적 역할을 관찰한 결과로써 획득된다. 일반적으로 성역할 고정관념은 걸음마기에 약하게 나타나다가 학령전기에 가장 심해지고 초등학교 2학년경부터 감소하기 시작한다(나눔의집, 2015).

셋째, 성유형 행동의 발달(성유형화)이다. 유아는 자기 성에 적합한 행동을 빠르게 습득하고, 다른 성에 적합한 것보다는 자신의 성에 적합한 대상을 선호하게 된다. 긍정적인 부분은 자신의 성에 돌리고, 부정적인 부분은 다른 성에 돌리는 성향이 강해진다. 그래서 관습적인 성역할 안에서 벗어나는 것을 잘못된 일로 여기며, 또한 자신이 비난받거나 처벌받을 것이라고 생각한다. 예를 들어, 남자아이는 인형을 가지고 노는 것보다는 로봇을 가지고 노는 것을 더 선호하고, 여자아이는 칼을 가지고 노는 것보다 인형 옷 입히기 놀이를 더 선호한다. 그래서 남아가 인형을 가지고 놀면 친구들의 놀리고, 자신도 창피함을 느낀다(나눔의집, 2015).

3) 우정의 발달

학령전기 유아는 집단놀이에 더 많은 흥미를 가지고, 협동과 상호작용의 쾌락을 경험하고, 역할관계의 상호성을 학습한다. 또래와의 집단놀이에서 구체적인 물건을 교환하거나 협력활동을 통해 우정을 경험하게 된다. 놀이는 유아의 사회성 발달에 매우 중요한 역할을 한다. 놀이를 통해 유아는 사회적 관계를 형성 및 확대하고 사회적 기술과 역할을 습득하며, 운동기술을 숙달시키고 타인의 역할을 수용하게 된다. 또한 현실에서 경험한 좌절을 해소할 수 있으며 성취감을 경험하게 된다. 학령전기에는 걸음마기에 주로 했던 가상놀이보다는 좀 더 구조화되고 현실지향적인 집단놀이에 더 많은 흥미를 갖게 된다. 놀이경험을 통해 자기중심성이 조금 완화되지만 여전히 자기중심성은 남아있다. 이러한 자기중심성 때문에 또래와 자주 다투게 되므로 또래와의 우정은 지속하기 어렵다(나눔의집, 2015). 있지도 않는 헛소문을 퍼뜨리기도 한다. 그러므로 학령전기에는 또래와의 우정이 오래 유지되기 어렵고, 극단적인 좌절감을 유발하기도 한다. 친밀하고 지속적인 우정은 초등학교에 입학하는 아동기에 가서야 본격적으로 발달한다.

4) 사회화

학령전기 유아는 형제와 보내는 시간이 더 많아지게 되는데, 서로를 모방하려는 경향이 강해지고 이 과정은 사회성 발전으로 이어진다. 또 조부모와 함께 사는 유아들은 보다 폭넓은 인간관계를 맺을 수 있는 기회를 갖게 되므로, 사회성 발달이 촉진된다. 이 시기는 사회적 관점의 수용능력이 아직 낮고, 엄격한 성역할 기준을 타인에게 요구하기 때문에 대인관계에서 많은 갈등을 일으킬 수 있다(김진원, 2009).

4. 학령전기의 사회복지실천

학령전기의 발달과제는 첫째, 성적 역할에 대한 관심, 운동과 지적 활동의 주도성이다. 이 시기의 유아들은 친구들과의 놀이를 통해 상호작용 학습을 하게 되고, 이 시기를 성공적으로 수행하면 주도성과 더불어 책임의식이 발달하게 된다.

둘째, 부모로부터 인정을 받고 주도권을 얻기 위해 형제들끼리 벌이는 동기간 경쟁을 경험하게 되는데 이것은 성장 후 또래관계나 권위에 영향을 주게 된다.

셋째, 상상 속의 동무는 이 시기에 가장 흔히 나타나고, 평균 이상의 지능을 가진 아이에게 나타나며, 보통은 사람의 형태이나 때로는 인격화된 사물이나 장난감일 수도 있다. 이것은 친구 역할을 해주고 고독감을 감소시켜 주고, 불안을 줄여주는 역할을 한다. 최근에는 게임기, 컴퓨터 등이 그 역할을 하고 있다.

이와 같은 발달적 과제는 신체적·심리적·사회적으로 사회복지실천에 관심이 되는 문제에 다음과 같이 사회복지사가 적절히 개입할 수 있어야만 이루어질 수 있을 것이다.

첫째, 신체적 발달의 관심영역이다. 학령전기의 신체적 발달과 관련하여 관심을 가져야 할 것은 뇌염, 근이완증 등과 같이 신체적 발달뿐만 아니라 다른 발달영역에도 치명적 장애를 초래할 수 있는 질병을 예방하고, 치료할 수 있도록 필요한 정보와 자원을 제공하는 것이다. 또 안전사고를 당할 위험 또한 매우 높기 때문에 어린이집과 유치원 같은 보육시설에는 프로그램을 개발할 때 안전사고를 방지할 수 있도록 개발해야 할 것이다.

둘째, 심리적 발달의 관심영역이다. 학령전기의 유아에게는 도덕기준을 지나치게 강압적인 방식으로 부과하여서는 안 된다. 학령전기 유아의 환경에 대한 호기심을 억압함으로써 죄책감을 갖게 하여 유치원이나 교사 등에 대한 공포심을 유발하는 것은 바람직하지 않다. 또 심한 불안이나 공포증이 있는 경우에는 유아와 그 부모에 대한 상담을 실시해야 한다.

셋째, 사회적 발달의 관심영역이다. 이 시기에는 적절한 놀이지도와 부모상담이 필요하고, 특히 아동복지 분야에서 일하기를 원하는 사회복지사는 놀이치료와 가족치료에 대한 학습이 필요하다. 학령전기 유아의 경우 또래와의 우정관계에서 극단적인 좌절감을 경험할 수 있기 때문에 이들의 자아존중감을 고양시키기 위한 임상적 개입이 필요하다.

11 CHAPTER

아동기(7~12세)

아동기는 조직적인 학습생활로 들어가는 초등학교 입학부터 졸업까지를 가리킨다. 프로이트의 발달단계에서 잠복기에 해당된다. 이 시기에 아동은 성적인 모든 관심을 억누르고 사회적이고, 지적인 기술을 발달시킨다. 이 활동은 아동의 에너지의 많은 부분을 정서적으로 안전한 영역으로 보내고, 아동이 남근기의 스트레스 등 많은 갈등을 잊도록 돕는다. 잠복기에는 이성보다는 동성과의 관계를 통해 사회기술을 배우고, 사회화를 경험한다. 또 생활의 중심이 가정에서 학교로 옮겨가고, 사회가 요구하는 기본적 기술을 습득하는 발달단계이며, 이때 또래는 매우 중요한 존재로 대두된다.

에릭슨의 발달단계 중 학령기(근면성 대 열등감)에 해당되는 시기로서 자아의 성장이 가장 확실해지며 근면성을 성취하는 시기이다. 또 콜버그의 도덕성 발달수준 중 인습적 수준에 해당하고, 피아제의 구체적 조작기에 해당한다. 즉, 구체적 현실과 연결되어 있어서 이 시기의 아동들은 직접적으로 그리고 개인적으로 경험한 사물에 대해서만 추론할 수 있을 뿐 가설적인 명제 혹은 사실과 반대되는 명제를 추론하는 것은 어려운 특징을 가진다. 따라서 아동의 인지는 '지금－여기'에 얽매이게 된다.

아동기에서는 자신의 능력을 자발적으로 시험해 보려 하며 재미있던 일들을 반복 시도하려는 경향이 강하고, 자신만의 문화와 습관, 가치관을 형성하고 이런 과정을 통해서 자신감과 독립심이 발달하며, 점차 지능이 발달한다. 운동과 놀이를 통해 신체발달과 상상력, 추리력, 판단력, 사고력을 발달시키며, 자신만의 세계관을 형성하여 신체적, 인지적, 사회적, 정서적으로 상당한 발달을 경험하게 된다. 스스로 감정을 통제하며 정서표현이 사회화되는 시기이고, 놀이에서 일로 분화되는 시기이다.

1. 신체적 발달

아동기의 신체적 발달은 신체적 성장, 운동기능의 발달에 따라 그 특징을 설명할 수 있다. 신체적 성장과 발달이 비교적 완만하게 진행되고, 뼈와 근육의 성장이 균형 있게 이루어진다.

초등학교 입학시기에는 남아가 여아보다 신체적 성숙이 더 빠르지만, 11~12세경에는 사춘기가 남아보다 여아가 약 2년 정도 먼저 시작되어 남아에 비하여 여아의 성숙이 우세해진다.

사춘기가 되어 성적으로 성숙해지면 외모에서 남녀의 차이가 뚜렷하게 나타난다. 이는 생식기관, 즉 난소와 고환이 발달함에 따라 성호르몬이 활발하게 분비되기 때문이다. 또 미각이 발달하고, 폐의 발달은 10세까지 완만하게 진행되다가 이후에 급격히 발달하게 된다.

신경계 발달은 뇌 중량이 12세경에는 성인의 95% 정도에 이르게 되어 아동의 인지능력을 뒷받침해 주며, 임파선의 급격한 발달로 편도선이 최대 크기에 이른다. 또한 미각발달과 운동량 증가에 따른 식사량 증가로 위의 용적도 성인의 2/3 정도에 이른다(서혜석 · 송유미 · 이미영, 2009). 또 아동기에는 이전 유아기 때의 장난감을 가지고 놀던 것에서 자신의 신체를 이용한 달리기, 던지기, 뛰기 등의 능력을 활용한 스포츠와 조직적인 단체놀이에 관심을 보인다.

운동기능 발달을 보면, 아동은 운동능력이 왕성하고 다양한 활동을 하고, 다양한 운동을 통하여 신체적 균형을 시험해 보고, 신체 각 부분의 조정통합을 추구하며, 유연성이 증가한다. 그래서 장난감보다는 자신의 신체를 이용한 달리기, 던지기, 뛰기 등의 능력을 활용한 스포츠와 조직적인 신체놀이에 강한 관심을 보이게 된다.

팔, 어깨, 손목의 통제할 수 있는 능력은 12세경이 되면 성인 수준에 도달하게 되므로 수영, 야구, 축구 등 성인이 할 수 있는 운동을 대부분 할 수 있게 된다(서혜석 · 송유미 · 이미영, 2009). 이를 통하여 우정관계를 형성하고 게임규칙을 준수하고 상호 협력하면서 사회적 기술의 학습기회도 부여받게 된다. 또 다양한 운동을 통하여 신체적 균형을 시험해 보기도 하고, 신체 각 부분의 조정과 통합을 추구하며, 신체적 유연성을 기르기도 한다. 이 과정은 아동이 자신의 운동기술과 역량에 대해 다른 아동과 비교하여 평가할 것이기 때문에 자존감을 형성하는 데 영향을 미친다. 이때 운동능력이 뛰어난 아이들은 적극적이고 쾌활하며 창조적인 성격을 나타내고 운동능력이 떨어지는 아동은 의존적이고 소심하며 겁이 많은 성격적 특성을 띤다(서혜석 · 송유미 · 이미영, 2009). 따라서 아동기에는 운동을 할 수 있는 환경과 기회를 제공하여 자존감을 갖게 하는 것이 매우 중요하다(김영호 외, 2007).

2. 심리적 발달

아동기의 심리적 발달은 성격발달, 감각발달, 언어발달, 인지발달, 지능과 창의성 발달, 정서발달, 자아개념 발달 등에 따라 진행된다.

첫째, 성격발달에 대한 학자별 발달단계를 비교하면, 프로이트의 심리성적 발달단계의 경우 잠복기, 생식기의 초기에 해당되고, 에릭슨의 심리사회적 발달단계의 경우 근면성 대 열등감에 해당된다. 콜버그의 도덕성 발달단계의 경우 인습적 도덕단계에 해당되며 다른 사람의 승인을 얻기 위해 또는 사회적 질서를 유지하기 위해서 규칙과 사회적 규범을 따르려고 한다. 외적인 벌과 보상 대신에 사회적 칭찬과 비난에 대한 회피가 도덕적 행위의 동기로 작용한다. 또 피아제의 인지발달 단계의 경우 자율적 도덕성 단계에 해당되며 옳고 그름에 대한 판단을 행위의 결과가 아닌 의도성에 의해 판단한다. 이들 발달단계에 따라 성격발달의 특성을 종합적으로 설명하면, 아동기는 학교라는 작은 사회를 경험하면서 많은 지적 능력이 발전하고, 친구를 통하여 사회의 가치관, 규범을 획득하는 시기이다. 친구관계에서 아동은 자기주체성을 확립하게 되고, 스스로 무엇인가를 주도적으로 할 수 있는 능력, 주도성, 자신감, 근면성을 발전시킨다. 또 과업을 성공적으로 달성하지 못하거나 학교, 사회가 편견 있는 태도로 아동을 대하면 열등감이 형성되는 특성이 있다.

둘째, 감각발달의 특징은 지적 기능의 분화에 따라 객관적인 지각이 가능하고, 유아기에 자신의 몸을 움직여 환경을 탐색하는 과정에서 발달한 운동지각 능력이 공간지각 능력으로 전환하게 된다. 연령별로 보면, 6~7세 때는 친척집, 이웃, 친구집, 다른 나라, 우주 등에 대한 정확한 공간개념이 형성되고, 8세 때는 새로운 곳으로 여행을 하고 싶은 모험심이 형성되고, 시간지각 능력이 생성된다. 9세 이상이 되면 한두 번 가본 곳이면 혼자서 교통수단을 이용하여 찾아갈 수 있게 되고, 계획한 일을 시간표에 따라 규칙적으로 실행에 옮기고, 시간지각을 정확히 인식하게 된다.

셋째, 아동들은 초등학교에 들어가면서 읽고 쓸 수 있는 새로운 능력을 습득하는 등 언어발달이 진행된다. 그 특징을 보면, 문자언어, 발표력과 문법력, 독해력 등이 발달하게 된다. 유아기에 비해 단어를 보다 정확하게 사용하고 이해할 수 있으며, 글씨를 바르게 쓰고 자신의 생각을 글로 표현하는 능력이 점차 발달하게 된다. 또 이해하고 있는 어휘 수보다 사용하는 어휘 수가 적은 것이 일반적이고, 기억력이나 주의력이 향상됨에 따라 사용하는 어휘 수와 언어적 표현력이 증가하고, 하나의 동일한 주제에 대해서 오랫동안 대화를 나눌 수 있다. 언어발달에 영향을 미치는 주요한 요인으로는 지능, 성별, 형제자매 수, 부모의 사회경제적 지위 등이 있다. 지능이 높은 아동일수록 언어발달이 빠른 편이며, 여아가 남아보다 언어발달이 빠르다. 또한 형제자매가 적은 가정의 아동이 많은 가정의 아동에 비해 언어발달이 빠르며, 부모의 사회경제적 지위가 높을수록 언어발달이 빨리 이루어진다. 따라서 아동이 정상적으로 언어발달을 이룰 수 있도록 적절한 교육적 환경 속에서의 체계적인 교육이 필요하다(이근홍, 2006).

넷째, 인지발달의 특징은 피아제의 구체적 조작기와 형식적 조작기의 초기에 해당된다. 보존기술, 물체를 분류하고 통합하는 능력인 분류기술, 조합기술 등의 개념적 기술들이 점차적으로 발달하게 된다. 이는 아동기 동안 읽기, 쓰기, 셈하기 등의 기본적 학습이 가능해짐을 의미한다. 그러나 유아기의 직관적 사고, 자기중심적 사고와 같은 전조작적 사고의 특성이 남아 있다.

다섯째, 지능과 창의성의 발달적 특징을 보인다. 지능은 각 개인이 유목적으로 행동하고 합리적으로 사고하며, 능률적으로 환경에 대처할 수 있는 총체적 능력을 말하고, 창의성은 판에 박힌 사고에서 벗어나 융통성 있는 사고를 통해 새로운 아이디어를 고안해 내는 능력과 경향을 의미한다.

여섯째, 정서발달적 특징에서 비교적 정서적으로 안정된 시기이고, 정서적 통제와 분화된 정서표현이 가능하게 된다. 분노는 가장 빈번하게 발생하는 정서가 되고, 애정을 쏟는 대상이 가족 구성원에서 또래친구(특히 동성친구)로 이동하게 된다.

일곱째, 자아개념 발달이다. 인지적 측면에서는 학교에서의 성공이나 실패 경험이 매우 중요하다. 정서적 측면에서 자신을 객관적으로 평가하고, 타인의 견해를 수용하는 능력 등이 발달함에 따라 자아존중감이 재조정된다. 자아존중감은 자신에 대한 정서적 측면으로, 자기 존재에 대한 느낌을 말한다.

3. 사회적 발달

아동기의 사회적 발달은 학교, 또래 친구들, 단체놀이 그리고 대중매체를 통해 발달하게 된다. 먼저 학교는 아동들에게 학습의 장이며 성취의 장인 동시에 재미있는 생활의 장이다. 이때 부모가 교육의 가치를 인정하고 자녀의 교사들을 존중하면 아동들은 학교에 대해서 긍정적인 태도를 갖게 된다. 특히 교사는 아동의 사회화 과정에 많은 영향을 미치게 되고, 급우들과의 관계는 학년이 올라갈수록 더욱 강화된다. 에릭슨은 아동기는 근면성을 발달시켜야 하는 시기로 정상적으로 근면성을 발달시키지 못하면 열등감이 형성된다고 보았다(이근홍, 2007). 열등감 형성에 영향을 미치는 요인에는 부모의 아동에 대한 태도, 아동의 능력, 교사의 태도 등이 있다(서혜석 · 송유미 · 이미영, 2009).

둘째, 아동기는 또래 친구와의 접촉을 통해 사회적 상호작용에 필요한 기술이나 규범 학습, 동성의 친구와 친밀한 관계를 경험하며, 다른 방식을 학습하게 되고, 진정한 우정을 나눌 수 있는 기회가 된다. 이것은 이제까지 가족의 영향하에 놓여있던 아동이 학교라는 사회집단의 일원이 되면서 하게 되는 새로운 경험이다. 친구와의 경험은 여러 가지 측면에서 가족과의 경험과 다르다. 가족 구성원은 마음대로 선택할 수 없지만, 친구는 자유의사에 따라 선택한다. 또한 부모와 자녀, 형제 등 가족 구성원 간의 관계에는 지위의 차이가 존재하지만 친구 간의 관계는 동등하다(이인정 외, 2004). 아동들은 친구들과의 일상적인 상호작용을 통하여 다음의 세 가지를 배우게 된다.

첫째, 친구들과 어울리면서 삶에 관계되는 여러 가지 측면에 다양한 방식이 있다는 것을 알게 된다. 아동이 상호작용하는 대상이 자신의 가족에 한정되었을 때에는 예절, 규범과 같은 생활양식이 자기 가족의 것밖에 없는 것으로 이해한다. 그러나 친구들과 어울리면서 친구의 가족들은 그 나름대로 고유한 인습이 있다는 것을 알게 되고, 더 이상 생활방식에 대하여 자기중심적인 사고를 하지 않게 된다.

둘째, 친구집단의 경험을 통하여 또래집단의 사회적 규범과 압력에 점점 더 민감해진다. 친구집단은 아동에게 행동의 지침을 제공한다. 초등학교 아동은 친구들의 생각이나 행동에 동조하고자 하는 욕구가 커서 동년배의 행동기준은 어린이에게 사회의 압력으로 작용한다. 반면에 성인은 아동의 행동에 영향을 미칠 수 있는 힘을 점점 상실한다. 따라서 초등학교 아동이 되면 점점 더 행동에 대한 기준이 가족으로부터 친구들로 옮아가게 된다. 가족뿐만 아니라 선생님도 친구들보다는 아동에 대한 사회적 압력에서 약하다. 그러므로 친구로부터 받아들여지고 인정받는 것은 이 시기 아동의 자아개념 형성에 매우 중요한 역할을 한다. 또 동성의 친구와 친밀한 관계를 경험한다. 친구와의 친밀한 경험은 후에 대인관계, 그리고 이성과의 친밀한 관계에 기여한다. 그러나 이 시기의 친구와의 친밀성은 동성에 국한하며 이성에 대해서는 부정적인 감정을 보인다(이인정 외, 2004).

셋째, 아동기는 단체놀이를 선호하는데 단체놀이는 주로 팀 스포츠이다(이인정 외, 2004). 신체적으로 조정 통합할 수 있는 능력이 확대되고, 인지적으로 여러 가지 규율을 한꺼번에 다룰 수 있도록 발달됨에 따라 아동은 거의 모든 형태의 팀 스포츠를 할 수 있다. 이것은 심판이 필요하고, 규칙이 매우 복잡하다. 단체놀이가 아동기의 사회적 발달에 주는 영향은 먼저, 개인의 목표가 단체의 목표에 종속됨을 인식하게 하여 서로 의기투합하여 협동하고, 약한 구성원을 돕게 한다. 아동은 팀에 대한 소속의 경험을 통해서 자신의 행위가 전체 집단의 성공이나 실패에 영향을 준다는 것을 의식하게 된다. 만일 아동이 자기가 속한 팀의 패배에 원인이 된 경우에 조소와 배척을 감수해야만 한다. 또한 팀 스포츠와 같은 단체놀이의 독특한 점은 아동 자신이 못했더라도 팀이 승리하면 기쁘고 반면에 아동이 아무리 잘했더라도 팀이 패배하면 고통스럽다는 것이다. 그러므로 팀 스포츠에 대한 참여는 상호의존의 교훈을 얻는 기회가 된다. 다시 말해서, 자신을 내세우기보다는 팀의 모든 성원이 서로 의존하며 가장 약한 성원을 도와주는 것이 전체의 이익이 된다는 것을 깨닫게 된다. 다음으로 각자에게 부여된 지위와 역할을 충실히 수행하여 분업의 원리를 학습하게 된다. 아동들은 친구들과 팀 스포츠에 참여함으로써 분업이 목적을 성취하기 위한 효과적인 전략이라는 것을 이해하게 된다. 즉, 팀의 각 위치는 각각 독특한 기능을 가진다는 것을 알게 되며, 아동이 혼자서 그 기능을 다 맡으려 하기보다는 각각의 성원이 분담하여 특정한 기능을 수행함으로써 성공의 기회가 더 많아진다는 것을 깨닫게 된다. 이와 같은 팀 스포츠에서 분업에 의한 문제해결의 경험은 아동들이 다른 복잡한 문제에 접근할 때에 적용되기도 한다. 아동이 어떤 일은 집단 내에서 과제를 분할할 때 가장 잘 성취될 수 있다는 것을 배움으로써 사회적 공동체의 조직화 원리를 이해하기 시작한다. 사회의 모든 공동체가 분업의 원리에 입각하여 조직되어 움직이고 있다고 볼 수 있으므로 아동이 팀에 대한 소속의 경험을 통해서 분업의 원리를 깨우치는 것은 매우 중요하다. 또 경쟁의 본질과 승리의 중요성을 학습하게 된다. 팀 스포츠는 승리와 패배의 구분이 명확하다. 아동은 팀 스포츠에 참여함으로써 패배의 비참함을 맛보고 패배를 피하기 위해서 팀에 헌신하는 경험을 하게 된다(이인정 외, 2004).

넷째, 대중매체의 영향이다. 대중매체의 폭력성이 아동에게 미치는 영향으로는 먼저, 아동들이 텔레비전에서 본 공격적인 행동을 모방하게 된다. 다음으로, 폭력은 공격적인 감정의 표출이자 촉발기제가 될 수 있기 때문에 그것을 본 아동들이 쉽게 통제력을 잃고, 폭력적이 될 수 있다. 또 반복적인 폭력 장면의 노출은 아동으로 하여금 이 세상을 바라보는 인식의 틀을 변화시키고, 나아가 가치와 신념체계를 바꾸어 놓을 가능성이 높다. 최근에는 개인용 컴퓨터와 게임방 등으로 인하여 아동들이 폭력적이고, 선정적인 내용을 적절한 지도 및 감독 없이 쉽게 접근하는 경우가 많다. 따라서 이러한 대중매체의 부정적인 영향을 통제하고, 아동들을 적절히 보호하는 대책이 강화되어야 한다.

4. 아동기의 사회복지실천

아동기의 가장 중요한 것은 학교에서의 체험이다. 따라서 학교의 자연환경과 시설, 교사와 학생의 만남, 각종 교과수업과 특별활동 등을 아름답고 쾌적하게, 그리고 유의미하게 꾸며주는 것은 교육만의 책임과 과제는 아니다. 그것은 사회복지의 차원에서나 국가의 인적자원을 개발하는 차원에서 책임지고 투자해야 하는 매우 중요한 과제이다. 하비거스트(Havighust, 1972)는 다음과 같이 아동기 발달과제를 제시하고 있다.

- 자주하는 놀이에 필수적인 신체적 기능의 학습이다.
- 성장하는 유기체로서의 자기 자신을 향한 총체적인 태도 확립이다.
- 동년배 아이들과의 어울리기 학습이다.
- 적절한 남성과 여성의 역할 학습이다.
- 읽기, 쓰기, 셈하기의 기본적 기술 발달이다.
- 일상생활에 필요한 기본 개념의 발달이다.
- 양심, 도덕, 그리고 가치기준의 발달이다.
- 개인적 독립의 성취이다.
- 사회집단과 도덕을 향한 태도 발달이다.

이와 같은 과제를 수행하기 위해서는 사회복지사는 신체적, 심리적 그리고 사회적 측면에서 다음과 같은 문제에 관심을 가지고 개입해야 할 것이다.

먼저, 신체적 측면에서는 성장에 필수적인 영양공급과 비만관리이다. 장애 및 특수교육에 있어 조기치료 및 조기교육기관 그리고 특수교육기관들에 전문훈련을 받은 사회복지사와 기타의 전문가들이 배치되어 전문서비스를 제공할 수 있어야 한다. 또 아동학대, 즉 신체적 학대, 신체적 방임, 성적 학대와 유기의 문제를 해결하기 위해서는 우선적으로 가정폭력방지법의 관련 조항을 철저히 이행해야 한다.

둘째, 심리적 측면에 있어서 시각장애, 청각장애, 언어장애인 경우 감각기관의 장애를 지닌 아동들의 경우 재활 및 치료 프로그램을 개발하여 실시해야 한다.

생리학적 문제가 없는 데도 학습에 어려움을 겪는 경우 사회복지기관에서는 언어, 지각, 운동과 관련된 문제들을 근원적으로 해결해 줄 수 있는 프로그램과 학습장애아와 그 가족에 대한 자아와 심리적 문제해결에 목적을 둔 치료 프로그램을 개발하여 실시해야 한다.

정서발달에 문제가 있는 경우 아동의 정서발달을 지원해 줄 수 있는 예술 및 놀이 프로그램을 개발하여 실시해야 할 것이다. 개인상담, 가족치료 프로그램을 실시해야 한다.

열등감이 있는 경우 아동기에 학교에서 잦은 실패경험을 하고 주위로부터 부정적 평가를 받게 되면 부정적 자아개념이 형성되고, 열등감이 강화됨을 인식하고, 이러한 열등감을 극복하고 긍정적인 자기개념을 형성할 수 있도록 개별적인 상담이나 치료 그리고 부모, 교사, 또래 친구들을 대상으로 한 프로그램 등을 다각적으로 실시해야 할 것이다.

언어를 이해하거나 사용하는 데에서 한 가지 혹은 그 이상의 장애가 있는 학습장애의 경우, 주로 학교에서의 잦은 실패경험과 그에 따른 교사나 부모, 친구들로부터의 부정적인 평가가 부정적인 자기개념과 열등감을 강화시킨다. 따라서 학습장애의 아동에게는 학습장애를 해결해 줄 수 있는 프로그램을, 가족에게는 지지와 심리적 문제해결에 목적을 둔 치료 프로그램을 개발하여 실시해야 할 것이다.

이 시기의 아동들에게는 정서적인 발달을 지원할 수 있는 프로그램을 개발, 실시할 필요가 있다. 특히 과도한 신체 움직임, 부주의, 충동성으로 인해 학업 성취도와 대인관계에 어려움을 초래하는 주의력결핍 장애에 개입할 수 있는 프로그램을 실시해야 한다.

셋째, 사회적 측면에 있어 반응성 애착장애, 아동학대, 학교공포증에 대해 개입할 수 있어야 한다. 먼저 반응성 애착장애는 5세 이전에 시작되고 병적인 보살핌(아동의 기본적인 감정적·신체적 욕구의 지속적인 방치 혹은 양육자의 빈번한 교체 등)과 밀접한 관련이 있다. 반응성 애착장애아는 부정적인 정서반응에 의해 사회적 놀이가 저해되어 대인관계에서 안정된 관계를 맺지 못하고, 정서적으로 무관심하다. 따라서 대인관계 및 사회성 발달을 위해 개별 또는 집단 치료를 통해 정서상태 및 능력에 알맞은 놀이를 적극적으로 시도하여 관계가 형성되도록 해야 한다.

아동학대에 있어서는 아동과 부모 그리고 가족 모두에 접근할 수 있는 프로그램이 필요하다. 아동은 폭력상황으로부터의 긴급(일시)보호, 위탁양육 프로그램, 입양이나 그룹홈, 상담 및 각종 치료 등이 필요하며, 부모에게는 부모교육, 정신치료, 집단상담(분노조절 프로그램 등) 등이 필요하다. 또 가족에게는 사회적·법적 개입에 따른 가정 내 위기를 잘 대처하도록 하기 위한 위기개입, 가족상담이나 가족치료 프로그램, 가족지원 프로그램 등이 포함되고, 가족지원 프로그램에는 경제적 지원, 가정봉사원 파견, 가정방문서비스 등이 포함될 수 있다.

학교공포증은 학교와 관련된 심각한 공포 때문에 학교에 가기를 싫어하는 것을 말한다. 초기의 학교공포증은 어머니와 분리되는 것을 두려워하기 때문에 나타나는 분리불안으로 취학 직후나 저학년에서 빈번하게 발생할 수 있다. 후기의 학교공포증은 여러 해 학교에 다닌 경험이 있는 아동들 사이에서 발생한다. 이러한 아동들은 부모-자녀 관계가 소원하고 다른 신경증적 행동을 수반하는 경향이 있다.

12
CHAPTER

청소년기(13~19세)

청소년기는 인간의 발달단계에서 가장 격정적이고 불안정한 시기이며, 동시에 발달의 어느 단계보다 많은 가능성을 가지고 미래를 위한 수많은 결정을 해야 하는 중요한 시기이다.

청소년기는 신체, 심리, 사회적 측면에서 급격한 발달이 이루어지고 특징적 발달양상을 근거로 청소년기는 여러 측면에서 서로 다른 용어로 불리어진다.

첫째, 신체적 발달 측면에서는 신체적 성장이 급격하게 이루어지는 제2의 성장급등기 둘째, 성적 성숙이 급격히 이루어지는 사춘기 셋째, 심리적 측면에서는 부모로부터 심리적으로 독립, 자아정체감을 형성하려는 심리적 이유기 넷째, 정서적 변화가 급격히 일어나는 질풍노도의 시기 다섯째, 사회적 측면에서도 부모 권위에 도전, 갈등을 일으키는 제2의 반항기 여섯째, 어린이도 성인도 아닌 주변인에 머물러 있는 특징적인 발달양상 시기라고도 한다(서혜석 · 송유미 · 이미영, 2009).

1. 청소년기의 개념

청소년의 개념은 법적 개념과 일반적 개념으로 나눌 수 있다. 법적 개념에서는 청소년기의 구분은 아직 논란이 많다. 관계법령에 따라 명칭과 연령을 달리 규정하고 있다. 청소년 기본법의 경우 청소년이라는 용어를 사용하고 있고, 연령은 9~24세 이하에 해당한다. 청소년 보호법은 청소년이라는 용어로 사용하고 있고, 연령은 만 19세 미만에 해당한다. 소년법은 소년이라는 용어를 사용하고 있으며, 연령은 19세 미만이다. 아동복지법은 아동이라는 용어를 사용하고 있으며, 연령은 18세 미만이다.

〈표 12-1〉 청소년 연령기준

관계법령	명 칭	연 령
청소년 기본법	청소년	9~24세 이하
청소년 보호법	청소년	만 19세 미만
소년법	소년	19세 미만
아동복지법	아동	18세 미만

일반적 개념에서는 청소년기는 아동기에서 성인기로 전환하는 과도기이고, 신체적 성장과 성적 성숙이 급격히 이루어지는 시기이며, 부모의 권위에 도전하여 잦은 갈등의 시기이다. 또 질풍노도의 시기이고, 부모로부터의 독립을 추구하는 과정에서 부모의 권위에 도전하고 잦은 갈등을 일으키는 경우가 많은 제2의 반항기이며 주변인이라고도 한다.

제1반항기	• 36개월 전후 유아들은 자신과 부모가 서로 분리되어 있는 별개의 존재라는 것을 인식하기 시작 • 지나치게 많은 것을 요구하며, 그들 자신의 방식으로 수행할 것을 고집 • 부모로부터 독립하기를 원하며 부모가 제공해 주는 것을 거부하는 반항적 행동 • 외국에서는 '무서운 2세(terrible twos)', 우리나라에서는 '미운 3살(외국의 2살에 해당되는 한국식 연령)'
제2반항기	• 청소년기에는 부모로부터의 독립을 추구하는 과정에서 부모의 권위에 도전하고 잦은 갈등을 일으킴

출처 : 나눔의집(2013).

청소년기 관련 용어

- 제2반항기
- 제2성장급등기
- 중간인
- 심리적 이유기
- 생식기
- 질풍노도의 시기
- 주변인
- 사춘기
- 심리사회적 유예기
- 형식적 조작기

2. 청소년기의 특징

청소년기는 아동기에서 성인기로 전환하는 과도기로 만 12~18세 혹은 19세까지가 해당된다. 청소년기에는 급격한 신체적 변화와 성숙과 더불어 인지적·사회적 행동양식 등이 성숙하다. 특히 신체적 변화는 막연한 불안감과 근심, 고독감과 열등감, 성적 욕구에 대한 죄의식, 대인관계에서의 처신의 어려움, 분출되는 욕구조절의 어려움 등 심각한 심리적 불안정과 혼란을 겪게 된다. 신체적 성숙이 급격하게 이루어지며, 부모로부터의 심리적 단절과 자아정체감 형성으로 정서적 변화가 급격히 일어나는 질풍노도의 시기 또는 제2의 반항기이며, 사회적으로는 아직 주변인에 머물러 있는 특징적인 발달양상을 보이므로 사회 주변인, 중간인으로 부르기도 한다. 이유 없는 반항, 자신도 알 수 없는 방황, 무엇인가를 향한 집착, 기존 체제에 대한 불만과 도전 등으로 나타난다. 작은 일에도 과민반응하고, 자기만의 비밀영역을 가지고자 하며, 부모와 사회로부터의 독립시도 등도 이 시기의 독특한 행동양태이다.

프로이트 발달단계의 생식기에 해당된다. 생식기는 잠복되었던 성적 에너지가 무의식에서 의식의 세계로 나오는 시기이고, 호르몬과 생리적 요인들로 그동안 억압되었던 성적 감정들이 크게 강화되면서 잠복기 동안 억제되었던 성적·공격적 충동이 자아와 자아의 방어를 압도할 정도로 강해진다. 에릭슨 발달단계의 청소년기(자아정체감 대 역할혼란)에 해당된다. 자아정체감이 발달한 청소년의 경우, 자신의 신체적·성적 발달상태도 자각하고, 성인기로 접어들고 있다는 의식도 가지며, 무엇인가 성취하고자 하는 열망과 자신의 미래에 대한 책임감도 생겨난다. 이와 동시에 자신의 낮은 사회적 위치와 능력의 한계, 목표를 가로막는 사회적 장벽들도 간파하게 된다. 또 피아제의 형식적 조작기에 해당되고, 가장 중요한 특징은 추상적 사고가 가능하다는 것이다. 가설-연역적 추론이 가능하고, 체계적·조합적 사고도 가능하며, 모든 변인들의 관련성을 파악하고, 가설설정과 미래사건에 대한 예측도 가능하다.

3. 청소년기의 발달

1) 신체적 발달

청소년기는 신체적 그리고 성적으로 성숙해지며, 신체적 변화에 따라 심리적 반응도 다양하게 나타난다.

첫째, 신체적 성숙은 구체적으로 신장과 체중이 급격히 늘어나는데 이러한 현상을 성장급등이라고 부른다. 그리고 생식기관의 성숙과 제2차 성징의 출현을 보인다. 소화기, 폐, 심장과 같은 내부 기관도 급속히 성장한다. 이 과정에서 청소년들은 자신의 신체에 대해 부정적인 신체상을 형성하기도 한다. 또 신체상은 자아존중감과 정적인 상관관계가 있다. 또 내부 기관의 발달에서는 급격한 신체구조적 발달의 영향으로 신체 내부 기관의 발달도 현저하게 나타나고, 폐활량, 소화기능, 내분비선의 발달이 현저히 나타나며, 성호르몬의 분비로 인한 체형의 변화가 나타난다.

둘째, 성적 성숙에 있어 뇌하수체는 신장과 체중의 변화를 조절하는 성장호르몬을 분비하고, 생식선은 성호르몬의 생성과 유출을 자극하는 기능을 한다. 여성은 난소에서 에스트로겐 분비로 유방의 발달, 음모의 성장, 자궁의 임신준비 및 임신상태를 유지할 수 있게 만든다. 남성은 고환에서 안드로겐이 분비되어 신장의 증가, 2차 성징의 발달, 정자생산 및 성적 욕구가 증가한다.

셋째, 신체변화에 대한 심리적 반응이 다양하게 나타난다. 신체상과 자아개념에 있어 자신이 매력적이라고 생각하는 사람일수록 더욱 자신감이 넘치고 자신에 대해 만족하는 경향이 있다. 체중과 섭식장애에 있어 대다수는 여성이고, 대부분 청소년기에 시작한다. 주로 낮은 자존감과 신체적 이미지를 부정적으로 왜곡하는 경향에 따라 나타난다. 또 남자 청소년의 성숙속도에서도 차이가 있다. 또래보다 늦게 성숙하는 남자 청소년의 경우 신체적으로 덜 매력적이고 균형 잡히지 않은 것으로 간주하고, 이 아이들은 긴장하는 경향이 많으며, 관심을 끌기 위해 미성숙한 행동을 하는 경향이 있다. 또 또래보다 성숙이 빠른 남자 청소년의 경우 몸의 크기와 운동능력에서 더 유리하고, 또래는 그 아이를 우월하게 보는 경향이 있다.

2) 심리적 발달

청소년기의 정서발달은 질풍노도의 시기로서 정서가 매우 강하고 변화가 심하고, 극단적인 정서를 경험하게 된다. 격하고 기복이 심한 감정에 따라 주요 과제는 자신의 감정에 대해 좀 더 관대해지는 것이다. 정서적 문제에 있어서 정서적으로 불안정하고, 고독, 열등감, 실존적 공허감을 경험하며, 정신분열증, 불안장애, 공포증, 우울증, 자살, 약물남용 등의 정신장애를 경험하기도 한다.

인지발달은 피아제의 형식적 조작기에 해당되고, 개인 가치관과 사회규범과의 관계를 이해하게 된다. 피아제 이론에 따르면, 자신의 사고를 비판적으로 검토하게 되고, 가치와 도덕이 발달하게 된다. 자신과 세계를 상대론적 관점에서 이해하게 되고, 다른 사람의 행동양식을 포용하게 됨으로써 타인에 대한 이해와 포용이 확장된다. 또 형식적 사고능력이 발달하여 두 개 이상의 변인을 정신적으로 조절하는 능력을 갖추게 되고, 이질적 성원으로 구성된 동년배집단에 참여하여 다양한 경험을 하며, 학교수업을 통해 논리적 사고능력을 키워 나간다. 그러나 자기성찰과 비판적 성향이 지나치게 강화될 경우 열등의식이 강화될 우려가 있고, 자기중심적 사고성향이 우세해진다. 예를 들어, 상상적 청중으로서 자신이 주인공이 되어 무대 위에 서 있는 것처럼 행동하고, 다른 사람들은 모두 구경꾼으로 생각한다. 또 다른 예는 개인적 우화로서 자신의 감정과 사고는 너무나 독특한 것이어서 다른 사람들이 이해할 수 없다고 생각하는 것이다. 또 부모로부터 자립을 준비하기 시작하면서 자율성을 획득하게 된다.

3) 자아정체감의 발달

자아정체감이란 자신의 독특성에 대해 비교적 안정된 느낌을 갖는 것으로, 행동이나 사고 혹은 정서의 변화에도 불구하고 변화하지 않는 부분이 무엇이며 자신이 누구인가를 아는 것이다. 제임스 마샤(James Marcia)는 자아정체감 유형을 정체감 유실, 정체감 유예, 정체감 혼란, 정체감 성취 등으로 분류하였다. 정체감 유실은 부모나 사회의 가치관을 자신의 것으로 그대로 선택한 것이다. 위기도 경험하지 않고 쉽게 의사결정을 내리지만 독립적인 의사결정을 하지 못하는 상태이다. 정체감 유예는 현재 정체감 위기의 상태에 있으면서 자아정체감 형성을 위해 다양한 역할, 신념, 행동 등을 실험하고 있으나 의사결정을 못한 상태이다. 대부분 정체감 확립으로 옮겨가지만 그중에서는 정체감 혼미 쪽으로 기울어지는 사람들도 있다. 이 시기는 정체감 확립 또는 정체감 혼란 중 어느 방향으로도 나아갈 수 있는 가능성이 있는 상태이다. 대학시절이 심리사회적 유예기간으로 나타난다. 정체감 혼란은 정체감을 확립하기 위한 노력도 없고, 기존의 가치관에 대한 의문도 제기하지 않는 상태이다. 자신의 어떠한 견해도 확고하게 받아들이지 못하는 상태이다. 자신의 여러 역할을 통합하지 못한다. 정체감 성취는 위기를 성공으로 극복하고, 정치적·개인적 이념체계를 확립하게 된다.

〈표 12-2〉 **제임스 마샤(James Marcia)의 자아정체감의 유형 분류**

정체감 유실	• 부모나 사회의 가치관을 자신의 것으로 그대로 선택한 것 • 위기도 경험하지 않고 쉽게 의사결정을 내리지만 독립적인 의사결정을 하지 못하는 상태 ➡ 위기경험 없음, 부적응
정체감 유예	• 현재 정체감 위기의 상태에 있으면서 자아정체감 형성을 위해 다양한 역할, 신념, 행동 등을 실험하고 있으나 의사결정을 못한 상태 • 대부분 정체감 확립으로 옮겨가지만 그중에서는 정체감 혼미 쪽으로 기울어지는 사람들도 있음, 이 시기는 정체감 확립 또는 정체감 혼란 중 어느 방향으로도나아갈 수 있는 가능성이 있는 상태 • 대학시절 → 심리사회적 유예기간 ➡ 위기가 현재 진행 중, 적응
정체감 혼란	• 정체감을 확립하기 위한 노력도 없고, 기존의 가치관에 대한 의문도 제기하지 않는 상태 • 자신의 어떠한 견해도 확고하게 받아들이지 못하는 상태, 자신의 여러 역할을 통합하지 못함 ➡ 위기경험 없음, 부적응
정체감 성취	• 위기를 성공으로 극복하고, 정치적·개인적 이념체계를 확립 ➡ 위기해결, 적응

또 에릭슨의 심리사회발달 이론 8단계 중 정체성 대 역할혼란의 시기이다. 정체감의 성취, 유예상태에 있는 청소년은 자아존중감이 높고, 추상적・비판적 사고가 가능하고 도덕성 수준이 높다. 반면에 정체감 유실, 혼란상태에 있는 청소년은 독단적이고, 융통성이 없으며 의견차이를 수용하지 않고, 미래에 대한 아무런 꿈을 가지고 있지 않은 경우가 많다.

4) 사회적 발달

청소년기는 사회적 발달 측면에서 분리개별화, 또래집단, 위기와 혼란 등의 특징을 나타낸다. 분리개별화는 청소년이 부모와 정서적인 유대를 지속하면서 자신을 부모와 다른 독특한 한 사람의 인격체로 인식하고, 경험해 가는 심리적인 과정이며, 주요 애착대상은 부모에서 친구로 이동한다.

또래집단에 있어서 동성이나 이성친구 등 또래집단에 몰입하게 되고, 또래 상호 간에 심리사회적으로 관여하는 정도가 매우 깊어지고 친밀해진다. 또 가족관계 및 대인관계에서의 변화에 있어서 가족관계가 의존에서 독립으로 이동하게 되고, 부모로부터 독립해야 하는 상황에서 끊임없이 갈등을 겪게 된다. 친구관계에 있어서는 또래집단 체계에서의 상호작용이 활발해지고, 우정이 더 중요한 시기가 되고, 군중심리를 겪게 되고, 친구관계는 긍정적 측면뿐만 아니라 부정적 측면도 동시에 지니고, 이성을 대하는 태도는 매우 소극적이게 된다.

4. 청소년기의 부적응행동

청소년기는 다른 시기에 비해 여러 가지 문제행동을 갖는 시기이다. 왜냐하면 이 시기는 발달 특성상 정서적으로 불안하고 부모, 성인으로부터 독립성을 추구하며, 기존의 가치관을 재구성하는 시기로서, 대외적으로 다양한 변화를 수반하기 때문이다. 청소년들은 자신의 청소년기 발달과업을 성취하는 과정에서 경험하게 되는 갈등과 문제점을 순조롭게 해결하지 못할 경우 사리판단을 잘못해서 비행을 저지르거나 경우에 따라서는 극단적인 행동을 저지르기도 한다(서혜석 · 송유미 · 이미영, 2009).

1) 청소년 자살

자살은 스스로 죽으려 취한 행동으로 자살 사고 및 충동에서 자살시도, 자살로 이어지는 일련의 사고와 행동과정이 포함된다. 전문가들은 청소년기의 자살이 분노의 강력한 표현이라고도 한다. 청소년의 자살은 낮은 경제수준이나 부모의 이혼 및 재혼, 약물남용 등이 동반될 때 그 비율이 높아진다. 노상우 · 송영미(2002)에 의하면, 부모의 기대에 미치지 못했다는 죄책감과 스스로 아무 가치가 없다고 여기는 무가치감이 자살의 주요 원인이고, 이로 인한 우울증이 자살사고와 행동을 더 자극한다고 한다. 뿐만 아니라 학업성취에 대한 압박감과 실패는 결코 미래도 밝을 수 없다는 부정적 신념을 갖게 하고, 결국 참을 수 없고 견딜 수 없는 현실에서 벗어나 고통이 없는 세계로의 도피를 꿈꾸게 되는 것이다.

형식적 조작기에 해당하는 청소년기는 미래와 사회 본질에 대한 추상적 사고가 가능해지면서 유토피아와 이상적 사회를 상상하기도 하고 이에 대한 근거 없는 신념을 갖기도 한다. 이것이 사후세계에 대한 비현실적인 도피로 자살을 선택하게 할 수 있다(최옥채 외, 2007).

2) 집단따돌림

집단따돌림은 집단이나 개인이 특정인을 지속적 · 반복적으로 따돌리는 것으로 흔히 '왕따'라고도 한다. 여기에는 소수에게 정신적 · 정서적 공격뿐 아니라 위협, 갈취 등의 신체적 공격도 포함한다. 집단따돌림은 학교와 같은 지속적으로 상호작용할 수밖에 없는 집단 내에서 발생하므로 가해자와 피해자의 접촉을 차단하기 어렵고, 보복에 대한 두려움 때문에 대부분의 피해자가 피해사실을 숨기려는 경향이 있다. 아울러 집단을 통한 자아정체감 형성 욕구 때문에 이러한 따돌림이 부당하다는 것을 알면서도 상당수의 학생들은 자신이 표적이 될까 봐 방관하거나 오히려 소극적으로 참여하기도 한다. 심지어 따돌림을 받았던 학생조차 표적으로부터 벗어나기 위해 가해행위에 참여한다. 따라서 이들 간 가해와 피해의 경험이 반복됨으로써 특정 가해자를 지목하기 어렵다(최옥채 외, 2007).

일반적으로 가해자 집단의 특성은 공격성과 규칙위반이 많고, 친구들로부터 많은 지지를 받기도 하며, 자신을 긍정적으로 지각하여 자신의 행동이 잘못되었다는 인식이 부족하다. 이러한 가해자의 긍정적 자기인식은 가해행위를 통해 또래관계에서 주도적 역할을 수행하면서 강화된다. 피해자 집단은 대체로 친구가 없고, 외모가 빈약하거나 비만이며 신체적 만족감이 떨어지며 사회적 기술이 낮은 특성을 가지고 있다(이춘재 · 곽금주, 2000).

3) 인터넷 중독

인터넷 중독은 인터넷 사용이 지나쳐 이용자의 신체적 · 정신적 · 경제적 · 직업적 · 사회적 기능을 심각하게 손상시키는 상태를 의미한다. 여기에는 게임사용과 관련하여 금단과 내성을 보이는 게임중독, 인터넷 사용 자체에 탐닉되어 의존성과 내성을 보이는 인터넷 중독, 인터넷에서 음란물을 보거나 음란채팅 등을 하는 인터넷 음란물 중독을 포함한다.

인터넷 중독은 남자일수록, 고학년일수록 더 많이 발생하고, 중독집단은 비중독집단에 비해 현실도피적 이유로 인터넷을 사용하는 경향이 더 많다. 뿐만 아니라 중독집단의 청소년은 자존감이 낮으며, 친구 수가 적고, 가족의 지지조차 적어 전반적인 삶의 만족이 떨어져 온라인상의 가상세계에 더 심취하게 된다(최옥채 외, 2007). 이 상태가 지속되면 현실과 가상세계를 구분하는 판단력을 잃게 되고, 현실감이 현저히 저하되면서 가상세계에서의 폭력과 범죄 행위를 현실에서 재현하게 된다. 따라서 청소년 인터넷 중독자들은 음란물 사이트 접속, 채팅을 통한 즉석 미팅이나 원조교제, 도박, 타인에 대한 욕설 등의 인터넷 범죄뿐만 아니라 폭력이나 성비행과 같은 현실 속에서의 비행행동도 더 많이 하게 된다.

4) 섭식장애

섭식장애란 최소한의 정상적 체중조차 유지하려 하지 않고, 체중 증가에 병적 두려움을 갖는 것으로, 강박적으로 체중을 측정하면서 절제된 식사를 하고, 식사조절 외에 스스로 구토를 유발하거나 설사제나 이뇨제를 사용하는 정신장애이다. 이처럼 식사를 강박적으로 제한하는 형태 외에 폭식 후 체중증가를 막기 위해 부적절한 보상방법을 시도하는 유형도 있다.

청소년기는 신체변화에 예민하여 외모가 대인관계와 자아존중감에 매우 중요한 역할을 한다. 특히 여자에게는 '날씬한 것'이 모든 매력의 절대기준이 되어 정상 체중임에도 자신의 체중을 과체중이나 비만으로 인식하는 경향이 많다. 따라서 식사조절이나 과도한 운동, 심지어는 다이어트 약물의 오·남용으로 체중을 조절하려는 노력을 하게 된다(최옥채 외, 2015). 섭식장애 증상이 있는 청소년의 경우 우울증을 많이 보이고 자아존중감이 낮으며, 특히 무능감이 두드러지게 나타나고 있다(서혜석·송유미·이미영, 2009).

5. 청소년기의 사회복지실천

청소년기는 심리·정서적으로 가장 불안정하기도 하지만 중요한 시기이기도 하다. 성인도 아니고, 아동도 아닌 중간 지점에서 부모로부터 심리적으로 독립하여 자신에 대한 정체감을 형성하고, 진로를 결정하며, 사회적 역할을 수용하는 과업을 달성해야 한다. 사회복지사는 사회복지실천에 있어 신체적 측면, 자아정체감 측면, 가정 내 갈등과 청소년 비행 측면, 정신장애 측면, 자살 측면에서 개입할 수 있어야 한다.

1) 신체적 측면

청소년기는 신체적 성숙과 더불어 성적 성숙이 특징적으로 나타나는 시기이다. 사회복지사는 청소년기의 부정적 신체 이미지로 인하여 야기될 수 있는 여러 가지 심리적 문제나 증상을 다루어야 한다. 사회복지기관에서는 의료기관 등과 연계하여 청소년기의 신체변화에 대한 이해를 위한 교육 프로그램, 식이요법 지도, 몸매관리 프로그램 등을 개발, 실시하고, 성에 대한 올바른 이해와 가치관 형성을 위한 프로그램 실시할 수 있어야 한다.

2) 성적 측면

최근 청소년의 임신과 출산, 성매매, 원조교제 등이 사회문제가 되고 있는 것은 기성세대들이 생각하는 것처럼 청소년이 성에 대해 더 이상 순진한 어린아이가 아니라는 것을 보여준다. 따라서 이러한 청소년의 성의식에 대해서 성인들이 먼저 현실적이고 객관적으로 바라보아야 하고, 청소년에게는 보다 실질적인 성교육이 실시되어야 한다(최옥채 외, 2015). 그러므로 청소년복지사업 담당 사회복지사는 초경불안, 몽정불안, 자위행위, 이성으로부터의 성적 요구 등과 같은 성으로 인하여 야기되는 심리적 문제를 해결할 수 있는 상담을 수행할 필요가 있다.

3) 자아정체감 측면

청소년의 가장 중요한 발달과업으로는 정체감 형성을 들 수 있다. 그러나 우리나라 청소년들은 입시제도로 인해 정체감 형성을 위한 충분한 유예기간을 갖기 어렵고, 무엇을 하며 어떻게 살 것인가에 대한 자신의 가치관을 확립하기 이전에 부모에 의해 수동적인 진로 결정이 이루어진다. 아울러 부모나 교사 역시 건전한 역할 모델이 되지 못하기 때문에 청소년들은 쉽게 또래집단에 휩쓸리거나 매스컴의 영웅을 동일시하는 경향이 있다(최옥채 외, 2015).

청소년들의 자아정체감 형성을 지원하기 위해서는 자아발견, 자아성장, 자기주장 훈련, 인간관계 수련 등과 같은 청소년의 자아발견과 원만한 대인관계 형성을 지원할 수 있는 집단상담 프로그램을 개발하여 실시할 수 있다. 진로지도, 청소년 자원봉사활동 프로그램, 호형호제 프로그램, 미리 가본 직장 프로그램, 문화예술활동 프로그램 등과 같은 다양한 수련 프로그램을 실시하여 청소년들이 다양한 사회경험을 통해 자신의 개성과 자질을 발견할 수 있도록 원조할 필요가 있다.

4) 가정 내 갈등과 청소년 비행 측면

청소년기는 보호 및 관찰자로서 통제하려는 부모와 자신을 개인으로 규정하고, 독립하려는 청소년 사이의 가정 내 갈등이 확대 심화되어 청소년 비행이 나타날 수 있다. 청소년 비행은 대개 가정과 우리 사회가 초기에 적절하게 대처하지 못할 경우 발생하게 된다.

비행의 예측 변인은 권위와의 갈등, 재산 손해에 의해 수반되는 사소하고 드러나지 않는 행동, 좀 더 심각한 행동, 싸움과 폭력에 따르는 사소한 공격성, 부정적 자기정체감, 낮은 자기통제, 인지적 왜곡(자기중심적 편파성), 연령(시작 시점), 성(남자), 교육에 대한 기대(낮은 기대, 실행을 하지 않는 것), 학교 성취(저학년 때의 낮은 성취), 또래 영향(지나친 영향, 적은 저항), 낮은 사회경제적 지위, 부모의 역할(감찰의 부족, 낮은 지지, 비효과적 훈육), 형제(비행을 하는 윗형제를 가진 경우), 이웃의 질(도시, 높은 범죄, 높은 유동성)이다. 이러한 비행의 전제조건에 대한 요약이 <표 12-3>에 제시되어 있다.

〈표 12-3〉 **청소년 비행의 전제 조건**

전제조건	비행과의 연관성	특 징
권위갈등	높은 수준	청소년들은 12세 이전에 고집을 보이다가 이후 권위에 저항하게 된다.
은밀한 행동	빈번함	거짓말과 같은 심각하지 않고 은밀한 행동, 재산 손상과 보통의 비행, 심각한 비행

공격성의 공공연한 행동	빈번함	싸움과 폭력 뒤에 심각하지 않은 공격성이 따른다.
정체감	부정적인 정체감	에릭슨은 청소년들이 역할정체감을 해결하는 데 실패하기 때문에 비행이 일어난다고 믿는다.
인지적 왜곡	높은 수준	비행 청소년은 자기중심적 편견, 외적 요인 탓으로 돌리는 비난, 잘못을 명명하는 것과 같은 많은 인지적 왜곡 사고를 가지고 있는데, 이것은 부적절한 행동을 하게 하고 자기 통제를 하지 못하게 만든다.
자기통제	낮은 수준	어떤 아동들과 청소년들은 다른 사람들이 성장과정 동안 획득해 온 필수적인 통제를 얻는 데 실패한다.
연령	초기 시작	반사회적 행동의 초기 출현은 청소년 후기의 심각한 위반과 관련된다. 그러나 행동화하는 모든 아동들이 다 비행을 저지르게 되는 것은 아니다.
성	남자	소녀들이 더 가출을 하는 것으로 보이지만, 소년들은 소녀들보다 반사회적 행동을 더 한다. 소년들은 폭력 행동을 더 한다.
교육과 학교 성적에 대한 기대	낮은 기대와 낮은 성적	비행 청소년은 낮은 교육적 기대와 낮은 성적을 나타낸다. 그들의 언어적 능력은 약하다.
부모의 영향	낮은 감찰, 낮은 지지, 비효과적 훈육	비행 청소년은 부모가 자녀를 덜 감찰하고 지지수준이 낮고 비효과적으로 훈육하는 가족에서 나온다.
형제관계	비행하는 윗 형제	비행하는 윗 형제가 있는 개인이 더 비행을 하게 된다.
또래 영향	심각한 영향, 낮은 저항	비행 또래를 가진 경우 비행을 할 위험이 증가한다.
사회경제적 지위	낮음	사회경제적 지위가 낮은 남자의 경우 심각한 위반이 더 자주 일어난다.
이웃의 질	도시, 높은 범죄, 높은 이동성	지역사회가 자주 범죄를 발생시킨다. 빈곤율이 높고 주거 조건에서 범죄율이 높은 지역에 사는 것은 아동을 비행소년이 되게 할 가능성을 증가시킨다. 이러한 지역사회에는 좋지 않은 학교가 있다.

출처 : 곽금주 외(2007), p. 473.

정신분석 이론에서는 청소년 비행을 유년기의 불행한 경험에서 초래된 성격장애의 증상으로 간주한다. 이러한 장애는 사회화되지 못한 공격양식, 불안에 대한 부적절한 방어기제의 형성, 죄의식의 결여 또는 죄의식 때문에 자신을 처벌하고 싶은 무의식적인 욕구 등에서 비롯된다. 따라서 사회복지사는 비행청소년이 자신의 느낌이나 행동에 대해 통찰력을 가질 수 있도록 도울 수 있어야 한다(이인정 외, 2004). 처벌 위주보다는 성격과 행동의 교정과 사회복귀에 초점을 둔 사회복지적 개입이 필요하다. 사회복지사들은 가정상담소나 청소년 기관에서 비행청소년에 대한 상담서비스를 제공하기도 하고, 복지관이나 학교에서 반사회적 행동을 한 청소년들로 집단을 구성하여 지도하기도 하며, 학교와 연계하여 활발한 학교사회사업을 실시해야 한다.

또 사회복지사는 보호관찰소 등에서 교정사회복지사로 활동하기도 한다. 청소년 교정기관에서는 교정전문인력을 확보하고, 비행청소년을 획일적으로 처우하기보다는 개별화된 처우를 해야 하며, 교정시설의 탈시설화를 통하여 일반 사회와 유사한 생활환경에서 교정사업을 시행해야 한다. 비행가능성이 높은 가출청소년, 학업중단 청소년의 지도를 위한 지역사회조직사업, 비행 또는 범죄청소년의 사회복귀를 지원할 수 있는 각종 직업훈련 프로그램이나 대안학교와 같은 교육 프로그램 등을 실시할 필요가 있다.

5) 정신장애 측면

청소년기의 지나친 입시경쟁은 고3 증후군을 낳게 하고 이것에 대표적인 것이 시험불안이다. 이것은 거의 대부분의 청소년이 경험하고 있는 심리적 증상이다. 사회복지기관에서는 청소년들의 정신건강과 건전한 심리적 발달을 지원하기 위하여 청소년을 대상으로 한 개별상담과 스트레스 예방 및 관리방법, 약물교육 및 치료 프로그램 실시, 청소년가족을 위한 가족치료 프로그램 등의 임상 프로그램을 개발하여 실시하고, 필요에 따라서는 정신병원에 입원을 의뢰하여야 할 것이다. 뿐만 아니라 청소년의 건전한 여가활동을 돕고, 제도권 밖으로 일탈된 청소년들이 건전한 사회적 역할을 학습할 수 있도록 다양한 실천적·정책적 프로그램을 개발해야 한다.

학생들의 심리사회적 문제를 해결 및 예방하고 학생-학교-지역사회의 연계를 통하여 학생들이 잠재력과 능력을 최대한 발휘할 수 있는 교육환경을 만들기 위한 목적으로 학교사회복지사의 역할도 매우 중요하다고 할 수 있다. 이 외에도 저소득층 학생들의 생활 및 교육환경 변화를 위한 정부의 지원이 필요하다.

6) 자살 측면

자살의 징후를 보이거나 행동에 옮기는 청소년은 세 가지 주요 영역, 즉 스트레스, 가족문제, 그리고 심리적 문제(우울증 등)를 경험한다. 스트레스는 가정 불화로 가정의 정상적 기능 상실, 부모의 별거와 이혼 및 사망, 신체적인 학대나 가정폭력, 약물남용, 우울증, 심각한 대인관계 붕괴, 또래들과의 비교에서 느끼는 상대적 열등감 문제, 이성친구에게서 '버림'받음, 원치 않는 임신, 명문대학에 들어가기 위한 성적문제, 졸업 후 취업문제, '과잉성취' 등 다양한 사건은 스트레스를 증가시키고 청소년들에게 자살을 생각하게 한다. 또 가정의 위기와 해체 등의 가족문제, 우울증을 포함한 낮은 자긍심 등의 심리적 문제 등도 청소년의 자살과 밀접한 관계가 있다.

사회복지사는 먼저 직면한 위기에 대처할 수 있어야 하는데, 자살기도의 징후가 있는 사람에게는 위기개입으로서 생존을 위한 즉각적인 지원과 지지가 필요하다. 또 스트레스를 상승시킨 또 다른 문제에 주목해야 한다. 자살위기와 직접적으로 관련이 없더라도 장기간의 사회복지 상담에서 다뤄야 할 주제이다. 사회복지사는 잠재적으로 자살하려는 사람에게 효과적으로 대처하는 자살징후에 대한 전문적 반응과 상담에 숙달되어 있어야 한다. 그리고 고립되어 자살상황에 있는 사람에게 사용 가능한 자원을 얻도록 의뢰할 수 있어야 한다.

13 CHAPTER

청년기(20~34세)

청년기는 대체로 청소년기가 끝나고 20대 초반에서 신체적 노화 현상이 가속화되는 40대 이전까지로 분류하는 것이 일반적인 견해이다. 이 시기는 지금까지 준비해 온 것을 실현하고, 구체화하는 시기로서 부모로부터의 심리적·신체적 독립과 함께 한 사람의 성인으로 사회적 역할을 시작하는 시기라고 할 수 있다(이인정 외, 2004).

1. 청년기의 일반적 특성

청년기는 고교졸업 시기 전후를 시작으로 해서 직업을 갖고 결혼하여 부모로부터 완전한 독립을 성취하는 시기이다. 신체적·지적 측면에서 가장 정점에 있으며, 사회적 측면에서는 사랑하고 보살피는 능력이 심화되는 시기이다. 자아정체감을 이미 형성한 사람은 타인과의 상호관계에 집중할 수 있다.

동년배들과 성숙한 관계를 맺고 사회적 역할을 성취하며, 부모와 다른 성인들로부터 정서 및 경제적 독립을 갖추고 직업을 준비하는 등 다양한 역할탐색과 선택을 하는 시기이다. 따라서 청년기 전의 모든 시기는 준비하는 시기라고 볼 수 있으며, 성인기 이후는 이제까지 준비해 온 것을 실현하고 구체화하는 시기이다. 청년기의 가장 큰 변화 및 발달과제는 직업준비를 위한 탐색과 결혼이라고 할 수 있다.

2. 청년기의 발달

청년기의 발달은 신체적·인지적 측면에서 정점을 이루고, 사회적인 측면에서는 다른 사람을 사랑하고 보살피는 능력이 심화되는 시기이다.

1) 신체적 발달

인간의 신체적 성숙은 청년기에 거의 완성되며 정점에 이른다. 신체적으로 균형 잡힌 모습이고, 최상의 신체적 상태를 유지하며, 전 생애에 있어서 활기, 힘, 건강이 최고조의 수준에 달하게 된다. 신체적 능력과 기술을 규칙적으로 사용하면 청년기 이후에도 기능이 지속될 수 있다. 감각 및 인지적 발달에 있어 시력은 20세경에 가장 좋고, 청력은 25세 이후부터 감소하며, 미각·후각·통각은 최고 수준이다. 이때 특히 취약계층일수록 의료서비스에 대한 접근성이 용이하지 않기 때문에 사회복지사는 열악한 환경이 신체적 건강에 미치는 영향에 대해 민감하게 인식하여, 그 원조에 대하여 관심을 두어야 한다.

2) 인지적 발달

인지적 발달은 기계적 암기나 지적 과제의 수행속도 등은 10대 후반이 가장 뛰어나지만 판단, 추론, 창의적 사고 등은 청년기는 물론 전 생애를 통해 발달하는 것으로 보는 견해가 우세하다. 그러나 피아제는 청소년기에 형식적 조작사고가 발달한 이후에 인지발달이 거의 이루어지지 않는다고 보았다.

3) 사회적 발달

청년기의 사회성 발달에서는 독립과 자율성에 대한 갈망, 부모로부터의 독립에 대한 불안감 및 의존감을 동시에 갖는 등의 특성이 있다. 구체적인 내용은 다음과 같다.

첫째, 부모로부터 독립하는 것에 대한 갈망과 분리에 대한 불안이라는 양가감정을 갖기도 한다. 이때 자녀의 자율성을 인정해 주고, 가족의 의사결정 참여에 적극적으로 격려하고, 자녀를 독립된 개인으로 인정하는 것이 중요하다.

둘째, 성역할 정체감이 확립되는데 성역할 정체감은 사회가 특정성에 적절하다고 인정하는 특성, 태도, 흥미와 동일시하는 과정으로 성에 따른 사회의 역할기대를 내면화하는 과정이다.

셋째, 직업탐색과 직업선택은 직업을 통해 경제적으로 자립하고 자신의 인생을 개척해 나가는 자아실현의 과정이다. 개인의 능력과 관심, 부모 및 자신에게 중요한 사람들의 기대에 따라 영향을 받게 된다.

넷째, 청년기는 결혼을 하고 자녀를 낳아 부모가 되면서 인생에 정착하는 시기로서 결혼은 성인기 친밀성과 성숙한 사회관계 성취의 중심이다. 청년기에 친밀감이 형성되고, 성숙한 사회적 관계가 확립되면서 배우자를 선택하여 새로운 가족을 형성하는 것으로 사랑의 실현, 정서적 안정, 성적만족, 자녀출산 등에 기여한다.

다섯째, 직업의 선택과 준비로서 이는 청년기에 성취해야 할 가장 중요한 발달과업이며, 청년기에는 직업선택에 신중을 기하고 자신이 원하는 직업을 갖기 위하여 노력해야 한다. 직업 선택과 관련하여 슈퍼(Super)는 <표 13-1>과 같이 그 과정을 제시하고 있다.

1단계인 직업개념 형성 단계는 14~18세에 해당되며, 주로 직업활동을 하는 자신의 이미지를 자아개념에 포함시키게 된다. 2단계인 희망직업 세분화 단계는 18~21세에 해당되며, 자신이 선택할 수 있는 직업의 범위를 축소시키고 필요한 기술을 획득하기 위하여 노력한다. 3단계인 직업수행 단계는 21~25세에 해당되며, 직업훈련과 교육을 마치고 직업세계로 진입하게 된다. 4단계인 안전화 단계는 25~35세에 해당되며, 자신에게 적합하다고 평가한 직업에 적응하고 정착하게 된다. 5단계인 공고화 단계는 35세 이후에 해당되며, 선택한 직업에서 능력을 인정받고 성공하게 된다.

한편 긴즈버그(Ginzberg)는 직업선택 과정에 대해 <표 13-2>와 같이 환상적 시기, 시험적 시기, 현실적 시기로 각각 나누어 설명하고 있다. 환상적 시기는 주로 아동기에 해당되며, 개인적 소망에 근거하여 직업을 선택하고 개인의 능력, 훈련, 직업적 기회 등에는 관심을 두지 않는다. 시험적 시기는 청소년기에 해당되며, 직업에 대한 흥미, 능력, 교육, 가치관 등과 현실적인 문제를 함께 고려하여 직업을 선택하게 된다. 현실적 시기는 청소년기부터 성인 초기에 해당되며, 특정 직업에 필요한 훈련, 자신의 흥미나 재능, 직업 기회 등을 현실적으로 고려하여 선택하게 된다.

슈퍼(Super)는 청년기의 주요 과업인 직업과 직업발달에 있어 직업은 단순히 경제적 이유뿐만 아니라 자아개념에도 영향을 미치는 중요한 요인 중 하나라고 강조하면서, 특히 직업과 자아개념 간의 관계를 강조했다. 1957년 자신의 자아개념 이론에서 직업선택은 자아개념의 발달과 관계가 있다고 주장하면서 직업선택의 8단계를 <표 13-3>과 같이 결정화, 구체화, 실행, 확립, 강화, 유지, 쇠퇴, 은퇴로 제시한 바 있다.

〈표 13-1〉 **슈퍼(Super)의 직업선택 과정**

단 계	연 령	직업선택 활동
직업개념 형성 단계	14~18세	직업활동을 하는 자신의 이미지를 자아개념에 포함시킴
희망직업 세분화 단계	18~21세	자신이 선택할 수 있는 직업의 범위를 축소시키고, 필요한 기술을 획득하기 위하여 노력함
직업수행 단계	21~25세	직업훈련과 교육을 마치고 직업세계로 진입함
안전화 단계	25~35세	자신에게 적합하다고 평가한 직업에 적응하고 정착함
공고화 단계	35세 이후	선택한 직업에서 능력을 인정받고 성공함

〈표 13-2〉 **긴즈버그(Ginzberg)의 직업선택 과정**

환상적 시기	주로 아동기에 해당, 개인적 소망에 근거하여 직업을 선택하고 개인의 능력, 훈련, 직업적 기회 등에는 관심을 두지 않음
시험적 시기	청소년기에 해당, 직업에 대한 흥미, 능력, 교육, 가치관 등과 현실적인 문제를 함께 고려하여 직업을 선택
현실적 시기	청소년기부터 성인 초기에 해당, 특정 직업에 필요한 훈련, 자신의 흥미나 재능, 직업 기회 등을 현실적으로 고려하여 선택

〈표 13-3〉 슈퍼(Super)의 청년기의 주요 과업인 직업과 직업발달

단계		특징
1	결정화	직업에 대해 막연하고 일반적 생각만 가지는 단계(청소년기)
2	구체화	다양한 직업에 대해 관심을 보이는 단계
3	실행	한두 개의 초보적 직업을 시험해 보는 단계(20대 초반경)
4	확립	자신이 선택한 직업 분야에서 발전을 이루고 자신의 직업을 자아개념의 일부로 간주하는 단계(20대 후반경)
5	강화	확립단계에서 이루어진 전문지식이나 기술에 기초해 더 빨리 더 높은 지위에 오르기 위해 노력하는 단계(30대 중반경)
6	유지	자신의 직업 분야에서 높은 지위를 얻고 전문가가 되는 단계
7	쇠퇴	은퇴시기가 얼마 남지 않았다는 사실을 깨달으면서 일의 양을 줄이고, 직업으로부터 자신을 분리하기 시작하는 단계(50대 후반경)
8	은퇴	직장에서 은퇴하고 직업 외에 자신이 만족할 수 있는 새로운 역할을 찾게 되는 단계

여섯째, 청년기의 배우자 선택 또한 발달과정에서 중요한 부분을 차지하게 된다. 배우자를 선택하는 데 있어 관련 이론은 <표 13-4>와 같다.

루빈(Rubin)의 근접성 이론에서는 학교나 직장 등 지리적으로 가까운 관계의 사람을 배우자로 선택한다고 하고, 이상형 배우자 이론에서는 개인이 바라는 특성과 특질을 이상적으로 갖춘 인물을 선택한다는 것이며, 가치의 일치 이론에서는 자신의 가치와 의식적이든 무의식적이든 일치하는 사람을 선택한다는 것이다. 또 동형배우자 이론에서는 자신과 유사한 인종적·경제적·사회적 특징을 지닌 상대를 선택한다는 것이고, 보완적 욕구 이론은 자신에게 부족한 특성을 지닌 파트너를 선택하거나 자신이 원하는 유형이 되도록 도와줄 수 있는 사람을 선택한다는 것이며, 마지막 조화 이론은 자신을 이해하고 받아들이며 유사한 인생철학을 지니고 있어서 원활한 의사소통이 가능할 것 같은 상대를 선택한다는 것이다.

〈표 13-4〉 배우자 선택이론

루빈(Rubin)의 근접성 이론	학교나 직장 등 지리적으로 가까운 관계의 사람을 배우자로 선택
이상형 배우자 이론	개인이 바라는 특성과 특질을 이상적으로 갖춘 인물을 선택
가치의 일치 이론	자신의 가치와 의식적이든 무의식적이든 일치하는 사람을 선택
동형배우자 이론	자신과 유사한 인종적·경제적·사회적 특징을 지닌 상대를 선택
보완적 욕구 이론	자신에게 부족한 특성을 지닌 파트너를 선택하거나 자신이 원하는 유형이 되도록 도와줄 수 있는 사람을 선택
조화 이론	자신을 이해하고 받아들이며 유사한 인생철학을 지니고 있어서 원활한 의사소통이 가능할 것 같은 상대를 선택

한편 루이스(Lewis)는 <표 13-5>와 같이 결혼에 이르는 6단계를 설명하였다. 1단계 유사성의 단계는 상호작용의 가능성과 기회가 있는 사람들 중에서 파트너가 선택되는 것이고, 2단계 라포의 단계는 상대방에게 자신에 관한 정보를 드러내기 시작하며 관계가 깊어지는데, 이 단계에서는 서로 간의 유사성 발견과 대화가 잘 되는 조화적 관계라는 느낌이 관계를 지속하는 데 중요한 요소이다. 3단계 자기개방의 단계는 상호 역할조화와 공감을 발견하는 것이 관계를 지속하는 데 중요한 역할을 하게 되고, 4단계 역할탐색의 단계는 밀접한 관계 속에서 자신의 역할을 구축해 가고 상대방의 역할에 대한 기대를 형성하는 단계이고, 5단계 역할조화의 단계는 서로에 대한 역할 기대와 역할수행을 조정하여 상호보완적인 조화를 이루어 가는 단계이다. 마지막 6단계인 상호결정의 단계는 서로의 역할을 수용하여 확정하고, 한 쌍의 동반자로서의 정체감과 일체감을 느끼는 단계이다.

〈표 13-5〉 루이스(Lewis)의 결혼에 이르는 6단계

1단계-유사성의 단계	상호작용의 가능성과 기회가 있는 사람들 중에서 파트너가 선택된다.
2단계-라포의 단계	상대방에게 자신에 관한 정보를 드러내기 시작하며 관계가 깊어진다. 이 단계에서는 서로 간의 유사성 발견과 대화가 잘 되는 조화적 관계라는 느낌이 관계를 지속하는 데 중요한 요소이다.
3단계-자기개방의 단계	상호 역할조화와 공감을 발견하는 것이 관계를 지속하는 데 중요한 역할을 한다.

4단계-역할탐색의 단계	밀접한 관계 속에서 자신의 역할을 구축해 가고 상대방의 역할에 대한 기대를 형성하는 단계이다.
5단계-역할조화의 단계	서로에 대한 역할 기대와 역할수행을 조정하여 상호보완적인 조화를 이루어 가는 단계이다.
6단계-상호결정의 단계	서로의 역할을 수용하여 확정하고 한 쌍의 동반자로서의 정체감과 일체감을 느끼는 단계이다.

일곱째, 자녀의 출산과 양육 역시 청년기 발달에서 중요한 부분인데, 자녀의 출산과 양육과정은 새로운 적응이 필요한 급격한 변화를 동반하게 되고, 부부 간의 사랑을 연결해 주고 외로움을 감소시킨다. 다른 한편으로는 결혼생활의 긴장을 야기하고 자녀양육 기술의 부족, 의견 차이, 수면부족, 가사와 양육분담의 문제 등으로 결혼만족도나 행복감이 감소될 수도 있다. 또 자녀출산 이후 부부간의 적응상태를 적절히 유지하기 위해서는 부모로서의 역할전환에 대한 준비가 되어 있어야 하고, 부부간의 역할과 책임에 대한 재조정을 포함한 전체 가족생활의 재조정이 이루어져야 한다.

3. 청년기의 사회복지실천

청년기의 발달과업에 있어 에릭슨은 청소년기에 긍정적인 자아정체감을 확립한 사람은 좀 더 쉽게 타인과의 친밀한 관계를 형성하지만, 그렇지 못한 사람은 자신감을 갖지 못하므로 타인과의 사회적 관계에서 고립감을 느끼게 되어 자기 자신에만 몰두한다고 했다.

청년기에 경험하는 타인과의 친밀감은 정체감 유실에 대한 두려움 없이 타인에 대해 개방적이고, 지지적이며 조화로운 관계를 형성하는 성향이자 능력이다. 이것은 감정이입, 자기통제 능력, 타인의 장단점을 수용하는 능력 등에 의해 형성된다.

하비거스트(Havighurst)는 청년기는 자기의 체격을 인정하고 자신의 성역할을 수용하고, 동성이나 이성의 친구와 새로운 관계를 형성하고, 부모와 다른 성인들로부터 정서적 및 경제적으로 독립하며, 직업을 선택하고 준비하고, 유능한 시민이 갖추어야 할 지적 기능과 개념을 획득하고, 사회적으로 책임이 있는 행동을 원하고 이를 실천하고, 결혼과 가정생활을 준비하고, 적절한 과학적 세계관에 맞추어 가치체계가 형성되어야 하는 것이 과업이라고 했다.

또 레빈슨(Levinson)의 경우, 현실적이지 못하고 다소 과장된 희망을 명확하게 정의하는 것, 청년의 목표를 인정해 주고 기술자나 지혜를 가르쳐 주며 자신의 경력에서 전진할 수 있도록 영향력을 발휘하는 지도자를 발견하는 것, 직업을 선택하고 나아가 경력을 쌓고 발전시키는 것, 친밀한 관계를 형성하는 것 등을 청년기의 주요 발달과업으로 제시하고 있다.

청년기에 속한 대부분의 사람들은 사회가 그들에게 기대하는 것을 행하고 자신에게 부과된 역할을 어떻게 수행할 것인가를 스스로 평가하게 된다. 따라서 청년기는 자율성 확립, 자기주장 능력, 친밀감 형성 능력을 높이기 위한 노력이 요구되고, 이와 관련된 사회복지사의 사회복지실천적 접근은 다음과 같다.

첫째, 자율성 확립이다. 청년기는 청년이 취업을 하거나 대학에 진학하는 시기로, 부모는 자녀의 자율적 행동을 신뢰하거나 묵과하는 경향이 많다. 특히 부모와 떨어져 사는 청년은 전적으로 자신의 자율적인 결정에 의존해야 한다. 사회복지사들은 이들의 자율성 확보를 위한 개별상담서비스는 물론 다양한 집단 프로그램을 통하여 도움을 줄 수 있다.

둘째, 자기주장 능력 향상이다. 자기주장 능력은 정체감과 도덕적 관점을 형성하는 핵심부분으로, 자기주장은 직설적이지만 무례하지 않은 행동을 말한다. 이 능력은 사회복지사와 클라이언트 모두에게 강조되는 능력이다. 교육자로서 사회복지사는 클라이언트의 대인관계의 효과성을 강화하기 위해 자기주장 원칙을 가르칠 수 있다.

셋째, 친밀감 형성 능력이다. 에릭슨(Erikson)은 청년기의 중요한 인생과제는 친밀감을 형성하는 것이라고 하였다. 친밀감이란 상대방과 가깝게 되는 과정에서 자신의 정체감을 잃지 않고서도 상대와 개방적이고 지지적이며, 다정한 관계를 맺는 능력이고, 서로의 욕구에 대한 인식뿐 아니라 공감할 수 있는 능력을 말한다. 친밀감 형성 능력은 청년기에 있어서 좀 더 높은 수준의 사회화 기능과 이성에 대한 적응기능, 인격도야의 기능, 오락의 기능, 배우자 선택의 기능에 가장 직접적으로 영향을 미치는 중요한 개인적 심리체계로서 사회복지 실천적 관점에서 청년기 동안의 중요한 생활사건인 이성교제와 결혼에 영향을 미친다.

14
CHAPTER

중 · 장년기(35~65세)

중·장년기의 연령범주는 다양하게 구분된다. 학자에 따라서는 30대에서 40까지를 중장년기의 시작으로 보고, 65세까지를 중·장년기의 마지막으로 본다. 중·장년기는 어떤 시기보다 경제적으로 안정되어 있고, 삶의 다양한 영역에서 경험을 통해 지혜를 터득한 상태이며, 직장에서도 높은 지위와 책임을 가지고 있기 때문에 많은 사람들은 장년기를 인생의 황금기 또는 전성기라고 한다. 인간의 발달과정에 있어서 결정적인 시기로, '샌드위치 세대', '빈둥지 증후군의 세대', '상실감의 시기', '제2의 사춘기' 혹은 '정체성 위기의 시기' 등으로 다양하게 표현된다. 중·장년기는 신체적으로 퇴행이 이루어지고 이러한 신체적 변화가 가지고 오는 심리적 위축과 적응의 문제 등의 위기를 극복해야 하는 시기로, 인생의 쇠퇴기로 규정하는 사람도 있다.

융(Jung)은 중·장년기는 자기실현의 과정으로, 그동안 성취했던 것과는 다른 활동이나 영역에 관심을 돌리는 시기인 동시에 자기(self)를 실현하는 과정을 시작하는 단계라고 한다. 40세 이후로 갈수록 남성은 여성적인 측면을, 여성은 남성적인 측면의 발달을 이루는 성격변화가 나타난다고 한다. 또 그는 장년기가 개별화의 시기로서, 중·장년기가 전환되는 시기라고 하였다. 이것은 융이 가장 먼저 지적한 사람으로 평가되고 있다. 이때 사람들은 삶의 전반부에는 자신의 외부세계를 다스리지만, 삶의 후반부에는 개인적인 질병이나 사망을 지배할 수 없다는 것을 이해하면서 점점 더 내면세계에 초점을 맞추기 시작한다.

스펙트와 크레이그(Specht & Craig)는 이 시기를 노인세대의 권력을 위임받고, 젊은 세대의 장래를 책임져야 하는 세대라고 하였다. 이러한 과도한 역할의 부담에도 불구하고 중·장년기에는 개인적 자유가 보장되고 경제적인 압박이 덜하며, 여가시간이 상대적으로 여유롭기도 하다(서혜석·송유미·이미영, 2009).

1. 중 · 장년기의 발달

1) 신체적 발달

대부분의 중 · 장년기에 있는 성인들은 아직도 양호한 건강과 에너지를 갖고 있다. 그러나 신체적 능력과 건강은 감퇴하기 시작하며 신체적 그리고 성적인 부분에 있어 다양한 변화를 보인다.

먼저 신체적 변화에서는 건강의 변화, 신체구조상의 변화, 신체기능의 저하, 에너지의 변화 등을 경험한다. 첫째, 건강의 변화에서는 비교적 양호한 건강상태를 유지하고 있지만, 신체적 능력과 건강이 감퇴되기 시작되고, 40대 초반에 신진대사가 저하되고, 건강문제가 나타나기 쉽다. 고혈압에 따른 여러 성인병의 위험에 노출되고, 주요 사망원인으로 암, 심장질환, 사고 및 뇌졸중 등이 있다. 둘째, 신체구조상의 변화에서는 척추 사이의 디스크의 감퇴로 인해 신장이 줄어들고, 40세 이후부터는 신진대사 활동의 둔화로 인해 허리둘레와 체중이 늘고 배가 나오기 시작하며 머리카락이 빠지기 시작한다. 피부는 탄력이 줄어들고 주름이 생기며 수분이 줄어들고 건조해져 때로는 갈라진다. 셋째, 신체기능의 저하에서는 활기를 잃고 육체적 힘이 약화되며, 질병에 대한 저항력이 약해지고 질병회복 능력이 감소되고, 심장기능, 위 · 장관에서의 효소 분비의 저하 및 변비와 소화불량의 위험, 신장기능 감소, 전립선 비대 등이 나타난다. 관절염, 당뇨병, 심장병, 고혈압 등과 같은 심각한 성인병에 걸릴 가능성이 높고, 감각기관의 노화로 인하여 시력저하, 원시, 청각이 쇠퇴하게 된다. 넷째, 에너지의 변화에서는 에너지의 수준이 감소하고 신체적 작업능력이 저하되고, 힘든 활동 후 에너지 보충을 위한 시간이 많이 필요하다. 질병회복 시간이 오래 걸리고 급하게 에너지를 쓰는 것보다 인내를 요구하는 일을 더 잘 해낸다.

그리고 중 · 장년기의 성적 변화에 있어서 중요한 영역 중 하나는 부부간 성문제에 대한 효과적인 의사소통이다. 많은 전문가들은 장년기의 성적 변화가 보편적인 것이므로 이러한 변화를 배우자와 의사소통하면 서로를 더 잘 이해할 수 있으며, 대처방안을 모색하는 데 용이하다고 한다. 자신의 연령에서 자연스럽게 경험할 수 있는 성적인 변화를 이해하고 수용하여 이에 대해 긍정적이고 적극적으로 대응할 수 있는 방안을 모색하는 것이 필요하다. 성적인 변화를 성별로 각각 구분했을 때 여성의 갱년기는 폐경기와 함께 오게 되는데, 월경을 시작한지 30~40년 정도가 된 40대 후반에서 50대 초반의 여성이 폐경을 경험하게 된다. 약 10% 미만의 여성은 40세 이전에 조기폐경을 경험하기도 한다. 폐경이 이루어지면 생식능력을 상실하고, 여성호르몬(에스토로겐)이 1/6 정도로 줄어들며 자궁과 유방이 퇴화하는 등 다양한 신체적 증상과 심리적 증상을 경험하다. 또한 에스트로겐의 감소로 골다공증이 발생하고, 두통, 메스꺼움, 현기증, 골반통, 유방통증, 호흡장애 등이 나타난다. 가벼운 우울증, 일시적인 정서불안, 분노감 등을 경험하게 된다. 남성의 갱년기는 정자나 정액 생성의 종결을 의미하지 않으며, 여성에 비해 비교적 늦게 찾아오는 것이 일반적이다. 갱년기가 되면 남성호르몬의 생산이 감소되어 정자의 활동성이 저하되어 수정능력이 감소하며, 성적 능력이 저하되지만 성적 무능력을 초래하지는 않는다. 남성의 성적 무능력은 남성호르몬 분비의 감소보다는 성공에 대한 과도한 욕심, 정신적 피해, 과음과 과식, 만성질환, 성적 수행에 대한 실패공포 등에 의해 유발된다.

2) 심리적 발달

중 · 장년기의 심리적 발달은 인지적 측면, 심리적 변화에 있어 특성이 있다.

인지적 특성은 장년기 정신기능의 잠재력은 거의 변함이 없다. 하지만 많은 사람들이 정신적 · 신체적으로 적극적이지 못하지만 어휘력과 언어능력이 발달한다. 단기적 기억능력은 장년기에 약화되지만, 장기간에 걸쳐 정보를 보유하는 장기적 기억능력은 장년기에 변화를 보이지 않는다. 인간의 지적인 기능은 18세에서 25세 사이에 최고조에 달하며, 이후에 나이가 들어감에 따라 지적 기능이 변화한다. 창조적 생산성의 경우엔 과학자, 학자, 예술가의 최고의 실적은 보통 40대에 나오며, 60대와 70대에도 높게 유지되는 경향이 있다. 이 시기에 어떤 사람들은 학습개념에 있어 어려움을 가질 수 있는데, 그 이유는 그들의 지적 능력이 부족하기 때문이 아니라 그들의 융통성이 없는 인지적 스타일에서 비롯되는 것이다. 그러나 대부분 통합적 사고능력 향상으로 보고, 읽고, 듣는 것을 자신의 학습과 경험으로 통합하여 사고하고, 실제적인 문제해결 능력이 정점에 달한다. 결국 새로운 것을 학습할 수 있는 능력은 저하되지만, 오랜 경험을 통해 획득한 지혜가 있기 때문에 문제해결 능력은 오히려 높아지는 것이다. 문제해결 능력에 있어서도 연령에 따라 다소 차이를 보이기는 하지만, 현실적이고 실제적인 문제해결 능력은 절정에 달한다. 그래서 중·장년기의 사람들은 그동안의 풍부한 경험과 높은 수준의 문제해결능력으로 사회조직에서 '지휘하는 세대'로서의 지위를 구가할 수 있는 것이다(김진원, 2009).

또 중·장년기는 심리적 변화에 따라 심리적 위기를 겪게 되는데 이를 중년의 위기라고 한다. 대표적으로 빈둥지 증후군(empty nest syndrome)이 있다. 이것은 50대 중반 이후에는 성인자녀들이 결혼하여 집을 떠나 독립을 하기 때문에 장년기 부부만 남는 상태에서 갱년기 우울증과 같은 심리적 현상이다. 인생의 무의미함을 느끼고, 자신이 더 이상 쓸모없게 되었다는 느낌을 갖기도 한다. 마모어(Marmor)는 이 시기에 직면하는 위기 네 가지를 다음과 같이 주장하였다(김선아 외, 2006).

첫째, 사회에서 일어나는 문화에 대한 스트레스를 경험하는 것이다. 젊음과 활기가 가라앉는다는 것은 사회적 가치와 매력의 수준이 낮아지는 것을 의미하는데, 이것이 위기상황이 된다.

둘째, 신체에 나타나는 노화현상을 인식하는 것이다. 자신의 신체와 외모에 변화가 오면서 이로 인해 심리적 위축까지 동반할 수 있다.

셋째, 경제적 스트레스의 증가이다. 많은 중년의 성인들은 새 직업에 고용되는 어려움도 있으며, 자녀의 교육비와 노부모를 부양해야 하는 이유에서 경제적인 어려움에 놓인다.

넷째, 자녀의 독립, 그리고 인간의 죽음이라는 운명에 직면하는 것으로 인한 정신적 스트레스이다. 여성은 자녀를 낳고 양육하는 기능이 자신들의 정체성을 더 강하게 만들기 때문에 남성보다 이런 스트레스에 더 강하게 반응한다.

한편 융(Jung)은 전 인생주기를 통한 지속적 성장 · 발달과 자아실현에 강조를 두었으며, 특히 '개별화'를 통해 중년기 심리적 발달을 설명하였다. 개별화(individuation)란 개인이 보다 독자적 자아로 발달해 가는 과정으로, 이것을 통해 명확한 자아정체감을 획득하며, 자신의 내적 자원을 효율적으로 활용하여 균형 있는 생활을 창출해 가는 것이다. 중년기 개인은 가치 있게 여기지 않던 자아의 부분, 무시되고 위험시되었던 자아, 반대의 성과 관련된 자아 등을 수용하는 개별화 과정에서 고통스러운 전환과 좌절을 경험하기도 하나 이것은 노년기를 대비하여 새로운 가능성을 제시하기도 한다(김진원, 2009).

3) 사회적 발달

중 · 장년기의 사회적 발달은 안정된 가족생활, 자녀교육 및 훈육, 노부모 공양, 직업성취 등을 통하여 이루어진다.

첫째, 안정된 가족생활 환경이다. 안정된 가족생활은 가정의 운영, 부부관계에 따라서 결정된다. 가정의 운영에 있어 장년기의 부모들은 대부분 자녀들이 청소년기에 접어들게 됨으로써 자녀와의 갈등이 일어날 가능성이 많아지게 된다. 따라서 장년기 성인들은 외부의 사회적 관계망과 가족생활 간에 역동적 균형성을 유지하기 위한 노력을 하여야 한다. 또 부부관계의 유지에 있어, 가정에서 가장 중심이 되는 부부관계를 건강하고 활기 있게 유지해야 하고, 이를 위해서 부부는 안정과 신뢰, 공감을 성취하도록 노력해야 한다.

둘째, 자녀교육 및 훈육이다. 이것은 학령전기의 아동이 있는 경우, 청소년의 자녀가 있는 경우, 독립기의 자녀가 있는 경우 각각 달리 진행되어야 할 것이다. 학령전기-아동기 자녀가 있는 경우, 부모가 규칙을 설정하고 자녀들이 이에 순응하도록 훈육하고, 자녀들이 해야 할 일을 적절히 수행할 수 있도록 원조하는 교육자 또는 비서로서의 역할을 수행해야 한다. 청소년기의 자녀가 있는 경우, 부모와 자녀관계를 재조정해야 한다. 또 자녀가 독립기인 경우 자녀를 성인으로서 인정하고 그들의 의사를 존중해 주며, 결혼준비를 지원할 뿐만 아니라 출가한 이후에도 지속적인 관심과 지원을 할 수 있어야 한다.

셋째, 노부모 공양이다. 중·장년기의 부모가 만성적인 질병이 있거나 부모 중 한 사람이 사망하면 부모와 자녀의 역할이 전환되어 중·장년기 성인은 그들의 부모를 부양하고 보살펴야 하는 역할을 담당하게 된다. 성인자녀는 자신의 부모를 위해 재정적인 지원뿐 아니라 그들을 위하여 여러 가지 일을 도와주는 역할을 한다. 더욱이 부모가 장애가 있거나 건강 악화로 인해 혼자 살 수 없는 경우에는 자녀의 개념이 더 필요하다. 이들은 대부분 충분히 준비되지 않은 상태에서 부모에 대한 가변의 책임을 맡게 되며, 자신을 길러준 부모를 거꾸로 돌보아야 하는 역할전도는 중·장년기에 해당하는 자녀들에게 심리적 충격을 주기도 한다. 성인자녀와 노부모와의 관계의 변화 정도는 부모생존 여부, 그들의 건강상태, 경제적 독립 정도, 독립된 가구를 유지하는지 등에 따라 달라질 수 있다(한국사회사업연구회, 2003; 김진원, 2009).

넷째, 직업관리, 직업적 성취와 직업전환이다. 중·장년기에는 대부분 직업 내에서도 직무수행 능력이 매우 높은 편이다. 그래서 직무성취도도 높은 수준이다. 중·장년기는 선택적 능력발휘를 통한 보상이 가능하고, 직업적 성취도가 최고조에 이를 가능성과 직업적 전환을 해야 하는 가능성이 공존하는 시기이기 때문에 직업으로 인해 야기되는 긴장이 많은 편이다. 또 직업적 성공의 기회인 동시에 직업을 바꾸어야 하는 위기상황에 직면하기도 하기 때문에 직업전환기이기도 하다. 직업전환은 자발적 전환과 비자발적 전환으로 나눌 수 있는데, 자발적 직업전환의 결정에는 개인의 동기나 성격, 취업기회, 가족생활의 안정도 등의 복합적으로 작용하며, 비자발적 직업전환은 개인의 직무수행 능력이 다른 직장 동료들에 비해 지나치게 떨어지거나 회사나 전체 사회가 경제적 불황상태에 있는 경우에 특히 많이 일어난다. 또한 직장에서의 과도한 업무, 가족과 직업의 시간계획의 불일치, 직업활동에서 오는 피로 등을 이유로 직업전환을 하고 싶어도 배우자나 부모로서의 역할 때문에 직장을 바꾸지 못하는 경우도 많이 있다. 그러나 중년기에 직업을 전환한 사람들 중에는 종종 자신뿐만 아니라 그들이 누구를 위해서 일하든 그들에게 이로움을 주는 경우도 많다. 이들은 첫 직업에 그대로 머물러 있는 사람들보다 더 잘 적응하고 성취욕이 강하며, 자존감과 야망이 더 높다(Schultz & Schultz, 1986).

다섯째, 여가활동이다. 중·장년기는 여가활동 문제가 대두되는 시기이다. 여가활동이란 직업활동 및 생리적 욕구충족 등과 같은 생활시간을 제외한 잔여시간에 휴식·기분전환과 사회적 성취 및 개인적 발전을 위해 활용하는 제반 활동을 말한다. 현대사회에서는 이전에 비해 자녀양육 기간의 축소, 평균수명 연장, 그리고 조기정년제도의 시행 등으로 인해 여가시간이 큰 폭으로 증가하고 있어 여가활용의 문제가 매우 중요한 장년기의 과제로 등장한다. 특히 중년기에는 은퇴에 대비해 경제적·심리적 준비가 필요하고, 여가활동은 은퇴를 위한 심리적 준비에 도움이 될 수 있다. 그러나 우리나라에서는 학업적 성취나 지식의 습득에 치중되어 있기 때문에 여가의 중요성이 무시되고, 대부분의 사람들이 예비 사회화의 기회를 갖지 못하고 있다.

2. 중 · 장년기의 발달과업

중·장년기는 자라나는 자녀들의 양육과 노화되어 가는 자신의 부모의 보호 제공자로서의 중요한 책임감을 수행해야 함과 동시에 새로운 대처방법을 발전시켜야 하는 부담을 안고 신체적 변화에 대한 적응, 부부간의 애정 재확립, 중년기 위기의 극복, 직업활동에의 몰두와 여가선용 등의 발달과업을 수행해야 한다.

에릭슨의 경우 이 시기에 한 세대가 다음 세대에게 물려줄 문화와 사회질서를 유지하고 발전시키며, 살아갈 기초를 구축하는 생산성을 경험하는 반면에 자기 인생의 목표달성과 사회를 위한 의미 있는 기여를 실패했다고 느낄 때

침체를 경험한다고 하였다.

레빈슨은 장년기의 발달과업 중 먼저 자신의 과거에 대한 재평가가 필요하다고 하였다. 이것은 자신의 죽음에 대한 의식이 강해지고 남은 시간을 현명하게 사용하고자 하는 의도에서 비롯된다. 그리고 인생의 남은 부분을 새로운 시기로 시작하는 것이 중요하다. 이를 위하여 삶의 기존 구조에서 부정적인 요소들을 수정하고 새로운 요소들을 갖추기 위한 선택들이 이루어져야 한다. 또 개별화가 필요하다. 장년기 이전에는 반대의 관계로 경험하던 상태나 경향을 직면하고 통합할 수 있어야 한다.

하비거스트는 10대에 돌입한 자녀들을 책임감 있고 성실한 성인으로 성장하도록 도와주는 것, 성인으로서의 사회적 책임감을 성취하는 것, 개인의 직업적 경력에 있어서 만족할 만한 성과를 거두고 이를 유지하는 것, 여가시간을 활용하는 것, 배우자와의 인격적 관계를 형성하는 것, 장년기의 생리적 변화를 수용하고 적응하는 것, 노화해 가는 부모들에 대해 적응하는 것 등을 주요 발달과업으로 설명하였다.

펙(Peck)의 경우 첫째, 과업은 지혜의 중시 대 육체적 힘 중시이다. 이 시기를 성공적으로 적응하는 사람은 육체적 힘이 쇠퇴해져도 정신적 능력인 지혜가 이를 보완할 수 있음을 인식한다. 둘째, 대인관계의 사회화 대 성적 대상화이다. 이혼이나 배우자의 사망으로 인해 경험하는 사회적·신체적 변화는 대인관계를 성적 친밀성이나 경쟁심보다는 친구 사이를 강조하는 관계로 재정의 하도록 한다. 셋째, 정서적 융통성 대 정서적 빈곤이다. 부모의 사망, 자녀의 독립, 친지의 사망 등에 의하여 정서적으로 관계의 단절을 경험하게 된다. 이때 감정을 다른 사람이나 다른 활동에 재투자하지 못하면 정서적 빈곤을 경험하게 된다. 넷째, 지적 융통성 대 지적 경직성이다. 자신의 견해와 활동에 대한 융통성과 새로운 사고에 대한 수용력이 요구되고, 새로운 정보 수집을 중단 또는 거부하는 사람들은 지적 성장이 느리고 자신의 삶을 무가치하게 느낀다. 반면에 새로운 경험과 배움을 수용하는 사람은 과거의 경험과 더불어 새로운 지혜로 활용할 수 있다.

3. 중 · 장년기의 사회복지실천

중 · 장년기는 자신의 직장 및 가정과 관련해서 신체적, 심리적 그리고 사회적 발달상에 사회복지실천적 관심을 가져야 한다.

1) 신체적 발달

신체적 발달부분에 있어, 사회복지사는 첫째, 성인병 예방을 위한 건강교육이나 건강상담 프로그램을 실시하고, 건강 관리와 유지를 위한 운동시설을 설치하여 지역주민들에게 개방해야 한다. 둘째, 만성질병이나 장애를 앓고 있는 장년기 성인이 있거나 병약한 노인을 부양하는 장년기 성인이 있는 가족에 대해서는 가정봉사원을 파견하거나 간병인을 연결시켜 주어 이들의 회복과 간호를 지원해 줄 수 있어야 한다. 셋째, 뇌졸증, 교통사고 등으로 인하여 중도장애인이 된 장년기 성인의 재활을 지원하기 위한 각종 재활 프로그램을 실시해야 한다. 넷째, 장년기에 나타나는 갱년기 장애에 수반되는 신체적 변화에 적절히 적응할 수 있도록 원조하고, 우울증, 불안 등의 정신장애를 사전에 예방하기 위하여 장년기 성인을 대상으로 한 개인상담, 집단상담, 부부상담 등을 사전에 강화해야 한다. 다섯째, 성적 무능력으로 인하여 고통을 받는 장년기 남성이나 그 배우자를 성치료전문기관에 의뢰할 수 있는 체계를 갖추는 것이 바람직하다.

2) 심리적 발달

심리적 발달부분에 있어 사회복지사는 첫째, 장년기의 인지기능 유지를 지원하기 위한 프로그램을 실시해야 한다. 둘째, 생리적 변화, 직업에서의 실패, 부부갈등과 이혼 등이 원인이 되어 나타나는 장년기 위기를 성공적으로 지원할 수 있는 프로그램을 실시하고, 여성의 잠재능력을 발전시켜 자아실현을 원조할 수 있는 여성 사회교육 프로그램이나 여가선용 프로그램을 실시해야 한다. 셋째, 장년기 위기상황에 직면하여 각종 정신질환 증상을 보이는 장년기 성인들의 치료를 지원하기 위한 직접 심리치료를 실시하거나 정신병원에 의뢰할 수 있는 체계를 마련해야 한다.

3) 사회적 발달

사회적 발달 부분에 있어 사회복지사는 먼저, 지역주민들이 장년기에 안정된 가족생활을 영위할 수 있도록 지원해야 한다. 예를 들어, 개인상담 및 가족상담을 통하여 가족 내 갈등을 사전에 예방하고, 아동, 청소년, 노인, 장애인의 보호와 재활을 지원하기 위한 각종 서비스를 실시하고, 부랑인을 위한 복지서비스 및 시설보호사업 등을 실시하는 것이다. 둘째, 장년기의 사회적 발달을 지원하기 위하여 고용기관서비스를 가장 적극적으로 수행해야 한다. 셋째, 장년기에 처음으로 취업을 원하거나 재취업을 원하는 경우에는 직업훈련과 고용알선사업을 실시한다. 자발적 직업전환을 원하는 경우에는 심리상담 서비스, 직업 및 창업 정보제공, 장단기 직업훈련, 고용알선 등의 서비스를 제공한다. 특히 산업현장의 사회복지사는 실직자 또는 조기 퇴직자와 그 가족을 위해 예방교육이나 훈련을 위한 의뢰와 상담을 실시한다. 넷째, 조기퇴직이나 실업으로 빈곤해지는 경우, 사회안전망을 설치하여 빈곤의 악순환을 막고 더 큰 사회문제로 확산되는 것을 예방하도록 노력해야 한다.

15
CHAPTER

노년기(66세 이후)

노년기는 65세부터 죽음에 이르기까지 인생의 마지막 단계이다. 신체적 능력의 쇠퇴와 사회적 관계의 축소, 사회경제적 지위의 하락과 같은 쇠퇴가 일어나는 시기이며, 자기 자신이 그동안 쌓아올린 노력과 성취에 대해서 회상해 보는 시기로서 많은 젊은 시절의 자기의 생활에 대한 성공과 실패 그리고 만족감과 불행감 등에 대한 반성의 시기이다.

노년기는 정상적 성장과 발달의 한 과정으로서 연령증가에 따라 인간 유기체에 일어나는 생리, 신체, 심리, 사회적인 측면의 쇠퇴나 무기력화 현상인 노화현상을 겪게 된다.

노화의 특징은 첫째, 시간의 흐름에 따라 세포나 조직, 기관 등의 유기체 전반에 걸쳐서 일어나는 점진적인 변화이다. 둘째, 노화는 시간의 경과에 따라 생기며 시간적 과정에 관련되거나 혹은 제약되는 것으로 환경의 변화에 적절히 반응하게 되는 조직과 기능의 결함을 갖게 한다. 셋째, 노화란 본질적으로 생체에 내재하고 있는 필연적 과정에서 생기는 것으로 외상이나 전염병 혹은 외적 요인, 환경적 인자에 의해서 발생되는 것이 아닌 내재성을 갖는다. 넷째, 노화는 연령에 수반되는 생리적 기능의 저하, 스트레스에 의한 변화에 대해 자기 회복력의 저하, 예비력의 저하 또는 병에 걸리기 쉽고 죽음의 확률이 연령과 더불어 증가하는 현상이다(서혜석 · 송유미 · 이미영, 2009).

1. 노년기의 발달

1) 신체적 발달

노년기의 신체적 발달은 먼저, 신체적 외모의 변화이다. 이것은 이미 장년기에 시작되어 늘어나는 주름살, 줄어드는 민첩성, 구부정한 어깨, 불편한 거동, 가늘어진 머리카락 등 두드러진 변화를 보인다.

둘째, 감각의 예민함이다. 촉감은 나이가 들면서 떨어지는데 이는 피부가 건조해지고, 주름이 생기고, 단단해지기 때문이고, 피부는 체온의 변화에 민감해진다. 신체기능의 자동조절 반응이 더뎌지기 때문에 추위를 더 심하게 느끼게 된다. 청각, 시력, 미각, 균형감각 등의 쇠퇴를 가져와 노인들의 활동에 지장을 초래하게 된다.

셋째, 정신운동 기술의 저하이다. 젊은이들에 비해 중추신경계에 의한 정보처리 속도가 늦어 모든 행동이 더디고 사고를 유발하기도 한다.

넷째, 지적 기능이다. 노인들의 지능검사 성취도는 낮아지나 실제적인 지적 능력은 떨어지지 않는다.

다섯째, 항상성의 능률 감소다. 몸 전체를 유지하는 강화기제들의 활동이 둔해지고 신체적 적응성이 떨어진다.

여섯째, 노인의 성이다. 성에 관한 관심이나 성행위가 점점 줄어든 것은 사실이지만 많은 노인들이 성행위를 지속한다. 성 관련 행동이 약화된다면, 이는 신체적 이유라기보다는 사회적 요인에 의해서라고 볼 수 있다.

2) 사회적 발달

노년기의 사회적 측면에서의 특징은 첫째, 산업사회에서 경쟁력 상실이다. 산업화는 젊은 노동자를 요구하며, 급격한 기술변화는 과거 지식의 중요성을 빼앗아 간다. 이 과정에서 노인들은 생존경쟁에서 밀려나게 되는 것이다. 둘째, 노인 인구의 증가이다. 노인의 인구가 급증하면서 이들의 다양한 욕구, 문제가 폭발적으로 발생하기 때문에 심각한 사회문제로 등장하게 된다. 셋째, 조기퇴직 문제이다. 노동시장 안정을 위해 조기퇴직이 증가하는 추세에 따라 개인적으로 제반 여건이 좋지 못한 상황에서 퇴직한 노인들의 생활은 여러 문제에 봉착하게 된다. 넷째, 경제적 어려움이다. 많은 수의 노인들이 빈곤선 이하의 소득으로 생활하고 있다. 다섯째, 노인학대 문제이다. 노인학대의 전형적인 유형은 신체학대, 심리적 학대, 부양태만 등이다. 대부분 가해자는 노인을 부양하는 자녀들이다. 여섯째, 범죄피해이다. 힘, 민첩성 등이 떨어지면서 노인들은 범죄피해자로 노출된 상태이다. 노인들은 경찰이나 사법기관과 관계하는 것을 꺼리기 때문에 범죄피해를 보고하지 않는다.

노년기에는 또 역할상의 다양한 변화가 있다. 그러므로 역할변화에 대해 적응할 수 있어야 한다. 주된 역할 변화는 조부모로서의 역할과 미망인의 역할이 있다. 먼저 조부모의 역할은 아동기와의 만남이며 또는 노인들이 알고 있는 아동기의 재개를 의미한다.

조부모의 역할에 부여하는 의미와 그것을 수행하는 양식은 다르다. 조부모의 유형은 일반적으로 공식적 유형, 대리부모의 역할 유형, 권위적 유형, 원거리 유형이 있다. 공식적 유형은 가장 보편적 유형이고, 손자녀에게 관심을 갖고, 때때로 필요할 때 돌봐주기도 하며 부모를 도와주지만 간섭하지 않도록 조심하게 된다. 대리부모의 역할 유형은 엄마가 집 밖에서 직업을 가진 경우에 아이의 양육을 책임지는 조부모 역할 유형이다. 권위적 유형은 가족의 지혜 원천으로 조부모가 지혜, 기술, 자원을 베풀고 부모·손자녀들은 이에 복종하는 관계이다. 원거리 유형은 생일 또는 명절 때나 방문하여, 보통 손자녀와 거의 접촉이 없다.

미망인으로서의 역할에 있어 노년기에 가장 힘든 새로운 역할에 대한 적응은 자신의 배우자를 상실했을 때에 일어난다. 많은 노인들에게 이런 상실은 슬픔이나 우울뿐만 아니라 극심한 혼란을 가져오게 한다. 그러나 배우자와의 사별에 따르는 극도의 고통과 슬픔에도 불구하고 대부분의 노인들은 그것에 잘 대처해 나간다. 한편 노년기는 은퇴의 경험을 한다. 은퇴는 개인의 삶의 양식을 바꾸어 놓는 중요한 변화이다. 이는 일상활동, 사회적 관계, 자아정체감 등이 직업을 중심으로 형성되어 왔기 때문이다.

은퇴에 대한 적응은 다음 <표 15-1>과 같이 퇴직 전 단계, 밀월단계, 안정단계, 휴식과 직장완화 단계, 환멸단계, 재지향 단계, 수용·인정 단계, 종결단계를 거치면서 진행된다. 퇴직 전 단계는 자신의 직업, 그 사회적 상황에서 자신을 분리할 준비를 하고, 정년퇴직 후의 생활에 대해 구체적 상상을 하기 시작한다. 밀월단계 혹은 허니문 단계는 퇴직 직후에 얼마 동안은 그동안 하고 싶었던 일들을 하면서 행복을 느끼는 단계이다. 안정단계는 퇴직 직후 일상생활이 자리를 잡는 시기이다. 휴식과 긴장완화 단계는 활동을 줄이고 쉬는 시기로서 활동량 감소가 특징이다. 환멸단계는 퇴직 후 생활이 자신이 기대하던 것과 다른 것을 깨닫고 의기소침해지고 우울해지고, 퇴직 전 가졌던 꿈들이 비현실적이었을수록 공허와 우울을 겪게 된다. 재지향 단계는 환멸단계의 우울한 상태에 있던 사람이 자신을 수습하는 시기이고, 새로운 참여와 사회적 지지를 모색하게 된다. 수용·인정 단계는 어떤 변화든지 손쉽게 다룰 수 있게 몇몇 기준을 개발하고, 자신의 삶을 편안하고 예측할 수 있는 방식으로 다룰 수 있게 해준다. 또 삶은 대체로 안정되고 만족스러운 상태가 된다. 마지막 종결단계에서는 질병, 장애로 독립적인 생활이 감소하고 가족의 원조에 의존하게 된다.

〈표 15-1〉 **퇴직자의 역할 적응 단계(Atchley)**

단계	내용
퇴직 전 단계	• 자신의 직업, 그 사회적 상황에서 자신을 분리할 준비를 함 • 정년퇴직 후의 생활에 대해 구체적 상상을 하기 시작
밀월단계 (허니문 단계)	• 퇴직 직후에 얼마 동안은 그동안 하고 싶었던 일들을 하면서 행복을 느낌
안정단계	• 퇴직 직후 일상생활이 자리를 잡는 시기
휴식과 긴장완화단계	• 활동을 줄이고 쉬는 시기로서 활동량 감소가 특징
환멸단계	• 퇴직 후 생활이 자신이 기대하던 것과 다른 것을 깨닫고 의기소침해지고, 우울해짐 • 퇴직 전 가졌던 꿈들이 비현실적이었을수록 공허와 우울을 겪음

재지향 단계	• 환멸단계의 우울한 상태에 있던 사람이 자신을 수습하는 시기 • 새로운 참여와 사회적 지지를 모색
수용 · 인정 단계	• 어떤 변화든지 손쉽게 다룰 수 있게 몇몇 기준을 개발 • 자신의 삶을 편안하고 예측할 수 있는 방식으로 다룰 수 있게 해줌 • 삶은 대체로 안정되고 만족스러운 상태
종결단계	• 질병, 장애로 독립적인 생활이 감소하고 가족의 원조에 의존하게 됨

3) 심리적 발달

노년기는 심리적 측면에서의 몇 가지 특징을 나타낸다.

첫째, 심리적 조절이다. 노년기를 의미 있고 기쁘게 만들기 위해서는 반드시 심리적 조절이 강조된다. 고정된 일 역할로부터 '자기분화', 신체 중시로부터 '신체에 관한 초월', 자기에의 몰두에서 '자기로부터의 초월'이 있다. 둘째, 생애에 관한 회고이다. 대부분의 노인들은 과거의 삶과 미래에 대해 평가 위주의 회상을 한다. 셋째, 하위지위와 연령차별이다. 원시사회에서는 노인들이 존경받아 높은 사회적 지위를 차지하였으나 산업화되면서 어르신들은 빈곤의 대상이 되었고, 사회적 지위가 떨어졌다. 노인들의 하위지위는 늙었다는 이유로 부정적인 이미지와 태도를 갖는 연령차별과 밀접히 관련된다. 넷째, 영성과 종교이다. 종교는 노년기 노인들의 정서적 풍요로움을 증진하는 중요한 요소이다. 또 에릭슨은 노년기의 심리사회적 위기인 자아통합 대 절망은 중·장년기의 생산성 대 침체의 위기를 어느 정도 성공적으로 극복하였는가에 따라 그 결과가 달라진다고 했다. 자아통합은 자신의 과거 및 현재의 인생을 바라던 대로 살았다고 받아들이고 만족스럽고 의미 있게 생각하며, 다가올 죽음을 인정하고 기다리는 태도를 갖는 것이다. 절망은 자기의 과거 및 현재의 인생을 후회스럽고 불만스럽게 생각하고 다시 한번 기회가 주어진다면 다르게 살겠다는 생각이며, 죽음 앞에 남은 시간이 너무 짧아 어떻게 할 수 없기 때문에 불안, 초조해하는 것을 의미한다.

2. 노년기 관련 이론

1) 성공적 노화이론

(1) 분리이론(Cumming & Henry, 1961)

노년기는 사회적·심리적으로 철회하는 선천적 경향을 지니고 있다. 장년기의 다양한 역할과 사회관계에서 점차 물러남으로써 반응하는 과정을 분리라고 한다.

분리이론에 의하면, 노인들은 외부세계의 사회적 활동으로부터 스스로 철회하고 타인에 대한 관심도 감소한다. 이러한 사회적 철회는 자신에 대해 더욱 몰두하고, 대상에 대해 정서적 관심이 감소하는 노년기의 발달적 성향과 밀접한 관계가 있다. 따라서 연령 증가에 따른 개인의 사회적 분리는 인생 만족을 증가시키는 중요한 요인이라는 것이 이 이론의 핵심이다.

(2) 활동 이론(Havighurst et al., 1968)

분리 이론과 반대로 장년기의 능동적이고 적극적인 생활양식을 노년기에도 지속하는 것이 노인들에게 긍정적인 영향을 준다는 주장이다. 이 이론에서는 사회적·심리적 분리가 노년기에 일어난다는 것을 인정하지만 노년기 동안의 인생만족은 계속적인 활동과 높은 상관성이 있다고 강조하고, 성공적인 노화를 한 사람은 높은 수준의 사회적·정서적 및 물리적 참여를 유지한다.

(3) 성격과 생활양식 이론

성공적 노화를 효과적으로 설명할 수 있는 포괄적 관점의 이론으로, 이것은 노화유형과 성공적 노화는 개인의 성격을 바탕으로 본다.

2) 비애와 죽음의 관리

(1) 큐블러-로스 모델

정신과 의사 큐블러-로스(Kubler-Ross)는 시카고대학 병원에 입원한 중환자를 대상으로 연구한 결과, 죽음에 이르는 과정에서 5개의 심리적 단계를 거친다는 것을 제시하였다. 먼저 부정단계에서는 불치병을 인정하지 않고, 의사의 오진이라고 생각한다. 둘째, 분노단계에서는 '왜 나만 죽어야 하지?'라고 생각하며, 건강한 사람을 원망하고 주변 사람들에게 화를 낸다. 셋째, 타협단계는 죽음을 받아들이고, 해결하지 못한 인생과업을 해결할 때까지라도 살 수 있도록 기원하고, 불가사의한 힘과 타협한다. 넷째, 우울단계는 주변 사람과 일상생활에 대한 애착을 보이고, 이런 것들과 헤어져야 한다는 점 때문에 우울증이 나타난다. 다섯째, 수용단계는 죽음 자체를 수용하고, 마음의 평화를 회복하여 임종을 직면한다.

〈표 15-2〉 죽음에 대한 반응양상

단 계	죽음에 대한 반응양상
부정단계	불치병을 인정하지 않고, 의사의 오진이라고 생각함
분노단계	'왜 나만 죽어야 하지?'라고 생각하며, 건강한 사람을 원망하고 주변 사람들에게 화를 냄
타협단계	죽음을 받아들이고, 해결하지 못한 인생과업을 해결할 때까지라도 살 수 있도록 기원하고, 불가사의한 힘과 타협
우울단계	주변 사람과 일상생활에 대한 애착을 보이고, 이런 것들과 헤어져야 한다는 점 때문에 우울증이 나타남
수용단계	죽음 자체를 수용하고, 마음의 평화를 회복하여 임종을 직면함

(2) 웨스트버그 모델

웨스트버그(Westberg)는 1단계는 충격과 분노의 단계에서 실제로 아무런 감정이 없는 충격 상태로, 아무 일도 없는 것처럼 행동한다. 사실을 부인하는 것이다. 2단계는 감정분출이다. 사실이 자명해지면서 울거나, 소리 지르거나, 탄식하는 등 고통을 표현한다. 3단계는 분노이다. 신에게 분노하거나 죽은 사람에게 분노하는 등 화를 내게 된다. 4단계는 병이다. 비애는 스트레스를 유발하기 때문에 관련 질환에 걸릴 가능성이 있다. 5단계는 공포이다. 악몽, 억제할 수 없는 감정, 일상 책무에 집중하지 못하는 어려움이 공포를 유발하게 된다. 6단계는 죄책감이다. 미연에 방지하지 못했다는 등 죄책감을 경험한다. 7단계는 우울과 외로움이다. 매우 슬프고, 고독함과 고립감을 경험한다. 8단계는 재돌입의 어려움이다. 삶의 제자리를 찾으려고 노력하지만 과거에서 벗어나지 못해 새로운 활동을 하는 데 방해를 받는다. 9단계는 희망이다. 점차 삶의 제자리를 찾으려는 희망을 갖게 된다. 10단계는 현실확증이다. 삶의 자리를 찾고 과거에 대한 통제감을 회복한다.

〈표 15-3〉 **웨스트버그 모델**

충격과 부인	실제로 아무런 감정이 없는 충격상태, 아무 일도 없는 것처럼 행동, 사실을 부인
감정분출	사실이 자명해지면서 울거나, 소리 지르거나, 탄식하는 등 고통을 표현
분 노	신에게 분노하거나 죽은 사람에게 분노하는 등 화를 내게 됨
병	비애는 스트레스를 유발하기 때문에 관련 질환에 걸릴 가능성이 있음
공 포	악몽, 억제할 수 없는 감정, 일상 책무에 집중하지 못하는 어려움이 공포를 유발하게 됨
죄책감	미연에 방지하지 못했다는 등 죄책감을 경험
우울과 외로움	매우 슬프고, 고독함과 고립감을 경험
재돌입의 어려움	삶의 제자리를 찾으려고 노력하지만 과거에서 벗어나지 못해 새로운 활동을 하는 데 방해를 받음
희 망	점차 삶의 제자리를 찾으려는 희망을 갖게 됨
현실확증	삶의 자리를 찾고 과거에 대한 통제감을 회복

3. 노년기의 사회복지실천

노년기에는 사회적 역할의 축소에 따른 자존감의 저하, 고독과 소외, 은퇴로 인한 소득감소 및 기능손상이나 만성질환으로 장기적 보호를 요하게 됨으로써 지속적인 의료비 부담, 간병 등의 문제가 주요한 문제로 등장하게 된다. 따라서 사회복지실천에 있어 사회복지사는 심리체계 측면, 사회체계 측면에서 실천할 수 있어야 한다.

1) 심리체계 측면

첫째, 죽음에 대한 태도이다. 노년기는 생애주기 단계상 죽음에 가장 가까운 단계이면서 한편으로는 가족이나 친지의 죽음 등 간접죽음을 많이 경험하면서 죽음불안이나 본인의 죽음에 대한 생각을 많이 하게 된다. 개인의 죽음은 다양한 정서적 반응과 예측할 수 없는 반응을 보일 수도 있으므로 죽음의 과정에서 원조하는 전문가는 광범위한 개인차를 인식하고, 죽음을 수용하는 단계로 나아가 편안하고, 준비된 죽음을 맞이할 수 있도록 도와야 할 것이다.

둘째, 자아통합과 죽음이다. 에릭슨의 이론에 근거하여 자신의 과거 사건을 재구조화하는 인생회상 기법을 사용하여 과거 경험에 점진적으로 되돌아 감으로써 과거의 왜곡된 경험을 해결하고 통합할 수 있으며, 마지막 발달과업인 자아통합 대 절망의 위기를 해결할 수 있다. 이러한 방법은 사회복지실천 현장에서 노인들을 대상으로 활발하게 적용할 수 있으며, 노인들의 성공적인 노화과정을 원조할 수 있다. 또 임종과 죽음을 앞둔 노인들을 위해 합당한 기술과 서비스를 토대로 한 다양한 프로그램이 개발되어 실제로 적용할 수 있어야 한다. 이것은 가족에까지 확대되어 이루어져 평안하게 노인들의 임종과 죽음을 조력할 수 있도록 해야 하고, 나아가 이들 가족의 평안한 경험이 후에 자신의 임종과 죽음을 평안하게 수용할 수 있을 것이기 때문이다(최옥채 외, 2005).

셋째, 호스피스이다. 호스피스란 인간존중, 인간이해 및 인도주의에 입각하여 죽음이 예견되는 환자와 그 가족의 삶의 질을 유지하고 마지막 순간을 평안하게 맞이하도록 환자와 가족의 신체적 · 정서적 · 사회경제적 · 영적 요구를 충족시키며 사별가족의 고통과 슬픔을 경감시키기 위한 총체적인 돌봄이다. 따라서 활동의 목표는 적절하게 고통을 조절하는 것이어야 하고, 환자의 고통과 공포를 완화하고, 수명을 연장하는 첨단기술을 피하고, 환자에 대한 심리적 지원을 하는 것으로 죽어가는 환자에게 편안함과 평화를 주어야 한다. 그래서 호스피스는 임종단계에 있는 환자와 환자의 가족을 위하여 여러 측면의 문제점을 동시에 중재해야 하므로 간호사, 의사, 사회복지사, 성직자, 자원봉사자 등의 종합적인 접근이 이루어져야 한다(권구선, 2011).

넷째, 그 밖의 원조로는 노년기의 주요 심리적 위축문제 해결을 원조할 수 있는 지지적 상담 프로그램, 노인의 고독과 소외를 극복할 수 있는 사회교육 프로그램, 치매와 같은 신체적 · 심리적 문제를 경험하는 노인과 그 가족을 위한 전문적 치료 프로그램, 주간보호 및 단기보호 프로그램, 각종 상담 및 교육 프로그램, 가정봉사원 파견 프로그램 등이 있다.

2) 사회체계 측면

첫째, 소득감소와 경제적 의존이다. 연금제도와 같은 공적 경로연금제도 등 사회보장제도의 미성숙 등이 빈곤을 야기시키며, 한국의 노인문제에서 해결해야 할 과제이다.

둘째, 노년기 노후설계 미비이다. '성공적인 노후'를 위해서는 노년기의 생활설계가 필요하다. 이것은 퇴직준비와 같이 노년기 생활적응을 통한 성공적 노화에 목적을 두고 단순히 정년퇴직 준비를 위한 남성노인만을 대상으로 하지 않고 예비노인 및 초기노인을 대상으로 노년기 생활 전반에 걸쳐 노년기를 준비하는 프로그램이어야 한다.

셋째, 건강악화와 보호문제이다. 노인들의 만성질환 유병률은 전체 노인의 90.9%이며 대부분이 한 가지 이상의 만성질환을 가지고 있는 것으로 나타났다(김문환, 2010). 만성질환 등을 앓고 있는 노인에게 가장 큰 문제가 되는 것은 의료비 부담으로 인한 경제적인 문제이다. 교통문제와 의료기관을 방문하고자 할 때 도와줄 사람, 간호와 일상생활을 수행하는 데 도움을 줄 사람이 필요하다.

넷째, 역할상실과 여가활동이다. 역할 및 지위의 상실, 사회참여 기회의 상실 등으로 인한 고통은 노인들의 여가문제를 제기하고 있으며, 이러한 노인들의 여가문제는 노인복지에 있어서 중대한 문제가 되고 있다. 그리고 노인들의 대표적인 여가활동 공간인 경로당과 노인복지관의 경우 규모와 재정상태가 열악하고 비조직적으로 운영되고 있기 때문에 활성화된 여가활용 프로그램이 거의 없고 단순한 여가시설에 머물고 있는 실정이다.

다섯째, 사회심리적 고립, 고독과 소외이다. 노년기에는 배우자와 친구 등의 죽음을 통해 상실감과 고독, 소외감을 느끼게 된다. 이런 고독과 소외의 문제를 극복할 수 있는 사회적 지지체계 마련과 효과적인 여가활동을 도모할 수 있는 프로그램 개발이 이뤄져야 한다.

여섯째, 노인의 성문제이다. 노인의 성에 대한 무지와 편견을 극복하고 문제를 해결하기 위한 다양한 사회적 체계를 마련하는 것이 필요하다. 사회복지적 측면에서의 대책으로 성에 대한 올바른 정보 제공, 재혼을 위한 상담사업 및 프로그램 제공, 노인 성에 대한 전문상담소나 성상담전문가 육성이 필요하다.

일곱째, 노인학대이다. 노인보호를 위한 서비스 및 학대예방을 위한 제도적 장치의 보완이 필요하다. 먼저 노인학대를 방지하기 위한 가족의 수발을 보충 지원할 수 있는 서비스체계의 정비가 필요하고, 노인부양에 관한 사회적 원조체계 구축이 요구된다.

제4부
사회환경의 이해

16
CHAPTER

생태체계 이론과 사회복지

1. 생태체계 이론의 이해

생태체계 이론(eco-systems theory)은 인간이 왜 특정한 방식으로 행동하는가를 보다 명확히 설명하기 위하여 지난 수십 년 동안 사회복지 분야에서 가장 널리 쓰이고 있는 핵심적인 이론 중의 하나로서, 일반체계 이론(general system theory)과 생태학(ecology)을 결합한 것이다(Kirst-Ashman, 2000).

생태체계 이론은 일반체계 이론의 주요 개념을 그대로 받아들이면서, 일반체계 이론이 갖는 한계점을 극복하기 위해 생태학적 관점을 도입한 통합적 이론으로 개인과 환경의 다양한 체계들 간의 상호작용에 초점을 두고 있으며, 이는 하나의 이론이기보다는 다양한 이론들을 결합할 수 있는 '시각' 혹은 '관점'의 개념으로 이해할 수 있다.

이러한 관점의 등장배경은 사회적으로 인정되고 있는 인간의 행동을 설명하는 많은 이론 중에서 제2부에서 소개한 정신역동 이론과 행동주의 이론, 인지 이론, 인본주의 이론 등과 같은 심리학적 배경을 가진 성격발달 이론들은 개인의 성격이나 행동을 이해하는 데 장점이 있으나, 개인의 내재적 문제 혹은 행동의 변화에만 초점을 두고 있어, 개인의 성격 발달에 지대한 영향을 미치는 사회적·문화적 요인 등과 같은 환경적인 변수들을 간과한다는 단점을 보완하기 위해서 도입되었다고 할 수 있다. 즉, 기존의 성격발달 이론들은 사회복지사들이 인간행동을 이해할 때, 개인에 중점을 두어 클라이언트에 대한 개입의 초점을 개인의 심리 내적 병리에만 두었다면, 생태체계 이론은 개인을 둘러싼 환경에 초점을 두고 있다는 것이다.

생태체계 이론은 사회복지실천 영역에 또 다른 많은 영향을 주었다. 즉, 사회복지사들이 인간행동을 이해할 때 원인과 결과와의 관계를 중시하는 단선적인 인과론적인 견해에서 벗어나 인간을 둘러싼 다양한 환경을 폭넓게 고려하도록 하여, 인간에 대한 제반 문제에 전체론적 시각을 갖게 한 것이다. 이는 클라이언트의 문제를 그가 속해 있는 가족, 집단, 조직, 지역사회 그리고 문화와 같은 사회환경 속에서 각 요소들이 서로 상호작용한 결과로서 이해하고, 클라이언트의 문제를 효과적 지원하기 위해 클라이언트의 심리 내면뿐 아니라 그를 둘러싼 사회환경이 클라이언트에게 미치는 영향과 그들 간의 관계의 규명을 위한 것이라 할 수 있다. 그러므로 생태체계 이론적 접근은 클라이언트 개인과 환경 간의 적합성, 상호적 교환, 교환을 지지 또는 방해하는 힘 등과 같은 폭넓고 통합적인 실천적 지식을 제공해 줄 것이다.

사회복지실천에서의 활동이 다른 인간서비스 전문직과 구별되는 점은 '환경 속의 인간(person-in-environment)'이라는 기본적 시각에 있다. 이에 이 장에서는 '환경 속의 인간'이라는 사회복지의 관점을 가장 잘 대변하는 생태체계 이론의 역사적 배경, 기본 가정과 관점, 주요 개념, 사회복지에서의 활용성 및 의의와 한계에 대해 살펴보고자 한다.

2. 역사적 배경

생태체계 이론은 일반체계 이론(general system theory)과 생태학(ecology)이 결합된 것이다. 이러한 관점에서의 접근은 다양한 사회복지실천 현장에서 개인, 가족, 환경을 비롯한 다양한 체계가 운영되고 서로 상호작용하는 방식에 대한 원리를 제시해 준다. 따라서 일반체계 이론, 생태학 이론, 생태체계 이론이 어떠한 과정을 통해 사회복지실천 영역에 도입되어 어떤 영향을 끼치고 있는지에 대해 살펴보면 다음과 같다.

1) 일반체계 이론

일반체계 이론(general system theory)은 오스트리아 출신의 저명한 생물학자 버틀란피(Ludwig von Betalanffy, 1901~1972)에 의해 1940년대 처음으로 제시된 이후 1960년대부터 주목을 받게 된 이론이다. 버틀란피(Betalanffy)는 내분비체계 조직들 사이의 상호작용에 관한 관찰을 근거로 생물의 조직이 어떻게 유지되고 그 기능이 조절되는지를 설명하고자 하였다. 그는 이를 기초로 생물학적 유기체에 적용되는 법칙이 좀 더 복잡한 사회체계, 즉 인간의 마음으로부터 전 지구의 생태계에 이르는 다른 영역에서도 적용될 수 있을 것이라고 가정하기 시작하였다(Nichols & Schwartz, 2003).

일반체계 이론은 전체성의 과학으로 비유되는 질서이론이다. 이 이론에서 체계는 상호 의존적이며 상호작용을 하는 부분들로 구성된 전체 또는 부분들 간에 관계를 맺고 있는 일련의 단위이다. 즉, 체계는 인과적인 관계 속에서 직·간접적으로 관련된 구성요소들의 복합체이며, 각각 구성요소들은 어떤 특정한 기간 내에서 안정적으로 다른 구성요소와 관련되어 있다. 체계의 구성요소 간 상호작용은 구성요소의 개별적 특성과 발견되지 않은 총체적인 특성을 포함하고 있다. 따라서 구성요소들 간의 상호관계는 부분들의 집합 이상의 전체를 강조한다.

체계론적 관점은 무엇보다 가장 복잡한 체계인 인간을 이해하고 그러한 인간을 맥락 속에서 이해하는 방법이며 보다 총체적이며, 대인 간의 관계를 표적으로 할 경우에 더욱 적합하며, 사람들 간의 행동이 상호작용적이라는 사실을 강조한다(Bertalanffy, 1981). 일반체계 이론은 인간을 통합된 하나의 전체로 간주한다. 즉, 인간을 생리적·심리적·사회적(biopsychosocial) 측면에서 각각 분리된 존재로 보지 않고 통합된 전체로서 기능하는 것으로 간주한다. 이러한 버틀란피의 이론은 사회복지실천 체계의 개념을 응용하는 데 기반이 되었다.

헌(Hearn, 1958)은 통합이론을 구축하기 위해 일반체계 이론을 가장 먼저 사회복지실천에 적용시킨 대표적 인물이다. 그는 사회복지사는 체계이론을 활용함으로써 인간-환경 복합체에 대한 이중적 초점을 유지할 수 있게 된다고 하였다. 이들의 영향으로 핀커스와 미나한(Pincus & Minahan, 1980)은 체계개념을 사회복지실천에 응용방법으로 변화매개체계, 클라이언트체계, 표적체계, 행동체계의 네 가지의 체계를 구분하여 제시하였다.

일반체계 이론은 사회복지실천에 매우 중요한 영향을 미쳐 많은 변화를 초래하였다. 즉, A가 B를 일으킨다는 직선적 원인론에 입각한 의료적 모델(medical model)에서 벗어나 B가 A를 일으킬 수도 있다는 순환론적 원인론(circular casuality)으로 전환할 수 있게 되었다(Peter, 1998). 즉, 사회복지실천에서 개인행동에 초점을 두었던 것에서 벗어나 체계 구성원들 간의 역동적 상호작용에 초점을 두게 된 것이다. 이는 개인의 행동을 단순한 원인에 입각하여 설명하기보다는 다양한 변인들 간의 상호작용을 이해할 수 있는 개념적 준거 틀을 제공하여 사회복지실천의 사정과 개입영역을 확대시키게 되었다(Payne, 1997). 이를 통해 사회복지실천에서는 클라이언트의 사정이나 개입 시 개인의 문제나 욕구를 개인에게 국한시키지 않고, 이들의 문제나 욕구를 보다 상황적이고 환경적 맥락에서 이해하고 접근할 수 있게 되었다. 이 이론은 개인뿐만 아니라 집단, 가족 및 사회와 같은 여러 사회체계에도 광범위하게 응용되고 있다.

그러나 일반체계 이론은 인간과 환경체계 사이의 발달과 기능이 어떠한 영향을 주고받는지를 규명할 수 있는 개념이 부족했기 때문에 사회복지실천 영역에서는 인간의 생활실태와 좀 더 가까운 이론인 생태학에 관심을 기울이게 되었다.

2) 생태학

생태학(ecology)은 원래 자연과학 영역에서 생물집단과 환경과의 상호관계를 고찰하는 자연생태학에서 발달한 학문으로, 독일의 생물학자 헤켈(Haekel, 1866)에 의해 하나의 학문으로 최초로 소개되었다. 이후 생태학은 생물학의 한 분야로 발전해 왔고, 이는 인간발달과 생활에서 환경의 중요성을 강조하면서 다차원적인 접근을 시도하는 새로운 개념에 관심을 갖게 하였다(Rotabi, 2008). 에드거 아워스왈드(Edgar Auerswald)가 1970년대 초 생태학과 일반체계 이론의 통합을 시도하였다. 사회사업실천의 초기 생태학적 이론은 20세기 초반 개별 사회사업의 도전으로 발전하였고, 사람이 새로운 상황에서 환경의 요구에 적응하고 인간의 존재에 의해 상황을 구조적으로 바꾸는 것을 강조하였다. 이후 생태학 이론은 체계의 개인과 환경이 각각의 요소가 아닌 교류적 절차를 지칭하는 것으로 발전하였고, 개인과 사회 전체에서 작용하는 생태학적 힘에 대한 증거에 관심을 갖기 시작하였다.

케럴 저메인(Carel Germain, 1916~1995)은 생태학 이론을 사회복지 분야에 소개하였고, 이후 사회복지실천가들의 많은 관심을 불러일으키며, 사회복지 분야에서 하나의 관점으로 자리 잡기 시작하였다. 저메인에 의해 생태학 이론이 사회복지 분야에 도입되기 이전까지는 대부분의 사회복지사들이 클라이언트의 내적·심리적 과정이나 가족의 상호작용에만 주된 관심을 두고 있었다(Forte, 2007). 즉, 전통적으로 사회복지실천은 오랜 기간 동안 환경 속의 인간에 대해 관심을 가져왔음에도 불구하고 대부분의 사회복지실천이 개인이나 가족 또는 집단을 중심으로 이루어져 왔고, 사회환경이나 물질 또는 문화와 인간의 상호관계에 대해서는 소홀히 해왔던 것이다. 이처럼 전통적인 사회복지실천에서 환경에 대한 실천이 부진했던 이유는 인간과 환경·문화 사이의 발달과 기능이 어떠한 영향을 주고 받는지를 규명해 줄 수 있는 유용한 개념이 부족하였기 때문이다.

사회복지 분야에 생태학적 개념들이 도입된 후 사회복지사들은 '환경 속의 인간'이라는 관점을 더 확장할 수 있게 되었고, 인간과 환경 간의 상호관계를 규명하고 이해하기 위한 포괄적인 틀로서 생태학 이론을 활용하게 되었다.

3) 생태체계 이론

생태체계 이론(eco-systems theory)은 일반체계 이론으로부터 체계와 관련된 주요개념들을 그대로 받아들이면서 일반체계 이론의 한계점을 극복하기 위해 생태학으로부터 개인과 환경 사이에 존재하는 상호적응(mutual adaptation)의 개념을 도입한 통합모델이다(Miley et al., 2004). 브론펜브레너(Urie Bronfenbrenner,

1917~2005)는 인간생태학(human ecology)이라는 개념을 최초로 제안하고, 생태체계라는 용어를 처음으로 사용하였다. 그는 생태학적 접근으로 인간발달을 설명하면서 아동발달에서 환경의 역할이 얼마나 중요한지를 보여주었다. 이러한 인간의 발달 및 행동에 대한 브론펜브레너의 생태체계 이론 덕분에 환경요소들이 인간의 생애과정과 경험의 한 부분으로 보여지게 되었다(Lang, 2005). 즉, 생태체계 이론에서는 유기체를 환경과 분리할 수 없으며 상호작용하는 체계라고 보기 때문에 개인과 환경을 이분화하는 것을 방지할 수 없으며, 양자 간의 상호작용에 초점을 둘 수 있게 해준다. 이러한 생태체계 이론은 사회복지실천가들이 인간과 환경이 상호작용하는 방법에 관심을 기울이게 하였으며, 체계 간의 영역(interface)에 대한 적응(adaptation)과 상호교류(transaction) 개념을 강조하였다.

생태체계 이론이 사회복지실천에 미친 또 다른 영향은 환경 속에 있는 개인에게 영향을 미치는 복잡한 힘의 관계에 관심을 갖게 만들었다. 생태체계 이론에서는 억압과 빈곤, 실업, 환경오염과 같은 성장, 건강, 사회적 기능을 방해하는 부정적 생활환경을 감소시키는 데 많은 관심을 갖고 있다. 따라서 사회복지실천가들이 이러한 생태체계 이론을 실천에 적용함으로써 클라이언트의 정신 내적 생활과 환경적 조건을 개선하는 데 목적을 두고 실시하는 서비스, 즉 직접적 사회복지실천과 함께 환경적 조건을 개선하는 간접적 사회복지실천의 통합이 가능하게 된 것이다. 이와 같이 생태체계 이론은 사회복지실천에서 과거의 어떤 모델보다도 넓은 관점과 관심영역을 포괄하여 문제에 대한 포괄적인 이해를 가능하게 해준다. 따라서 생태체계 이론은 문제에 대한 개입 시에도 어느 한 부분만이 아니라 전체 관련 체계에 개입하여 체계적 접근을 강조하고 있어 다양한 분야에서 활용성이 높고, 급변하는 사회환경에 의한 저소득층 아동, 가족 해체에 따른 증가하고 있는 이혼이나 한부모 가족, 소외되는 노인세대 등 현대사회에서 개인이나 가족 차원에서 해결될 수 없는 문제들에 대해 사회 전반적인 차원에서 사정하고 개입하는 데 적용되어 왔다. 이러한 면에서 생태체계 이론은 사회복지실천 영역에서 더욱 확고한 개념적 유용성과 효과성이 확립된 사회복지실천 이론이라 할 수 있을 것이다.

3. 기본 가정과 관점

1) 인간관

(1) '환경 속의 인간'이라는 총제적 인간관

생태체계라는 용어는 '개인의 적응능력과 환경의 양육적 특징, 양자 모두에게 관심을 기울인다'는 의미를 갖고 있으며, 인간을 매우 복잡한 존재로 본다. 인간은 사고, 감정, 행동을 가진 생물학적·심리학적·영적·사회적·문화적 존재로서 환경을 구성할 뿐 아니라 환경에 의해 영향을 받는 상호교환적인 위치에 있다고 본다. 따라서 인간은 환경과 분리될 수 없으며, 인간과 환경은 지속적으로 상호작용과 상호교환을 통하여 서로에게 영향을 미치고 서로를 형성하며 상호적응하는 호혜적인 관계를 유지하는 '환경 속의 인간'이라는 총체적 인간관을 갖고 있다.

(2) 인간에 대한 낙관론적 관점

생태체계 이론에서 인간에 대한 관점은 낙관론적 시각을 갖고 있다. 이러한 관점은 인간의 본성에 대한 유전적·정신적·환경적 결정론을 모두 배격하고, 인간을 환경적 요구에 적응하고 때로는 환경을 자신의 요구에 맞게 수정 또는 변화시킴으로써 발달해 가고 만족스러운 삶을 영위하는 존재라는 것이다.

인간은 환경적 자원과 사회적 지지를 자율적으로 이용할 수 있으며 환경 속에서 기능할 수 있는 능력을 갖고 있다고 본다. 즉, 인간의 자기 내면으로부터의 요구와 외부로부터의 요구로부터 비교적 자유로운 존재이며, 환경과의 상호작용과 상호교류를 통해 성공적 경험을 획득하고 자율성, 자기규제 능력, 유능성을 확보할 수 있는 능력이 있는 존재로 본다.

2) 행동의 부적응에 대한 관점

생태체계 이론에서 모든 인간의 행동은 내적 요구와 환경적 요구 사이의 조화를 찾기 위한 적응과정이므로 어떤 행동도 부적응행동으로 규정하지 않는다. 따라서 생태체계 이론에서는 부적응이란 존재하지 않는다. 부적응적인 결과 혹은 수용되기 어려운 행동이 나타난다고 하더라도 그것은 적어도 그 환경안에서는 적응적인 것이며, 모든 행동은 상황 안에서는 의미가 있다고 본다. 이러한 시각은 부적응자를 일탈자로 낙인화함으로써 개인과 환경과 상호 책임성을 간과하고, 개인적 관점에서 클라이언트가 비난의 대상이 되었던 전통적인 부적응적 관점과는 명백히 구분된다(Germain, 1973). 그러므로 생태체계 이론에서 '문제'는 환경적인 자원의 유무와 관련된 것으로, 부적응적 행동은 환경안에서 체계와 자원의 조정을 통해 변화될 수 있다고 본다.

3) 적응과 변화에 대한 관점

생태체계 이론에서 내포된 개념 중 '적응(adaptation)'을 중요시한다. 생태체계이론에의 적응이란 '개인과 환경의 적절한 결합'을 의미한다. 여기서 '적합(fit)'은 개인 또는 집단의 욕구, 권리, 목적, 능력 등과 개인이나 집단이 처한 문화적·역사적 맥락에서 존재하는 물리적·사회적 환경의 성질 및 운영상황 사이의 맞물림 상태, 즉 개인적 욕구와 사회적 욕구 사이의 조화와 균형 정도를 의미한다. 따라서 개인이나 환경에 그 적합도는 매우 낮을 수도 있고 높을 수 도 있다. 양자 사이의 적합도가 비교적 양호한 경우 그것을 '적응이 잘 된 상태(adaptedness)(Dubos, 1978)'라고 본다.

상호적합이 잘 이루어진 상태에서는 인간과 환경이 상호 긍정적인 영향을 주고받으면서 상호적응적 기능이 향상되는 반면, 적응이 잘 되지 않은 상태에서는 개인의 사회적 기능의 위축 등으로 인해 개인의 성장과 발전이 지체되며, 그에 따라 개인과 상호작용하는 환경도 손상을 입게 된다. 적응과정은 인간이 그들 환경과의 적합도를 유지하거나 향상시키기 위해 지속적으로 동원하는 변화지향적인 인지, 감각, 자각, 행동의 노력과정을 의미한다. 적응은 ① 환경을 변화시키기 위한 노력, ② 개인 자신을 변화시키기 위한 노력, ③ 환경과 개인 모두를 변화시키기 위한 노력, ④ 이러한 노력들의 결과로 발생한 변화에 적응하기 위한 노력 모두를 포함한다.

생태체계 이론은 변화에 대해 매우 개방적이다. 클라이언트의 문제행동이 환경과의 상호작용, 특히 클라이언트의 내적 욕구와 환경적 자원 간의 불일치에서 비롯되므로 변화를 위한 다양한 가능성이 존재하는 것으로 본다. 따라서 생태체계 이론적 관점을 가진 사회복지사들은 클라이언트가 가진 어떤 문제라도 클라이언트 개인의 책임으로 보지 않고 클라이언트를 둘러싸고 있는 환경과의 상호작용의 산물로 본다.

4. 주요 개념

생태체계 이론은 일반체계 이론, 생태학에서의 주요 개념들을 그대로 받아들이고 있다. 따라서 이 장에서는 생태체계 이론의 기본적인 이해를 위해 일반체계 이론의 근간이 되는 체계와 생태학에서 환경과 더불어 생태체계 이론에서의 상호교류에 대해 살펴보고자 한다.

1) 체계에 대한 이해

체계 이론에서 전체 사회는 유기체로 구성되어 있고 이러한 체계들 간의 총체적인 상호작용에 관심을 갖는다. 체계는 구별되는 방식으로 상호작용하고 일정 시간 동안 지속되는 요소들로 이루어진 조직화된 전체를 말한다. 체계 이론에서의 주요 개념으로 다루고 있는 체계, 대상체계, 상위체계, 하위체계, 홀론, 경계, 개방체계와 폐쇄체계, 균형, 항상성, 안정상태, 투입, 전환 산출과 환류, 엔트로피와 네겐트로피에 대해 살펴보면 다음과 같다.

(1) 체계

체계(system)란 상호 의존적이고 상호작용하는 부분들로 구성된 전체, 즉 "부분들 간에 관계를 맺고 있는 일련의 단위들"로 정의된다(Bertalanffy, 1968). 그러므로 상호작용이 이루어지지 않은 것은 체계가 아니다. 즉, 체계는 상호작용을 하는 여러 부분들로 구성되어 있으며, 체계가 기능적으로 완전체가 되기 위해서는 구성요소 전체가 질서 있게 상호연관성이 있어야 한다(Zastrow & Kirst-Ashman, 2001). 예를 들면, 가족・집단・지역사회・국가 등은 모두 체계라고 할 수 있는데, 이들 각각의 체계들은 더 작은 독립적인 부분들로 구성되어 있다. 예를 들면, 가족체계는 부부 하위체계, 부모-자녀 하위체계, 형제 하위체계 등의 각 부분으로 이루어져 있고, 이들 각 부분들은 각자의 기능을 수행하고 서로 간의 원활한 상호작용이 이루어져야 가족체계는 제 기능을 수행하게 된다.

(2) 대상체계, 상위체계, 하위체계, 홀론

체계는 부분성과 전체성을 동시에 갖고 있다. 즉, 체계는 부분들로 구성되는데 그 부분들에 대해서는 전체가 되고 동시에 이 체계는 보다 큰 체계의 부분이므로 하나의 부분인 것이다. 대상체계(subject system)는 분석의 대상이 되는 특정한 체계를 말한다. 대상체계의 외부에 있으면서 그 체계에 기능적으로 연결되어 영향을 미치는 사회단위들이 그 체계의 상위체계(super system)가 된다. 대상체계의 외부에 있으면서 내부의 다른 하위단계의 단위들과 상호작용하여 체계를 이루는 것이 하위체계(sub system)이다(Norlin & Chess, 1997). 즉, 가족의 갈등이 주요 문제인 경우 가족은 대상체계가 되며, 가족이 속해 있는 종교기관은 가족의 상위체계라 할 수 있으며, 가족의 하위체계는 부부 하위체계, 부모-자녀 하위체계, 형제 하위체계 등이 있다. 여기서 가족은 종교기관의 하위체계임과 동시에 형제 하위체계의 상위체계라 할 수 있다. 이와 같이 '하나의 부분임과 동시에 전체'라는 양면성을 지닌 존재를 홀론(holon)이라고 한다.

(3) 경계

경계(boundary)란 체계를 내부와 외부를 구분지어 주는 일종의 테두리를 의미(Matin & O'Conner, 1989)하는 것으로, 체계 내부의 에너지의 흐름과 외부로의 에너지의 유출을 규제한다. 경계의 기능은 주위 환경과의 내적・외적 교환을 통제하여 환경으로부터 체계를 구분하여 체계의 정체성을 규정해 준다. 경계의 목적은 피부처럼 기능적으로 외부의 부정적인 영향을 받지 않도록 체계를 보호하는 것이다(Norlin & Chess, 1997).

경계는 눈으로 볼 수 있는 경우도 있고 볼 수 없는 경우도 있다. 예를 들어, 건물의 안과 밖 또는 주택의 방은 벽이나 문에 의해 구분될 수 있다. 물리적인 벽과 문은 눈에 보이는 경계인 것이다. 그러나 눈에 보이지 않는 경계도 존재한다. 예를 들어, 정서적・심리적 체계의 경계는 눈에 보이지 않는다. 이러한 추상적 경계는 감정교류, 친밀감, 공동활동을 좌우하는 데 상당히 중요한 역할을 한다.

(4) 개방체계와 폐쇄체계

체계는 경계의 개방성과 침투성의 정도에 따라 개방체계(open system)와 폐쇄체계(closed system)로 구분된다. 체계는 정보나 에너지, 자원의 교환을 경계를 통하여 수용할 수도 있고, 수용하지 않을 수도 있다. 개방체계는 삼투막과 같은 반투과성의 경계를 가지므로 다른 외부체계들과 정보와 에너지, 자원 등을 빈번하게 상호교류를 하여 환경으로부터의 투입(input)을 받아들이고 환경에 산출(output)을 전달한다. 이러한 환경과의 상호교류 및 환경 내에서의 상호교류가 체계의 생존에 기초가 된다. 반면에 폐쇄체계는 다른 외부체계들과의 정보와 에너지, 자원 등의 상호교류가 없거나 하지 않는 것을 말한다. 즉, 체계의 경계가 폐쇄적이어서 외부환경과 고립되어 체계들이 다른 체계들로부터 투입(input)을 받아들이지 않을 뿐만 아니라 다른 체계에 산출(output)를 전달하지도 않는다. 이러한 폐쇄적 체계는 융통성이 없고 분화가 이루어지지 않고 덜 효과적인 역기능적 체계이다(Goldenberg & Goldenberg, 1980).

체계가 성장하고 발달하려면 상호작용하는 다른 체계들로부터의 투입에 어느 정도 개방적이어야 한다. 건전한 개방체계는 반투과성의 경계를 가지며 이 경계를 잘 유지한다. 그러나 현실에서는 어느 체계도 완전한 개방체계 혹은 완전한 폐쇄체계로 존재하지 않는다. 모든 체계는 개방체계와 폐쇄체계의 연속선상에 존재한다. 명확한 경계를 가진 건전한 개방체계는 시너지(synergy)를 얻는 경향이 있다. 시너지란 체계 내·외부와의 상호작용이 증가함에 따라 체계 내의 에너지 양이 증가하는 현상을 의미한다. 개방체계는 에너지를 고갈시키지 않고 한번 생성된 에너지를 다시 구성요소들 간의 상호작용을 촉진함으로써 지속적으로 새로운 에너지를 만들어 내게 된다. 예를 들어, 부부갈등이 있는 가족의 경우, 부부가 상담을 통해 관계가 개선되었다면 가족 전체의 분위기가 긍정적으로 바뀌어 부부관계뿐 아니라 자녀와의 관계에도 긍정적 변화가 나타날 수 있을 것이다.

(5) 균형, 항상성, 안정상태

모든 체계는 완전한 변화나 완전한 현상유지의 상태로 존재하지 않는다. 체계는 항상 변화하려는 속성과 유지하려는 속성을 동시 갖고 있다. 이와 같이 체계는 지속적으로 변화를 추구함과 동시에 역동적인 균형상태를 유지하려는 역동적 특성을 갖고 있다. 역동적 특성을 나타내는 기본 개념을 균형, 항상성, 안정상태로 구분하여 볼 수 있는데, 이들은 개방성의 상이한 정도를 반영한 개념이다(Anderson & Carter, 1990).

① 균형

균형(equilibrium)은 외부와의 교류나 체계의 구조 변화 없이 현재의 고정된 평형상태를 유지하는 것을 말한다. 주로 폐쇄체계에서 나타나는데, 폐쇄체계는 외부환경과의 상호작용을 하지 않고, 에너지와 자원을 교환을 하지 않는 고정된 구조를 갖고 있어, 체계 내부의 수평적인 교류를 하게 되어 내부 균형을 초래하게 된다. 그러나 균형은 변화보다는 현상 유지를 가장 바람직한 상태로 여기기 때문에 다른 조직이나 집단과 거의 교류하지 않아 체계의 성장과 발달을 억압하거나 불안정을 유발할 수 있다. 폐쇄적인 관료집단이나 엘리트 집단을 예로 들 수 있으며, 시소와 같이 일정한 범위 내에서 움직이지만 구조적인 변화는 거의 가져오지 않는다.

② 항상성

항상성(homeostasis)은 비교적 안정적이며 지속적인 균형상태를 유지하기 위한 체계의 경향을 말한다. 만약 체계가 균형을 위협받을 때 체계는 이전의 안정성을 회복하려고 한다(Barker, 1999). 이는 모든 살아 있는 유기체에서 발견할 수 있는 것으로 외부로부터의 위협이나 변화가 있을 때 체계가 동일성과 밸런스를 회복하려는 자연스러운 경향성인 것이다. 이는 개인의 항상성은 그를 둘러싼 체계의 항상성과 연결되어 있기 때문이다(Ackeman, 1966). 항상성은 일정한 수준의 개방체계를 전제로 하고 하는데, 이는 체계에 안정을 제공할 뿐 아니라 외부의 정보를 적절히 통제하여 체계를 혼란과 무질서로부터 보호하는 기능을 한다. 이는 본래 살아 있는 생물체가 균형 또는 안정을 유지하려는 노력을 의미하는 생물학적 용어이다. 항상성의 가장 고전적인 예는 인간이 체온을 36.5도로 유지하기 위해 더운 한여름에는 땀을 배출하고 추운 겨울에는 소름이 돋아 열의 손실을 방지하는 것이다. 이와 같이 체계는 기온이나 소음, 신체의 표면에 가해지는 압력, 중력 등 다양한 것들과 싸우며 자신의 구조와 과정을 유지하기 위해 노력한다.

③ 안정상태

안정상태(safety state)는 체계의 균형상태를 가장 적절하게 표현하고 있는 용어로, 전체 체계가 균형을 이루고 있고, 부분들 간의 관계를 유지시키고 쇠퇴하여 붕괴하지 않게 하기 위해 환경과의 융통성 있는 에너지 교환 관계를 유지하고 있는 상태를 말한다. 즉, 외부환경으로부터의 새로운 에너지의 투입과 산출간의 밸런스가 유지되고 있는 것이다. 따라서 안정상태는 개방체계에 존재하며, 환경과의 개방된 상호작용을 통해 지속적으로 변화하는 조건에 적응하면서 체계의 구조를 변화시킨다. 역동적이라는 면에서 안정상태는 항상성과 유사하나, 체계의 구조 자체를 변화시킨다는 점에서는 항상성과 구별된다. 항상성은 체계의 일관성을 유지하기 위해 일정한 범위 내에서만 변화하려고 하지만, 안정상태는 체계 자체를 변화시키는 노력을 통해 외부의 자극을 받아들이는 것이다. 예를 들어, 자녀가 성인이 되었음에도 불구하고 기존의 체계대로 모든 것을 아버지가 결정하려고 한다면 성인이 된 자녀는 이에 반발할 것이다. 의사결정을 아버지 혼자서 하는 기존의 항성성 체계는 달라진 환경의 요구를 수용하지 못하게 된다. 달라진 환경의 요구에 적응을 위해서 체계는 한 사람에 의한 의사결정 체계에서 두 사람 혹은 여러 사람에 의한 의사결정 체계로 변환된다. 이러한 변화를 거부하는 체계는 결국, 체계 자체의 붕괴를 가져오게 된다. 그러나 체계의 붕괴를 막기 위해서 체계는 스스로 변화해야만 한다. 체계 안에서 형태 변형성이 효과적으로 작용하면 기존 체계가 가지고 있던 규칙과 그 규칙을 유지하는 신념을 전반적으로 검토하고 이를 바꾸거나 수정하는 작업을 한다. 이러한 수정과 변화를 통하여 체계는 새로운 규칙을 만들거나 체계 자체의 구조를 바꾸게 되는 것이다.

(6) 투입, 전환, 산출과 환류

체계 이론에서는 체계가 성장하고 발전하기 위해 체계 내·외부에 존재하는 에너지를 지속적으로 탐색하고 적절한 수준에서 교환이 이루어져야 한다고 본다. 이와 같이 변화와 발전의 과정이 있다고 전제하고 이러한 과정을 투입-전환-산출-피드백의 교환과정으로 설명하고 있다. 즉, 모든 체계는 이러한 교환과정을 통해 외부환경과 교류한다. 체계의 에너지는 내부에서 얻을 수도 있고 외부환경에서 유입될 수도 있으나, 체계가 갖고 있는 자원의 대부분은 체계를 둘러싸고 있는 외부환경 또는 상위체계로부터 유입된다. 체계가 적절한 기능을 위해 외부환경으로부터 많은 자원을 유입해야 한다.

투입(input)은 체계가 환경으로부터 에너지, 정보 등을 받아들이는 것을 말한다. 전환(conversion operation)은 일단 외부환경으로부터 체계 내부로 투입이 이루어지고 난후 체계가 투입된 에너지를 자신에게 적절하게 변형시키는 재조직화 과정을 말한다. 그리고 산출(output)은 체계 내에서 재조직화 과정을 거쳐 처리한 결과를 말한다. 예를 들어, 종합사회복지관에서 국가·지방자치단체에서 운영보조금을 받는 것은 투입이고, 복지관에서 지역주민들의 문제해결을 위한 여러 가지 프로그램을 수행하는 것은 전환과정이며, 프로그램의 시행 결과가 주민들의 문제해결 정도가 산출이다. 한편 피드백은 체계가 수행했던 정보를 다시 그 체계에 제공하는 특수한 형태의 투입으로 체계가 산출한 것에 대한 정보를 말한다. 이는 체계가 가지고 있는 목적 달성을 위해 스스로 행하는 의사소통의 자율적 장치로서 긍정적 피드백과 부정적 피드백이 있다.

긍정적 피드백(positive feedback)은 체계가 스스로의 목표 달성을 위해 올바르게 진행되고 있다고 판단하여 현재까지의 행동을 지속되도록 하는 것이다. 부정적 피드백(negative feedback) 체계의 전환과정이 목표에서 벗어난 방향으로 진행되고 있다고 정보를 제공하여 현재의 행동을 중단 또는 수정하도록 하는 것이다. 위의 예에서 복지관에서의 프로그램의 시행 결과 주민들의 문제해결에 도움이 되었다면 복지관의 프로그램은 계속적으로 시행될 것이나, 문제해결에 효과적이지 못한 경우 프로그램의 중단 또는 수정되게 된다. 체계는 이러한 피드백을 통해 목표 달성을 위한 노력을 효과적으로 조정할 수 있게 된다.

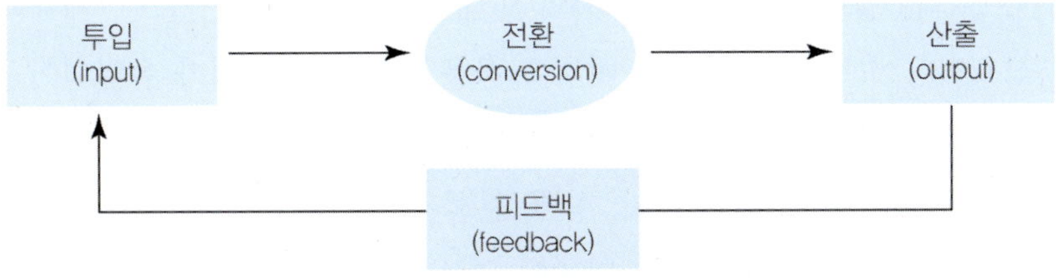

그림 16-1 투입-전환-산출과 피드백 과정

(7) 엔트로피와 넥엔트로피

체계 내의 구성요소들 사이의 자원이나 정보 등의 에너지 교환을 설명하고 있는 개방체계와 폐쇄체계를 보다 잘 이해하려면 물리학의 열역학에서 빌려온 엔트로피(entropy)와 넥엔트로피(negentropy)에 대한 이해가 필요하다.

① 엔트로피

엔트로피(entropy)란 물체의 한 부분이 뜨거워지면 열이 전체로 확산되어 그 물체 전체를 뜨겁게 하여 불가항력적으로 에너지의 균형상태가 되는 것을 말한다. 즉, 체계 내부의 상호작용이 감소하여 사용 가능한 유용한 에너지가 감소하는 상태를 말한다. 예를 들면, 뜨거운 기체와 찬 기체가 있으면 이를 이용해 엔진을 돌릴 수 있지만 두 기체의 온도가 같아지면(엔트로피의 증가) 두 기체 사이에는 순환과정(cycle)이 존재하지 않아서 더 이상 엔진을 돌릴 수 없게 된다는 것이다. 이러한 엔트로피의 증가는 체계가 외부로부터 자원이나 정보 등의 에너지를 체계 내부로 유입하지 못하는 폐쇄체계에서 나타난다.

내부 체계의 유용한 에너지를 소모하는 엔트로피가 지속될 경우 체계는 무질서와 혼돈이 증가하여 효과적인 기능의 상실을 초래하고 해체(소멸)하는 방향으로 진행된다. 예컨대 외부체계와 폐쇄적인 가족은 다른 체계로부터 긍정적인 에너지를 유입하기 어렵기 때문에 시간이 지날수록 가족 내 무질서와 혼돈이 증가하여, 가족 구성원들의 분열 또는 해체 등의 문제가 유발될 경향성이 높아지게 된다.

② 넥엔트로피

넥엔트로피(negentropy)는 엔트로피의 반대경향을 말하는 것으로, 체계 외부와의 상호작용이 증가하여 체계 내부에 사용 가능한 에너지가 유입되어 유용한 에너지가 증가하는 상태를 말한다. 따라서 넥엔트로피의 증가는 무질서와 혼돈이 감소되고, 체계 내의 질서, 형태, 분화가 유지된다. 이는 개방체계와 관련된다. 예컨대 빈곤상태에 있는 가족이 외부로부터 경제적 지원을 받게 되면 가족 구성원들은 경제적 안정뿐 아니라 정서적으로 안정되어 가족 구성원으로서의 부모, 자녀의 역할을 수행하게 된다는 것이다.

폐쇄체계				개방체계
높다	⟵	엔트로피	⟶	낮다
낮다	⟵	넥엔트로피	⟶	높다
낮다	⟵	질서	⟶	높다
높다	⟵	혼란	⟶	낮다
낮다	⟵	법칙(질서와 위계)	⟶	높다
적다	⟵	정보의 필요성	⟶	많다

| 그림 16-2 | 체계유형과 에너지 교환

2) 환경에 대한 이해

(1) 환경체계의 수준

브론펜브레너(1979)는 개인을 둘러싼 환경은 네 가지 수준의 체계들, 즉 미시체계, 중간체계, 외체계, 거시체계로 구분하고, 각 체계들은 간에는 위계를 갖고 있다고 본다. 이 체계들은 서로 상호작용하며 호혜적이다. 그는 개인과 개인을 둘러싸고 있는 환경체계들이 어떤 수준으로 존재하는지에 대한 이해를 위해, 크기가 다른 여러 개의 인형들이 겹겹이 들어 있는 러시아 인형을 자주 인용하고 있다. 가장 안쪽에 있는 러시아 인형을 한 개인이라고 가정하면, 그 개인이 들어 있는 그 다음 인형은 가장 즉각적이고 가까운 환경체계이며, 이것은 다시 그보다 큰 환경체계인 그 다음 크기의 인형 안에 속한다는 것이다. 이와 같이 개인을 둘러싸고 있는 수준의 환경체계에 대한 개념과 특징을 살펴보면 다음과 같다(Ambrosino et al., 2005).

① 미시체계

미시체계(microsystem)는 한 개인이 매일의 일상생활에서 대면적 상호작용을 하는 가장 가까운 체계를 말한다. 미시체계는 직접적인 상호작용을 통해 개인의 일생에 가장 지대한 영향을 미친다. 여기에는 배우자, 가족, 친구, 학교, 직장, 동료, 이웃 등을 포함한다. 이 수준에서 초점은 직접적인 환경 내에서 이루어지는 개인의 기능, 지적·감정적 능력, 동기, 일상생활의 영향력 등이며,

이 수준에서의 개인이 주변 관계가 긍정적인지 부정적인지의 여부, 개인이 가치 있고 존중되는지의 여부, 개인을 위한 관심이 지속되는지 여부에 초점을 둔다.

② 중간체계

중간체계(mezzosystem)는 개인의 발달에 영향을 미치는 미시체계들 간의 상호작용에 초점을 둔 개념이다. 즉, 한 개인의 미시체계인 부모와 교사 간의 관계, 이웃들 간의 관계, 친구들 간의 관계 등을 말한다. 중간체계는 한 개의 미시체계와 다른 한 개의 미시체계 사이의 연결관계를 말하기 때문에 어떤 하나의 미시체계에서 일어나는 사건은 다른 미시체계에서 일어나는 아동의 행동과 발달에 영향을 미친다. 중간체계가 풍부하고 질이 높으면 체계들 간의 상호작용 효과가 높을 것이며, 궁극적으로 개인의 발달과 성장에 도움에 제공한다.

③ 외체계

외체계(exosystem)은 개인이 직접적으로 관여하지는 않지만 개인의 발달에 영향을 미치는 사회적 구조인 환경요소를 포함한다. 여기에는 부모의 직업(직장), 자녀가 다니는 학교, 대중매체, 시민단체, 종교단체 등 지역사회나 정부기관 등 지역사회의 경제적·사회적 요인 등이 포함된다. 예를 들어, 부모의 직업은 부모의 사고와 행동에 영향을 미치고 자녀의 양육방식에 영향을 미쳐 자녀의 성격발달에 영향을 미치게 된다. 또한 학교 정책은 학생이 정책결정에 참여하지는 않으나 그 학교 재학생은 정책결정에 의해 영향을 받는다. 즉, 교실에서의 학생 행동에 대해 해야 할 것과 하지 말아야 할 것을 규범화할 경우 학생들간의 직접적인 상호작용은 학교 정책에 의해 지대한 영향을 받게 된다. 이와 같이 외부체계는 개인에게 직접적으로 영향을 미치지는 않지만, 중간체계와 미시체계를 통해 개인의 생활에 영향을 미치게 된다.

④ 거시체계

거시체계(macrosystem)는 개인이 속한 다른 모든 수준의 환경에 영향을 미치는 보다 큰 문화적·사회적 요소들을 포함하는 커다란 환경을 말하는 것으로 개인에게 간접적으로 영향을 미친다. 여기에는 문화, 민족, 사회, 정치, 역사, 경제, 철학 등과 같은 인간 삶의 제도적 측면 모두가 거시체계가 된다. 거시체계는 개인의 삶에 직접적인 관련성은 거의 없지만 신념, 태도, 전통을 통해 인간에게 영향을 미치며 다른 어떤 체계보다도 더 안정적이고 강력한 영향력을 행사한다. 예를 들어, 각 문화권에 따른 여성의 지위나 타인에 대한 인사예절, 또는 방송매체를 통해 형성된 매력적 외모의 기준, 의복에 대한 유행, 각 나라의 역사 등은 각 사회마다의 독특성을 지닌 거시체계를 형성하여 그에 속한 모든 구성원의 각 개인의 삶에 가장 큰 영향력을 미치게 되는 것이다.

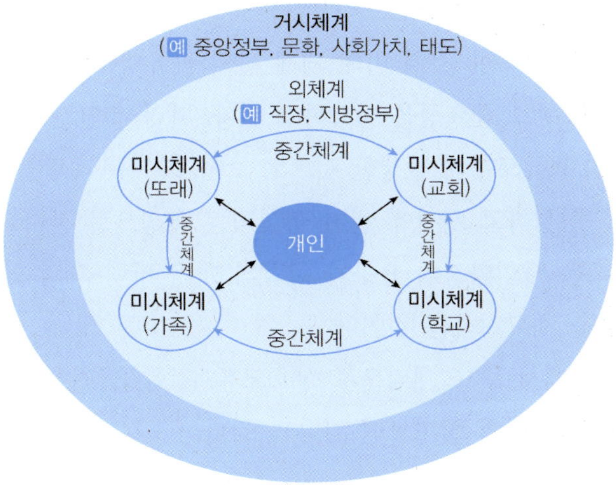

그림 16-3 생태체계 관점에서 환경체계의 수준

(2) 환경체계의 영향력

환경체계는 미시체계, 중간체계, 외체계, 거시체계로 구성되어 있다. 환경체계의 각 구조와 구조는 서로 상호작용을 하며, 인간의 행동에 발달에 직접적 또는 간접적으로 영향을 미친다. 그러나 구조들 각각의 관계와 영향은 인간이 발달함에 따라 변한다. 예를 들어, 신생아는 단지 자신의 최인접 환경인 미시체계만을 인식할 뿐이다. 그러나 직접 경험 이상으로 사고할 수 있는 청년들에게는 외체계와 거시체계가 점점 더 중요한 의미를 가지게 된다.

브론펜브레너가 관심을 가졌던 것은 거시체계 중 국가 정책이 인간의 생활 여건을 결정함으로써 인간의 복지를 향상시키고 인간발달에 영향을 미치는 힘을 갖고 있다는 측면이었다. 거시체계는 인간행동과 발달과정을 조정하는 외체계, 중간체계, 미시체계의 구체적 속성을 결정한다.

3) 상호교류에 대한 이해

생태체계 이론은 맥락 속의 인간을 강조하며 인간과 환경 간의 공유영역에서 일어나는 교류(transaction)에 대해 중요하게 다루고 있다. 생태체계 이론은 일반체계 이론이 체계 간의 상호연관성을 중요시하면서도 체계 간의 공유영역에 대한 관심이 부족한 것에 비해 체계 간의 공유영역에 대한 적응과 상호교류라는 개념으로 그 중요성을 강조하고 있다. 따라서 인간의 성장과 발달은 공유영역에서의 교류로부터 발생한 것으로 보며, 교류는 사람들이 지속적으로 그들의 환경을 형성하고 시간에 걸쳐 형성되는 과정으로 본다. 이는 삶을 지속하는 사람 혹은 사회환경의 요구와 사람의 대처 노력 간의 균형에 대한 사회복지의 초점을 재확인하는 것이다.

생태체계 이론에서 주요 개념으로 상호교류, 적합성, 적응성, 유능성, 스트레스와 대처기술에 대해 살펴보면 다음과 같다.

(1) 상호교류

상호교류(transaction)와 상호작용(interaction)을 구별하는 것이 중요하다. 상호작용은 개인과 환경이라는 두 요소가 서로 영향을 미치나 분리된 정체성을 보유한다. 반면 상호교류는 개인과 환경이 한 단위, 관련, 체계로 합쳐질 뿐 아니라 개인과 환경 간의 영향의 상호관계를 의미한다(Lazarus, 1980). 즉, 상호교류는 상호작용과는 달리 개인과 환경이 서로 분리되어 존재하는 것이 아니라 지속적인 상호관계 속에서 하나의 체계로 존재한다는 의미를 내포한다.

(2) 적합성, 적응성, 유능성

① 적합성

적합성(goodness of fit)은 인간의 적응적 욕구와 환경자원이 부합되는 정도를 말한다. 인간과 환경 사이의 상호교류를 통해 전 생애에 걸쳐 성취되며, 상호교류는 적응적일 수도 있으며, 부적응적일 수도 있다. 개인과 환경 사이의 상호작용이 성공적이고 적응적일 때, 즉 주요 타인, 사회조직, 정치경제적 구조와 정책, 물리적 환경이 개인의 성장, 발달, 물리적 및 정서적 안정이 지지할 때 적합성이 이루어진다.

생태체계 이론에서는 환경과 인간이 결합된 힘(conjoint forces)을 발휘할 때 각각이 발휘하는 개별적 힘의 총합보다 더 큰 효과를 생산해 낼 수 있다고 본다. 따라서 인간과 환경이 서로의 요구에 적응하면서 변화하고 발달해 감으로써 서로에게 더 유익한 효과를 낼 수 있다고 본다. 하지만 인간과 환경 사이에는 항상 협력적 상호관계가 유지되는 것은 아니며 어느 일방이 희생함으로써 다른 부분의 생존과 발달이 보장되기도 한다. 그러나 이러한 경우 양자 간에는 갈등과 힘의 불균형이 야기되고, 결국에는 양자의 생존과 발달을 저해하게 되는 부적합성을 초래한다.

② 적응성

적응성(adaptation)은 개인 대 환경의 적절한 결합으로 환경의 변화를 위한 행동이나 인간 스스로 환경변화에 적응하는 것을 말한다. 이는 주위 환경과 조화를 이루고 생존을 위해 변화하는 과정으로 개인과 환경이 상호영향을 미치고, 최적합 상태를 성취하기 위하여 상호 간에 영향을 미치고 반응한다고 본다. 따라서 인간은 환경이 자신의 욕구에 적합하도록 변화시키고 이러한 환경의 변화에 또한 적응할 수 있어야 한다. 인간은 새로운 환경적 상황에 처할 경우 그 상황의 요구에 적응하고 상황은 그 인간 존재로 인하여 구조적 변화를 경험하게 된다. 인간은 끊임없이 창조하고, 재구조화하며, 환경이 인간에게 어떤 영향을 미친다 해도 환경에 적응해 나간다. 이와 같이 적응은 인간의 내적 영향력과 생태적 환경의 영향력에 의해 이루어지는 상호의존적인 과정이다. 전통적인 사회복지실천에서의 클라이언트의 문제는 개인이 일탈되어 있고 행동적으로 문제가 있거나 심리적으로 왜곡되어 있다고 보았다. 그러나 체계적 관점에서는 인간의 적응상의 문제를 병리적으로 보지 않는다. 클라이언트의 부적응은 개인의 욕구와 대처능력과 환경적 자원 혹은 지지가 일치되지 못한 것으로 간주한다.

③ 유능성

유능성(competency)은 개인이 환경과 효과적으로 상호작용할 수 있는 능력이다. 이는 개인이 환경과 성공적인 상호작용을 경험하는 데서 형성되는 것으로 일생에 걸쳐 확대될 수 있는 능력이다. 생태체계 이론에서는 유능성의 발달이 인간발달에 필수적인 요소라고 보고 있다. 이러한 유용성의 개념에는 확고한 결정을 내리고, 자신의 판단을 신뢰하고, 자기 확신을 갖고 환경에 바람직한 영향을 미칠 수 있는 능력이 포함되어 있다. 또한 환경적 자원과 사회적 지지를 유목적적으로 활용하는 것도 유능성의 개념에 포함된다.

(3) 스트레스와 대처기술

① 스트레스

스트레스는 개인이 지각한 요구와 이러한 요구를 충족시킬 수 있는 자원을 활용할 수 있는 능력 사이에 불균형이 일어난 것이라 할 수 있다. 즉, 개인과 환경 간의 상호교류에서의 불균형이 야기하는 현상인 것이다(Germain & Giterman, 1986). 또한 개인과 환경 사이의 상호교류에서 심각한 불균형에 의해 야기된 생리, 심리, 사회적 현상이라고 할 수 있다.

생활 스트레스와 관련된 생리적 반응으로 불면, 소화장애, 신체기능의 저하, 심리적 반응으로 불안, 죄의식, 분노, 두려움, 우울, 무기력감, 절망 등의 부정적 감정의 증가와 사회적 반응으로 사회적 관계에서의 자신감, 자긍심, 자율성의 빈약 또는 부족을 수반한다. 그러나 스트레스는 반드시 문제가 되는 것은 아니다. 개인, 환경, 문화적 차이에 따라 어떤 사람들은 자신의 성장을 방해하는 생활문제를 스트레스 요인으로 경험하는 반면, 다른 사람은 같은 문제를 도전으로 경험한다. 즉, 개인이 긍정적 자존심을 가지고 있고, 유능성이 있다고 생각하는 경우에는 스트레스에 대한 반응은 부정적이지 않다. 그리고 어떤 스트레스는 개인의 성장과 발전을 도모하는 하나의 동기로 작용할 수 있다. 이처럼 개인의 성장과 발전을 방해하는 것을 부적 스트레스(distress)라고 하며, 이와 반대로 개인의 성장과 발전의 계기가 되는 것을 정적 스트레스(eustress)라고 한다.

② 대처

대처(coping)는 생활 스트레스에 의해 발생하는 문제를 완화하기 위해 고안된 새롭고 특별한 행동들이다. 즉, 개인이 문제를 극복하기 위해 노력하는 것을 말한다. 적응(adaptation)이 긍정적 또는 부정적인 새로운 조건에 모두 반응하는 것이라면, 대처(coping)은 부정적인 경험을 다루는 것으로, 대처의 과정에 사용되는 기술이 바로 대처기술(coping skill)이다. 성공적인 대처를 위해서는 내적 자원과 외적 자원이 필요하다. 내적 자원은 자존감과 문제해결 기술 등을 말하고, 외적 자원은 가족, 사회적 관계망, 조직의 지원 등을 포함한다(Greene, 1990). 성공적인 대처는 인간환경의 질을 향상시키고 보다 높은 수준의 사회적 관계, 능력, 자긍심, 자율성의 획득으로 적응수준을 향상시킨다.

5. 생태체계 이론의 활용성 및 한계점

생태체계 이론의 '환경 속의 인간(상황 속의 인간)'이라는 준거 틀은 개인적 요인들이 문제의 원인이라는 초기의 가설과 문제의 결정요인들은 환경적·사회적 상황의 맥락에서 고려되어야 한다는 이후에 나온 가설을 종합하여 제시한 것이다. 즉, 인간의 문제를 클라이언트의 개인적 요인(예컨대 성격 특성, 발단단계)과 상황적 요인들(예컨대 자원에 접근할 때에 환경적 장애)에 그 뿌리(근거)를 두고 있기 때문에, 인간의 문제에 대한 이해와 개입에 있어서 개인적이고 환경적 영향력들(forces)을 결코 분리하지 않고 통합적으로 접근할 수 있게 한 것이다. 이러한 관점은 사회복지사들에게 사례에 대한 확장된 관점을 제공하였고, 사회복지사는 다양한 요소들이 형성되고 서로 영향을 미치는 방법을 이해할 수 있게 되었다. 이에 사회복지실천에서 클라이언트의 사정이나 개입 시 개인의 문제나 욕구를 개인에게 국한시키지 않고, 이들의 문제나 욕구를 보다 상황적이고 환경적 맥락에서 이해하고 접근할 수 있게 된 것이다. 생태체계 이론이 사회복지실천에 제공하고 있는 활용성을 살펴보면 다음과 같다.

첫째, 생태체계 이론은 과거의 어떤 실천이론보다도 넓은 관점이자 관심영역을 포괄하여 문제에 대한 총체적인 이해를 가능하게 해준다.

둘째, 기존의 전통적인 사회복지실천 이론을 적용하기 전에 문제현상을 정확히 파악하여 문제해결을 위해 어떤 이론이 가장 적합할 것인가를 판단하고 선택할 수 있게 해준다. 즉, 생태체계 이론 내에서 기존의 실천이론들을 더욱 효과적으로 활용할 수 있게 한다.

셋째, 생태체계 이론은 사정의 도구로서 직접적인 유용성을 갖는다. 생태체계 이론은 특정 체계의 속성과 체계 간의 상호연관성을 평가함에 있어서 각 체계들 간의 일관성과 상호성, 갈등 등의 정도의 상태를 규명할 수 있는 개념 기준을 제공하고 있다.

넷째, 생태체계 이론은 문제를 전체 체계의 총체성 속에서 이해하여 문제에 대한 개입 시에도 어느 한 부분만이 아니라 전체 맥락체계에 개입하여 체계적인 변화를 유발하게 한다.

그러나 생태체계 이론은 이러한 유용성에 불구하고 실천이론이 아니므로 몇 가지 제한점을 갖고 있는데 이를 살펴보면 다음과 같다.

첫째, 설명적이기보다는 해석적이다. 사회와 개인행동의 수준들 간의 연결과 관계에 대하여 쉽게 이해가 가능하도록 이론화되어 있으나, 그 발생원인과 관계의 원인에 대해서는 설명하지 못한다. 이에 대한 실험적 연구를 수행할 수 없는 어려움 때문이다.

둘째, 전체적으로 설명하거나 통합적으로 대응하지 못한다. 예를 들면, 사회복지사가 클라이언트에게 서비스를 제공함에 있어서 '어떻게', '무엇을', '왜' 그리고 '무엇을 위하여' 하는가를 설명해 주지 못한다. 다만, 제공된 서비스가 체계를 통과하고 일정한 결과로 나타나고 그 결과가 새로운 서비스 창출로 환류되는 순환과정만 설명하고 있을 뿐이다.

셋째, 너무 많은 것을 포함하고 있음을 지적하고 있다. 체계와 체계의 경계를 정하는 데 있어서 복잡한 문제가 발생하고, 이들 각 체계는 연결망에 연결되어 있어 체계 간의 명확한 경계를 정하는 것은 불가능하다. 또한 넓은 범위의 사회문제를 중심적으로 다루기 위하여 클라이언트의 개인적인 문제들이나 심리적인 내용들을 소홀히 다루게 될 소지가 있다. 따라서 생태체계 이론의 의도는 현실생활 속에서 사례의 복잡성을 파악하는 데 있기 때문에 어떤 특정한 치료적 접근을 위한 이론으로 이해하기보다는 전체적인 치료의 분석을 위한 기본 바탕과 전제로 이해해야 할 것이다.

17 CHAPTER

가족, 집단, 지역사회와 사회복지

1. 가 족

가족은 인간이 최초로 접하는 사회의 기본적 단위로서 인간의 성장과 발달에 매우 중요한 역할을 수행한다. 인간은 가족과의 관계에서 성격형성의 기초를 이루게 되며, 가족 구성원과의 상호작용을 통해서 서로에게 영향을 주고받는 하나의 사회체계이다.

1) 가족의 정의와 개념

가족은 개인이 성장하고 발달하는 데 가장 친밀하고 영향력 있는 사회적 환경이다. 전통적으로 가족은 "사회적으로 인정받는 성적 관계를 유지하는 최소한 두 명의 성인남녀와 그 성인이 낳았거나 입양한 한 명 또는 그 이상의 자녀를 포함하여 공동거주, 경제적 협력, 재생산으로 특징지어지는 사회집단(Murdock, 1949)"으로 정의된다.

같은 맥락에서 가족은 "결혼, 혈연, 입양 등으로 관련된 둘 이상의 사람으로 구성된 집단으로 동일한 가구에서 함께 거주하는 사람들의 집단(Barker, 1987)"으로 정의되기도 한다. 이러한 정의는 가족을 주로 결혼, 혈연, 입양과 같은 법적 지위나 부모-자녀로 구성된 가족구조 및 형태에 따라 규정짓는 것으로 볼 수 있다. 그러나 이러한 가족형태를 기반으로 한 정의는 오늘날 다양한 가족형태가 등장하고 있는 상황에서 더 이상 우세하거나 실제적이기는 어렵게 되었다. 실제 증가하고 있는 한부모가족, 재혼가족, 무자녀가족, 조손가족, 결혼이민자가족, 미혼모부자가족, 기러기가족, 동성애가족 등 다양한 가족형태의 출현은 새로운 방식의 가족개념 정의가 필요함을 보여주고 있다(최선희 · 최정숙 · 박화옥, 2008). 사회복지실천 분야에서도 최근에는 가족구조나 가족형태보다는 기능이나 관계의 질적인 측면에서 가족을 정의하고 있는 것을 볼 수 있다. 하트먼과 레어드(Hartman & Laird, 1983)는 "둘 이상의 사람들이 친숙한 한 가족이라고 여기고 밀접한 감정적 유대와 가정이라는 생활공간, 생물학적 · 심리적 · 사회적 욕구의 충족에 필요한 역할과 과제를 공유할 때 가족이다"라고 정의하였다. 같은 맥락에서 미국사회복지사협회(NASW) 가족분과위원회(1982)에서도 가족을 "그들 스스로 가족이라고 생각하고 건강한 가족생활에 필수적인 의무, 기능, 책임을 수행하는 두 명 이상의 사람들"로 정의하고 있다. 이러한 정의는 다양한 가족구조, 생활주기, 문화적 차이를 포괄하고 있으며, 가족의 관계와 기능에 초점을 두어 정의하고 있다.

2) 가족의 변화

오늘날의 가족은 많은 변화를 보여주고 있다. 다양한 가족형태가 등장하고 있고 규모와 구성 면에서도 변화가 나타나고 있으며, 가족의 기능 면에서도 기존에 수행하던 기능에 변화가 발생하고, 가족기능에 대해 기대하는 바도 달라지고 있다. 또한 가족주기가 달라지고 다양한 형태의 가족주기도 나타나고 있는 상황이다. 최근의 가족변화 동향을 세부적으로 살펴보면 다음과 같다(장수미 외, 2010 : 180-181).

첫째, 가족구조 면에서의 변화이다. 먼저 낮은 출산율, 독신 및 노인단독가구의 증가로 1인가구가 증가하는 등 가족의 규모가 축소되고 구성이 단순화되는 특징을 보여주고 있다. 또한 이혼율, 재혼율, 국제결혼의 증가로 한부모가족, 재혼가족, 조손가족, 결혼이민자가족 등 다양한 가족이 증가하고 있다.

둘째, 가족기능 면에서의 변화이다. 일반적으로 가족의 주요 기능은 머독(Murdock)이 제시한 자녀출산과 재생산 기능, 성적 기능, 경제적 기능, 교육 및 사회화 기능으로 이해되어 왔다(Murdock, 1949). 이러한 보편적인 가족기능은 점차 사회로 이양되어 왔는데, 경제적 기능은 시장으로, 교육 및 사회화 기능은 공식적인 교육기관으로, 그 외 노인과 돌봄이 필요한 가족 구성원에 대한 보호

또한 공적인 영역으로 이전되고 있다(성정현 외, 2015 : 25). 미래의 가족기능은 출산이나 양육의 기능, 교육이나 사회화의 기능보다 정서적 기능이 가장 주요하게 부각될 것으로 전망되고 있다(양옥경, 2005).

셋째, 가족주기 면에서의 변화이다. 결혼연령의 상승, 출산 자녀 수의 감소, 평균수명의 연장 등으로 자녀 출산과 양육 시기는 짧아지고, 자녀 출가 후 노인부부만 남는 시기는 점차 길어지고 있다(성정현 외, 2015 : 26). 또한 이혼가족과 재혼가족의 증가로 기존의 가족생활주기 단계 및 과업과는 다른 경험을 하게 되는 가족이 늘어나게 되었고, 그 외 무자녀가족, 조손가족, 결혼이민자가족의 증가는 기존 가족발달주기와 다른 과정과 과업을 갖게 될 가족에 대한 조사와 이해의 필요성을 제기하고 있다.

3) 체계로서의 가족의 특징

(1) 개방형 가족과 폐쇄형 가족

사회체계로서의 가족은 상호의존적인 관계에 있으므로 한 사람의 행동이 다른 가족 구성원들에게 영향을 미치고, 반복적인 상호작용 행동이 유형화되면서 가족은 체계로서 통합성을 갖게 되며, 외부체계와 구분되는 경계를 형성하게 된다. 가족의 경계는 가족 구성원들이 가족체계 외부에 대해 나타내는 행동에서 드러난다. 사회적 환경으로서 가족은 다른 사회체계들보다 상대적으로 개방체계로 정보 혹은 변화의 영향을 받기 쉬우며, 다른 사회체계의 변화에 전략적으로 반응하는 적응력을 발휘할 수 있다(이인정 외, 1996 : 343-344).

사티어(Satir, 1988)는 환경과 상호작용하는 가족체계를 개방체계의 가족과 폐쇄체계의 가족으로 유형화하였다. 개방체계는 체계 내 여러 요소들과 환경간의 상호작용이 활발하게 이루어지고 이를 통해 변화를 지향하는 경우가 많다. 폐쇄체계는 상호작용이 잘 이루어지지 않아 에너지의 혼란상태에 이르게 되는 것을 의미한다(성정현 외, 2015 : 149).

개방체계의 가족은 가족 구성원 간에 상호작용이 원만하고 서로의 성장을 가져다 주며 가족응집력이 높다. 이러한 가족은 그 영역이 지역사회의 공간으로 확대되는 동시에 외부문화도 가족공간으로 유입된다. 또한 다른 가족 구성원들에게 악영향을 주지 않고 규범을 위반하지 않는 범위 내에서 외부와의 왕래를 통제할 수 있다. 예컨대 손님이 많은 집, 친구의 활발한 방문, 외부활동 참여, 대중매체에 대한 최소한의 검열, 정보교환의 자유로움 등의 특징을 보인다. 개방체계의 가족은 서비스를 요청하거나 지역사회 자원을 더 이용하는 경향이 있다.

폐쇄체계의 가족은 의사소통이 부족하거나 외부의 환경과 상호교류가 부족하다. 따라서 이웃과 지역사회 같은 상위의 체계들과는 분리된 가족공간을 만들게 되며 외부와의 상호작용과 사람, 물건, 정보, 생각의 출입을 엄격히 제한한다. 이것은 대인관계에서의 소외, 사회적 관계망의 결여 등의 문제를 일으킬 수 있다. 이러한 가족은 자녀들의 친구관계 및 여행 감시와 같이 자녀들의 활동에 대하여 부모의 통제가 매우 강하며, 전호번호를 이웃에 알려주지 않고, 집을 공개하지 않거나 가족행사 등을 비밀로 하는 모습을 보인다.

(2) 가족의 하위체계

하나의 체계로서 가족은 환경은 물론 가족 내의 하위체계들과 활발하게 상호작용을 한다. 따라서 사회복지실천을 위해서는 가족구성원, 가족 그리고 환경의 상호작용과 가족에게 영향을 주는 환경에 대해 파악하고 이해하는 것이 필요하다.

가족체계의 주요한 하위체계로는 부부하위체계, 부모하위체계, 형제하위체계, 부모-자녀하위체계 등이 있으며, 최상의 가족기능을 위해서는 체계 간의 경계선이 명확하게 규정되어야 한다. 경계는 가족의 가치체계와 양식을 반영하면서 역사적·전통적인 특성을 반영하기 때문에 경계 자체의 속성만으로 가족이 기능적이 되거나 역기능적이 되는 것은 아니다. 가족의 충성심이나 친밀성, 가족의 전통에 따라 경계가 달라질 수 있다(성정현 외, 2015 : 148~149).

부부하위체계는 가족의 가장 기본적인 하위체계로서 결혼유지의 기능을 담당하는데, 각 배우자는 상대방이 효과적으로 기능하는 데 도움이 될 수 있는 행동유형을 발전시켜야 한다. 그러나 각자가 자신의 개별성을 유지하고 독립적으로 행동할 수 있는 능력도 동시에 필요하다. 즉, 내부적으로 부부 사이에도 어느 정도 경계가 확립되어야 하고, 외부적으로는 경계를 적절하게 설정하여 각 배우자의 출생가족과 적절히 독립하고 분화될 수 있어야 한다. 이때 원가족으로부터 일일이 간섭받거나 전적으로 의존적이어서는 안 된다.

부모하위체계는 아이가 출생하면서 형성되는데, 이는 자녀들이 부부하위체계로 들어오기 시작하는 것을 보여준다. 자녀들이 성장하고 개별성의 욕구가 증가하면서 부모의 역할은 힘들어진다. 이때 부모는 이들의 자율성을 지원하면서도 필요한 통제를 행사하는 역할을 잘 수행해야 한다.

형제하위체계에서 아이들은 자신들끼리 상호작용을 통해 협의와 타협 그리고 상호보완적인 대인관계를 배우게 된다. 부모는 이들의 경계를 인정해 줄 필요가 있으며 가족 외부와의 상호작용도 도와주어야 한다.

부모-자녀하위체계는 부모와 자녀가 하나의 기능적 단위로서 상호작용하는 이색적인 하위체계로서 어머니와 자녀 또는 아버지와 자녀가 하나의 단위로 상호작용하는 경우다. 이 체계는 다른 세대가 체계의 구성원이 된다는 점에서 가족의 다른 하위체계와 다른 모습을 보인다. 이 체계에서 경계가 너무 경직되어 다른 구성원의 개입을 허용하지 않거나 너무 허술하여 역할혼란이 발생된다면 병리적이 될 가능성이 높다.

(3) 가족생활주기

가족생활주기(family life cycle)란 가족 내의 발달과정을 시기에 따라 설명하기 위해 사용되는 일반적인 용어이다. 가족생활주기는 결혼을 중심으로 결혼 전과 결혼한 이후의 확장단계까지 진행되는 과정 그리고 다시 자녀를 독립시키고 축소되는 과정으로 진행된다. 각 주기마다 특징이 있고 과업이 있기에 생활주기가 전환될 때마다 가족은 변화에 적응하기 위해 문제를 일으킬 수도 있다. 가족생활주기는 특정 단계에서 일어날 수 있는 문제들을 확인해 주기 때문에 가족기능을 평가하고 개입을 계획하기 위한 효과적인 틀을 제공해 준다(성정현 외, 2015 : 152).

가족생활주기의 단계는 학자들마다 나누는 기준이 다양한데, 일반적으로 카터와 맥골드릭(Carter & McGoldrick, 1980)의 가족생활주기를 많이 따른다. 이들은 가족생활주기를 여섯 단계로 구분했는데 1단계는 결혼전기로서 본인의 출생에서부터 결혼 전까지의 시기이다. 이 시기에는 원가족으로부터 분화하기 시작하고 일과 재정적 측면에서 독립적이 되는 것이 중요하다. 2단계는 결혼하여 첫 자녀 출생 전까지의 결혼적응기로 부부체계가 형성되고 배우자가 포함되도록 확대가족의 관계 재정비가 요구된다. 3단계는 자녀아동기로 자녀들의 평균연령이 아동기에 속하는 시기이다. 이때는 자녀양육과 가사 등에 부부가 공동으로 참여하는 것이 요구되며 부모와 조부모의 역할이 포함되도록 관계를 재정비해야 한다. 4단계는 자녀 청소년기로 자녀가 청소년에 돌입하면서부터 아직 결혼하지 않은 시기까지이다. 이 시기에는 청소년 자녀가 가족체계에서 출입이 자유롭도록 부모와 자녀 사이의 관계 변화가 필요하며 한편으로는 노인세대를 돌보기 위한 준비가 시작되는 시기이다. 5단계는 부부중심의 부부체계로 정비된다. 6단계는 노년기로 신체적 쇠퇴에 직면하게 되고 배우자 및 친구들의 죽음에 대처하면서 자신의 삶을 통합하게 된다.

4) 가족과 인간행동

가장 기본적인 사회단위로서 가족은 개인이 성인으로 성장하는 데 필요한 기본적인 수단을 제공하며 개인의 성격형성과 행동에 많은 영향을 준다. 가족체계는 가족 구성원의 사회화와 사회통제를 이행하는 과정에서 개인의 성격형성과 발달에 어떤 다른 사회적 환경보다 강한 영향을 미친다(김동배 · 권중돈, 2005 : 86). 오창순 등(2010)은 가족의 영향을 부모의 양육태도, 가족 내의 역할, 의사소통으로 나누어 설명하였는데 그 내용을 요약하여 살펴보면 다음과 같다(오창순 외, 2010 : 377-378).

첫째, 부모의 양육태도는 가정의 분위기, 가정의 사회적 수준, 부모나 자녀의 개인적 요소 등 여러 환경적 요인 등이 복합적으로 작용하여 구성된다(권재환 · 이은희, 2006). 이러한 양육태도는 부모-자녀 간의 정서적 유대관계 차원과 자녀에 대한 부모의 감독 차원으로 분류되는데, 특히 청소년기에 상당한 영향을 미치는 것으로 나타나고 있다(Jang & Smith, 1997).

부모-자녀 간의 정서적 유대는 부모와 자녀 간에 긍정적이고 애정적인 감정의 상호교류를 의미하는데, 정서적 유대감이 약한 청소년일수록 심리적인 문제를 많이 가지고 있다. 부모와 자녀 간의 정서적 유대를 통해 자녀들은 건강한 정서적·심리적 발달을 위해 요구되는 자기수용(self-acceptance)이나 자기효율성(self-efficacy)을 향상시킬 수 있게 된다(Stice et al., 1993). 부모의 감독은 부모가 자녀의 행동에 대한 명확한 규칙을 세우고 자녀가 규칙에 순응하는지 감독하며, 문제행동을 일으킬 경우 이에 대해 일관성 있는 훈육을 적용하는 등의 가족관리 기술을 이용하여 자녀의 행동에 주의를 기울이고, 문제가 되는 자녀의 행동을 수정하는 것을 말한다(Bahr et al., 1998; 김용석·방명숙, 2000 : 89 재인용). 강압적인 부모의 밑에서 자라는 경우 학대가 발생할 환경이 쉽게 조성되고, 자녀들이 누적된 불만요소들로 인해 학교에서 공격적 행동을 나타낼 가능성이 많으나(손병덕 외, 2008 : 278), 엄격하고 애정적인 부모의 양육태도가 자녀의 문제행동을 감소시키기 때문에 자녀에 대한 적절한 부모의 감독이 필요하다(하영희, 2003; 권재환·이은희, 2006).

둘째, 가족의 역할은 어느 한 사람이 수행할 수 있는 행동에 대한 일련의 기대로서 중요한 환경적 체계에 의해 규정되고 승인된다(성정현 외, 2015). 개인은 가족 내부에서 각각의 역할을 맡고 있는데, 역할에 대한 기대나 수행이 적합하지 않을 때 스트레스를 경험하게 된다. 특히 자녀들의 경우 성인이 된 후에도 모호한 역할 인식이 영향을 미칠 수 있다. 예를 들면, 일반적으로 부모에게 자녀를 양육하고 보호하는 역할이 기대되는 경향이 있는데, 어떤 가정의 경우는 부모가 경제적으로는 양육을 하지만 정서적으로는 반대로 자녀들이 부모를 보호하는 역할을 하기도 한다.

셋째, 의사소통은 건강한 부부관계를 유지하고 부부의 대처능력 및 적응능력을 향상시키는 중요한 변인이며(이선미·전귀연, 2001; 권복순·차보현, 2006), 동시에 원만한 부모-자녀 관계를 위한 요소 중의 하나이다. 억압받지 않고 자유롭게 감정을 표현하는 등 개방적 의사소통을 하는 부부는 그렇지 않은 부부

보다 결혼만족도가 높으며, 부모-자녀 간의 개방적인 의사소통은 청소년의 문제행동에도 영향을 준다.

5) 사회복지실천에의 적용

가족체계 내에서 모든 구성원은 서로 영향을 미치고 있으며, 동시에 구성원 각자와 전체로서의 가족은 다른 환경체계의 영향을 받는다. 따라서 가족 구성원, 가족, 더 큰 사회체계의 욕구와 상호작용을 고려하여 사회복지실천이 이루어져야 한다(오창순 외, 2010 : 379). 가족복지실천은 가족 구성원 개개인에 초점을 맞추는 것이 아니라 '생활상의 어려움에 처한 가족을 위하여 가족 전체에 초점을 두고 가족이 안정된 삶을 추구할 수 있도록 가족의 기능을 강화하는 사회전체의 조직적 노력'이라 할 수 있다(박종삼, 2002). 이러한 가족복지실천의 접근방법은 매우 다양하지만 미시적인 접근과 거시적인 접근방법으로 구분할 수 있다(김동배 · 권중돈, 2005 : 87-88).

미시적인 접근방법은 특별한 욕구를 가진 가족 구성원들의 부부문제, 자녀문제, 폭력 등 가족구조와 가족기능, 생활주기 등으로 기인하는 문제를 다루며, 이를 통해 가족의 변화와 가족 구성원의 성장을 도모하고자 하는 접근방법이다. 이러한 미시적 접근방법은 가족복지서비스라고 불리며, 가족교육, 가족치료, 가족보존 및 지원서비스, 가족계획, 가족옹호사업 등이 대표적이다. 가족교육은 가족관계, 가족 스트레스에 대한 대처 등과 관련된 교육을 통하여 가족기능을 강화하고자 하는 노력으로 가족자문(family consultation)이라고도 불린다. 가족치료는 전체 가족의 역기능적인 상호작용에 전체 가족과 개별 구성원의 문제의 원인이 있다고 보고, 이를 해결하기 위하여 가족이 호소하는 문제를 해결해 나가는 임상적 접근방법이다. 가족보존 및 지원서비스는 일부 손상되거나 지원을 필요로 하는 가족의 기능을 보존하고 강화하여 가족을 유지시키고 그 기능을 제고하기 위한 접근방법으로 주간보호, 형제자매 결연, 입양, 공동생활가정, 재가복지서비스, 가정위탁보호, 미혼모 프로그램 등이 이에 해당된다. 가족옹호는 빈곤가족, 학대가족, 이혼가족 등 자신의 권리를 적극적으로 주장하는 데 한계를 지니고 있는 가족의 권리를 대신하여 주장하고, 이들의 복지권을 회복시키고자 하는 가족복지실천의 한 방법이다.

거시적인 접근방법은 가족에게 영향을 미치는 환경에 대한 접근으로서 가족복지정책이 중심이 되어 법과 제도의 변화를 유도하는 국가적인 차원의 노력을 말한다. 이러한 가족복지정책에는 국민연금, 고용보험, 노인장기요양보험 등의 사회보험 및 공공부조인 국민기초생활보장제도, 조세정책 등에 대한 접근이 있으며, 국민건강보험, 의료보장정책, 가족수당, 아동수당, 교육정책, 저출산·고령화정책 등에 대한 접근이 있다.

2. 집 단

집단은 가족과 같이 개인의 성장과 발달에 큰 영향을 미치는 환경체계이다. 개인은 생애주기를 통해서 유아기에 또래집단을 비롯한 학급, 동아리, 학교, 직장, 사회단체, 지역사회에서 다양한 목적과 조건에 따라 수많은 집단을 경험한다. 개인이 경험하는 집단의 유형과 그 집단 속에서 수행하는 과업과 역할은 그의 성격형성, 인간관계 그리고 생활과업 수행에 직접적 혹은 간접적으로 영향을 미친다. 따라서 개인이 경험하는 다양한 집단은 가족 다음으로 가장 친숙하고 직접적이며, 상호작용이 활발한 환경체계라고 할 수 있다.

1) 집단의 정의

사회체계로서 집단이란 "한 개인으로서 서로 인식하고 상호작용하며, 사회적 실체로서 집단에 대한 의식을 공유하고, 구성원들의 집단과 연관된 행동에 의해 영향을 받으며, 자연적이고 표현적인 행동이 지배적인 두 명 이상으로 구성된 사회조직의 한 형태"로 정의할 수 있다(Norlin & Chess, 1997 : 227). 또한 집단은 "적어도 2인 이상이 모여 공동의 목적 또는 인지적·감정적·사회적인 면에서 관심을 공유하면서 서로에 대한 호감을 가지며, 규범을 형성할 뿐 아니라 집단활동을 위한 목적을 발달시키고, 스스로 혹은 타인에 의해서 그 집단의 구성원으로 인식할 수 있는 정도의 응집력을 발달시킬 수 있도록 충분한 상호작용과 교류가 이루어지는 상태"로 정의할 수 있다(Hartford, 1971 : 26).

이러한 정의를 통해서 집단이란 "서로 관련되어 있는 사람들의 집합으로서 개인들의 단순한 집합이 아니라 그 안에 있는 사람들의 관계가 구조화되고 유형화되어 있는 조직된 체계"라고 정의할 수 있다. 또한 이러한 집단은 적어도 두 사람 이상이 모여 공통의 목적과 흥미, 관심을 공유하면서 서로에게 영향을 주고받는 모임이라고 할 수 있다.

집단은 단순히 다수의 개인들이 모여서 만들어진 모임이기보다 일정한 목적을 갖고 움직이는 체계이다. 집단은 내적으로 구성원들을 통제하기 위한 독특한 규범과 문화를 발전시킬 뿐 아니라 외적으로 환경체계의 영향을 받는다. 이러한 집단의 특성은 다음과 같다(Norlin & Chess, 1997 : 228-229).

첫째, 일정한 구성원을 갖는다. 집단의 최소단위는 2인 이상이고, 전체의 크기는 작다고 할 수 있다. 이러한 집단의 크기는 구성원 상호 간의 상호작용으로 제한을 받는다. 상호작용이 이루어지지 않을 정도로 규모가 큰 경우에는 더 이상 집단이라고 말할 수 없다.

둘째, 공통된 목적이 존재한다. 집단에는 구성원들이 함께 공유하고, 실제로 달성할 수 있는 목적이 있어야 한다. 체계론적 시각에서 목적은 체계를 유지하고 과업을 성취하는 기능을 한다.

셋째, 정체성을 갖는다. 모든 구성원은 전체로서의 집단에 대한 정체성을 갖는데, 이는 다양한 집단활동을 통해 형성되는 '우리'라는 의식으로 나타난다.

넷째, 집단은 개인의 행동에 영향을 미친다. 집단은 구성원들에게 사회통제의 기능뿐 아니라 중요한 사회화의 기능을 수행한다. 즉, 각 집단은 독특한 하위문화를 형성하는데, 이것은 구성원들의 집단 관련 행동에 영향을 미치는 규범이 된다. 집단규범이 형성되면, 이 규범은 구성원 각자의 자아인식으로 내면화된다.

다섯째, 상호작용은 일차적으로 정서적 맥락에서 이루어진다. 집단 내 상호작용은 구성원들의 내적 혹은 자연적인 상태를 기반으로 한다. 이러한 의미에서 집단 관련 활동들은 일차적으로 이성적이기보다 감정적이다.

여섯째, 집단참여에는 한계가 있다. 한 개인이 가족 이외의 다양한 집단에 참여하는 것은 일정한 관심과 흥미에 기초하여 자발적으로 결정된다. 그리고 각 집단은 구성원들에게 상호작용을 요구하고, 이는 결과적으로 구성원들의 힘과 에너지가 필요하다. 따라서 자연적으로 한 개인이 집단에 참여하는 정도와 수는 제한적이기 마련이다.

일곱째, 집단은 모든 사회체계 중에서 가장 배타적이다. 배타성의 관념은 집단 구성원의 자기본위 의식에 의해 나타난다. 집단 구성원의 관계가 개인적인 차원에서 이루어지며, 개인의 내부에서 우러나오는 감정에 의해 이루어지기 때문에, 다른 체계에 대해 배타적이다. 배타성은 집단의 잠재적인 안정성과 구성원의 사회화에 기여한다.

2) 집단의 유형

집단의 유형은 집단의 크기, 집단의 목적, 성원 간의 상호작용, 정서적 결속 정도, 집단구성 방법, 활동범위 등에 따라 다양하게 구분된다. 이 절에서는 성원 간의 상호작용과 정서적 결속 정도에 따른 분류로 일차집단과 이차집단, 집단구성 방법에 따른 분류로 자연집단과 형성집단, 구성원의 가입과 탈퇴의 자율성에 따른 분류로 개방집단과 폐쇄집단, 집단목적과 활동에 따른 분류로 치료집단과 과업집단의 유형을 살펴보고자 한다.

(1) 성원 간의 상호작용과 정서적 결속 정도에 따른 분류 : 일차집단과 이차집단

집단을 분류하는 가장 흔한 방법으로 쿨리(Cooley)는 성원 간의 상호작용과 정서적 결속 정도에 따라 일차집단(primary group)과 이차집단(secondary group)으로 분류하였다. 일차집단은 혈연이나 지연을 바탕으로 자연발생적으로 이루어지는 집단으로 가족, 친구, 또래 등이 이에 속하는 집단이다. 이차집단은 정서적 결속이 약하고 특별한 목적 성취를 위하여 상호작용하는 집단을 의미하며, 개인자체보다는 집단 내에서 수행하는 개인의 기능과 역할을 중시함으로써 집단 성원 간의 관계는 단지 작업이나 노동활동에 근거를 두고 이루어지며 관계를 맺는 목적은 효율성을 높이는 데 있다. 일차집단에서의 인간관계는 감정적이고 정서적인 반면에 이차집단에서는 수단적이며 합리성이 강조된다.

(2) 집단구성 방법에 따른 분류 : 자연집단과 형성집단

자연집단(natural group)과 형성집단(formed group)은 집단구성 방법에 기초한 분류이다. 자연집단은 자연발생적으로 만들어진 집단으로 공식적인 지원체계가 없는 것이 특징이다. 여기에는 가족, 또래집단, 갱집단이 포함되며, 쿨리(cooley)의 일차집단과 유사하다. 형성집단은 가족이나 또래집단 같은 일차집단과는 달리 특정 위원회나 팀(team)처럼 일정한 목적을 갖는 것이 특징이다. 형성집단은 공식적 규칙과 일련의 과업을 갖는다. 또한 이 집단은 설정된 목적을 달성하기 위해 역할에 의해 구조화되고 지위에 의해 층화되었다는 특징을 가지고 있다. 형성집단은 쿨리(cooley)의 이차집단과 유사하다. 형성집단은 집단이 추구하는 목적에 따라 치료집단과 과업집단으로 분류되기도 한다.

(3) 구성원의 가입과 탈퇴의 자율성에 따른 분류 : 개방집단과 폐쇄집단

구성원의 가입과 탈퇴의 자율성에 따라 개방집단(open-ended group)과 폐쇄집단(close-ended group)으로 구분된다. 개방집단은 집단이 진행되는 동안 언제나 새로운 구성원의 입회가 가능한 집단이다. 이 집단에서는 구성원들의 가입과 탈퇴가 자유로울 뿐 아니라 구성원이 바뀌면서 새로운 생각과 신념, 가치관이 유입될 수 있는 장점이 있다. 그러나 구성원의 가입과 탈퇴가 너무 자주 발생하면 새로운 구성원이 유입될 때마다 오리엔테이션을 반복해야 하는 부담이 있으며, 지금까지 일정한 목표를 향해 노력해 온 구성원들의 성장을 정체시키거나 불안을 유발할 수 있다. 폐쇄집단은 구성원의 자격을 먼저 분명하게 설정한 후, 집단 구성원들이 동시에 들어와 집단이 운영되는 기간 동안 새로운 구성원의 유입 없이 처음부터 끝까지 일정하게 운영되는 집단을 말한다. 이

집단에서는 구성원들이 동일하기 때문에 집단응집력이 높고, 집단의 공동목표와 개별목표를 모두 효과적으로 달성할 수 있는 가능성이 높다. 그러나 구성원 선정이나 목표설정이 처음부터 잘못된 경우에는 이를 수정할 수 있는 여지가 적고, 집단을 운영하는 과정에서 구성원들이 여러 가지 이유로 중도탈락을 하는 경우에는 집단이 소수화되어 집단역동을 기대할 수 없거나 집단운영이 어려워지는 경우가 발생할 수 있다.

(4) 집단목적과 활동에 따른 분류 : 치료집단과 과업집단

집단목적과 활동에 따라 치료집단(treatment group)과 과업집단(task group)으로 구분된다. 치료집단은 목적에 따라 지지, 교육, 성장, 치유, 사회화 집단으로 구분되며, 과업집단은 클라이언트, 조직, 지역사회의 욕구충족을 위한 집단으로 구분된다. 먼저 치료집단(treatment group)은 구성원의 사회정서적 욕구에 대한 만족을 증가시키려는 광범위한 목표가 있다. 이러한 집단과정의 성공은 구성원의 치료목표가 충족되었는지에 근거한다. 높은 수준의 자기노출이 요구되고 의사소통이 공개적으로 이루어진다. 사회복지사는 구성원들이 적극적으로 상호작용할 수 있도록 격려한다. 구성원의 역할은 상호작용의 결과에서 결정될 수 있다. 구조화된 일정한 형식이 존재하면서도 상황에 따라 유연한 과정을 거치게 된다. 치료집단은 목적에 따라 지지, 교육, 성장, 치유, 사회화 집단으로 구분된다.

지지집단(support group)은 상호원조를 통해서 장차 일어날 인생의 사건에 좀 더 효과적으로 적응하기 위한 대처기술을 향상시키고, 미래에 대한 희망을 고취시킴으로써 성원이 삶의 위기에 대처할 수 있도록 돕는 집단을 말한다.

교육집단(educational group)은 구성원이 정보 또는 기술을 습득하는 데 목표를 둔다. 주로 자신이 되려는 무엇과 관련된 학습, 즉 청소년과 위탁부모 등의 일반적 특성을 학습하는 것에 공통적인 관심을 가지고 있다. 학습하고 강화하고 논의하는 과정에서 전문가의 관여가 필요하고 자기노출 수준은 비교적 낮다.

성장집단(growth group)은 사회정서적인 건강증진을 강조하는 집단을 말한다.

행동, 감정, 사고를 인식하고 확장시키고 변화시켜 나가는 기회를 성원에게 제공하여 구성원의 능력과 자의식을 높이는 것이다.

치유집단(therapy group)은 구성원이 자신의 행동을 바꾸고 개인적 문제를 완화하거나 그에 대처하고 또는 사회적 또는 건강상의 외상 이후에 그들 스스로를 원상복귀시킬 수 있도록 돕는 집단이다. 지지집단과 구별되는 점은 지지를 강조하면서 동시에 치료와 회복에 중점을 둔다는 것이다.

사회화집단(socialization group)은 사회에서 효과적으로 기능하도록 사회기술 및 사회적으로 용인되는 행동을 학습하는 데 목적이 있다. 집단토론 형식보다는 게임, 역할연습과 같은 프로그램 활동에 참여하면서 대인관계 기술을 향상시키는 것을 강조한다. 집단은 활동과 참여를 위한 하나의 수단이고 구성원의 참여가 중요하다.

과업집단(task group)은 문제에 대한 해결책을 찾고 새로운 아이디어를 만들어 내며 결정을 내리기 위해서 조직된 집단이다. 과업집단은 클라이언트 욕구를 충족시키는 것, 조직욕구를 충족시키는 것, 지역사회 욕구를 충족시키는 것의 세 가지 목적을 가진다(Toseland & Rivas, 2009).

3) 집단과 인간행동

인간발달 과정에서 집단의 경험은 매우 중요하다. 특히 청소년기 이전의 집단경험은 성격형성과 발달에 많은 영향을 미친다(김동배 · 권중돈, 2005 : 91-92). 유아기에 또래와의 연합놀이나 협동놀이를 통하여 사회생활에 필요한 기초적인 도덕성이나 사회적 역할분담을 학습하게 되며, 의미 있는 지도력까지도 경험할 수 있게 된다. 아동기에 학급집단이나 또래집단의 구성원으로서 경험하는 여러 가지 집단활동을 통하여 규범준수, 상호협력, 자기욕구의 통제와 관련된 기술을 습득하게 되며, 근면성 또는 열등감이라는 성격적 특성이 형성되기도 한다. 청소년기에는 집단에 참여하여 타인이 보는 자신에 대한 관점을 받아들임으로써 자아정체감 형성의 기반을 마련할 수 있게 된다. 그리고 성인기 이후에 유의미한 집단경험을 하지 못하는 경우에는 고독, 소외감, 우울증

등과 같은 다양한 정신장애를 보일 가능성이 높아진다.

집단은 학습행동이나 성격형성에 필요한 기본적 토대를 제공해 줄 뿐 아니라 행동이나 성격의 변화에도 많은 영향을 미치게 된다. 개인이 집단에 참여하여 타인과 지속적인 의사소통과 상호작용을 하는 과정에서 타인의 행동이나 성격적 특성을 모방하기도 한다. 그리고 개인은 집단 내에서의 지위에 따라 역할을 수행하고 집단규범에 순응하는 과정에서 기존의 성격유형을 다른 유형으로 대치시키기도 한다. 집단 내에서 발생한 심리사회적 문제를 다루기 위하여 자신의 입장을 표현하고, 긴장과 갈등을 처리하며, 분노감이나 적개심을 표현하고, 타인과 우호적인 정서적 교류를 경험함으로써 정서상태에 변화가 초래되기도 한다. 그리고 집단의 목표달성을 위한 과업중심적 활동에 참여함으로써 타인과의 협력, 개인적 경계선과 자율성의 의지와 같은 성격 및 행동적 특성이 형성되거나 강화된다.

그러나 집단이 인간발달과 행동에 긍정적인 영향만을 미치는 것은 아니며, 지나친 사회적 통제기제나 왜곡된 집단문화 등으로 인하여 집단이 구성원에게 부정적 영향을 미치고, 성장과 변화를 방해할 위험성 또한 지니고 있으며, 집단따돌림으로 대표하는 집단 소외현상을 경험하게 함으로써 개인의 심리사회적 문제를 유발하는 원인이 되기도 한다.

4) 사회복지실천에의 적용

집단을 활용한 사회복지실천은 1890년대부터 시작되었다. 즉, 인보관운동, 성인교육, YMCA 등과 같은 기관 내에서 시작되었다. 역사적으로 집단을 서비스의 단위로 재인식한 대부분의 기관들은 사회적 변화를 위해 노력한 기관들이다. 이 기관들은 빈민들의 사회적 조건을 변화시키고, 서비스 제공을 통해 사람들의 민주·사회적 및 도덕적 특성을 발달시킬 수 있도록 환경과 사회에 영향력 있는 변인들을 확인하는 데 목표를 두었다(오창순 외, 2015 : 388). 빈곤지역에 위한 인보관과 청소년기관에서 시민들의 교육, 사회화, 지역사회에 대한 적응을 도모하고, 상호지지의 관계를 형성하며, 사회변화를 위한 힘의 결집이 필요하였기에 주로 집단을 중심으로 한 사회복지실천이 전개되었고, 이 때문에 집단사회복지실천이 발달되었다(김동배 · 권중돈, 2005 : 92).

집단은 상호작용을 하는 구성원으로 이루어져 있으며, 구성원 간의 상호작용은 개별 구성원뿐만 아니라 전체로서의 집단 그리고 그 집단을 둘러싼 환경에도 영향을 미친다. 즉, 집단 구성원은 집단활동을 통해 자신에 대해서 이해하며, 자신의 성장과 발전을 도모한다. 구성원 각자는 다른 구성원으로부터 영향을 받게 되며, 자신의 행동을 통해서 다른 구성원에게 영향을 미친다. 또한 전체로서의 집단은 구성원 각자의 활동에 의해서 변화된다.

집단사회복지실천의 접근방법이 갖는 특성에 따라 파펠과 로스만(Papell & Rothman, 1980)은 집단사회복지실천의 모델을 사회목표모델, 치료모델 그리고 상호작용모델으로 구분하고 있다. 사회목표모델은 집단 구성원들이 사회적 의식과 책임을 발달시킬 수 있도록 집단 내 민주적 절차를 개발하고 유지하며 바람직한 역할모델에 초점을 두는 모델이다. 이러한 사회목표모델의 주된 대상은 지역주민이며, 개인의 변화보다는 그 개인을 둘러싼 사회환경의 변화를 통하여 집단이 추구하는 선을 이루고자 한다. 치료모델은 집단을 활용하여 개인의 심리적 · 사회적 · 문화적 적응문제를 해결하는 데 목적이 있으며, 정신병원, 가족치료기관, 사회복지관에서 활용될 수 있다. 주로 다루는 문제는 대인관계 문제, 부적응적 일탈행위와 같은 사회적 기능 수행에 관한 것이며, 이때 집단은 개인의 문제해결이라는 목적을 달성하기 위한 수단이자 효과적인 치료의 매개물로 간주된다. 상호작용모델은 개인과 사회 간의 유기적이고 체계적인 관계를 전제로 집단 구성원 간의 지지체계 형성에 초점을 두고, 유사한 문제나 관심사를 지닌 구성원들이 서로 협력하고 지지하여 상호이익이 되는 체계를 형성하는 데 목적을 둔 모델이다. 이 모델에는 단주집단, 단도박집단, 치매가족집단 등 유사한 문제를 가진 구성원들의 자조집단을 활용하기도 한다.

집단사회복지실천은 사회복지전문직의 지식, 기술, 가치, 윤리에 근거를 두고 집단 내의 개별 구성원, 전체로서의 집단, 그리고 집단이 속한 환경의 변화와 사회적 기능의 증진을 도모하는 사회복지실천의 한 방법이다(Trecker, 1972).

집단의 개입은 사회복지실천 현장에서 널리 활용되고 있다. 따라서 유능한 사회복지사로 성장하기 위해서는 집단과정과 역동에 대한 정확한 이해를 바탕으로 하여 집단과 그 구성원을 원조하는 데 필요한 실천적 지식과 기술을 갖추어야 할 것이다.

3. 지역사회

지역사회(community)에 관한 정의가 학자들마다 다양하며, 더욱이 '커뮤니티'를 지역사회로 번역하여 사용하는 점에도 일치하지 않아 지역사회를 이해하는 데 많은 어려움이 있다. 그럼에도 사회복지실천에서 지역사회는 개인의 환경뿐 아니라 사회복지실천의 장으로서 매우 중요한 개념이라 할 수 있다. 특히 사회복지실천방법이 개인, 집단, 가족, 지역사회를 기반으로 이루어지고 있기 때문에 사회복지사는 지역사회에 관한 이해가 필요하다.

1) 지역사회의 정의

지역사회는 개인과 개인의 상호작용을 변화시키는 데 중요한 역할을 한다. 특히 산업화·도시화된 사회에서는 서비스를 필요로 하는 지역사회 차원에서 대처되어야 할 '문제'가 지역사회에 존재한다. 여기에는 빈곤, 주택, 비행, 정신건강 등 다양한 문제가 있다. 이러한 문제를 해결하기 위해 필요한 수단, 재료 등 통칭하여 '사회자원'이 지역사회에 있으며, 이러한 자원은 적절히 동원할 수 있는 숙련된 조직가가 필요하게 된다(김기태·박병현·최송식, 2007 : 251).

지역사회를 "공동의 장소, 이해, 정체감, 문화, 활동에 기반하고 있는 사람이 구성한 사회단일체(Fellin, 1995 : 114)", "일정한 지리적 공간 안에서 서로 심리적·사회적 유대를 가지고 있는 사람들(Mattessich & Monsey, 1997 : 6)", "인간행동의 혼합 다면체(Schriver, 1995 : 450)"로 정의하고 있다. 이 같은 정의는 커뮤니티를 반드시 지리적 공간 속의 주민뿐만 아니라 친목회나 기관들의 협의회 같은 공동체 의식을 갖는 개인이나 기관들의 결합체도 포함하고 있다.

강준렬(1997 : 15)은 지역사회를 "일정한 지리적 공간인 생활권 안에서 사회적 상호작용을 통하여 공통된 이해관계, 문화를 형성하여 공통의 경험과 공동생활을 향유하는 일정 지역의 범위"로 정의하였다. 이런 맥락에서 지역사회는 지리적 공간, 생활공간, 지역사회 주민, 조직, 상호작용에 의해 구성된다고 할 수 있다. 즉, 지역사회는 일정한 경계를 갖는 지역(지리적 공간), 사람들의 삶터(생활공간), 지역사회에서 생활하는 사람들(지역사회 주민), 지역사회 내에서 하위 공동목표를 갖는 사람들의 집합체(조직), 지역사회 주민들이 문화를 공유하는 과정(상호작용)을 중심으로 구성된다.

지금까지 다양한 학자들이 제시한 지역사회의 정의를 종합해 보면 "지역사회는 다양한 욕구나 문제를 가지고 있으며, 일정한 규모의 지리적 공간 안에서 지역사회 주민의 상호작용이 활발하게 이루어지고, 지역사회의 욕구나 문제를 해결하기 위해 사회복지실천이 가능한 일정 규모의 장"으로 정의할 수 있다(최옥채 외, 2015 : 178).

2) 지역사회의 주요 개념

지역사회를 사회복지실천 측면에서 이해하기 위해 지역사회와 관련하고 있는 주요 개념을 소개하면 다음과 같다(최옥채 외, 2015 : 179-180).

(1) 지역사회 욕구

모든 지역사회는 욕구를 지닌다. 개인이 스스로 안정을 유지하기 위해 욕구를 지니듯 지역사회 역시 안정상태를 위해 욕구를 갖는다. 이는 지역사회가 상호작용하는 주민의 결합체로 존재하기 때문이다. 지역사회는 유기체로서 존재한다. 따라서 지역사회 욕구는 지역사회 전체나 대부분의 지역사회 주민이 공동으로 지니는 욕구이다.

(2) 지역사회 문제

지역사회가 당면하고 있는 문제로서 문제가 해결되지 않으면 건강한 지역사회로 존재할 수 없다. 지역사회의 문제는 지역사회가 지니는 욕구를 적절한 시기에 합당한 방법으로 대처하지 못하면 발생한다. 이런 맥락에서 개인의 경우와 마찬가지로 평소의 욕구가 적절히 해결되지 않고 누적되면 그 지역사회의 상황이 악화되어 문제의 지역사회로 남는다. 이러한 문제상황을 결국 지역사회 주민들이 분담하여 겪는다. 따라서 지역사회 문제도 욕구와 같이 지역사회 주민에 의해 수렴된 공동문제이다.

(3) 지역사회 목표

지역사회 목표는 지역사회 주민이 공동으로 지니는 목표를 의미한다. 개인이 궁극적으로 자아실현과 같은 인생목표를 가지듯 지역사회도 '살기 좋은 지역사회'라는 궁극적이면서 포괄적인 목표를 지닌다.

구체적인 지역사회 목표는 그 지역사회의 지리적 여건, 문화와 역사적 특성, 자원의 현황, 경제적 여건 등을 토대로 세운다. 물론 지역사회 목표를 모든 지역사회 주민이 스스로 인지하는 것은 아니다.

지역사회 안에서 교류가 활발하지 않거나 지역사회에 무관심한 주민에게 지역사회 목표를 고취시켜야 한다.

(4) 지역사회 자원

지역사회 목표를 달성하기 위해 구체적인 방법을 실천할 수 있는 제반 능력을 말한다. 마테시치(Mattessich)와 먼시(Monsey)는 지역사회 자원을 "지역사회의 사회적 능력(Mattessich & Monsey, 1997 : 8)"으로 간주한다. 지역사회 목표 달성은 지역사회가 지닌 욕구나 문제를 해결하는 것부터 시작하여 이상적인 지역사회를 만드는 일이다. 이 과업을 수행하기 위해 다양한 유형과 수준의 인적 · 물적 자원이 필요하다. 이들 자원에는 해당 지역사회 내에 대체로 개인,

조직, 기관 등에 의한 근로, 물품, 현금, 시설과 같은 눈에 보이는 자원과 심리적 지지와 같은 눈에 보이지 않는 자원이 있다.

(5) 지역사회 문화

지역사회는 지리 · 역사 · 정치 · 경제적 맥락에서 고유의 특성을 갖는다. 지역사회가 위치하고 있는 자연환경과 주변 여건, 지역사회가 겪어 온 시대적 상황, 지역사회와 지방 · 중앙정부의 관계성, 지역사회의 빈부 정도 등에 의하여 그 지역사회는 독특한 성향을 지닌다. 이 특성이 곧 지역사회의 문화이다. 따라서 지역사회 문화는 그 지역사회를 포괄적으로 설명하는 근거가 된다. 지역사회 문화는 지역사회 주민의 공통된 특성이나 성향을 반영한다.

3) 지역사회의 특성

지역사회는 사회복지실천의 장으로서뿐 아니라 클라이언트로서 지역사회 고유의 특성을 지닌다.

(1) 역동성

'지역사회는 곧 주민'이라는 측면에서 지역사회는 역동성을 띤다. 이 역동성은 지역사회를 구성하고 있는 지리적 공간, 생활공간, 주민, 조직, 상호작용 등이 지역사회가 추구하는 목표를 달성하기 위해 움직이는 상태를 의미한다. 지역사회 주민은 일정한 지리적 공간 안에서 생활공간을 활동터전으로 삼아 지속적으로 상호작용한다. 그러므로 모든 지역사회는 지역사회의 구성요소들이 서로 다양한 수준과 방법으로 순환하면서 영향을 주고받는다.

(2) 변화성

정지된 채로 남아 있거나 변화가 없는 지역사회는 존재하지 않는다. 지역사회의 역동성이 지역사회 안에서 지역사회 구성요소가 서로 작용하는 데 초점을 두었다면, 지역사회의 변화성은 지역사회가 자기변화를 꾀하기 위해 외부 환경과 대처하는 상황에 중점을 두고 있다. 따라서 지역사회는 지역사회 주민의 제반 상황이 바뀌면서 지역사회가 처하고 있는 형편에 의해 긍정적이거나 부정적인 변화를 시도한다.

(3) 서비스 요구성

지역사회는 그 상황에 따라 적절한 서비스를 요구한다. 이는 지역사회가 욕구나 문제를 지닌다는 측면에서 강조할 수 있는 지역사회의 특성이다.

모든 지역사회는 나름대로 욕구나 문제를 가지기 때문에 적당한 시기에 욕구나 문제상황에 맞는 도움을 받으려 한다. 특히 외형적으로 어려움이 없어 보이는 안정된 지역사회라 할지라도 현재의 수준에서 더욱 향상된 상태를 위해 도움의 필요성은 잠재하고 있다. 이 잠재적 요구성은 지역사회는 쉬지 않고 변화를 거듭한다는 지역사회의 변화로부터 충분히 이해할 수 있다.

(4) 변화능력

지역사회가 변화능력을 가지고 있다고 보는 것은 인간에 관한 인본주의 관점에 의한 것이다. 지역사회의 형성과 변화과정을 인간이 주도하기 때문에 인간의 변화능력을 인정한다면 지역사회 역시 스스로 변화할 수 있는 능력을 지니고 있다고 보아야 한다. 특히 지역사회는 그 나름대로 여러 유형과 수준의 자원을 가지고 있다. 예를 들어, 열악한 영구임대아파트 단지라고 할지라도 주민들의 '끈끈한 정'은 지역사회 주민이 결집하여 힘을 발휘할 수 있는 중요한 자원이라고 할 수 있다.

(5) 다양성

인간의 개별성과 독특성을 인정하고 있는 측면에서 여러 사람으로 구성된 지역사회의 다양성은 한층 강조되어야 한다. 실제로 모든 지역사회는 그 구성요소의 특성이 달라 다양한 유형으로 존재한다. 예를 들어, 지리적 여건에 따라 도시지역 사회와 농촌지역 사회로, 주민의 경제적 상황에 따라 빈곤지역 사회와 여유 있는 잠재적 지역사회 따위로 구분할 수 있다.

(6) 시민의 변화를 위한 최적 단위

지역사회는 시민의 변화를 위한 개입활동에 최고 적합한 규모의 공간이라고 할 수 있다.

시민의 사회복지에 대한 관심과 참여를 강조하는 사회복지운동은 지역사회를 기본 단위로 여러 지역사회에서 동시에 이루어지는 것이 적합하다. 이는 사회복지운동이 사회복지사에 의해 주도되어야 하고, 나아가 사회복지사는 사회복지실천 기술을 바탕으로 사회복지운동을 이끌어 나가야 하는 것으로, 이때 사회복지사의 활동은 지역사회의 규모를 벗어날 수 없기 때문이다(최옥채 외, 2007 : 328-330).

4) 지역사회의 기능

지역사회의 기능은 학자에 따라 다양하게 설명하고 있는데, 여기에서는 공통적인 기능을 설명하면 다음과 같다.

(1) 생산 · 분배 · 소비의 기능

지역사회 주민이 일상생활을 영위하는 데 필요로 하는 재화와 서비스를 생산 · 분배 · 소비하는 과정의 관련된 기능을 말한다. 현대사회에 있어서 재화와 서비스를 생산하고 분배하는 기능은 주로 기업을 통해서 이루어지고 있으나 정부를 위시한 각종 전문기관, 종교단체, 교육기관 등도 이러한 경제적 기능을 담당하고 있다.

오늘날 사람은 의식주, 보건, 교통, 고용, 여가생활 등과 관련된 다양한 영역에서 재화 및 서비스 같은 기본적인 욕구를 충족시키기 위하여 서로 의존하고 있다. 따라서 지역사회의 다양한 개인 및 조직은 이러한 기능을 수행하게 되며, 지역사회는 이러한 활동이 이루어지는 환경이 된다(박태영, 2004 : 15).

(2) 사회화 기능

사회가 향유하고 있는 일반적인 지식, 사회적 가치, 행동양태를 그 사회 구성원에게 전달시키는 과정을 말한다. 이러한 과정을 통해서 사회 구성원은 다른 사회 구성원과 구별되는 생활양식을 터득하게 되는 것이다.

사회화의 과정은 개인의 어린 시절에 특히 중요하나 일생을 통해서 계속되는 것이 보통이다(최일섭 · 류진석, 2003 : 11-15).

(3) 사회통합의 기능

사회체계를 구성하는 사회단위 조직 간의 관계와 관련된 기능을 말한다. 사회통합의 기능은 사람 스스로 규범을 준수하여 바람직한 행동을 하도록 하는 것이라고 말할 수 있다.

사회통합의 기능은 정치적 · 사회적 · 경제적으로 급격한 변화를 경험하고 있는 사회와 시대에 특히 강조되는 경향이 있다.

(4) 상부상조의 기능

사회구성원이 사회제도에 의해서 자기 자신의 욕구를 충족할 수 없는 경우에 필요하게 되는 사회적 기능을 말한다.

과거의 전통적인 사회에서 상부상조의 기능은 가족, 친척, 친목단체, 자선단체와 같은 일차적인 집단에 의해서 수행되었으나 현대의 산업사회에서는 이러한 기능이 정부, 민간 사회복지단체, 종교단체 등으로 옮겨지게 되었다(손광훈, 2010 : 473-475).

5) 지역사회와 인간행동

지역사회는 가족, 집단, 조직과 같은 하위체계와 사회나 문화와 같은 상위체계의 사이에서 중간적인 역할을 하는 중요한 사회체계이다. 지역사회는 주민의 공통적인 욕구를 충족시키고 문제를 해결하며, 그들을 사회화시키고 그들에게 문화를 전달한다. 또한 지역주민 각자는 지역사회와의 상호작용을 통해서 지역사회의 발전에 기여하며 지역사회로부터 영향을 받는다. 지역사회의 기능은 개인의 성격형성과 행동발달에 많은 영향을 미친다.

개인은 사회화 과정에서 지역사회의 일반적 지식, 사회적 가치나 사회적으로 수용 가능한 행동양식을 전수받는 관계에 있으므로 지역사회의 유산이 성격에 녹아들게 된다.

지역사회는 구성원에게 사회적 규범에 순응하도록 요구하게 되는데, 이 과정에서 개인은 규범을 내면화하고, 자신의 행동에 대한 통제력을 증진시킬 수 있게 된다. 그리고 지역사회 구성원 간의 협력, 결속, 사회적 지지를 통하여 사회적 소외를 극복하고 이타성이라는 성격적 특징을 발달시킬 수 있게 된다. 이처럼 개인이 지역사회 내에서 생활하는 과정에서 그 사회의 가치관, 신념, 규범, 행동양식 등을 내면화하게 되므로, 지역사회는 개인의 성격발달뿐 아니라 생활 전반에 걸쳐 영향을 미친다(김동배 · 권중돈, 2005 : 103).

저메인(Germain, 1987)은 지역사회의 물리적 환경과 사회적 환경이 적절히 갖추어지지 못할 경우 그 속에 속해 있는 인간은 환경과의 적합성을 확보하지 못하게 되므로, 부적응이나 문제에 직면하게 된다고 하였다. 특히 현대사회가 점차 이질적 문화를 가진 하위집단으로 분리되고, 계약에 의한 공식적 인간관계로 변화되어 가며, 협력보다는 경쟁, 결속보다는 분리, 상호지지보다는 개인적 성취를 강조하는 사회로 바뀌어 감에 따라 개인은 더욱 소외되고 비인간화되어 가며, 그로 인하여 사회적 부적응의 문제를 일으키는 경우가 많아지고 있다. 복잡하고 이질적이며, 경쟁적인 사회환경에서 생활할 경우에는 유의미한 관계를 형성하지 못하고 사회적 소외현상을 경험할 가능성이 높아지고, 범죄, 자살, 정신질환 등의 사회적 병리를 일으킬 가능성도 높아지고 있다.

6) 사회복지실천에의 적용

지역사회는 사회복지실천의 장으로서 중요한 의미를 갖는다. 사회복지실천은 클라이언트, 사회복지사, 참여자가 함께 어우러져 이루어진다. 이러한 실천의 활동이 전적으로 지역사회 안에서 이루어지기 때문에 사회복지실천에서 지역사회는 그 장으로서 중요한 의미를 갖게 되는 것이다. 이에 사회복지사는 개인적인 활동 못지않게 유용한 자원을 중심으로 사회적 관계망을 구축하여 활용하고 있으며, 관계망을 어떻게 구축하고 활용할 것인가가 사회복지사에게 중요한 과제로 대두되고 있다.

개인이 자신의 특정 욕구가 충족되지 않을 때 가족을 비롯한 이웃, 친척 등 비공식적 관계망에 원조를 요청하고 이렇게 해서도 해결되지 않을 때 사회복지기관 등에 요청하게 된다. 이때 사회복지사는 개입에 효과적인 지원을 위해서 원조기관뿐만 아니라 지역사회 내에 존재하는 클라이언트의 관계망을 연계하고 조직하며 필요한 자원을 발굴, 연결해야만 한다. 지역사회는 클라이언트의 문제 해결에 필요한 중요한 자원과 지지를 제공하는 기능을 수행하며(김동배 · 권중돈, 2005 : 103-104), 이러한 과정에서 지역사회의 역량이 개발되고 발달될 수 있다(오창순 외, 2015 : 406).

지역사회는 욕구나 문제를 지니고 있는 집합체이면서 사회복지실천의 중요한 자원을 보유하고 있다고 할 수 있다.

지역사회는 사회복지에 있어 하나의 유기체로서 욕구나 문제를 지니고 있는 클라이언트로서의 중요성을 갖기도 한다. 지역사회가 하나의 주민으로 간주될 수 있기 때문에 지역사회는 안정된 상태를 유지하기 위해 혹은 긍정적으로 변화를 꾀하기 위한 욕구를 가질 수 있으며, 이러한 욕구가 해결되지 못할 경우 문제상황으로 번지게 되기도 한다. 이때 사회복지사는 이러한 지역의 문제를 해결하기 위해 사회복지실천의 전문지식, 기술, 가치를 통해 개입하게 된다. 이에 사회복지사는 클라이언트에 대한 이해가 기본적으로 필요하듯이 지역사회에 대한 이해가 필요하다.

지역사회복지실천 역시 미시적 접근방법과 거시적 접근방법으로 실천되고 있다. 효과적인 지역사회복지실천을 위해서는 복합적인 지역사회에서 지역사회의 한 구성원으로서 클라이언트의 특성을 확인해야 함과 동시에 지역사회를 하나의 대상으로 보고 지역사회적 수준에서 접근해야 한다.

참고문헌

곽금주·정윤경·김미화·박성혜·송현주 역(2007). 아동발달심리학. 서울 : 박학사.

강세현·서혜진·오정영·임원선·전영록(2011). 인간행동과 사회환경. 경기 : 양서원.

강준렬(1997). 지역사회복지와 사회복지관. 서울 : 동인.

곽형식·박영애·박인전·양점도·윤종희·이소희·이항재·최영희(2008). 인간행동과 사회환경. 서울 : 형설출판사.

권구선(2011). 호스피스 활성화 방안에 관한 연구. 호서대학교 대학원 석사학위논문.

권복순·차보현(2006). 농촌지역 코시안가정주부의 의사소통능력, 문화적 정체성이 결혼만족도에 미치는 영향. 한국사회복지학, 58(3) : 109-134.

권석만(2012). 현대 심리치료와 상담이론. 서울 : 학지사.

권육상(2000). 인간행동과 사회환경. 서울 : 유풍출판사.

권재환·이은희(2006). 남녀 청소년의 충동성, 부모의 양육태도, 개인의 통제력, 부모-자녀 의사소통이 문제행동에 미치는 영향. 한국청소년연구, 17(1) : 325-351.

권중돈(2014). 인간행동과 사회환경. 서울 : 학지사.

권중돈·김동배(2005). 인간행동과 사회환경. 서울 : 학지사.

______________(2006). 인간행동과 사회환경. 서울 : 학지사.

______________(2013). 인간행동과 사회환경. 서울 : 학지사.

김경희(2011). 발달심리학. 서울 : 학문사.

김기태·박병현·최송식(2007). 사회복지의 이해. 서울 : 박영사.

김동배·권중돈(2005). 인간행동과 사회환경. 서울 : 학지사.

김성이·조학래·노충래(2004). 청소년복지학. 경기 : 집문당.

김영호(2010). 인간행동과 사회환경. 경기 : 양서원.

김영호·양은심·이순영·주수길(2007) 인간행동과 사회환경. 경기 : 양서원.

김유숙(2004). 가족치료. 서울 : 학지사.

김윤정(2011). 알기 쉬운 인간행동과 사회환경. 서울 : 학지사.

김종옥·권중돈(1993). 집단사회사업방법론. 서울 : 홍익제.

김종일(2006). 지역사회복지론. 서울 : 청목출판사.

김진원(2009). 인간행동과 사회환경. 서울 : 대왕사.

노안영(2012). 상담심리학의 이론과 실제. 서울 : 학지사.

마르트 로베르 저, 이재형 역(2004). 프로이트 : 그의 생애와 사상. 서울 : 문예출판사.

박석무(2003). 다산 정약용 유배지에서 만나기. 경기 : 한길사.

박종삼 외(2002). 사회복지개론. 서울 : 학지사.

박태영(2004). 지역사회복지론. 경기 : 현학사.

사회복지교육연구센터(2015). 인간행동과 사회환경. 서울 : 나눔의집
서혜석 · 송유미 · 이미영(2009). 인간행동과 사회환경. 서울 : 청목출판사.
설영환 역(1996). 아들러 심리학 이해. 서울 : 선영사.
성정현 외(2015). 가족복지론. 경기 : 양서원.
손광훈(2008). 인간행동과 사회환경. 경기 : 공동체.
______(2010). 인간행동과 사회환경. 경기 : 공동체.
손병덕 외(2005). 인간행동과 사회환경. 서울 : 학지사.
손병덕 외(2008). 인간행동과 사회환경. 서울 : 학지사.
송명자(1996). 발달심리학. 서울 : 학지사.
양옥경 외(2000). 사회복지실천론. 서울 : 나남출판.
양옥경(2005). 가족과 사회복지. 서울 : 이화여자대학교출판부.
엄명용 외(2003). 사회복지실천의 이해. 서울 : 학지사.
오세진 · 김청송 · 신맹식(2015). 인간행동과 심리학. 서울 : 학지사.
오창순 · 신선인 · 장수미 · 김수정(2010). 인간행동과 사회환경. 서울 : 학지사.
윤혜미(1999). 청소년 임신 출산의 경향과 사회적 대책. 한국아동복지학, 8(1). 161-186.
이근홍(2006). 인간행동과 사회환경. 경기 : 공동체.
______(2014). 인간행동과 사회환경. 경기 : 공동체.
이선경 · 하승연(2010). 발달심리. 서울 : 교육아카데미.
이선미 · 전귀연(2001). 결혼 초기 남편과 아내의 부부갈등과 갈등대처방식이 결혼 만족도에 미치는 영향. 한국가정관리학회지, 53 : 203-220.
이소희 외(2004). 인간행동과 사회환경. 경기 : 현학사.
이수정(2007). 상담심리치료의 주요 이론과 실제. 서울 : 열린교육.
이영애 역(1998). W. Hill. 학습심리학. 서울 : 을유문화사.
이우언 · 윤경원 · 안외자 · 박선태 · 최병태(2017). 인간행동과 사회환경. 서울 : 동문사.
이윤로(2006). 인간행동과 사회환경. 서울 : 창지사.
이인정 · 최해경(2004). 인간행동과 사회환경. 경기 : 나남출판.
____________(2007). 인간행동과 사회환경. 경기 : 나남출판.
____________(2010). 인간행동과 사회환경. 경기 : 나남신서.
이종복 · 전남현(2010). 인간행동과 사회환경. 경기 : 학현사.
이창재(2003). 프로이트와의 대화. 서울 : 학지사.
이춘재 · 곽금주(2000). 집단따돌림 경험 유형에 따른 자기개념과 사회적 지지. 한국심리학회지 발달, 13(1).
이현우 역(2013). 왜 우리는 불평등을 감수하는가. 서울 : 동녘.
이효선(2007). 인간행동과 사회환경의 이해. 경기 : 공동체.
장수미 외(2010). 사회복지실천기술론. 서울 : 학지사.
장수복 · 한주빈 · 이명순 · 이예종 · 양시영 · 오봉욱(2014). 인간행동과 사회환경. 서울 : 동문사.
장수한 · 김현주 · 임 혁(2011). 인간행동과 사회환경. 경기 : 공동체.

정순돌 · 김고은 · 김미영 · 김은정 · 김지혜 · 박근혜 · 박향경 · 박현정 · 박현주 · 우재희 · 이혜숙 · 홍나미(2012). 임상사회복지이론. 서울 : 학지사.

정옥분(2002). 아동발달의 이해. 서울 : 학지사.

______(2004). 발달심리학 : 전생애 인간발달. 서울 : 학지사.

______(2004). 전생애발달의 이론. 서울 : 학지사.

______(2004). 발달심리학. 서울 : 학지사

______(2012). 발달심리학. 서울 : 학지사.

______(2013). 아동발달의 이해. 서울 : 학지사.

정원철(2005). 사회복지실천과 상담. 경기 : 양서원.

______(2012). 사회복지 상담. 경기 : 양서원.

정 은(2010). 인간행동과 사회환경. 서울 : 학지사.

_____(2014). 인간행동과 사회환경. 서울 : 학지사.

조휘일 · 이윤로(1999). 사회복지실천론. 서울 : 학지사.

조흥식(2008). 인간생활과 사회복지. 서울 : 학지사.

최명민(2015). 다문화 사회복지. 서울 : 학지사.

최선희 · 최정숙 · 박화옥(2008). 가족사회복지실천의 개념과 모델. 2008년 한국사회복지학회 · 한국가족사회복지학회 추계공동학술대회 자료집(한국가족사회복지 어디로 갈 것인가? : 전망과 과제), 93-111.

최순남(2002). 인간행동과 사회환경. 서울 : 법문사.

______(2005). 인간행동과 사회환경. 서울 : 법문사.

최영민(2010). 대상관계이론을 중심으로 쉽게 쓴 정신분석이론. 서울 : 학지사.

최옥채 · 박미은 · 서미경 · 전석균(2015). 인간행동과 사회환경. 경기 : 양서원.

최일섭 · 류진석(2003). 지역사회복지론. 서울 : 서울대학교출판부.

하영희(2003). 개인변인과 환경변인이 아동의 문제행동에 미치는 영향. 아동학회지, 24(4) : 29-40.

한국사회사업연구회(2003). 인간행동과 사회환경. 서울 : 나눔의집.

현외성 · 최무열 · 정재욱 · 정인영 · 김현주 · 김원배 · 강환세 · 최금주 · 마은경 · 김용환 · 박선애 · 하정미 · 이은(2011). 사회복지학의 이해. 경기 : 양서원.

현정환(2007). 상담 심리학. 경기 : 양서원.

Ackeman, N, W.(1966). *Treating the Troubiled Family*. New York : Basic Books.

Ambrosino, R., Hefferman, W. J., Shuttlesworth, A., & Ambrosino. R.(2005). *Social Work and Social Welfare : An Introduction*(5th ed.). Belmont, CA : Thomson/Brooks/Cole.

Anderson, R. E., & Cater, I. E.(1990). *Human Behavior in the Social Environment : A Social System Approach* (4th ed.). Chicago : Aldine.

Andreae, D.(1996). Systems Theory and Social Work Treatment. Francis J. Turner ed. *Social Work Treatment*. New York : Free Press.

Bahr, S., Maughan, S., Marcos, A., & Li, B.(1998). Family Religiosity and the Risk of Adolescent Drug use. *Journal of the Family, 60*(4) : 979-992.

Bailey, Forget & Koren(2002). Pregnancy outcome of women who failed appointments at a teratogen information service clinic. *Reprod Toxicol, 16*(1) : 77-80.

Bandura, A.(1977). Self-efficacy : Toward a unifying theory of behavioral change. *Psychological Review, 84*(2), 191-215.

_________(1986). *Social foundations of thought and action : A social cognitive theory.* Englewood Cliffs, NJ : Prentice-Hall.

Bandura, A., & Schunk, D. H.(1981). Cultivating competence, self-efficacy, and intrinsic interest through proximal self-motivation. *Journal of Personality and Social Personality and Social Psychology, 41*(3), 586-598.

Barker, J. V., Kaplan, M. S.(1999). Rape victims Issues, theories, and treatment. *Annual Review of Sex Research, 2,* 267-292.

Barker, R.(1987). *The social work dictionary*. Silver Springs, MD : National Association of Social Workers.

Beckett, J. O., & Johnson, H. C.(1995). Human development. In R. L. Edwards(ED.), *Encyclopedia of Social Work*(19th ed., Vol. 2). Washington, DC : NASW Press.

Bridges. K. M.(1932). Emotional Development in Early Infancy. *Child Development, 3*, 324-341.

Bronfenbrenner, U.(1979). *The Ecology of Human Development.* MA : Harvard Univ. Press.

_____________(1989). Ecological systems theory, *Annals of Child Development, 6* : 187-249.

Carter, E., & McGoldric, M.(1980). *The Family Life Cycle : A Framework for Family Therapy.* New York : Gardner Press.

Charles Zastrow & Karen K. Kirst-Ashman(2001). *Understanding Human Behavior and The Social Environment*(5th ed.). Wadsworth Publishing Co.

Cohen, J.(1980). Nature of Clinical Social Work. In P. Ewalk(ed.), *NASW Conference Proceedings : Toward a Definition of Clinical Social Work.* Washington, DC : national Association of Social Workers, 23-32.

Comptom, B. R. & Galaway, B.,(1989). *Social Work Processes.*(4th ed.). Belmont, CA : Wadsworth Publishing Co.

Cooley, C. H.(1909). *Social Organization*. Charles Scribner's Sons.

Cowles, L. A F.(2000). Social Work in the Health Field : A care Perspective, The Haworth Press.

Cumming, E. & Henry, W. E.(1961). *Growing Old*. New York : Basic Books.

Dubos, R.(1978). Health and Creative adaption. *Human Nature*, 1. 74-82.

Fellin, P.(1995). *The Community and the Social Worker*(2nd ed.). Itasca, IL : Peacock.

Forte, J. A.(2007). *Human Behavior and the Social Environment : Models, Metaphors, and Maps for Applying Theoretical Perspectives to Parctice.* CA : Thomson.

Francis J. Turner(2004). Social work treatment, The Free Press, a Division of Macmillan. Publishing Company Inc.

Gerald Corey(2010). 조현춘 외 공역. 심리상담과 치료의 이론과 실제. 서울 : 시그마프레스.

Germain, C. B., & Giterman, A.(1986). The Life Model Approach to Social Work Pratice, in F. J. Turner, Social Work Treatment. New York : Free Press.

Germain, C. B.(1973). An ecological perspective in casework practice. *Social Casework, 54*(6), 326-333.

____________(1987). Human Development in Contemporary Environments. Social Service Review, 565-580.

____________(1991). *Human behavior in the Social in the Social Environment : An Ecological View*. NY : Columbia Univ. Press.

Ginsburg, H. P.(1985). Jean Piaget. In H. I. Kaplan & B. J. Sadock(eds.), *Comprehensive texbook of psychiatry* (Vol. 4, pp.178-183). Baltimore : Williams & Wilkins.

Goldenberg, I., & Goldenberg, H.(1980). *Family Therapy : An Overview*. CA : Brook, Cole.

Graham, S., & Harris K. R.(1989). Components analysis of cognitive strategy instruction : Effects of learning disabled students' compositions and self-efficacy. *Journal of Educational Psychology, 81*(3), 353-361.

Greene, R, R.(1989). The Ecological Perspective, in R. R. Greene & P. H. Ephross, *Human Behavior Theory and Social Work Practice*. Aldine De Gruyter.

__________(1991). The ecological perspective, in R. R. Greene & P. H. Ephross, *Human Behavior Theory and Social Work Practice.* NY : Aldine de Gruyter.

Grief, G.(1986). The ecosysterms perspective 'meets the press', *Social Work, 31*, 225-226.

Hartford, M.(1971). *Groups in Social Work*. New York : Columbia University Press.

Hartman & Laird(1983). *Family-Centered Social Work practice*. New York : The Fire Press.

Havighurst, R. J.(1963). Successful aging. In R. Williams et al.(Eds.), *Process ofaging*, Vol. 1. New York : Atherton Press.

______________(1972). *Developmental tasks and education*(3rd ed.). New York : David McKay.

Hearn, G.(1958). *Therapy Building in Social Work*. Toronto : University of Toronto Press.

Jang, S., & Smith, C.(1997). A Test of Reciprocal Causal Relationships among Parental Supervision, Affective Ties, and Delinquency. *Journal of Research in Crime and Delinquency, 34*(3) : 307-336.

Johnson, L. C., & Yanca, S. J.(2001). *Social Work Practice : A Generalist Approach*(7th ed.). A Person Education Company.

Josh Cohen. 최창호 옮김(2007). *HOW TO READ* 프로이트. 서울 : 웅진지식하우스.

Kirst-Ashman, K. K.(2000). Human behavior, communities, organizations and groups in the macro social environment : An empowerment approach. Pacific Grove, CA : Brooks/Cole.

Lang, S.(2005). Urie Bronfenbrenner : in appreciation, *Association for Psychology Science Observer, 18(*11).

Levinson, D. Darrow, C., Klein, E., Levinson, M., & Mckee, B.(1978). *The season's of a man's life*. New York : Knopf.

Linda Seligman(2012). 김영혜 외 공역. 상담 및 심리치료의 이론, 서울 : 시그마프레스

MacFarlane(1975). Olfaction in the development of social preferences in the human neonate. *Ciba Found Symp, 33,* 103-117.

Mahler, M. S.(1968). On human symbiosis and the vicissitudes of individuation. Vol.1 Infantile psychosis New York : International University Press.

Marcia. J.(1980). Identity in adolescence. in Adelson, J.(Ed.), *Handbook of Adolescent Psychology*. NY : John Wliey.

Matin, P. Y., & O' Conner, G. C.(1989). *The Social Environment : Open Systems Applications*. NY : Longman.

Mattessick, P., & Monsey, B.(1997). Communing building : What makes it work - A review of factors influencing successful communing building. Amherst H. Wilder Foundation.

Michael P. Nichols & Richard C. Schwartz(2003). *Family Therapy : Concepts and Methods*(Fifth Edition). Allyn & Bacon, a Pearson Education Company.

Miley, K, K., O, Melia, M., Dubois, B, L.(2004). Generalist Social Work Practice; An Empowering, Approach(4th ed.). Allyn and Bacon.

Murdock, G. P.(1949). *Social Structure*. New York : MacMillan.

NASW(1987). *Encyclopedia of Social Work*(18th ed.). Silver Spring : National Association of Social Workers.

Newman. B. M., & Newman. P. R.(1987). *Development through Life : A psychosocial Approach*(5th ed.). California : Brooks/ Cole Publishing Co.

______________________________(1999). *Development through Llfe : A Psychosocial Approach*(7th ed.). Brooks/ Cole.

Norlin, J. M., & Chess, M. A.(1977). *Human Behavior and the Social Environment : Social System Theory*. Boston : Allyn and Bacon.

Papell, C., & Rothman, B.(1980). Relating the Mainstream Model of Social Work with Group Psychotherapy and the Structured Group Approach. *Social Work with Groups*. 3(2) : 5-22.

Payne, M. S.(1997). Modern Social Work Theory. Macmillan Press.

Pervin L. A, Cervone D, John O.(2005). *Personality : Theory and research*(9th Ed.). NJ : John Wiley and Sons. pp. 254-284.

Piaget, J.(1950). Psychology of intelligence. New York : Harcourt Brace.

_______(1952). The origins of intelligence in children. New York : International Universities Press.

Pincus, A, & Minahan, A.(1973). Social Work Practice; Model and Method. Itasca. IL : Peacock.

Rosenstein & Oster(1988). Differential Facial Responses to Four Basic Tastes in *Newborns Child Development Joural Article, 58*(6), 1555-1568

Rotabi, K, S.(2008). ecological therapy origin from natural to social science or vice versa? a brief conceptual history for social work. *Advances in Social Work, 8*(1), 113-129.

Rubin. H. J., & Rubin. Irne S.(2001). *Community Organizing and Development*. Boston : Allyn and Bacon.

Salomon, G.(1984). Television is "easy" and print is "tough" : The differential investment of mental effort in learning as a function of preconceptions and attitudes. *Journal of Educational Psychology, 76*(4), 647-658.

Santrock, J. W. 저, 곽금주 · 정윤경 · 김민화 · 박성혜 · 송현주 역(2007). 아동발달심리학. 서울 : 박학사.

Satir, V. et al.(1991). *The Satir Model : Family Therapy and Beyond*. Palo Alto, CA : cience & Behavior.

Schltz, D. P., & S. E. Schltz.(1986). Psychology and industry today. 4th ed., New

Schunk, D. H.(1982). Effects of effort attributional feedback on children's perceived self-efficacy and achievement. *Journal of Educational Psychology, 74*(4), 548-556.

____________(1983). Ability versus effort attributional feedback : Differential effects on self-efficacy and achievement. *Journal of Educational Psychology, 75*(6), 848-856.

____________(1991). Self-efficacy and academic motivation. *Educational Psychologist, 26*, 207-231.

Schunk, D. H., & Hanson, A. R.(1989). Self-modeling and children' cognitive skill learning. *Journal of Educational Psychology, 81*(2), 155-163.

Seligman, M. E. P.(1975). Helplessness : On Development, and Death. San francisco : Freeman.

Sigmund Freud 저, 박성수 역(1997). 정신분석학 개요. 서울 : 열린책들.

Specht, R., & Craig, G. T..(1987). *Human Development*. Englewood Cliffs, NJ : Prentice-Hall.

Stice, E., Barrer, M., & Chassin, L.(1993). Relation of Parental Support and Control to Adolescents' Externalizing Symptomatology and Substance Use : A Longitudinal Examination of Cuvilinear Effects. *Journal of Abnormal Child Psychology, 21*(6) : 609-629.

Thomas J. Sweeney(2005). 노안영 외 공역. 아들러 상담이론과 실제. 서울 : 학지사.

Thomas M. Smith, & Rovert Leo Smith 저, 강혜순 · 이우신 · 오인혜 옮김(2016). 생태학. 서울 : 라이프사이언스.

Thomas, R. M.(1985). *Comparing Theories of Child Development*. Belmont, CA : Wadsworth.

Toseland, R. W., & Rivas, R. F.(2009). *An introduction to group work practice*(6th ed.). Needham Heights, MA : Allyn & Bacon.

Trecker, H.(1972). *Social Group Work : Principles and Practices*. New York : Association Pree.

Von Bertalanffy, L.(1968). General Systems Theory; Foundations, Development Application. New York : Braziller.

______________(1981). A System View of Men, P. A. La Violotte, ed, Boulder, CO : Westview Press.

Vygotsky, L. S.(1978). *Mind and society : The development of Higher Psychological Ocesses*. Cambridge, MA : Harvard University.

Wakefield, J. C.(1996). *Does social work need the eco-system perspectivr;* Part 1. Is the perspective clinically useful. *Social Service Review, 70*(1).

_____________(1996). Does social work need ecosystems perspective; Part 2. Does the perspective save social work from incoherence. *Social Service Review, 70*(2).

Zastrow, C. H.(2003). The practice of social work(7th ed.). Thomson, Grooks/Cole.

Zastrow, C., & Kirst-Ashman, K. K.(2001). *Understanding Human Behavior and Social Environment*. Belmont : Wadsworth/Thomson learning.

Zimmerman, B. J.(1989). A social cognitive view of self-regulated academic learning. *Journal of Educational Psychology, 81*(3), 329-339.

찾아보기

저/자/약/력

■ 이영호
인제대학교 사회복지학과 교수

■ 아영아
신라대학교 사회복지학과 교수

■ 송유미
대구사이버대학교 사회복지학과 교수

■ 심경순
부산가톨릭대학교 사회복지학과 교수

■ 김태준
부산디지털대학교 사회복지학과 교수

인간행동과 사회환경

|공저자| 이영호 · 아영아 · 송유미 · 심경순 · 김태준

|1판 1 쇄| 발행 2018년 3월 9일
|1판 2 쇄| 발행 2019년 7월 30일
|1판 3 쇄| 발행 2020년 8월 31일
|1판 4 쇄| 발행 2021년 3월 5일
|1판 5 쇄| 발행 2022년 2월 25일
|1판 6 쇄| 발행 2023년 8월 10일

|발행인| 김 동 훈
|발행처| 공 동 체

|주소| 경기도 고양시 일산동구 호수로 358-39, 동문타워 I 905호(백석동)
|전화| 031) 814-3000(대표)
|팩스| 031) 814-3100
|홈페이지| http://www.compub.co.kr
|전자우편| compub@naver.com
|출판등록| 2005년 10월 6일
|등록번호| 제396-2005-36호

|ISBN| 978-89-6352-795-6
정가 18,000원